總策畫　林慶彰　劉楚華

主　編　翟志成

景印香港
新亞研究所

新亞學報

第一至三十卷

第二冊・第一卷・第二期

景印香港新亞研究所《新亞學報》（第一至三十卷）

總策畫　林慶彰　劉楚華

主　編　翟志成

編輯委員　卜永堅　李金強　李學銘
吳　明　何冠環　何廣棪
張宏生　張　健　黃敏浩
劉楚華　鄭宗義　譚景輝

編輯顧問　王汎森　白先勇　杜維明
李明輝　何漢威　柯嘉豪（John H. Kieschnick）
科大衛（David Faure）
信廣來　洪長泰　梁元生
張玉法　張洪年　陳永發
陳　來　陳祖武　黃一農

景印香港新亞研究所《新亞學報》（第一至三十卷）

黃進興　廖伯源　羅志田

饒宗頤

執行編輯　李啟文　張晏瑞

（以上依姓名筆劃排序）

景印香港新亞研究所《新亞學報》第二冊

第一卷・第二期　目　次

中國古代北方農作物考　錢　穆　頁 2-5
孟墨莊荀之言心申義（上）——附論大學中庸之心學　唐君毅　頁 2-33
孟墨莊荀之言心申義（下）——兼論大學中庸之心學　唐君毅　頁 2-59
漢書補注辨正（卷一）（卷二）（卷三）　施之勉　頁 2-87
東漢政權之建立與士族大姓之關係——略論兩漢之際政治變遷的社會背景　余英時　頁 2-213
論唐開元前的政治集團　章　羣　頁 2-291
元代學術之地理分布　何佑森　頁 2-315
容閎與中國新文化運動之啟發　羅香林　頁 2-381

第一卷第二期

新亞學報

新亞研究所

目錄

中國古代北方農作物考　錢穆　一——二七
孟墨莊荀之言心申義　唐君毅　二九——八一
漢書補注辨正　施之勉　八三——二〇八
東漢政權之建立與士族大姓之關係　余英時　二〇九——二八〇
論唐開元前的政治集團　章羣　二八一——三〇三
元代學術之地理分布　何佑森　三〇五——三六六
容閎與中國新文化運動之啓發　羅香林　三六七——四一七

新亞學報編輯略例

（1）本刊宗旨專重研究中國學術，以登載中國有關歷史、文學、思想、藝術、宗教、禮俗等各項研究性的論文爲限。

（2）本刊由新亞研究所主持編纂。外稿亦所歡迎。

（3）本刊年出兩期，以每年七月十二月爲發行期。

（4）本刊文稿每篇以五萬字爲限；其篇幅過長者，當另出專刊。

（5）本刊所載各稿，其版權及翻譯權，均歸本研究所。

中國古代北方農作物考

（一）

錢穆

中國與埃及巴比侖印度，見推爲世界四大文明發源地。此四大文明之發生，則莫非感受農業之影響。而此四大區域之農業，羣認爲皆因河流灌漑之便利而引起。因此中國古代北方之黃河，遂若與埃及之尼羅河，巴比侖之兩河，印度之印度河與恒河，在世界人類最早農業文明之產生，有其相似之地位。而夷考其實，則頗不然。

首當注意者，厥爲中國北方黃河平原，其所處緯度較高，顯然與埃巴印三國有別。此平原之土壤性質，既自有其特點，而此區域之氣候與雨量，亦不能與埃巴印三區域相提並論。中國史家，因於誤認古代黃河流域之農事，應與埃巴印三區域大體相類，遂疑古代河域，其氣候溫度，當遠較後代爲高。又疑此區域中之雨量，亦較後代爲富。其實此項推想，殊無堅明之證據。其在未有文字記載之前，眞况若何，史料缺乏，尙難詳論。惟就其見於中國古籍之文字材料，綜合推考，則實未見中國古代河域，其氣候雨量，有與後世甚相違異之迹象。關於此層，已零星散見於本文作者其他著述中，在此不再詳引。

此文之注重點，乃在考論中國古代北方農作物之大概情况，而藉以映顯出中國古代北方農事之特徵。由於指陳出中國古代北方農事之特徵，而再映顯出中國文化淵源之特徵。其所由以異於印巴埃三區域者何在，其影響於中國文化之傳統性者又何在，皆可由此窺其一斑。此乃本文微旨所寄，而本文所着眼討論者，則盡於農作物之一項。

其引申推究，則非本文範圍所欲論，讀者自可循此闡究也。

中國古籍，述及古代農作物，其主要者稱五穀，或稱九穀。五穀九穀究何指，從來討論者頗不乏。然多注重某名之當爲某物，專在名實上作考釋，而本文作意，則轉更着眼於歷史時代之演進，自遠古迄於先秦，此一經歷，實甚遙遠。即據文字記載，已達兩千年左右之長時期。中國古代農業，在此遙遠之歷程中，必有幾番演進，不當混并一視，此不煩深論而可知者。本文作者，於農事常識，昧無所知，其能力所及，則僅限於根據古代典籍遺文，參之前人對於五穀九穀之討論成績，而另從歷史上分期推尋之新眼光，加進一時代演進之新觀點，而試將若干史料，加以排比調整，而其所發現，則頗有道前人之所未道者。至其粗略未能成爲定論，則固作者所自承也。

（二）

玆首當論及者，厥爲關於中國遠古之農事傳說，大率皆指山耕，而此項傳說，屢見於先秦典籍，實不可謂無可信之價值也。

在中國古史上，有一番洪水之傳說，洪水之後，人民大率山居。如孟子云：

> 當堯之時，水逆行，氾濫於中國，龍蛇居之，民無所定，上者爲巢，下者爲營窟，

是也。營窟者，趙岐注云：

> 鑿岸而營度之，以爲窟穴而處之。

是謂營窟即穴處也。清儒焦循孟子正義說之云：

此營窟當是相連爲窟穴。

焦氏增釋營字，爲相連義，較之趙注更見明析。在中國古代此種穴居之風，不僅見述於孟子，他書如小戴記禮運篇亦云：

昔者先王未有宮室，冬則居營窟，夏則居橧巢。

易繫辭傳亦云：

上古穴居而野處。

詩大雅公劉篇亦云：

陶復陶穴。

此皆言古人營窟穴居也。上引三書，與孟子所言復有小異。蓋謂古人穴居，由於宮室之制猶未創立，文化猶在草昧之期，而不謂其專由於洪水。今於堯舜時代洪水之實況，以及洪水以前文化之詳情，既難詳論。然僅就古籍記載，中國古代北方，自堯舜傳說時代以後，尚多穴居之風，此自西周詩人，迄於戰國學者，所言皆如此，斷無不信。即在近代，乘隴海路火車，自河南鄭縣而西，憑窗外眺，中國古代北方穴居營窟之遺風，尚多遺迹，瞻矚可見。據今推昔，中國古代北方人之頗尚穴居，其事更可想像得之。即西周時代司空官名之由來，亦可由此推論。蓋空即窟穴，即指民居也。

今既指陳古代北方中國人之穴居，而山耕傳說，遂易見其連帶可信。蓋穴居本不在平野，而必在陵阪陂陀，居於是，耕於是，而中國古代北方農業之多屬山耕，其事躍然可想矣。故史記云：

舜耕歷山，漁雷澤，

此明言舜之山耕也。神農氏爲中國遙古發明農事傳說中之第一人，而神農氏又稱烈山氏，烈山者，即焚山而耕也。中國歷史上發明農事傳說之第二人，神農以外，是爲后稷。而吳越春秋亦云：

堯遭洪水，人民泛濫，逐高而居。堯聘棄，使民山居，隨地造區。

山居即營窟穴居也。棄作后稷，使民山居，則棄之敎民稼穡，亦必多屬山耕可知。今山西省南部有稷山，歷古相傳爲后稷敎稼處。余二十餘年前舊作周初地理考，已詳證其地望與傳說之可信，則吳越春秋雖係晚出書，其言棄之使民山居，與孟子所言，可作互證，殆非全不足憑矣。

言遠古之山耕者，又見於淮南子，其言曰：

堯之治天下也，……其導萬民，水處者漁，山處者木，谷處者牧，陸處者農。地宜其事，事宜其械，械宜其用，用宜其人。澤皐織網，陵阪耕田，得以所有易所無，以所工易所拙。

此雖曰陸處者農，而又曰陵阪耕田，是知所謂陸處，即在陵阪，是其所耕即屬山田矣。其實陵阪耕田之風，亦不止古代中國爲然。即在近代，此制南北皆有。其尤著者，如陝西四川湖南諸省，山田梯耕，到處可見。然則謂中國古代農業多半屬山耕，固非無據鑿說矣。

（三）

今既承認中國古代農業之多屬於山耕，則請進而推論及於山耕之作物。棄稱后稷，此即棄之敎民稼穡，以稷爲其時之主要農作物之明證也。左傳有云：

稷，田正也。有烈山氏之子曰柱，爲稷。自夏以上祀之。周棄亦爲稷，自商以來祀之。

此謂周棄爲稷之前，神農氏之後裔已先爲稷，其事信否無可論。然循此有可論者，則爲中國古代北方之農作物，實以稷爲主。故遠古之發明農業者，乃及後代之主管農政者，皆得稷稱。此非顯然而易見乎？中國古代敎農督農之官皆稱稷，此風下至春秋時猶然。故國語云：

農祥晨正，土乃脈發，先時九日，太史告稷。

若非五穀中以稷爲中國古代之主要農作物，何以自古有關農事傳說中之大人物，如柱，如棄，皆獨稱曰稷，而後世農官，亦沿續稱稷乎？

惟其中國古代，以稷爲農業之主要作物，故稷又得爲五穀之總名。許氏說文，訓稷爲五穀之長，又云：稷乃祭祀之粢盛。今試問：何以中國古人，獨尊稷爲五穀之長乎？又何以獨尊稷而奉爲祭祀之粢盛乎？此必有義可說。白虎通說之云：

五穀衆多，不可一一而祭，稷五穀之長，故祭之也。

此以兩事幷歸一義，謂稷爲五穀之長，故古人尊之以爲祭品。然則稷又何以獨得爲五穀之長乎？

蔡邕月令章句，（見續漢志引）說其事有云：

稷，秋夏乃熟，歷四時，備陰陽，穀之貴者。

又月令注有云：

稷，五穀之長，首種。

此二說皆晚出，實無當於古人貴稷之眞義，此殆後人不得其說而姑爲之說如此耳。後代淸儒邵晉涵說之云：

稷爲庶民所恒食，厥利孔溥，古者重民食，所由以稷名官，又奉稷而祀之也。

惟邵氏此說，轉較近是。古人所以尊稷，特以稷爲主要之食品，此即無異謂稷乃古代農作物中之主要者也。然古今人說此事，似乎尚有陷於同一之病者，即誤認爲古代農事初興，遽然五穀全備，而特於五穀中擇稷而尊之。余之此文所欲陳述者，則謂中國古代農事初興，尙不能五穀遽備，其最先之主要農作物僅爲稷，故古人之尊稷，實因稷爲當時僅有之農作物，越後五穀漸備，而尊稷之風，則沿襲自古，遵而不改，此所謂大輅之椎輪也。故古人旣以之爲祭祀之粢盛，又尊之爲五穀之長，又常幷稱社稷，社爲土神，稷爲穀神，皆其義也。

（四）

中國古代最先農作物，當以稷爲主，其義證略如上舉，至其次於稷者則當爲黍。故古人言農事，又常以黍稷連稱。可知黍亦爲中國古代主要農作物之一，惟其地位，在最先或猶稍次於稷。殷書盤庚篇有云：

上不服田畝，越其罔有黍稷。

若果盤庚篇洵爲殷代遺存可信之古書，則當殷代盤庚時，其農作物之最主要者，爲黍與稷可知。縱謂盤庚篇年代非可盡信，然其書必爲今存書經中較古之書，而中國古人言古代農事，必首及黍稷，則明顯無可疑。故仍可由此推斷黍稷爲中國古代農業較早主要之作物也。

近代殷墟出土甲文，多有求黍、求黍年諸語，則若其時黍之爲物，其在農業上之地位，重要猶更勝於稷。此或由於西土周人較重稷，東土殷人較重黍。或以黍之爲品美於稷，（此之論證詳下）農事演進，後來居上，故稷之貴重較在前，因其先種黍之事尚未盛，而黍之貴重較在後，因其較稷爲美食。或者上述兩義，可以會合說之。而要之中國古代，當殷代盤庚以下，北方農業，已是黍稷並重，則典籍可證，無足疑者。

自此下及西周，乃至春秋初期，詩人歌詠，凡涉農事，亦常黍稷連言。如詩小雅楚茨：

我黍與與，我稷翼翼。

信南山：

疆埸翼翼，黍稷彧彧。

甫田：

或耘或耔，黍稷薿薿。

又云：

以介我稷黍，以穀我士女。

大田：

以其騂黑，與其黍稷，以享以祀，以介景福。

出車：

昔我往矣，黍稷方華。

周頌良耜；

黍稷茂止。

魯頌閟宮：

黍稷重穋。

王風黍離：

彼黍離離，彼稷之苗。

唐風鴇羽：

王事靡盬，不能蓺黍稷。

皆是也。

抑不僅詩人之歌詠爲然也。如晉語：

黍不爲黍，稷不爲稷。

左傳僖五年：

黍稷馨香。

凡此皆西周下及春秋時人，言農事，必連舉黍稷之證也。然則黍稷之在當時，實爲農業上主要之作物，不僅西方然，即東方亦然。不僅周人然，即商人亦然。此皆有典籍明據，無可否認。

其時詩人歌詠，亦有單舉黍，不及稷者。如碩鼠云：

碩鼠碩鼠，無食我黍。

黃鳥云：

無集於栩，無啄我黍。

黍離云：

芃芃黍苗，陰雨膏之。

皆是。此雖或詩人遺辭，因於行文之便，然亦可謂黍之爲品，較稷尤貴。故詩人詠農事，或黍稷並稱，或專舉黍而不及稷，則猶如甲文之多言求黍，不及求稷矣。

惟黍之與稷，要之同爲古代西周乃至春秋時代之主要農作物，則其據已如上引。而鄭玄曰：

高田宜黍稷，下田宜稻麥。

束皙補亡詩亦云：

黍華陵巔，麥秀丘中。

左思魏都賦又云：

水澍稉稌，陸蒔黍稷。

則黍稷之同爲山地旱耕之作物，亦已明白無疑。若就上文會合而觀，可知中國古代農業，其最先主要之作物，多屬高地旱耕之品，又可增其堅强之信據矣。

此種情形，且亦不僅古代爲然，即至後代，北方河域，亦尚無不然。元王楨農書曰：

北地遠處，惟黍可生，所謂當暑而種，當暑而收。其莖穗低小，可以釀酒，又可作饘粥，黏滑而甘，此黍之有補於艱食之地也。

是知中國北方艱食之地，皆可種黍。即在後代情形尚如此，則在古代農業初興，農事未精之時，其他美穀嘉種，猶未發達，而黍之爲品，遂占古代中國農作物中重要之地位，其故亦居可思矣。

王楨又曰：

凡祭祀，以黍爲上盛。古人多以雞黍爲饌，貴其色味之美也。論語：殺雞爲黍而食之。

據此，則中國北方習俗，直至後代，尙以黍爲祭品之上盛，而黍之爲品，較美於稷，亦於古典籍中早有明據。如大雅生民之詩云：

誕降嘉種，維秬維秠，維穈維芑。恒之秬秠，是穫是畝。恒之穈芑，是任是負，以歸肇祀。

古注：秬，黑黍。秠，黑黍，一稃二米。穈，赤粱粟，芑，白粱粟。是則生民之詩，固以黍與粱爲嘉種，是在西周時，固已明認黍之爲品之較貴於稷矣。故豐年之詩又曰：

豐年多黍多稌，

詩人頌豐年而舉多黍，此即黍之貴於稷也。故知古人並言黍稷，以其同爲當時之主要農作物，其有單言黍者，則貴之爲美品。然亦僅是較美於稷耳。待其後農業日進，嘉種嗣興，稻粱麥諸品並盛，其爲食皆美於黍，而後黍之爲食，遂亦不見爲美品。然其事當在孔子前後，已及春秋之中晚期，若論春秋初年以前，則中國古代農業，固只以黍稷爲主，實並無五穀並茂之事也。

（五）

下文當續及稻粱麥諸品，則請先試釋黍稷之果爲何物。惟黍易知而稷難認，稷之爲物，後儒考釋綦詳，而聚訟紛紜，有莫衷一是之苦。亦有混稷於黍者，復有混稷於粱者，而稷之究爲何物，終莫能得定論。就其考說之最詳而較最可信者，當推淸儒程瑤田之九穀考。玆先舉程氏說如下。程氏之說曰：

稷，其黏者爲秫，北方謂之高粱，或謂之紅粱，通謂之秫。秫又謂之蜀黍，蓋穄之類，而高大似蘆。

程氏又說黍，曰：

黏者黍，不黏者穈，今山西人無論黏與不黏，統呼之曰穈。黍又冒黃粱之名，呼黏者曰軟黃粱，不黏者曰硬黃粱。太原以東，呼黏者爲黍子，不黏者爲穈子。

程氏之說黍稷略如此。繼程氏而持異說者，有郝懿行之爾雅義疏，謂：

今北方以黍爲大黃米，稷爲穀子，其米爲小米。然稷又包高粱。高粱與粟同種差早，高粱謂之木稷。廣雅：藋粱，木稷也。言其禾麤大如木矣。又謂之蜀黍，蜀亦大也。

又有邵晉涵之爾雅正義，與郝說復小異。其言曰：

古者以粟爲穀之總名，猶後人以穀爲總名也。今北方呼稷爲穀子，其米爲小米，是猶古人以稷爲粟也。今以後世所命名區分五穀，則稷粟皆爲小米。

翟灝從郝邵二人說，謂：

黍爲大黃米，稷爲小黃米，二者同類，故古籍多以並稱。

又曰：

穈一名穄，乃稷也。

朱駿聲曰：

高粱謂之蜀黍，亦曰蜀秫，三代時其種未入中國。

此皆異於程氏之所考定者。今按：上引諸家，一以稷爲高粱，一以爲小米，大抵不出此兩岐。而其同爲高地旱作物，則一也。惟若如後說，則殊無解於程氏所謂冒粱爲稷之嫌。古籍所以黍稷連稱，邵氏既失其義，至朱氏謂三代時蜀黍未入中國，此蓋誤認爲自戰國時，秦司馬錯通蜀，中國始有蜀黍之種，而不知蜀黍之稱，當依程郝，蜀者大義，非指蜀地，則亦未足以推倒程氏之說。高粱既爲中國北方最普遍之農作物，直至後代猶是如此，何以古籍對於此種獨缺不言。若謂古代北方農作物，獨缺高粱一品，其種又自何時始有，此皆無說可通。故今仍依程說，定稷爲高粱，即郝氏，亦仍依違程說，謂稷又包高粱，是亦未能與程氏所定甚相違異也。縱即謂程說不可據，而高粱小米，要之同爲宜於高地旱耕之品種，則於本文所欲申辨者，仍然無礙。故即謂稷之爲品，未能臻於定論，而仍亦無妨於本文之所欲建白也。

今試再論稷爲粗食之說。稷爲粗食，始見於論語，此已在春秋中晚之期，則因其時中國農事，演進之期已久，技術既日見進步，品種亦日見繁多，新作物既絡續發現，於是始目稷爲粗食，當知此乃後起事，非自古而即然也。

論語鄉黨篇有云：

雖疏食菜羹、瓜祭，必齊如也。

論語又屢見疏食字，程瑤田九穀考說之云：

凡經言疏食者，稷食也。稷形大，故得疏稱。論語疏食菜羹，玉藻稷食菜羹，二經皆與菜羹並舉，則疏稷一物可知。疏言其形，稷舉其名也。故玉藻曰：朔月四簋；子卯稷食。四簋者，黍稷稻粱也。稷食者，不食稻粱黍也。諸侯日食粱稻爲一簋，食其美者也。朔月四簋，增以黍稷，豐之也。忌日食稷者，貶之，飯疏食也。是故居喪者疏食，蓋不食稻粱黍。論語曰：食夫稻，於女安乎？是居喪者不食稻也。喪大記曰：君食之，大夫父之友食之，不辟粱肉，是居喪者不食粱也。檀弓：知悼子在堂，斯其爲子卯也大矣，子卯稷食，是居喪者黍亦不食也。不食稻粱黍，則所食者稷而已。故曰：疏食者，稷食也。

程氏此所考說，義據堅明，若無可持異議矣。然亦有所未盡者。當知小戴禮玉藻喪大記檀弓諸篇，皆晚出書，決不在孔子前。故程氏所考，稷爲疏食，亦僅春秋中晚孔子前後始如此，至論古典籍則並無其證，固不得謂自殷盤庚至西周以來即以稷當疏食也。故稷之爲疏食，必是中國古代農事久已進展，美品日滋，乃始有爾。此層極關重要，讀者通觀本文之前後，乃可知余此所辨之決非無據妄測也。

疏食者，程氏又曰：

左氏內外傳之麤，即疏食之疏。一曰，有冀州人在武邑坐，言其鄉俗食以粟爲主，輔之以麥，其賤者則輔之以高粱。去是而又北，則又以高粱爲主矣。余曰：高粱賤乎？曰：此吾北方之麤糧也。諸穀出皮皆云細，至高粱，雖舂之揚之，止謂之麤糧耳。余聞其言，以爲麤糧二字，又其舊名之相沿未失者。

今按程氏以後代中國北方土語麤糧二字釋古人之疏食，洵可謂烱然千歲之隻眼矣。蓋當孔子時，稷已見目爲粗糧，直至今日，北方中國，仍以高粱爲粗糧，至於稷之果爲高粱與否，今且不深論，然要之從孔子以來，中國北方民食，實大率以粗糧爲主，而自孔子以前，則此所謂粗糧者，古人固視之爲美品，不覺其爲粗糧也。民食之維艱，民生之不裕，此爲考論中國遠古之農事，與夫考論中國文化之淵源者，斯義所當常懸在心，不可片刻而忘。而中國遠古文化之所由與印巴埃三土大異其趣，不當相提而並論者，亦可由此而闡入矣。

其次請再言黍。詩小雅良耜箋：

　　豐年之時，雖賤者猶食黍。

疏云：

　　賤者食稷耳。

此言黍之爲品，較美較貴於稷也。故大戴記有云：

　　無祿者饋稷，饋稷者無尸。

金榜說之曰：

　　注云：庶人無常牲，故以稷爲主。無牲者宜饋黍，黍者，食之主也。不饋黍而饋稷，正賤者食稷之一證。

又程瑤田曰：

　　儀禮設敦設簋，必黍稷並陳。惟昏禮，婦饋舅姑，有黍無稷，且必特着無稷之文。蓋婦道成以孝養，不進疏食，故無稷也。

凡此皆見黍食之貴於稷。然亦黍稷相較則然耳，若再兼言稻粱，則黍稷又同爲賤品。程氏曰：

考之禮經，九穀之爲簠簋食也，黍稷稻粱尙矣。士昏禮黍稷四敦，聘禮黍稷堂上八簋，西夾六簋，東方如之，其稻粱各二簋，則加饌也。公食大夫禮黍稷六簋，亦有稻粱之加。……稻粱美，故以爲加饌。曲禮，年穀不登，大夫不食粱，不食其加，爲歲凶貶也。……詩黍稷稻粱，農夫之慶，箋云，年豐，勞賜農夫益厚，既有黍稷，加以稻粱，則是稻粱貴矣。黍稷二者，又以黍爲貴。

是則稻粱雖已見於西周詩人之詠，而直至儀禮小戴記諸晚出書，時當孔子以後，黍粱尙猶爲稀貴之品，不作爲民間之常饌。故余疑中國古代北方農事，黍稷先盛，稻粱後起，其間必有一段農事上進展之歷程，其痕迹猶可尋。此事雖乏顯證，而可微窺曲說以得之，固不得謂自古即已五穀兼蒔而並茂也。

又家語，孔子曰：

黍者，五穀之長，祭先王以爲上盛。

竹林七賢論有云：

阮簡居父喪，浚儀令爲他賓設黍，簡食之，以致淸議，頓廢幾二十年。

是則下至魏晉，北方風俗，居喪尙亦不食黍。然孟子書固已言之，曰：

夫貉，五穀不生，惟黍生之。

此顯見在戰國時，黍之在五穀中，已不目爲貴品，惟孟子記葛伯仇餉事則曰：

要其有酒食黍稻者奪之。有童子以黍肉餉，殺而奪之。

此則以黍稻黍肉連文，然此或是孟子引述古事，在殷湯時，黍固爲美食，並非謂至戰國時，黍尚爲貴品也。故戰國時人常言粱肉，又言膏粱，則粱之爲食，顯美於黍可知矣。

（六）

繼此請續言粱。豳風七月之詩曰：

黍稷重穋，禾麻菽麥，嗟我農夫，我稼既同。

禾即粱也。管子云：

古之封禪者，鄗上之黍，北里之禾。

呂氏春秋云：

今茲美禾，來茲美麥。

漢書食貨志引董仲舒曰：

春秋他穀不書，至於麥禾不成則書之，以此見聖人於五穀最重麥禾也。

此證粱爲五穀中之主要品，其事屬後起。春秋重麥禾，與七月之詩首黍稷次麥禾者顯有辨。

然粱之爲物，後儒亦多爭議。程瑤田九穀考謂：

禾，粟之有藁者也。其實粟，其米粱。

又曰：

北人食，以粟爲主。南人食，以秔爲主。

又曰：

周官倉人職，掌粟人之藏。注：九穀盡藏焉，以粟爲主，粱即粟矣。

此程氏之說也。邵晉涵則曰：

稷米之精者稱粱，粱亦大名，故高粱與穀子通矣。

此則主粱稷之通爲一物也。程瑤田謂秦漢以來諸書，並冒粱爲稷，邵氏殆承此誤。今按左傳：

粱則無矣，麤則有之。

麤即指稷而言，故邵氏謂粱即稷米之精者。又國語：

膏粱之性。

注：

粱，食之精者。

膏粱之語，爲戰國時人之常言，則粱乃食之精者，稷乃食之粗者，若粱是小米，則中國古代人即以小米爲精食也。

宋書宗慤傳：

庚業家豪富，慤至，設以菜葅，粟飯，謂客曰：慤軍人，慣噉麤食。

此因劉宋在江域，本屬產稻之區，故中國北方古人，目粱爲食之至精，而劉宋時人則謂之粗食。此猶孔子時，目稷爲粗食，而孔子以前人並不然。又如黍在戰國時，已不在精食之列，而魏晉時人如阮簡，尚以居喪食黍見黜。蓋食物之精粗，本就比較而言，其間有農事之演進焉，有時運之升降焉，精之與粗，本無定指，而要之古代中國人食品，最先僅尚稷，其次重黍，又次復重粱。若就稷而言，則粱黍俱爲精品。故古人銖法，亦就黍粟起算，亦可從此而參悟其故也。

又按李時珍本草綱目，謂：

黍稷即今北方之黍子，黏者爲黍，不黏者爲稷。粱秫與粟，即今北方之小米，大而毛長者爲粱，細而毛短者爲粟。粟之黏者爲秫，粟即粱也。漢以後，始分其禾細毛短者爲粟。

李氏之說，亦主黍稷爲同物，稷特黍之不黏者，此即翟灝以䵚爲稷之說。然此仍是程氏所謂於黍中求稷也。且李氏又謂，蜀黍亦黍稷之類，則又似於郝氏稷包高粱之說。此皆未可確定，而要之以程氏所考定者爲尤允。又李氏曰：

蘆穄，即蜀黍也。其莖苗高大如蘆，而今之祭祀者，不知稷即黍之不黏者，往往以蘆穄爲稷。

據此，則古人以稷爲祭品之上盛，土俗相沿，直迄於明代李時珍著書時，尙亦復然。而程氏以蘆穄爲稷，正是禮失而求之野，亦見其未可厚非矣。惟此等既難確定，可暫置勿深辨，而粱之爲小米，則確鑿無可疑者。

今按：粱亦一種高地旱作物也。其證如下：

公羊傳：

上平曰原，下平曰隰。

何休注：

原宜粟，隰宜麥。

此粟爲高地旱作物之證一也。

劉向說苑：

淳于髡曰：蟹螺者宜禾。

楊倞引以注荀子，云：蟹螺，蓋高地也。此粟爲高地旱作物之證二也。

淮南子地形訓有云：

汾水宜麻，濟水宜麥，河水宜菽，雒水宜禾，江水宜稻。

又云：

東方宜麥，南方宜稻，西方宜黍，北方宜菽，中央宜禾。

此粟爲高地旱作物之證三也。淮南雖分別歷舉各項作物之水土所宜，然中國古代北方農事，其所需仰賴於水流之灌溉者，固不如後人想像之甚，亦既即淮南之原文而可見矣。

又崔駰七依：傅休射雉賦，皆云元山之粱。桓驎七說，左思魏都賦，皆云雍丘之粱。此亦粱爲高地農作物之證也。

又按豳風七月，詳言農事，其於春日，則具陳蠶桑，八月而績。夏月多言葵菽瓜壺之屬。十月穫稻，爲此春酒。又曰：十月納禾稼，黍稷重穋，禾麻菽麥。禾指粱言，以與麻菽麥爲伍，則此等實皆農業上之副產品，亦猶後世所謂雜糧之類耳。若言農作物之主要者，則顯見爲黍稷。此又粱之被視爲中國古代重要農作物之一，其事尚屬後起，在豳風七月成詩之時，固未見其然也。

（七）

其次再言稻。稻之爲物，較之黍稷粱麥，更須雨水之潤澤與灌溉。然在中國古代，稻之得占農作物中主要之地位，其事亦最遲。殷墟甲文中，固不見有稻之正字，或釋甲文䆃字爲稻，然詩有實覃實訏，則䆃乃米粒之大者，不必指稻言。認䆃作稻，純出推想，非是定論。稻作物之在商代，其情況究若何，其事猶待史料之繼續發現，始可詳論，本篇不擬妄測。惟專就其見於西周以下之詩篇言之，則稻之不爲中國古代之主要農作物者，其事已甚顯。

七月之詩，特曰：

十月穫稻，爲此春酒，以介眉壽。

則知稻之在當時，特用以爲釀酒之品，而非以供民食。周頌豐年之詩云：

豐年多黍多稌。

然其下亦曰：

爲酒爲醴，烝畀祖妣。

爾雅：稌，稻也。合觀豐年與七月兩詩，可知古人藝稻，僅作釀酒之用。故生民之詩，特舉黍與粱二者，謂是天賜之嘉穀，而獨不及於稻，亦以稻非主要之民食，故民生之詩，不之及也。

又按左傳：

陳轅頗出奔鄭，道渴，其族轅咺進稻醴粱糗腶脩焉。杜注：糗，乾飯也。以粱爲飯，以稻爲醴，此皆美品。是知稻供作酒，不爲食用，其風至春秋時猶然。韓詩外傳御者進郭君以淸酒乾脯粱糗，此正可與左傳之文互證也。

惟論語，孔子告宰我曰：

食夫稻，衣夫錦，於女安乎？

則似孔子時，已始食稻，而稻食之特爲稀罕之珍食者則居可知。抑且孔子此語，亦未必定作稻飯解。論語載孔子語又云：

夫君子之居喪，食旨不甘，聞樂不樂，居處不安，故不爲也。

劉寶楠論語正義云：

說文：甘，美也。詩多言旨酒，此文食旨，兼凡飲食言之。喪大記云：祥而食肉，謂大祥也。閒傳云：期而大祥，有醯醬。有醯醬者，明始得食肉也。又云：中月而禫，禫而飲醴酒。始飲酒者，先飲醴酒。始食肉者，先食乾肉。則自小祥後，但得食菜果，飯素食，而醯醬食肉，必待至大祥之後。飲醴酒，必待至禫之後，則小祥後不得食旨明矣。

據劉氏說，孔子之所謂食旨不甘，或可指飲酒言。疑當孔子時，其門人弟子，居常亦未必有稻米作飯供食之事，則孔子之答宰我，所謂食稻者，亦並不指食稻米飯而言，此處食稻，亦僅是飲酒耳。

今按詩鴇羽：

王事靡盬，不能蓺黍稷，王事靡盬，不能蓺稻粱。

又詩甫田：

黍稷稻粱，農夫之慶。

就前一詩言之，稻粱連文，與黍稷連文者對舉，此證黍稷爲常品，稻粱乃精品也。後一詩，乃謂黍稷之外復有稻粱，始是農夫之慶，此亦珍視稻粱之證也。而稻之所以視粱爲尤貴者，以其必須水流，不如粱之與黍稷，同爲高地旱作物，在農事上，不必有特設之環境也。白華之詩云：

滮池北流，浸彼稻田。

此即稻田必須有水流之證。而稻田之在當時，必爲甚不普遍，亦即就白華之詩而可見。淮南子有云：

稻生於水，而不生於湍激之流。

中國北方本不多水，而水流又多湍激，則稻之特見珍貴，更可想見。史記載時人歌魏之史起曰：

鄴有賢令兮爲史公，決漳水兮灌鄴旁，終古舄鹵兮生稻粱。

此亦證欲種稻，必先修水利。而大規模之水利興修，其事實後起，當在戰國時，春秋列國封疆井田之制既廢，乃始有之，此亦在古籍記載中，可詳證以說之者。余在舊著先秦諸子繫年，已粗見其說，以非本篇範圍，故不詳論。

戰國策又載：

東周君欲爲稻，西周君不下水。

據文推想，可知當時東周農事，本不恃於稻，特其年方欲蓺稻，而西周故與爲難。東周如是，中國古代北方之其他諸地亦可想。而周官特爲晚出書，其書當出於戰國之最後期，其時北方始漸多種稻，故周官特有稻人之職，然亦曰掌稼下地，則稻仍非徧地可種，而其所舉治水之工之煩，則植稻之事，其在古代北方中國，决不能普遍廣及又可知。

荀子禮論篇有云：

饗尙元尊，而用酒醴，先黍稷而飯稻粱。

此始爲古人以稻作飯之明文。然稻粱並舉，則仍疑粱食是其常，而稻食是其偶。古人先知飲水，後乃有酒醴，則亦猶之乎先知食黍稷，後乃知食稻粱也。據荀子此文，亦可見古人祭禮，所以特尊黍稷者，亦猶之其尙玄尊耳。

又按賈讓治河策有云：

若有渠漑，故種禾麥，更爲秔稻。

當知渠漑之興，决不在春秋之期，其時則列國分疆，封堤割裂，各以百里七十里爲限，並多相擇高地以居，既壤地不相接，何來有渠漑交通。必下迄春秋末期，封疆漸壞，都邑相連，分郡設縣，國體日大，乃可連境接壤，有大規模之水利興修。故井田百畝，大概其作物之主要者，仍屬黍稷，偶有池水，得所浸漑，薄爲稻田，如白華之詩之所詠，此乃不常有之事。自渠漑興而禾麥盛，而秔稻猶尙屬晚起，賈讓所言，最爲明白矣。

至於小戴內則有陸稻，管子地員謂之陵稻，則古代亦有種於陵地之稻，然管子內則，其書亦不出孔子前，至王制云：

庶人春薦韭，夏薦麥，秋薦黍，冬薦稻。

即此數語，已可證王制制作，確成於漢儒之手，當春秋戰國時，庶人又烏得以稻作常薦乎？

又按淮南主術訓有云：

昏張中則務種穀，大火中則種黍菽，虛中則種宿麥。

伏生尚書大傳亦有此語，而皆舉不及稻。則稻在秦漢之初，仍不爲主要之農作物可知也。

又按周官職方氏有云：

揚州，其穀宜稻，荆州，其穀宜稻。豫州宜五種。（鄭注：黍稻菽麥稻）。青州宜稻麥。兗州宜四種，（鄭注：黍稷稻麥）。雍州宜黍稷。幽州宜三種。（鄭注：黍稷稻）。冀州宜黍稷，幷州宜五種。（鄭注：黍稷菽麥稻）。

程瑤田說之曰：

豫州幷州宜五種有黍，兗州宜四種有黍，幽州宜三種有黍，雍冀皆宜黍，而楊荆二州但宜稻，青州亦但宜稻麥，此是西北有黍，東南無黍也。

余謂古人黍稷並稱，職方宜黍者皆宜稷，則可謂西北有黍稷，而東南無黍稷矣。至列舉宜稻者，凡得揚荆豫青兗幽幷七州，宜若其占地甚廣，其實除揚州荆州惟稻爲宜外，餘五州，惟青州兼宜麥，餘四州則仍是黍稷爲主。則稻作物不占中國古代北方農業之重要地位，豈不至戰國末期而猶然乎？

又按：月令五種，曰：麻黍稷麥豆，殊無稻。鄭注據周官，不從月令。要之言五穀者，或舉稻，或不舉稻，則稻之在古代中國，其不得與黍稷粱麥同列爲主要之農作物，又斷可見矣。

黍稷稻粱之外，五穀尚有麥。詩思文：

貽我來牟，帝命率育。

詩臣工：

於皇來牟，將受厥明。

牟皆即麥也。是麥之爲種，亦爲周人重視，殆亦較黍稷爲貴品，故呂氏春秋謂其始蓋后稷受之於天也。然麥之普遍種植，其事亦必視黍稷爲後起。相傳箕子過殷故墟，作傷殷操，其辭曰：

麥秀漸漸兮，禾黍油油。

以此較之黍稷離離之詩，若箕子之辭而非僞，則麥之種植，殆先起於東土之殷邦。故衞風載馳，有我行其野，芃芃其麥之詠，而鄘風桑中，復有爰采麥兮，沬之北兮之歌也。

至戰國，張儀說韓，謂

韓地五穀所生，非麥而豆。

蘇張縱橫之辭皆晚出，殆在戰國後期，而麥之爲種，自春秋下逮戰國，愈後愈盛，則據此可見矣。

又按月令：

仲秋之月，乃勸人種麥，無或失時。其有失時，行罪無疑。

月令亦戰國晚出書，而一篇之中，言及五穀首重麥，其次黍，殆以黍爲平民普通食品也。其言稻秫，到仍主於釀酒而已。

又按禹貢：

冀州厥土惟白壤，厥田惟中中。兗州厥土黑墳，厥田惟中下。青州厥土白墳，厥田惟上下。徐州厥土赤埴墳，厥田惟上中。揚州厥土惟塗泥，厥田惟下下。荆州厥土惟塗泥，厥田惟下中。豫州厥土惟壤，下土墳壚，厥田惟中上。梁州厥土青黎，厥田惟下上。雍州厥土惟黃壤，厥田惟上上。

若以禹貢此文合之職方，塗泥下田，可以種稻，荆揚是也。土壤黃白，上中之田，可以種黍稷粱菽，雍冀是也。墳壚黏埴，田雜三品，可以種麥，如幷青兗豫是也。中國北方河域，包今山東西，河南北，及陝甘六省，而以河南爲中心，其西部多山，東部平曠，故陝甘晉豫大抵爲黃土區，而燕齊及豫之一部分則爲冲積層，皆非塗泥之地，其宜於水田者特少。古今地宜，諒無大變，故知中國古代北方農業，特以高地旱作物爲主，稻作決屬後起，雖周官之書盛言溝洫，即論語亦已有盡力乎溝洫之言，然水利與農作之關係，古代中國實決不當與古埃及巴比侖印度三土相擬。由於農作業之艱難，乃及農產品之粗賤，故古代中國北方文化發源，所獲益於天時地利物產之相助者，較之印巴埃三土，實遠爲不如。而中國文化之由於我中國民族遠古先人之刻苦努力，憂深慮遠，而始能獲有此更偉大更悠久之成果者，亦較之古代印巴埃三土之文化績業，實更有値得有志研治世界人類文化歷史學者之鄭重探究也。

（九）

今再握要綜述，以終吾篇。大抵中國古代農業，其最先主要者，在山耕與旱作物，最早最普遍種植者當爲稷，黍次之，粱又次之，麥稻更次之。其爲古代中國主要之民食者，西周以前，決然爲黍稷，則中國遠古時代之農業文化初啓，固不妨特定一名號，稱之爲黍稷文化，以見其特性之所在。而自春秋以下至於戰國，農作物之主要者，漸自黍稷轉而爲粟麥，故此時期之中國文化，又可特稱之爲粟麥文化。若至於稻米文化之在中國，則其興起更在後。史記漢書以下，歷代史籍，所載中國各地稻米區域之繼續開發，其事尙可依年代順序歷歷鈎繪而出之。惟此非本文所欲詳。本文所欲論者，厥爲河流灌溉，對於中國古代農業文化開發之關係，其事決不當與古埃及巴比侖印度三區相提並論之一端。

至於本於經濟生產背景，而推論及於文化之內涵，則其事當更端別論，更非本文之範圍。故特爲之提揭綱領，以待繼起之研索焉。

孟墨莊荀之言心申義（上）

——附論大學中庸之心學——

唐君毅

（一）本文宗趣

人皆知中國思想之特質，不長於論自然之境，亦不長於論超自然之境，而長於論人性人事與人文。然人性由人心而見，人事人文，由人心之主宰乎此身，以運用自然之外物，而表現此心之精神於外以成。故中國思想之核心，當在其人心觀。

一切人之語言文字所表達者，本皆不外人之思想。一切思想，原皆在人心中存在。人凡有語言文字之運用，即見人之有思想。而人之心即可由人之有思想而見。然人之思想之所思者，則可非此思想與心之自身。故人雖自始有心，以知以行；而人之自覺其有心，而思此心之果爲何物，則爲後於人之思外物與一般人事與人文者。必至人之思想大進，能回頭反省其思想，與所以能思，能知，能行之故。然後人乃有關於心之思想。由是而學術史中，關於人心之理論，亦恆後於一般自然人事人文之理論，且必至一民族或一時代之學術發展至晚期，乃益歸於深邃與精密。故自印度學術史言，佛學中必至瑜珈論者出，婆羅門教必至桑羯羅等出，而後印度言心之思想，趨於深邃。自西方學術史言，則必至近代康德黑格耳以後，重理性精神之研究，言心乃歸於精密。而在中國學術史，則必至宋明，而後心性之學大盛。而自中國各時代之學術史言，則宋明心性之學，必至王陽明學派出而益精。南北朝隋唐之佛學之善言心識，亦在後期之佛學。中國之心性之學之遠原，在先秦諸子之思想中。諸子以前之經傳故籍中，固亦頗有關於人事人文之思想之精義，而於人心之論，則大爲缺乏。故吾人欲探中國心性學之原流，當自了解先秦諸子之言心始。

宋明儒者以特重心性之學，乃多信僞古文尙書堯舜禹之十六字心傳之說。是無異謂心性之學與中國學術思想俱始。此可以證中國之學術思想，當以心性之學爲之根。然終未合於人類學術思想發展之常軌。淸人辨古文尙書之僞，或論六經皆重言事，而未嘗離事言理言心是也。孔子言仁，以爲禮樂之本。仁固人內心之德，故孔子謂顏淵「其心三月不違仁」，自謂「七十而從心所欲不踰矩」。然孔子之施教，仍多只是就事指點。而孔門諸賢，承孔子之教，亦多只在一般儒行上相勉。必至孟子更點醒仁爲人心之義，乃大張孔門之心性之學。墨子非儒者之行，而其書所標之兼愛非攻諸義之根於其人心觀者，亦未初大顯。至墨辯，乃對心之知與志等，較多所論列。宋鈃則進而「語心之容，命之曰心之行」。其說雖不可詳考，要可見墨學之流之更重人心之論。道家莊子一派之思想，後於儒墨而生，其言人心者尤多。荀子則爲與孟子同宗孔子之教，亦善言心，而又別於孟子之言，亦別於墨家一派及莊子一派之言心者。至儒家之大學中庸，則蓋爲孟學之流，經道家及荀學之激蕩，而重本心性之善之旨，以言內聖外王之道者。是見先秦儒家心學之極致。管子內業白心諸篇，則蓋晚周道家心學之微言所萃。若乎易傳禮運樂記等篇之言及心性，則要在通之於人類文化之原，天地乾坤之道以爲論。此乃儒家思想之致廣大而足涵蓋道家之義者。故論先秦諸子之思想之流別，宜以孟墨莊荀四家之思想爲骨幹。前乎此者，則派別之對峙未立。後乎此者，則諸家思想，漸趨於融合。外乎此者，則或書缺有間，如騶衍，或言過簡老，涵義未伸，如老子。或局限思想於政治之一隅，如商鞅韓非。唯孟墨莊荀四家思想，其內容能遍及於人生政治、社會、歷史、文化、及天道、鬼神、命、與心性之各方面，而皆宗旨鮮明，持之有故，言之成理，各足以自立而相非。故吾嘗喻此四家思想，如先秦之思想之宮殿之四壁。其餘諸家，除孔子及後之大學中庸等晚周儒家之義外，蓋皆宮殿中之隅奧或四壁外之東西走廊而已。而吾探四家思想分異之關鍵，正在其對人心之所見之異。唯並舉而較論之，而後隱者顯而微者彰，是即本文之所以為作也。

吾之所以欲論孟墨莊荀四家之言心，以言四家思想之分異，在吾信中國思想之所重，在言人性人事人文，而人性人事人文之本，畢竟在於人心。故吾論中國思想，殊不慊於徒自外在之歷史原流，以論各家思想之論法，如漢書藝文志以降之所為。亦不慊於近人純以西方思想，比附中國思想之論法。吾意，此二者皆非在正面看古人之思想。此二種論法，非不當有。但宜屬諸第二義以下。而前種之論法，亦非中國最古之論列學術思想之法。在先秦論思想派別之文，如荀子非十二子篇莊子天下篇，至漢之司馬談論六家要旨，皆重在正面看各家思想之宗旨異同，而加以比較之論列。此方是以論者之思想，直接求與所論者之思想，相湊泊者之所為。唯由此吾人乃能辨別不同思想之理論形式理論系統。若此步未先作到，而徒事探源溯流之功，則同原者或異流，異原者或合流，原流交錯，探溯之功，往而不返，或將使人忘其原欲正面加以了解之思想為何物，而唯在其外圍上旋轉用心。故吾人今眞欲正面了解古人之思想，亦必須以吾人自己之思想，求與古人之思想相湊泊，求吾之心直契於古人之心，如不見所謂歷史上之古今之隔。而吾人欲了解古人之思想，以直契於古人之心之事之最大者，則為了解古人之心中關於「心」自身之思想。此事亦可謂為最難者。因此不特為普泛的求了解古人之心之事，亦為了解古人之心中所了解之「心」之事。此須吾心中所了解之「心」，與古人所了解之「心」相湊泊而後可能。如吾不能在多方面，以吾所了解之「心」，以與各古人所了解之「心」分別相湊泊，則吾終不能對各古人之所謂「心」，分別有相應之了解。此自爲最難者。然此亦當爲最有趣而最有價值者。因此正爲直探古人之心中之「心」，而直探古人思想之核心之事。吾意又以爲了解中國先哲之思想，最須着重其心之思想。以中國思想之所重，本在人，人所以爲人在其心故。近數十年西方思想傳入後，人之以新方式研究中國思想者，可謂能較重其思想之中心問題，中心概念，及其理論形式與理論系統。此爲一種復興荀子非十二子篇莊子天下篇式之論法。而本此新方式以研究中國思想者之缺點，則爲以西方思想比附中國思想。由是而人論中國哲人之思想者，恒喜先論其宇宙觀形而上學，或更進而先論知識論與思想方法論。然不知由宇宙觀以引出人生哲學等，唯是西方哲學之路數。以西方哲學乃先發展自然哲學，後又重神之哲學，近世又重科學之哲學，故哲學勢必首重宇宙觀，而再由之以引出人生哲學文化歷史之哲學。又在西方哲學，恒以自然宇宙或神超越而外在，故又必先之以知識論方法論，以使吾人之認識此自然宇宙或神之事爲可能。然在中國哲學思想，則毋寧是自歷史文化之省察，以引出人生哲學，而由人生哲學以引出宇宙觀形而上學及知識觀。則論中國之哲學思想，正無先由知識論宇宙觀下手之必要，而理當直從中國先哲之人文觀人生觀下手，而人生人文之本，則在人心也。故於中國先哲思想之不重言人心者，吾人固可只論其歷史文化觀與人生觀，然吾人亦宜試探其人心觀之理當何若。至其明重人心，而對人心有所論列之言，其當爲吾人所特須注目，而宜本之以爲探證其他方面之思想之根據者，即不言而可喻矣。此又本文之所以欲申墨孟莊荀四家言心之義，以論四家思想之所以不同之故也。

吾意孟墨莊荀雖同言心，而諸家之心中所謂「心」，實指不同性質之四種心，或吾人今所謂心之四方面。吾意孟子之心，要爲一德性心或性情心。墨子之心，要爲一重知識的知識心或理智心與順知識理智以起行爲之心。莊子所言之心。則有二：一可借用佛家之名詞，稱之爲一情識心，此爲一般之人心。一爲由此人心而證得之常心或靈臺心。此爲一超知識而能以神遇物之虛靈明覺心。荀子之心則一方爲一理智性之統攝心，一方爲一自作主宰心，可依荀子所謂「總方略齊言行一統類」之言而名之爲統類心。此四者爲吾人有本而造之名詞，一方用以指不同性質之心，或吾人之整個心之數方面。一方即據以湊泊諸家所謂心之涵義者。此四者中，要以孟子所言之德性心或性情心，爲吾人之本心所在。然孟子之所言，若不經大學中庸及宋明理學家之發揮，尅就孟子所明言及者而論，則其與他家所言，實各有所見，亦互有長短，尙不足以全使他家相服。而此四家之其他主要思想之不同，亦皆可由其各重此諸心之一種，以知其有不容不異者存。此非謂諸家之其他主要思想，皆由其對於心之思想，依邏輯推演而出，唯是謂諸家關於心之思想之不同，與其關於其他人生政治等問題之思想之不同，各有一理論上的明顯之相對應關係而已。此義望覽此文者先知。下文吾當即順序分論孟墨莊荀之言心。

二　論孟子之性情心或德性心之本義

吾人之所以說孟子之心，主要爲一性情心德性心者，以孟子言性善，即本於其言心。其心乃一涵惻隱、羞惡、辭讓、是非之情而爲仁義禮智之性所根之心。此爲性所根而涵情之性情心，亦即爲人之德行或德性之原，故又可名爲德性心。名之爲德性心，亦即表示其爲具道德價值而能自覺之之心，而非只是一求認識事實，而不自覺其具道德價值的純理智心、純認識心也。

吾人謂孟子之言性善，乃本於其言心，此心爲涵情之心云云，即意涵孟子之言性善，其指證性善之方式，並不必全同於後來朱子與其所承之程伊川及王陽明等所以指證性善之立言方式。程朱之言性善，關鍵在程伊川之性即理一語。謂性即理，乃由人所自覺之當然之理處看性。此理無不善，故性善。此中乃以理爲媒介之概念，以指出性善。程朱所以言人仁義禮智之性即是理，大率一方由其恒與私欲相對反而見，一方由其爲普遍大公而見。此是由孟子之言性，再轉折一層，而引生之論。陽明由良知以言性善，除其見父自然知孝，見兄自然知弟等語，與孟子意無別外；復喜由良知之知善知惡而又好善惡惡，以見良知之性乃安於善而不安於不善。此亦即無異由良知之性之自善其善，自肯定其自己之善，而否定非眞屬於其自己之不善，以言良知之性爲至善。這亦是對照反面之不善之念，而把在上之良知之善性反顯出，而加以論列之法。此二種指證性善之論法，皆上有所承于大學中庸之義，而爲孟子所倡性善論之更進一步的發展或新形態之表現。此二種論法，亦皆待人反省其心中之當然之理與私慾之相對反，及良知之善善惡惡，而後能了解。伊川之重存理去欲，陽明之致良知，嚴格說，皆重在孟子所謂是非之心之智上立根。而孟子之言性之由心見，則是非之心，只居其一。惻隱之心、羞惡之心、辭讓之心，乃居其三，且更爲孟子所重。孟子之指證此數種心之存在，則主要在直接就事上指證，亦即就我對其他人物之直接的心之感應上指證，以見此心即一性善而涵情之性情心。此心是初全不須與其反面之人欲等相對而後能見的。此便與伊川陽明等所以指證性善之立論方式，微有不同。

吾人謂孟子之言性善，乃就我對其他人物之直接的心之感應上指證。此可從孟子各方面的話證明。譬如孟子指證惻隱之心之存在，即就「今人乍見孺子將入於井，皆有怵惕惻隱之心」上說。此中由乍見而有惻隱之心，即表現此惻隱之心，爲我對孺子入井之直接感應。又如孟子之指證羞惡之心之存在，即就「呼爾而與之，行道之人不受，蹴爾而與之，乞人不屑也」說。「呼爾」、「蹴爾」與「乍見」，都是突如其來之事。對此突如其來之事之直接的心之感應，就是這個惻隱、羞惡。此處即見心本性之涵仁義或具仁義，而見性善。外如孟子又由「上世有不葬其親者，其親死，則舉而委之於壑。他日過之，狐狸食之，蠅蚋蛄嘬之，其顙有泚。」以指證此泚之自「中心之發於面目」，乃不待思維而發出，以言人本有孝心。由「舜居深山之中，與木石居，與鹿豕游，其所以異於深山野人者幾希」。而「聞一善言，見一善行，則沛然若決江河，莫之能禦也。」以喻人好善之心，直接隨所聞見之善行善言，而一無阻攔的表現。由齊宣王之見牛觳觫而立即不忍，而欲「以羊易之」，指證其有能「保民而王」之心。此通通是就人感於外物之直接的心之感應，以指證人之本心之性善。此外孟子特喜就人不忍不屑處說仁義之心性。不忍不屑者，即心雖欲忍欲屑而不能。欲忍欲屑而不能，即迸發出心之眞性情。此正如彈簧之按不下去，即迸發出彈簧之眞力量。以不忍不屑言心性，亦即以心之直接的感應言心性也。

此種心之直接感應，乃與依於心先有之欲望要求而生之反應不同，亦與依於自然的生物本能或今所謂生理上之需要與衝動之直接反應不同。凡此諸反應，都是有所爲的。亦即爲達到人原先之自覺或不自覺之一種目的。這正是孟子之言本心時，所要加以簡別開的。故孟子言上世不葬其親，委親溝壑，他日見之，其顙有泚，特說明「是泚也非爲人泚」。言「今人乍見孺子將入於井，皆有怵惕惻隱之心」後，立即說明「此非所以納交於孺子之父母也，非所以要譽於鄉黨朋友也，非惡其聲而然也」。如是「爲人泚」爲「納交孺者之父母」，或「要譽於鄉黨朋友」，此便是依於心先有之欲望。如是爲「惡其聲」，便可只是依一生物本能或生理上之衝動而生之反應。在此等處，人之有某反應，只見人在反應之先之「有所爲」，而不能見人之本心之性。只有不是爲滿足我們原先之「所爲」，而直發之感應，乃可見人之本心。而此處之感應，即皆爲無私的、公的、惻隱、羞惡、辭讓、恭敬、是非之類。故心之性是善的。

孟子之講性善，一方是就上述之無所爲而爲的心之直接感應上指證，再一方則就心之直接安處悅處指證。此安或悅，亦不須與是其所不安處不悅處相對而後見的。如孟子言禮義之悅我心，以指證人之好善，人心之性善。人之覺禮義之悅心人之好善，是可全不與惡或不善相對的。因此中可只有所好之善，所悅之禮義。人行禮義而悅此行禮義之心，人行善而好此善心，實即禮義心之自悅，善心之自好。此自好自悅，乃一絕對之自好自悅。此中可並無能好與所好，能悅與所悅之別。此時乃心在悅中，悅在心中。心在好中，好在心中。此方是性情心之最原始的相貌。孟子之由心之悅善好善，以指證心之性善，實乃直契孔顏樂處，以言性善。後來宋明理學家，則要在由人欲淨盡之工夫，以達天理流行之境，而實證孔顏之樂處何在。陽明亦有「樂爲心之本體」之言。則理學家之歸宿處，固未嘗不同于孟子。然宋明理學家程朱一派之由理善，以指證性善，及陽明之由良知之是非，以指證性善之立言方式，則終與孟子之所言，有直接間接之別。讀者當可細玩孟子之言，以自得之。

吾人如扣緊孟子言性善，乃自心之無所爲而爲的直接感應，及心之悅理義而自悅處，以見性善之義，便知孟子之修養此心之工夫，純是一直道而行之工夫。其本義實簡截。尙無宋明儒所講之較多曲折。宋明儒所講者之多曲折，因其工夫全爲反省的。且即重在對治反面之人欲、意氣、意見、氣質之蔽等的。人欲等之形態，萬彙不齊，故工夫不能不加密，遂與孟子所言多不同。此中異同之關鍵，吾不以爲在最後所嚮往之作聖目標。而當在古今人心之變。古人之心病簡單，而後人之心病複雜。故論修養此心之功夫，亦前修未密，後學轉精。此自學術之內容言，則當說後人更見進步。故宋明理學亦確有比孔孟所言更進處。但人如無病，則不須服藥。因病發藥，各有所當。則亦可無所謂進步。而以後人之病之藥方，看古人之病之藥方，則又未必能得其實。故吾意尅就孟子以言孟子，其修養此心工夫，要點只在直下依此惻隱、羞惡、辭讓、是非之心之流露處，擴充而直達之。「人能充無欲害人之心，而仁不可勝用也。人能充無欲穿窬之心，而義不可勝用也。人能充無受爾汝之實，無所往而不爲義也。」「毋爲其所不爲，毋欲其所不欲，如此而已矣。」此處之工夫，實尙不類宋明理學家工夫之重存天理與去人欲，雙管齊下，存養與省察，是是非非，雙管齊下。而只是順惻隱羞惡之心起處，直達出去。工夫即在此直達。此處可並不先見有人欲待尅治，即可初不重對反面者之純內心的省察之工夫。「毋爲其所不爲，毋欲其所不欲」中之「不爲」「不欲」，可是虛說，非實說。在此工夫中，可並無「所不爲」、「所不欲」者之存在。如由不忍牛之觳觫，至不忍人，不忍天下之民而依仁心行仁政，由不忍親之委於溝壑，至爲之棺槨，無使土親膚，爲之衣衾，爲之祭祀，即是此惻隱之心，孝親之心之一直流衍。此中即有工夫。而此工夫中，可並無反面之私欲雜念之待省察克治。此中全部工夫，可只爲正面的直達。此直達即「操存」、即「存心」、即「養心」、即「盡心」，即「不失其赤子之心」，「不失本心」，即「專心致志」。士不外能有「恒心」，聖人不外能「盡心」，而得「我心之所同然」。聖王不外依仁心行仁政仁術，能「勞心」以得「民心」。此一切心上之工夫，亦可統名之爲一「直養無害」而持志之工夫，以達於「不動心」。而反之者，則爲心之「梏亡」、「陷溺其心」、「失其本心」、「放其良心」、「失其心」、「不得于心」或「無恒心」。總而言之，即心之不存。人之所患，唯在此心之放而不存。故孟子曰：「仁，人心也，義，人路也，舍其路而不由，放其心而不知求，哀哉。」然孟子所以治此心之放或不存之病者亦無他，即操之使存，「求放心而已矣」。孟子又曰：「心之官則思，思則得之，不思則不得也。」「仁義禮智，非由外鑠我也，弗思耳矣。」然孟子之所以治、不忠、弗思之病者亦無他，思而已矣。此實爲最簡易直截之教。宋儒中，象山最與之相近。象山之功夫，只在提起精神，收拾精神，發明本心。而孟子之工夫亦只在存心。存心即所以養心之性，以成仁義禮智之德，而知性，知天，事天，立命，皆直下而有之一串事也。

吾人上來之意，是說孟子之言心，實只有出入存亡二面。孟子書引孔子曰「操則存，舍則亡。出入無時，莫知其鄉。唯心之謂與。」故孟子言心，亦尚無後儒所謂習心與本心之別，私心與公心，善心與惡心之別。在孟子，說心即說本心，即是善的公的。所謂私、不善與惡，只是心之不存而喪失。此不存而喪失，則緣于人之役于小體，只徇耳目之欲及食色之欲，人心之爲飢渴貧賤之害所害。人之所以會役于小體，只徇耳目之欲、食色之欲等，在孟子並未言，人另有一心，定要去役於小體等。如此則人有二個心。在孟子言心只有一心。孟子只說及，人失其心放其心，便有役于小體之事，故人要不役于小體。孟子未說及需要人先去掉一役于小體之私心，而只說及求其放心，操存此心。在此處，吾並不以孟子之言心之義爲全盡。然孟子之言，實只及于此。憶明儒羅整庵等嘗舉孟子格君心之非，及正人心等之言，以證孟子未嘗以心爲全善。然吾人亦終不能謂孟子所謂人心中之實有一邪心非心。若然，則孟子隨處所言之存心盡心養心，皆爲模棱之語，不定之辭。果存心盡心養心之言中之心，爲孟子所言之心之本義，則孟子所謂「格君心之非」「一心正而國定」者，亦即使君心不存者存，以安民定國。而孟子所謂正人心者，亦非重在去一邪心得正心之謂，此語當連下文所謂闢邪說以爲言。正人心者，即闢邪說之足擾亂人心，使人心歪倚不存於其位者，而使人心存於其位而已。

孟子之言心，不與私欲私心邪心等相對反而言，亦不與食色之欲耳目之欲相對反而言。仁義禮智之心與耳目食色之欲，在孟子固為異類。孟子言性，自心上說，而不自耳目食色之欲上說。此亦即其所以異于告子。故後儒如戴東原等之本禮記血氣心知之言以統此二者，以當孟子之說，亦不得孟子意。然孟子雖以仁義禮智之心與耳目食色之欲為異類，而此二類，在孟子，亦初可不相為對反。人有耳目食色之欲，亦不礙性善之旨。因耳目食色之欲，並非即不善的。不善緣於耳目之官蔽於物，或人之只縱食色之欲。而耳目之官蔽於物，與人之只縱食色之欲，則緣心之不思而梏亡。心梏亡而不善生，此正反證心之性為善，有心之人之性為善。故人不得以人有食色之欲等，疑心性之善。而人存仁義禮智之心，亦可不與食色之欲相對反者，則以此心如與食色之欲俱行，則人立即依于其自己之食色之欲，而化出不忍人之飢寒之惻隱之心，望「內無怨女，外無曠夫」之心。此處吾人如試自己細細勘驗一番，便知此中之不忍人之飢寒之心，乃直冒順於吾之飢思食，寒思衣之欲之上、之前、而生起。吾之不忍人之為怨女曠夫之心，亦直冒順於吾之男女之情之上、之前、而生起，以進而求黎民之不飢不寒，人人之宜爾室家。此即孟子之告齊宣王「好色好貨，與民同之，於王何有。」亦即孟子之仁義禮智之心與食色之欲，所以可不成對反，而本孟子之言以言仁政，亦為一至簡至易之道之故也。

吾人欲知孟子言修養工夫及為政之道，所以如此簡易，要在知孟子之言心，乃直就心之對人物之感應之事上說。此心初乃一直接對人物而呈現出之心，初非反省而回頭內觀之心。孟子講覺，如以「斯道覺斯民」，「以先知覺後知，以先覺覺後覺」，此是直下以己之覺覺人，「以其昭昭，使人昭昭」，尚非必後儒及今之所謂反觀之自覺。孟子所謂惻隱之心、羞惡之心發動時，此心當然是明覺的。但說其是明覺的，仍是進一步回頭看的話。大學之明德，中庸之誠明，皆更重此義。而在孟子之言則重在直指此心之如是如是呈現。而其呈現，乃即呈現於與外相感應之事中。如惻隱之心即呈現於我見孺子入井中之事中，羞惡之心即呈現於拒絕嗟來之食之事中。此中，心與事互相孚應。全心在事，全事在心。此事當然亦在明覺中，但亦可並不須說其在明覺中。此心有諸內而形諸外，見于自己之身與外之人物之交。此便可通至中庸所言之合內外之義。但在孟子則只說及此心當有事。孟子所謂「必有事焉」，吾意此「事」，當初即指我們在日常生活中之見孺子入井，及入孝出弟守先待後等事。其所謂勿忘勿助長者，勿忘是不放失此心，即存養此心使相續之謂。勿助長，即心不凸起於事上，如將事硬向上提起。將事硬向上提起，此便是揠苗助長。我們今所謂自覺，實常是一種心之在上而把其所作事硬提起。此處如依孟學說，即有毛病。宋明儒或名此毛病為矜持而重去矜。孟子則直要人之心在事中。事是對其他人物的。心在事中，則心是向其他人物的。心向其他人物，心便放平，自然無放失與矜持之病。如見孺子入井時，心是向孺子入井的。心向孺子入井，則心不能只顧其自己之軀殼身體出發之食色之欲、耳目之欲的，而是要使此身為此心所用的。此便是心反諸身，而主乎此身，以心之大體主耳目之小體。心向孺子入井，即專心向此而生不忍心，盡心以救孺子，即此心反身而誠。在此盡心之事中，即有心之自悅自樂其心之盡。是之謂「反身而誠，樂莫大焉」。而我自己之盡心，即將外之人物涵攝於我心之內。如我救孺子，則孺子即涵攝於我心之內。由此以推至孝親，敬兄，齊家，治國，平天下，同是一樣道理。於是一直充達此心，充類至盡，便可說「萬物皆備於我」。此亦即由集義而「浩然之氣，塞乎天地之間」之事，「君子所過者化，所存者神，上下與天地同流」之事。這些話，從高明廣大處去看，固非吾人之所能企及。但其工夫，實只在人當前之使心與事相孚，全幅精神在事上。此處盡心便是誠。此誠，初不與僞妄對。後來大學說「毋自欺」是誠，中庸由「擇善固執」言「誠之」，伊川說「无妄之謂誠」，皆進一步由反省以出之工夫。此是工夫之加密，鞭辟就裡。順孟子之教引而申之，最後亦當發展出此義。此在本文末，當一論之。然孟子之言誠，則有更簡易直截處。孟子之誠，初只是正面的盡心，此心自善，只須人能直下承担，可更不待擇。亦不是反省其心以去其僞妄而成誠。所以在孟子之教中，有誠而無僞妄之名。誠與僞妄對，則誠之功夫爲二中求一，求「不貳」，相對中求絕對。誠不與僞妄對，則誠只爲一絕對。誠然，孟子亦言不誠。如「悅親有道，反身不誠，不悅乎親矣，誠身有道，不明乎善，不誠乎於身矣。……不誠未有能動者也。」但此處之不誠，可只指未誠，未盡心以行悅親之道，未盡心以明善而誠身，未能以誠動人。此不誠不同於僞妄之與誠相對。而孟子之言明善即所以誠身，正見誠身只爲一繼明善之事而行之於身之正面工夫。孟子又云「誠者天之道也，思誠者人之道也」。仁義禮智之四端之心，皆「天之所以與我」。故直感直發之仁義禮智之四端之心，亦即天之道所存。思誠即充達此心。此中只以思誠繼誠，便全幅是直道的正面工夫。而工夫亦即在此心與外物感應之事上，流露之四端上，識取。此與大學中庸之工夫之言去自欺以存誠，對「不誠」而「誠之」，言致曲能有誠，與宋明理學之重內心中省察，去心中賊者，實有異。望大家一加識取。

（三）墨子之知識心與儒墨思想之所由異

唯大學中庸之論心，及宋明理學家之論心，雖與孟子有不同，然在根本上却是一路。即他們同以言人之德性心爲主，同以德性心爲人之本心。其所以差別，一方是愈後之儒者，對人心之病痛，認識愈加密，而工夫亦加密。此如前說。而另一方，則亦是先秦他家學者如墨、莊、荀對於人心之另有所認識，而指出人心有其他方面，使後之宗孟學者，對人心之認識及修養工夫，不能不加密。吾雖素主張以孟子至宋明理學之言德性心，爲最能得人心之所以爲心之本，然吾亦不能抹殺他家之於人心，確另有所見。此其所見之不同，亦爲形成他家之學，與孟子一路下來之儒學之不同者。此他家之所見之心，則正與西方哲學及印度思想中所見之心，有極大之相通處。昔人生於孟學之傳統中所加以忽略，而或未能明其與孟子所言之異同之際者，今則皆可皎然明白矣。

吾所欲進而論者，首爲墨子之言心。墨子前於孟子，而墨子一書之成，及其中所涵之思想，則不必皆前於孟子。至少墨辯之思想之產生，可與孟莊同時或更後。然吾今所重者，不在辨墨學思想之時代先後，而在論墨學言心與孟學言心之不同。吾人必先論孟學之言心，而後墨學言心之特質何在乃顯。而墨學言心之義顯，莊子言心之義乃顯。故次墨子言心，于孟子言心後，而又次莊子言心於墨之後也。

墨子之學，表面觀之，乃不重言心者。在墨辯中，對心之一名，亦未列爲一條，加以解釋。然其所以不重言心，亦正由其對心之一看法。即由其看心，特重心之作用之知之一面。此心之知，乃以「接於物而明之，慮之，辨之，而知其類，以進而知吾人之知識與行爲之類」爲性。此其所以較不重直接論心也。

由墨子特重心之知，故墨子之所謂心，自其與孟子所言之德性心、性情心之不同言，吾人可名之爲理智心，知識心。知識二字連用，亦數見於墨子天志、雜守、號令、諸篇。今人所謂理智心、知識心之性質，首在認知外物，次則爲辨其類，知其理，而據理以由已知推未知。此皆正爲墨子之所重。而墨子書中知之一字，凡三百餘見，蓋爲墨子最喜用之一字。墨辯謂「生，刑（同形）與知處也」，即見墨學中所謂生命，除形骸以外即此知。墨子書中凡有所論，亦幾隨處皆有「何以知其然也」，「何以知之」之語，是皆可證墨子，重以知言心也。

墨辯經上之論知曰「知，材也」。「知，接也。」「恕，明也」。此即言知爲能知之才，而又能接物，而明了之者。經說上釋知接也曰「知也者，以其知過物，而能貌之若見。」此即謂知爲認識事物，而得其印象觀念之謂。又釋恕明也曰「恕也者，以其知論物，而其知之也著。」此即以恕爲對物加以判斷論列之謂。墨辯又分知爲聞、說、親。親知即直接接物，而能貌之知之知。說知即由比類而心不爲方所庫（即不受空間限制），由已知以推未知之推知。聞知即由聞他人之言其所親知說知，而後爲我所知之知。此數種知，皆要爲純粹知識上之知甚明。而墨子之立論，則尤重「說知」，即推知。故「故」之一字，爲墨家之專門名詞。「故」有「大故」「小故」之分。「故」之一字，在墨子書中，亦三四百見。而性之一字在墨子書中則只三見，情之一字只二十六見（並據哈佛燕京社墨子引得統計）。其用性字處，蓋皆非論心性。其用情字處，多則爲「情實」之情。如所謂「得下之情」，「耳目之情」，即皆不外「下民之實」，「耳目之實」之意。貴義篇言「去六辟，去喜，去怒，去樂，去悲，去愛，（去惡）」。可見其輕情。亦見其所言之心，決非如孟子所謂性情心或德性心，而只爲知識心或理智心也。

至於墨子之明言及心之語，除泛說者不論，其最值注意者，有下列數語：

循所聞而得其意，心之察也。執所言而意得見，心之辯也。（經上）

慧者，心辯而不繁說。（修身）

其心弗察其知，而與其愛。（尚賢中）

心無備慮，不可以應卒。（七患）

是孰宜心？（經說上）

無說而懼，說在弗心。（經下）

捷與狂之同長也，心中自是往相若也。

而凡此所謂心，皆明爲純粹認識上、理智上之能思辨疑難之心甚明。

此外墨子之言心之特點，則在其重人心之同一，故尙「戮力同心」，「一心戮力」，「和心比力」，而以「吏卒民多心不一者」，「皆有離散之心」爲慮。其所謂「同心」「一心」，亦由自外比較心與心之內容之同一以說，而爲一緣理智以構成之概念。而其所以尙「同心」、「一心」，則與其尙同之敎、兼愛之敎，皆本於其一往重理智所認識之「遍用於一類之抽象普遍之原理」，即其所謂「法儀」之故。此義容後論之。

墨子所重之知識心或理智心，與孟子所重之性情心、德性心，其根本之不同，在知識心、理智心所發出之知，其接物也，初爲墨子所謂貌之。貌之即認取物之相貌，而形成今所謂印象觀念。再本印象觀念以判斷物，則能劃分物之類，即能形成今所謂各類物之概念。此中人心之活動，在根本上爲對外物之相貌有所攝取，以成印象觀念等。而此印象觀念等，則爲內在於心的。其重表現於外，唯在再本之以判斷外物，並將此判斷表之於言。是之謂「以其知論物。」人如本不以其知論物而有言，則人之所知純爲私有，非他人所得而見。人以接物而有所知。此有所知，自亦爲人之一種由有所感而生之應，則初爲貌物。而貌物之所得者初爲私有。此爲知識心、理智心上之「應」之原始的根本性質。而此即與孟子所重之性情心、德性心之「應」，全然不同。性情心之「應」，如見孺子之入井而應以惻隱之心，此惻隱之心之根本性質，不在貌孺子入井之形狀。此惻隱之心，可根本尙未及，貌孺子入井之形狀於心，而只于見孺子入井時，便可直接生起。此時吾人見孺子入井之見，固是直向孺子。此惻隱之心，亦直向孺子。吾人之能見的心之前面是開朗的，此惻隱心亦是開朗的，此惻隱心之流露而表於面目，表於援之以手之動作，亦是直彰箸而顯於外，可爲人所共見的。故此中由見孺子入井，至惻隱之心，再至此心情之表於援之以手，整個是一開朗之歷程。而此歷程，嚴格言之，乃即見即惻隱，即惻隱即求表之於往援之以手之行。此中知情意是三位一體。知是由外達內，意與行是由內達外。此中是才有外達內，而內動惻隱之心，即有內達外。故在此歷程中，吾人之內心只是外達內，內達外之過渡。此內心中可並無「對外來者之自覺的貌之而有所攝取」之一回事。此貌物而有所攝取，乃有如外來者之滯留於內。一般認識心、理智心即依于此外來者之滯留於內，而有所認識。而此惻隱心中，則可並無此滯留。而唯以在此中，心無所滯留，而直感直應，方見此惻隱心爲一表裡洞然之眞惻隱心。而此外一切性情心，亦皆以能達此表裡洞然之境爲最高標準。而人之理智心與認識心之形成知識，則初正不要此表裡之洞然，而是要吾人與物接時所攝取者，滯留於內。此所滯留者愈多，而人之印象觀念愈多，而人後本之以從事判斷之事愈多，所形成之物類之概念愈多，對物之判斷論說亦愈多。此是墨子之認識心、理智心與孟子之性情心、德性心之根本性質之不同所在。

知識心、理智心之本印象觀念，以判斷與定物類，在根本上是要辨同異，言物之是什麽與非什麽。故墨子之思想，處處要辨同異，明是非。然墨子所欲明之是非，與孟子所謂是非之心之是非，明爲二種是非。孟子所謂是非，陽明謂之即良知之好惡是也。依孟子之言，則人之本心所悅爲是，不悅者爲非。此是非是涵情的。而墨子之是非，如墨辯中所重之是非之論，明大多爲不涵情的。涵情之是非，與不涵情之是非之不同，自對象方面說，在涵情之是非，初乃以當前所接之具體人物或我所作之具體事本身爲對象，而不涵情之是非，則初是說某一具體事物是否具某抽象之性質，或某類物之是否另一類物，或某一性質是否某一性質。在涵情之是非，此是非在我心之「對事物」之

「對」上。不涵情之是非，在「事物對其性質」之對上，「事物對其他事物」之對上。故不涵情之是非，可以主賓辭間之介辭表之，而涵情之是非，不能以介辭表之，而只能以嘆辭表之。「賢哉回也」，「不仁哉，梁惠王也」，此「哉」與此「也」，表涵情之是非，即表孟子所謂是非之心之語言。而回「是」賢人，梁惠王「非」仁人之「是非」，則使涵情之是非轉為不涵情之純理智心、認識心中之是非。而墨子墨辯之所謂是非，則大皆此類也。

吾人謂墨子之所謂心，在根本上為知識心、理智心，非謂墨子如西方之科學家哲學家之只重求知識。吾人之所以如此言．要在自其言心之根本義上，看其與孟子等之不同。墨子固為重實行兼愛非攻等道者．墨子與其徒，亦固為極富熱情者。然其所以達此熱情，及其所以主張兼愛非攻等教義，其根據正在上述之知識心、理智心也。

孟子言「墨子兼愛」，莊子言「墨子泛愛兼利而非鬥」，尸子言「墨子貴兼」，墨子之思想主要在兼愛，已為先秦人所共認。自愛之為愛言，此固是情上事。尅就墨子所言之愛親愛人等中，此愛之情之初發動之際言，亦固出於孟子所謂性情心、德性心。然墨子兼愛之教所重者，則不在其尚愛，而在其所以言愛，及其愛之必求兼，與其所以倡兼愛之理由。而此等等，則明純原於墨子理智心，而與孟子之所以言「仁者愛人，仁者無不愛也」之意不同。此異處所在，簡言之，即孟子之言「仁者愛人，仁者無不愛也」，初乃就吾人之具體生活上說。仁者恒以仁存心，見人而中心欣然愛人，接之以禮，通之以情，自然無人我之隔閡，於他人之飢寒怨曠之情，生悱惻之心。至其推恩而及於四海萬民，則不外知「他人有心」而「予忖度之」，乃「舉斯心而加諸彼」。此所謂「舉斯心而加諸彼」，乃舉此在當前當下呈現之悱惻之心，而整個的申達之，以及於彼未呈現於目前，而呈現於思想中之四海萬民之心。然如實言之，此四海萬民之心，只呈現於思想中，即不能一一具體呈現者。故所謂忖度四海萬民之心而愛之者，實即提舉此當前之悱惻之心，使不限於當前所接之人而已。而所謂使此悱惻之心，不限於當前所接之人，亦即使此悱惻之心相續申達，隨處不放失此心，而貫此心於仁政，仁術，以「得民心」，「不失民心」，使民「中心悅而誠服」而已。此中唯貫此仁心於具體之仁政之事，以求悅民心，爲可使此仁心落實者。而此具體之仁政之事，則仍不外爲政者之「省刑罰，薄稅歛」，倡「深耕易耨，壯者以暇日，修其孝弟忠信」及班爵進賢等爲政者當下可爲之事而已。於此，如人不在位不爲政而只居家，此悱惻之心及一切德性心，便只在入孝出悌，朋友有信，鄉黨鄰里之間之事等中落實。故儒者之仁心，雖無不愛，足涵四海萬民而無遺。然此心之落實，則只在於當前之我與人相感應之具體生活。反之，若此無不愛之仁心，只一直向上冒舉，一往求擴大超升，由超溢家庭之外，至國家，至天下，至衆生，則終將只是虛枵澎漲，不免淪入虛無，而成無法實踐，亦永只爲內心之一境界，而未嘗由實踐之行事，以表現彰著於外者。欲此仁心能表現彰著於外，則至遠者必還收歸於至近，而透過我之身，以見於我之身與人相感應之具體生活。至於人何以當有悱惻之心、仁心及一切德性心，則在孔孟皆無進一步之理由可說，亦更不須說。說之乃依於純粹之理智心，把此德性心化爲一對象，而視如一般之事物，以求其當有之故。然此德性心，在其自悅自安，而無間充達之歷程中，乃永不能化爲對象者，即此處根本容不下問依何理由，或爲什麽而要有此仁心之問題。其有，爲超理智之上心，亦爲超一切知識上之理由者。其當有，即此德性心自悅自安，已足完全證明，另不須外在之證明。彼求外在證明者，其運思縱可上際於天，下蟠於地，最後仍須回到以此心之自悅自安，爲當下的內在的證明。然在墨子之言兼愛，則首爲兼愛建立種種理由。如其反復言「人當察天下之害與亂之所自起，天下之利與治之所由生。亂與害之所自起在不兼愛，治與利之所由生在兼愛。故人當兼愛，然後天下治」云云。此乃爲人當兼愛說出種種理由，以兼愛爲止亂求治，或興天下之利除天下之害所必須有的方法，而兼愛之目的，遂如在兼愛外。此則純爲一依於理智心之思想。而實則如此以建立之兼愛之理由，乃不成理由者。因吾人尚須問，人何必要求治而不安於亂，何以要興天下之利，除天下之害？此理由便仍只能歸於人要兼愛。便成循環論證。如依孟子之義說，則人人之欲治而惡亂，欲興天下之利除天下之害，只依於人之不忍之心。對此不忍心，本不能、不須、亦不當，再問其理由。問理由便落入理智心，而離開此心。此「問」本身，亦爲順此不忍心而加以申達者，所不當有之一「問」。此處直下截斷一切葛藤，更無繳繞。而墨子言兼愛之理由之思想，則幾整個在一循環論證中繳繞，頭出頭沒，而終不能直契其欲兼愛之心，初乃依於一仁心，此仁心乃超一切理由以上之一義。此墨學之所以陋也。

吾人謂墨子之欲兼愛之心，乃依於一仁心，乃是說其有依于孔孟所謂仁心之處。實則墨子所言之兼愛心，畢竟有大不同於孔孟之仁心者。如實言之，墨子之兼愛心，乃人對依其仁心所發之愛，才加以自覺，即以理智把握之，而順理智心之依類而行，向前直推所成之心。墨子言兼愛，其所以反對儒家仁愛者，一點在反對儒家之先親後疏，親親仁民之「差等之愛」或「倫列之愛」，一點在主張天下無愛不利，而儒家聖人，似可有愛而無利。而此二點之異，其關鍵正在儒家之仁愛，乃一直體現於吾人之具體生活中，而墨子則順抽象理智之依類而行，以向前直推，以成其兼愛而重利之說。故大取篇謂「仁而無利愛，利愛生於慮」。按「慮也者，以其知有求也。」（經上）則其謂利愛之說生於慮，即言其利愛之說，乃依抽象理智一直推求之所成也。須知，在吾人具體生活中，吾乃首與吾之父母兄弟家人朋友相接，而發生各種互相感應之具體事，以爲吾之德性心首先表現之所在。此中之情意，自然較濃。而於疏遠之人，情意自較淡。此爲不可免者。唯此先親而後疏之親親之殺本身，爲人人所可遵行。儒者亦望人人之遵行之。則此中似有私，而又合乎天理之公。此本為不難解者。然墨子則必主兼愛，欲人之愛人之父若其父，愛人之家若其家，愛人之國若其國，盡一切人而一往平等的兼愛之。墨辯曰「兼，盡也，盡，莫不然也。」「莫不然」即一往平等之義也。如此之兼愛，明為吾人在具體實際生活上不能行者。然此在墨者之思想中則可能者，正由於墨者之本其「知慮」將吾人之具體生活所接之特殊個體之人等，均視作一類中之人，而加以理解。如此則愛其一不平等愛其餘，便為悖理。在理智上為講不通者，遂在實踐上為不當有者。而在實踐上當有者，只能為對凡在一類中者，皆一一平等而愛之。依此，我是人，他人亦是人，則我愛我之一人，即當舉天下之人而平等盡愛之。吾之父是父，他人之父亦是父。我愛我父，則當舉天下之父而平等盡愛之。我之家是家，他人之家亦是家。我愛我家，則我當舉天下之家而平等盡愛之。此正由先把我之為人、我之父、我之家純視作人類之一、父類之一、家類之一，而對之作一抽象概念的理解。然若自具體生活中理解，則我之家為家類之一，而家類之一，非必我之家也。我之父為父類之一，而父類之一，非必我之父也。我為人之一，而人之一，非必我也。則我愛我父，何必愛他人之父若我父，我愛我家，何必愛他人之家若我家乎？如此以兼回到具體至活中作理解，則人縱有依類以行之理智心，仍畢竟不能建立一往平等之兼愛之道。而其所以似能建立者，唯在此理智心全捨離此具體生活中之理解，而一意孤行，「以其知有求」，盡慮以向前直推；乃將吾人當前具體生活中所接人物，只化為類中之一，更不再加以還原。則我只是人之一，更不是我。我父只是父之一，更非我父。我家只是家之一，更非我家。由是而舉天下萬世，一切人、一切父母、一切家、一切國之一往平等的盡愛之兼愛之道，遂宛然在目。故曰：「一日而百萬生，愛不加厚。」「愛衆世與愛寡世相若。」「愛尚世與後世，若今之世。」（大取）」無窮不害兼」（經下）而實則此中人之心所直接兼愛者，非他，依類而行之理智心所撰成之人類之概念：父類之概念，家之概念，國之概念而已。所直接了解於兼愛者非他，純粹之抽象普遍的當兼愛一切人之「義」而已。故曰「兼愛相若，一愛相若。」「愛臧之「愛人」也，乃愛獲之「愛人」也」（大取）。此「義」人將如何行之？依墨子之論，人當行之，固也。然實際上則無人眞能在實際上同時盡舉天下萬世一切人而平等盡愛之。此兼愛之道，於此，即成無人能行者。然則眞能行之者誰？天也。惟天眞能志在兼愛天下萬世一切人，而實行兼愛天下萬世一切人之道。故在墨子，如無天之志在此兼愛，以實行此兼愛，則兼愛之教，即全部落空，成從未有實行之者，而爲一不可實行之道。而有天之實能兼愛，則人雖不能一時舉天下萬世一切人而盡愛之，亦可上以天之兼愛爲法，以天志爲志，而躬行兼愛之行。于是墨者之精神，遂由貴知貴義轉而以「天爲知」，以「天爲義」。而欲證天之爲「知」，天之爲「義」，則墨子又以天于人「兼而畜之，兼而利之」之事實爲證。而此「兼而畜之兼而利之」之事實，實即人皆在天地間生存之事實。然此事實由何而知之？則由百姓之耳目之實以知之。由此百姓耳目之實中，見人皆在天地間生存之事實，而墨子遂以逆推必有兼愛之之天。然此推論果有效乎？無效也。因百姓之耳目之實中，固未見墨子所說之天也。此事實可爲自然有，而無主之者，如道家之所說義。然墨子則必由此以逆推之。何則？因墨子之兼愛之道，非人之所能眞實行，而墨子又重言之必行，而必須有一能行之者之天。而天之存在，在墨子又捨由理智心之推理，更無法指證。故只能造此不合法之論證也。

關於墨子之教之核心，畢竟在兼愛或天志？世之治墨學者多有爭論，人又或以墨子之教之核心在重利。然依吾人上之所言，則墨子之教之核心，在其重理智心。重理智心而知慮依類以行，將人之愛心，一往直推，則必歸于平等的周愛天下萬世之兼愛之教。此教非人實際上所能行，乃歸于以天爲唯一能實際上行之者。由是而人之行兼愛，則爲直接以「天爲知」，以「天爲義」，而以「天爲法」之事。於是墨子之思想，即發生一奇怪之結果。即一方看，墨子是要天下人皆兼相愛交相利，使每一人之所愛所利爲無限，而一人與一切人，皆發生愛利關係。而在另一方，則是使一切人間之關係，皆交會歸結于人與天之關係。此即墨子尚同之理想社會之思想。尚同篇之義，主要是說，天下之亂，緣人之不行兼愛，亦由人之思想之不同，「一人一義，十人十義」而「交相非」，故天下亂而人各自私。因而人當求「一同天下之義」。而其道，則在使一里之民，將其所善者，告其里長，而「一同其義於里長」，而「尚同於里長」。里長亦如是以尚同於鄉長，鄉長如是尚同於國君，國君如是尚同於天子，天子則尚同於天。由是而使一切人與人之關係，交會歸結於天。而此種梯形之尚同的理想社會，則爲可使一里中之人民，只上同於里長鄉長國君天子，而只與天間接發生關係者。天遂成整個人類社會組織之總綰。由是在下之人民，皆當「上同而不下比」，即皆可分別散開，而只透過與其在上之里長之關係，經鄉長國君天子爲媒介，以間接連繫于天者。而墨學之應用于實際生活上，亦必須使個人能超越其個人之家庭生活朋友情誼之私愛。由是而墨學之歸趨，遂一方爲求一切人與人之絕對的相結合，而以天爲總綰，實際上則以天子爲總綰。而另一方則亦可要個人自其原有之關係分離，而絕對的散開，而只分別與里長鄉長或墨者團體中之巨子發生關係。則墨子之教之眞實現，即可由絕對平等之道，轉爲絕對差等之道。此義吾人由觀西方類似墨學之中古教會及今之馬克思主義之發展，而可知其理之有所必至。而墨學之未發展至此，則由其中斷。吾人若知墨學之歸趨所必至，再以其言與儒者之言相較。則儒者之必以人之仁心爲本，由人之仁心以知天，而不直下以天爲義之所在，知之所在而以天為法；儒者必重由個人之家庭朋友具體生活中，逐步實踐此仁心，而由近及遠，加以申達，在社會政治上固不尚比，亦不尚人民之只上同於里鄉國之長，而尚和，尚在上者之下體民心，此其與墨學之絕不相同，亦斷可識矣。而此差毫厘謬千里之關鍵，如為之設喩，則在儒家之言仁心之充達而周普，乃如以自己為圓心而擴大其圓，以親親仁民而愛物。而墨子之兼愛心之周愛人，則實如一無限申展之直線，而此直線為人所不能實現者，遂升騰而成在天，為天所實現者。而人間之一切嚮慕此在天之直線而效之之一切直線，即皆只有分別透過里長鄉長國君天子以交會於天，而如合成一冕旒形，其下之各直線之端，則成散開者。姑為此喩，以助好學者之自得之。

人或謂墨學之根本觀念在重利，故其言愛必歸於無愛不利，主「愛厚而利薄不如愛薄而利厚」，而異於儒家聖人之似重愛而輕利。然依吾人之意，則此中儒墨異同之關鍵，亦不直接在重利與否之本身。而要在儒之言愛重在心上言，故愛雖不利，愛自有價值。如人自愛時人心中所懷抱或所謀「慮」而求達之目的言，則愛人自必求利人。此時又若吾人只以此目的之實現為主，而不以吾之發此目的之愛人之心為主，則愛人而未達利人之結果，此愛便無價值之可言。而愛之價值，遂全在利上。於此謂愛為達利之前事或手段，即皆無不可。而墨子之思想所以正如此者，其故無他，即其只看吾人愛人時，心中所抱之目的觀念，只以理智把穩此觀念，而求其實現。故此觀念之實現而達利，即成為一切價值之所存矣。此義思之自知，可無煩辭費。

至於墨之非樂與儒之重樂，乃由於墨子只重理智，與實行緣理智而生之觀念理想，而忽性情。儒之重喪葬之禮，與墨之重節葬，由於墨之功利思想，視喪葬之重觀美，徒為靡財，而忽其所以「盡於人心」之義。墨之明鬼而重鬼神之賞罰，與儒者之祭祀之重報恩，而不冀鬼神之賞；亦原於墨子之重理智與實利，而與儒者之言不同。是皆人所共知，更不須多說。

孟墨莊荀之言心申義（下）

——兼論大學中庸之心學——

（四）莊子之人心與常心與莊墨孟思想之所由異

吾人上已論墨子之學之根本義，在其所謂心，乃一知識心與理智心。而與墨子之思想，正直接相對反者，則爲莊子之思想。莊子思想之本源，亦正在其對於心之別有所見，與孟子墨子皆不同。莊子外篇田子方篇，託温伯雪子曰：「吾聞中國之君子，明乎禮義。而陋乎知人心。」此固不足以論孟子。然以論當時一般游夏之徒，蓋皆是也。而孟子之言人心，亦只重在人之德性心性情心。然人之心實不限於德性心性情心。德性心性情心之外，有知識心理智心焉，此墨子之所言也。此二心者，皆各有其所求合之理義，亦皆趨向於合理者也。皆所謂理性之心也。此二心者，莊子之言中，亦偶及之。如其言「中心物愷兼愛無私」（天道）是即儒墨所言之心也。然人之心尚有不合理，超合理與否之上之心焉。此則莊子之所最能知而善言者，而爲「中國之君子」所忽者也。

莊子之言心有二，其一爲莊子之所貶，另一爲莊子之所尚。其所貶者，即吾人世俗之心。於此心，莊子或名之爲「人心」、「機心」（天地）、「賊心」（天地）、「成心」（齊物論）生「心厲」之心（德充符）、「心捐（或作揖）道」之心（大宗師）、「德有心而心有睫」（列禦寇）之心。其所尚則爲由以「虛」爲心齋（人間世），由「刳心」（天地）「洒心」（山木）「解心之謬」（庚桑楚）「解心釋神「（在宥）「心靜……心……定」（天道）「無聽之以心」（人間世）「齋戒疏瀹而心，澡雪而精神……无心而不可與謀」（知北游）「心淸……心无所知。」（在宥）等而得之「虛室生白」之心（人間世）或常心，（大宗師）或靈府，（德充符）靈臺、（達生、庚桑楚）之心也。荀子引道經有人心道心之分。宋儒亦用之。而其原蓋始於莊子之言心。心之觀念之分爲二，孟子無之，墨子無之，莊子始有之。莊子者生於衰亂之世，無往而不見人心之滅裂，莊子亦憂世而心裂之人也。於是心之一名，亦爲莊子之所言，所分裂爲二矣。

莊子言人心，不重人心之理智一面，故其言人心，亦缺理智性之分析。莊子之言一般人心，所重者在人心之情識（此爲佛家心學中之名。然唯此名可概莊子所講之一般人心之性質，故借用之。）方面。此情識，非如孟子之性情之爲德行之本，乃爲人生之一切擾動之本。莊子之言此人心之情識方面，亦恒與莊子之嘆息相居。莊子以嘆息之情，言人心之情識，故其言多爲無方之言，較不易得其本意。今姑略引其言數段如下，再略加以說明。

『汝愼無攖人心，人心排下而進上，上下囚殺，綽約柔乎剛强，廉劌彫琢，其熱焦火，其寒凝冰。其疾俛仰之間，而再撫四海之外。其居也，淵而靜。其動也，懸而天。僨驕而不可係者，其唯人心乎？（在宥）

『心若懸乎天地之間，慰愍沈屯，利害相摩，生火甚多。』（外物）

『凡人心險於山川，難於知天。………人者，厚貌深情』

『德又下衰，………然後去性而從於心，心與心識知，而不足以定天下；然後附之以文，益之以博。文滅質，博溺心。然後民始惑亂，無以反其性情復其初。（繕性）』

齊物論言人之心最詳，今略引其一段。

『形固可使如槁木，而心固可使如死灰乎？……大知閑閑，小知閒閒。大言炎炎，小言詹詹。其寐也魂交，其覺也形開。與接為搆，日以心鬭。縵者，窖者，密者。小恐惴惴，大恐縵縵。其發若機括，其司是非之謂也。其留如詛盟，其守勝之謂也。其殺如秋冬，以言其日消也。其溺之所為之不可使復之也。其厭也如緘，以言其老洫也。近死之心，莫使復陽也。喜怒哀樂，慮歎變慹，姚佚啓態。樂出虛，蒸成菌。日夜相代乎前，而莫知其所萌。已乎已乎？旦暮得此其所由以生乎？……其有眞君存焉！如求得其情與不得，無益損乎其眞。一受其成形，不亡以待盡。與物相刃相靡，其行盡如馳，而莫之能止，不亦悲乎？終身役役，而不見其成功。苶然疲役，而不知其所歸，可不哀耶？人謂之不死，奚益？其形化，其心與之然，可不謂大哀乎？人之生也，固若是芒乎？其我獨芒，而人亦有不芒者乎？夫隨其成心而師之，誰獨且無師乎？奚必知代，而心自取者有之，愚者與有焉。未成乎心而有是非，是今日適越而昔至也。』

關於上文所引莊子之言，吾之本文，不擬逐字解釋。吾人只須略識其大義，便知其所言之心，與孟子墨子所言之德性心理智心，為迥然不同之另一種心。吾人亦可直覺到莊子之所言之心，至少與吾人之心某一方面能相印合。吾人生於今世，尤更易覺到莊子所言人心之狀，遠較孟子墨子所言人心之狀，對吾人為親切有味。然此莊子所言之人心，畢竟指吾人之心那一方面，則人恒苦難明白指出。是否人心全部如此，亦恆難斷定。然吾今將莊子所言之人心，與孟墨所言之心加以對較，則吾人可指出：莊子所講之人心，乃吾人之心暫停對外在事物之感應，亦暫不求對外物之知識，而回頭反省時，乃眞覺其存在者。亦即惟賴吾人在外面環境中之一般活動，暫時停止時，而後此種「僨驕而不可係」、「日夜相代乎前而不知其萌」、「行盡如馳而莫之能止」之心，乃眞為吾人所覺。當吾人正在工作時，恆不覺有此心。人一在閒暇時，便覺各種閒思雜念，都更迭而起，行盡如馳，莫之能止，此心即現。人在夜間夢魂中，一切境象之呈於前者，變滅如常，起伏萬端，亦如全不由我所主。此作夢之心，亦爲一如是之心。人如更能在無事時，作靜坐默想，禪定之工夫，則對此人心各方面之複雜變化，不可方物，即有各種不同程度的深入之認識。故章太炎氏之齊物論釋，以莊子所說之心，其所具之內容，爲人之無盡藏之藏識所具，實亦可說。唯謂莊子所言此心之本身，即同於佛家之藏識之心之本身，則未必是。以佛家之藏識與意識爲二層。前者爲不自覺者。而莊子之人心，則爲自覺具有此喜怒哀樂慮嘆變慹等一切心態者。莊子並未明言此人心之下，尚另有一藏此一切之心，與此有意識能自覺之人心爲二也。

此種由吾人暫停對外活動，而回頭反省自覺得之各種閒思雜念之坐馳，在易傳中稱爲「憧憧往來朋從爾思」之思。佛家或名爲情識，其根在吾人今生之生活習氣或前生業障。今之心理學家，則或名之諸聯想、諸想像，或意識之流，或名之爲下意識中之慾望或驅迫（Drives）之各種化身，各種象徵之意象。而宋明儒者則或名之爲念，爲習氣之流行，爲私慾之萌動。此心除心理學家視之無善無惡者外，佛家及宋明理學家與莊子，同以之爲當加以超化，轉依，止息者。尅就莊子而言，則莊子之學所嚮往，亦即先在求此心之止息。吾人所以生出欲止息此心之要求，亦唯在吾人暫停一般人在世間之活動時，乃眞正發出。蓋在吾人暫停其在世間之一般活動時，吾人之心即不復在其一般活動中作主，對外面世界，亦無所施其主宰之功者。此時吾人之心，坐見此諸憧憧往來之閒思雜念，無端而來，無端而去，全不由自己作主，則足使吾人自覺「怵心」，而湧出一大不安。此時吾人覺此心之本身，如只爲一舞台，任上面之人物，自由踐踏蹴踼者。又如一無聲之江水，任上面之船舶往來，風吹雨打者。此時吾人心中，彼念才去，此念又來。「樂出虛，蒸成菌」，「莫知其萌」。才「排下而進上」。下排彼念是「殺」。再來此念，則心又入「囚」。去者如「綽約」而「柔」，來者則「剛强」而肆。雜念往來，此心乃苶然疲役。忽而萬念俱灰，殺若秋冬，溺不可復，厭也如緘。是謂其寒凝冰。忽而死灰復燃，大知小知齊出，其發若機括，「俛仰之間，再撫四海之外」，是謂「內熱」「其熱焦火」「生火甚多」。縱爾不發，而諸雜念之存於心底者，仍「留若詛盟」。深閉固拒，是曰成心。諸雜念之「心鬭」，針鋒相對，謂之「廉劌」。交錯穿插，乃爲「彫琢」。而凡此等等，皆對吾人能反省此等等之心，如爲不受命而自來者，以役使此心，而使此心若「懸於天地之間」，四顧無依，而有「近死」之患。於是此能反省之心，乃覺不甘被役使而致「心死」「心殉」，遂望起死回生，而爲眞君以作主。此處之工夫，則要在消極的去除此一切不由自主之閒思雜念，情識往來。此諸閒思雜念，情識往來，析而論之，不外各種「死生，存亡，窮達，貧富，賢與不肖，毀譽，飢渴」之念。而莊子之學，嚮往「旡功」「旡名」「旡己」之境。則首須使此等等「事之變命之行」，「不入於靈府」（德充符）而求「以明」，「葆光」（齊物論）「以其知，得其心，以其心得其常心」（德充符）以進而使心爲「天地之鑒，萬物之鏡」（天道）「心有天游」（外物）「游心於德之和」（德充符）「游心於淡，合氣於漠」（應帝王）「游心於物之初」（田子方）「以虛靜心通於萬物」（天道）再進而言各種「事心之大」之道（天地篇舉「不同同之之謂大，行不崖異之謂寬，等十項爲事心之大之道」）此整個言之，亦即莊子之所謂道之第一義也。

吾昔年本西方形上學之觀點，以求了解莊子所謂道之果爲何物，初以爲莊子所謂道，乃宇宙萬化之即有而旡即實而虛之道。後知此乃莊子之道之第二義。其第一義之道，當自其人生政治文化思想中求了解。意其思想，乃周代禮文虛僞化形式化後，反人文而就自然之化之思想。然尚不知其所以重自然之化之所本。最後乃知其思想核心，在其對人心之認識，而其對人心最重要之認識，則初在其見得人心中「行盡如馳」「憧憧往來」之念慮之「莫之能止」，而致此心之「苶然疲役」。遂知莊子之所求，初即不外求其心，自此等行盡如馳之念慮超拔。而莊子之道者，其初義亦即望此超拔，而解此心之桎梏以自求出路，解此心之倒懸以安立地上之道也。唯此等等行盡如馳，而足桎梏倒懸此心之念慮，皆吾人之心，暫息其外在世界之一般活動時之所見。而人初見得此心爲此諸念慮所役時，此被役之心之本身，乃初顯爲一被動而靜弱無力之靈臺，以靜觀照此念慮之往來的。由是而莊子所謂道，初皆不外一套負面的，減損法的，虛心靜心解心釋心洒心刳心之工夫，此近老子所謂爲道日損。損之又損，而馳者息，宇泰定，天光發，靈臺見。而此天光靈臺之本來面目，則實畢竟無有內容。故曰「靈臺者有持，而不知其所持，而不可持者也。」此是言靈臺之心，如一能持之靈光之照耀，然此照耀中，另無所持之物。此照耀之本身，亦不可執持之爲物。是之謂「滑疑之耀，聖人所圖」(齊物論)吾意此滑疑者，言執之而滑，圓轉無窮，欲知之即復見其超溢乎此知而爲不可知。此正所以指此靈光照耀之爲不可持。人由虛心靜心洒心，而見得此靈光常在，是謂「以其心，得其常心」(人間世)「以心復心」(徐無鬼)然此復得之常心，初仍當只是一虛靜的觀照心。因吾人之靈臺在其被役時，初乃一被動而觀照此念慮之往來者的。則息此諸念慮往來時，初所顯之心，亦當初只是一靜的觀照心。此心如映放電影之銀幕，原只爲被動的接受人物之影像者。則影像之放映暫息，電光直射銀幕，虛室唯生一白，初仍是靜而不動者也。此心即與孟子所言之感物而動之仁心，仍非一心。如以譬喻明之，則莊子之由虛心釋心以修養此心之工夫，乃純爲心門以內洒掃庭除之工夫，而孟子在感物而動之仁心上，所下盡心工夫，則爲出門前道上迎客而致藹然禮敬之工夫也。

自一方面之，莊子之工夫，亦可爲後儒之所涵。易傳所說「洗心以退藏於密」，荀子之解蔽，及宋明理學家之主靜，皆包涵莊子一類之工夫在。然此中儒者自是儒者，莊子自是莊子。或問由莊子之洒掃庭除工夫到家，豈不亦可如孟子之開門迎客？吾意：若然則須出莊而入儒。須知莊學之下手處，或初所感之問題，畢竟在覺心之受桎梏而求解，並覺人間世處世之難，而求逃乎其難，兼感於當世之教人以仁義禮樂者，無救於天下之亂。莊子根本用心之方向，在求逍遙洒脫而無待。而其內心修養之工夫，亦即可止於洒掃庭除便完。若言再進一步之事，則理當爲洒掃庭除既畢，再舉頭望月，開門見山。觀「天之不得不高，地之不得不廣，日月之不得不行，萬物之不得不昌」。此即指莊子之「神與物遇」，「不將不迎，應而不藏」，「游於萬化而未始有極」，「萬物畢羅莫足與歸……與天地精神相往來」，「畜天下而受天樂」，之一套「原於天地之美」的藝術精神。其一切高妙之言，實亦不外此種藝術精神中之各種超越的理境。吾人忽之固不可，然以之爲可直接孟子之出門見客之教，則非也。如人欲由莊子之學至孟子之教，必須在其學問之下手處，便兼在成己成物之事業上方可。此即儒家之所以尙志。否則便須於莊子所謂靈臺天光中，另見一物事方可。此即須如宋明理學之從禪宗之心之觀念打出，由知心而破光景，以知性理。嗚呼微矣。

循莊子之學以言心，其對於心之認識，自必不同於孟子，而其高明則遠過於墨子。墨子只知「以有知知」，而不知「以無知知」。以無知者，「知止其所不知」。知止其所不知，非如西洋哲學所謂知止於已知之現象，而本體不可知之謂也。亦非知皆有涯，尙有無涯未知者待知；吾之知即止於此待知者前之謂也。知止其所不知者，乃謂吾人知「知之無涯」，即轉而不逐無涯之知，不重知物，而求此知之超拔之物之上，以達「未始有物」「未始有夫未始有物」之境，而將此知之靈光自外撤回而自照之謂也。「吾所謂聰者，非謂其聞彼也，自聞而已矣；吾所謂明者，非謂其見彼也，自見而已矣。」墨子之學全幅精神，在向外用知，而求聞彼見彼。莊子之學，則與之正爲一對反，而重在以心復心，而自照自聞自見。故絕不肯任心之逐無涯之知，以火馳而不返。此一則由於逐無涯之知，終不能免於有所不知，「計人之所不知不若其所不知」（秋）「無知無能者，人之所不能免也」。（知北游）二由於心之外用者多，則內用者少，「凡重外者其內拙」。三則由凡向外之知，皆「有待而後當」（大宗師）。有待也而然，亦有待也而不然，則然否不定。求其定於所待，則非所以自得。至於執所知而成乎心，依成心以爲是非，則更見心之爲知所役。如再進而求知之所以成立之故，離於然而求所以然，「以故自持」，又益復爲心之自入於桎梏與刑役。故莊子之學，勢必歸於視世俗之「知爲孽」求「去智與故」（刻意）而以「心忘是非爲心之適」（達生）而尙「知徹爲德」（外物）此即與墨子之求「齊知之所知」「以知窮天下」「以辯飾知」「以知窮德」，自苦而苦人者，正相對反。而其所以相對反之故無他，亦即以墨子所重之心，原爲知識心理智心，而莊子所重之心，原爲一超一般理智心超一般知識之心故也。

唯莊子之超理智心超知識心之對物，自亦另有一種知。此知之要點，一在知物之然，而「不知其所以然」（秋水田子方）「知爲爲而不知其所以爲」（盜跖）即不求理由原因之故之知。二在直知物，而不經觀念文字符號以爲媒介。此知物之心，遂非「求故」之心，亦非「止於符」之心。此心之知物，「瞳焉如新生之犢，而無求其故」，恆「虛而待物」。才知物而知與物冥，與物化，即才知而忘知，有心復如无心。此知此心，乘物之化而往，游於物之虛以行，是之謂神。此之謂「官知止而神欲行」。此即如其所謂庖丁解牛之知，輪扁斲輪之知，皆直接「得之於手而印於心」。中間更無印象觀念之留滯，亦無不經文字符號與思想理由爲間隔，亦即超越於墨子所謂「貌物」及抽象普遍之規矩法儀，大故，小故，與一切言說之外。故曰「工倕旋而蓋規矩，指與物化，而不以心稽，故其靈臺，一而不桎」，（達生）與物化而不以心稽者，直依於靈台天光之發，以神遇物，而忘心忘知之知也。此乃莊子所謂「知之能假於道」（大宗師）。亦即今所謂直覺之知也。

至於循莊子之言心言知言道之思想之發展，其必歸於政治上之尚放任無爲，亦勢所必至。蓋莊子之問題，不自人民之具體的飲食男女之問題着眼，亦原不亟亟於治天下。其視天下之亂，正在人之爭欲治天下，而各以其所謂仁義是非，黥劓天下之人心，乃使人各失其性命之情。在莊子當時時代之情形，人以其私欲，與其言仁義是非之心，相夾雜而俱行，亦蓋實有愈言仁義，而愈陷於不仁不義，愈言是非，而是非愈淆亂者。故莊子天運篇言，古之治天下者曰：「黃帝之治天下，使「民心一」。……堯之治天下，使「民心親」……舜之治天下，使「民心競」。禹之治天下，使「民心變」。至今「而人有心而兵有順」，「天下大駭，儒墨皆起」，是則愈言治天下，而殺伐之兵愈起矣。故墨子之欲一同天下之義，强聒而不舍，以「上說下教」，周爲莊子之所笑。而儒者之言仁義者，「若擊鼓而求亡子焉」者，自亦爲莊子之所視爲多事。而「一心定而王天下」，「一心定而萬物服」，「游心於淡，合氣爲漠，順物自然，無容私焉」爲應帝王之道之言，亦在所必出。莊子言心之論，既重在去心之桎梏，則其論政治之重在解除人民之桎梏，而以不治天下治天下，以無爲爲無不爲，固理之所必至，無待於詳說者也。

（五）荀子之統類心及其與孟莊荀之思想之所由異

荀子爲儒家，然其言心不特異於孟子，亦異於墨子莊子，而另開出一套人心之理論。世之論者，恆謂孟子之思想之中心在性善，荀子思想之中心在性惡。孟子之言性善，吾上既已明其所據即在其言心矣。至於荀子之言性惡，則吾當說明其非荀子之中心思想之所在。蓋由孟子之言性善，吾人即可由之以引申出孟子尚存養重擴充之修養理論，以仁心行仁政之政治思想。而直接由荀子之性惡之理論，則只證荀子之視性爲待變化者。然其所以當變化之理由何在，及變化之之力之自何來，與荀子之整個政治文化之思想，全不能由其性惡觀念以引出。則謂荀子之思想中心在性惡，最爲悖理。以吾人之意觀之，則荀子之思想之核心，正全在其言心。彼雖未嘗自其言心之論，以推演出其全部理論。然吾人觀其言心之論之異於孟墨莊諸家，則足以使吾人了解荀子之整個思想系統之何以異於他家，而可將其思想系統之特色，加以照明。

荀子之言心，自一方面觀之，頗有同於孟墨莊之處。其與墨子所同，在墨子重心之知之接物，荀子亦重心之知之有所合。故謂「知有所合謂之智」。墨子重辨類明類，求人之思想言論之「以類行」；而荀子亦言「心有徵知」。彼謂徵知爲「天官之當簿其類」又謂「心徵之無說，人莫不然謂之不知」。（正名）「說」即說出定所知之爲某類之「故」也。故墨子重辯，荀子亦然，而謂「君子必辯」。至其與莊子所同，則在莊子重心之虛靜，而荀子解蔽篇亦言虛靜之功夫。莊子言心，有一般人心與合乎道之心之分。荀子言心，亦有中理不中理者之分。而徵引道經「人心之危，道心之微」之言，加以申釋。其與孟子所同，則在孟子言養心養浩然之氣，荀子亦重治氣養心之術。孟子言思誠之功夫，荀子亦言「養心莫善於誠」。孟子言作聖之功，歸於「大而化之之謂聖，聖而不可知之之謂神」，荀子亦言「神莫大於化道」，「盡善浹洽之謂神」。然荀子之言心，畢竟有大異於墨莊者，則在荀子言心之知，不只是一知類心，而兼是一明統心。荀子言心，亦不只爲一理智心及有實行理智所知者之志之心，如墨子之所說；而實兼爲一能自作主宰心。荀子言心之「虛靜」之工夫，必與「壹」之工夫相連。而荀子之虛壹而靜之工夫，則又不只成就一個靈台之光耀，且爲本身能持統類秩序，以建立社會之統類秩序的心。荀子之異於孟子者，除其所以言「誠」「神」之不同，後當論及外，則要在孟子之言心，只重對心之直養工夫，以使此心性之流行，如源泉混混，不舍晝夜。荀子言性惡，承認人心之有危，恆以蔽塞而有昏濁之事，故荀子言養心，特重知道守道及澄淸之工夫，以使「湛濁在下而淸明在上」。自此而言，則荀子之言心，正是一方有類於前者三家之說，而又有所增益。其論心之所以爲心與修養此之工夫，皆有較三家爲加密處。唯其裂心與性情爲二，貴心而賤性情，未能眞認識孟子之所謂性情心，遂不能直由心之善處，以指證性善，則荀子之大缺點之所在耳。

今先引荀子解蔽一段。荀子言心之論，然後對上來所說荀子言心之特色所在，再加以說明。

『人何以知道？曰心。心何以知道？曰虛壹而靜。心未嘗不臧也，然而有所謂虛。心未嘗不兩也，然而有所謂一。心未嘗不動也，然而有所謂虛。人生而有知，知而有志。志也者，臧也。然而有所謂虛。不以所已臧害所將受謂之虛。心生而有知。知而有異。異也者，同時兼知之。同時兼知之，兩也。然而有所謂一。不以夫一害此一謂壹。心臥則夢，偸則自行，使之則謀。故心未嘗不動也，然而有所謂靜。不以夢劇亂知謂之靜。未得道而求道者，謂之虛壹而靜。……虛則入，……壹則盡，……靜則察，……虛壹而靜，謂之大淸明。萬物莫形而不見，莫見而不論，莫論而失位。坐於室而見四海，處於今而論久遠，疏觀萬物而知其情，參稽治亂而通其度，經緯天地而材官萬物，制割大理而宇宙裏矣。恢恢廣廣，孰知其極？睪睪廣廣，孰知其德？涫涫紛紛，孰知其形？明參日月，大滿八極，夫是之謂大人。夫惡有蔽矣哉。心者，形之君也，而神明之主也。出令而無所受令。自禁也，自使也。自奪也，自取也。自行也，自止也。故口可刼而使墨云，形可刼而使詘申，心不可刼而使易意。是之則受，非之則辭。故曰心容，其擇也，無禁，必自見，其物也雜博。其情之至也，不貳。……曰，心枝則無知，傾則不精，貳則疑惑。以贊稽之，萬物可兼知也。身盡其故則美。類不可兩也。故知者擇一而壹焉。農精於田而不可爲田師，賈精於市而不可以爲市師，工精於器而不可以爲器師。有人也，不能此三技，而可使治三官；曰精於道者也。……精於道者兼物物。故君子壹於道，而以贊稽物。壹於道則正，以贊稽物則察，以正志行察論，則萬物官矣。昔者舜之治天下，不以事詔而萬物成。處一危之，其榮滿側。養一之微，榮矣而未知。故道經曰「人心之危。道心之微」。危微之幾，惟明君子而後能知之。故人心譬如槃水，正錯而勿動，則湛濁在下而清明在上，則足以見鬚眉而察理矣。微風過之，湛濁動於下，清明亂於上，則不可以得大形之正也。心亦如是矣。故導之以理，養之以清，物莫之傾，則足以定是非決嫌疑矣。……至人也，何彊？何忍？何危？故濁明外景，清明內景。聖人縱其欲，兼其情，而制焉者理矣。夫何彊？何忍？何危？故仁者之行道也，無爲也。聖人之行道也，無彊也。仁者之思也，恭；聖人之思也，樂。此治心之道也。』

關於荀子上來一段言心之論，吾人所首當注意之一點是：荀子此處之言心，一方爲重心之虛靜，而一方則重心之能一。而其能一，則見於其能「不以夫一害此一」。其不以夫一害此一，一方使心能專精於一事，如爲農，爲工，爲商，一方亦能使人專精於道，「不能此三技，而可治三官」。故人之一於道，即能贊稽物。此一於道以贊稽物之心，即爲一純粹之統攝數一而貫之之心。唯以人心能虛能一，而又能不以夢劇亂知而靜，故人心能大清明以知道。而荀子之所謂知道者，即使「萬物莫形而不見，莫見而不論，莫論而失位，疏觀萬物而通其情，參稽治亂而通其度……」此整個是一對於萬物萬事各得其位而通於度上，兼加以綜攝貫通之心。此中不只有一類事物，爲吾人之所知，而是吾人之心之同時肯定各類事物，求知各類事物，而心爲各類事物之知所輻輳。至所謂「處於今而論久遠，坐於室而見四海」，則是說吾人之能「以類度類」，則可「以微知明」「以一知萬」，「由近知遠」「古今一度」，而直下在吾人之當下之心中，包裹宇宙大理而制割之。大理即能兼贊稽各類事物之道。謂之制割者，言心中之此道，非只顯爲一抽象之統一，而是依據，如相分割而互爲制限之各類事物，所合成之具體統一之謂。而此知道行道之心，亦即能制割大理而爲「道之工宰」，能知類兼能明統之統類心也。（統類心本爲知類兼明統之義，此處先就其統諸類以言）。

荀子此處所言之統類心，所以能統攝多類事物，而制割大理，爲道之工宰，其關鍵正在荀子之心，一方爲能依類以通達之心，一方又爲一至虛之心。以其心能虛，故能知一類事物之理，又兼知他類事物之理，而綜攝之，心乃成能統諸類之心。墨子之心之知，能依類以通達，而不能由是以成統類心者，其故正在墨子之心之知，只順一類以直往，而對於心之至虛，能使此心超越於一類，以兼攝他類之一點，無眞了解之故也。

由荀子之心能同時兼攝數類，而荀子論正名，即一方能建立一共名別名之屬疊，而有次第的大小共名大小別名之論。再一方則由荀子能知一物之兼屬於各類之義，而特言二名之一實，同所異狀者之爲一實。由此即可見一特殊個體物，不能只化爲一類中之一物。而其引申之義，即於我之爲一具體的個人，亦自然不只當作人類中之一分子以觀，兼當視作我之國家中之一分子，我之家庭中之一分子以觀。夫然，而我與其他人類之一分子之關係，即不同於我與同國中之他人之關係，更不同於我與我家庭中人之關係。因我與人類一分子之關係，於此只在一點上同類。我與我同國中他人之關係，於此乃在二點上同類。而我與我家庭中人子之關係，於此乃在三點上同類也。因而我之依同類之觀念，由愛己以愛人，亦即不當愛家中人同於愛國人，愛國人全同於愛人。而儒家之倫列之愛，則即可在荀子之能同時注意此各類之統類心中成立，而一往平等之兼愛之教，在此統類心中，即爲自然不能成立者。則荀子之尙知統類之心，與其明倫類，固有其相應之義可見矣。

由觀個體之兼屬於數類，而綜攝之，以知一個體之何所是，爲統類心之一面。而由觀此諸類之概念之交會於一個體，乃以一個體統攝諸類，亦理宜爲統類心之一面。夫然而以一個體，爲諸多個體依同類關係而交會之中心，亦即理宜爲統類心所涵之一面。故家庭中之父母，爲諸子女對之有同類之親子關係之統之所在。先祖即爲一切後世子孫對之有同類之後裔關係之統之所在。君師即一切人民與之有同類之社會政治之上下位分關係之統所在。而天地即爲人類與萬物，皆與之有同類的由之而生養之關係之統所在。由是而先祖君師天地即爲三統之所在，而禮之三本之義以成，君師之責在明分使羣之義以成，爲政之道，在建立社會各方面之條理秩序，而重「正理平治」之義以成，而重「百王之無變足以爲道貫」之歷史文化之統緒之思想以出。此即荀子之所以特稱仲尼子弓之能「總方略，齊言行，一統類」而迥異乎墨子之尙一往平等而「僈差等」「不足容辨異」者也。而上述荀子之言禮之三本，君之明分使羣等義，亦皆孟子之所未能言及者。而荀子之所以能及此者，亦正與荀子言心重知統類之義相因者也。

至於荀子言心與莊子之異，則在荀子一方承認人心之有不由人自主之一面。此即荀子所謂，「心臥則夢，偸則自行」「無禁，必自見」一面。此即莊子所言之「樂出虛，蒸成菌」「行盡如馳日夜相代乎前」之心也。然在另一方面，則荀子不僅求心之靜，且知此心之自能求靜。此求靜，即心之自禁自止之事之所涵。而其旣靜，則又能自使自行，以有所用其心。夫然而心能自作主宰之義在莊子尙未能顯出者，在荀子，則由其明言心爲「出令而無所受令」而大顯。故在莊子齊物論，謂「百骸九竅六藏，吾誰與爲親？」言「其有眞君存焉！」，以此眞君意指能自作主宰之心。而又視此眞君，在恆人爲「不亡以待盡」者。故不免爲疑嘆之辭。而在荀子，則明言「心爲天君」，謂「心中虛以治五官」（天論）矣。莊子之言无心虛心靜心洒心，皆清心之意。而荀子亦言「清其天君」（天論）。然莊子尙未明言能用无心虛心靜心洒心等工夫之心，爲自作主宰之心。則其由此工夫。以得之虛靜之常心，似只爲工夫所顯。而荀子則直下以心原爲「中虛則以治五官」，而明言心之活動，皆爲自使自行。則淸其天君之事，即爲心之自淸之事矣。至於莊子言「水靜則明燭鬚眉，水靜猶明，何况精神？聖人之心靜乎，天地之鏡也，萬物之鑑也」，固與荀子之言大淸明之功同。然荀子之言「心如槃水正錯而勿動，則湛濁在下而淸明在上」，此中旣涵人心原有湛濁之意，亦涵人心之淸明，能自動向上浮起，而使湛濁自沉之意。而循荀子言心「出令而無所受令」之論，以觀此淸明之上浮，湛濁之下沉；則此亦即心之自令其淸明之浮起，自令其湛濁之下沉。此處即見荀子之心，乃能自己上升者。故在認識方面，荀子並不以知物識物，則心必爲物所桎梏。因心之自己升起，其淸虛即升起，便可知物識物，而不彼其所役使桎梏也。此即荀子所以言「心未嘗不臧，然而有所謂虛」也。而在道德生活方面言，荀子之心亦即爲一自己能上升，以求知道而合理之心。而此即心之能慮之「能」，而此能之爲能，則非莊子所曾自覺的指出，而歸諸心之本身者。夫然，故莊子之心，明有一般世俗人心與得道者之心之對立，因而有「人之君子天之小人」之言，天人與一般人之別。而在荀子，則雖有人心道心之二名之別，然實則自人心爲天君而能自淸自升言，即自能合於道，而仍只爲一心矣。

至於荀子之言心與孟子之不同，則要在孟子之言心，乃與性合言；而荀子之言心，則與性分言。故孟子言性善，而在荀子，則以人之性有耳目之欲，好利好聲色與疾惡諸方面，而言性惡。然荀子性惡篇言，人生而有疾惡，順是故殘賊生，是使孟子所謂惻隱之仁心亡。又言人生而好利有耳目之欲，順是故爭奪生、淫亂生，是使孟子之所謂辭讓羞惡之禮義之心亡。然荀子獨未言人性之能使人之是非之心亡。此正見荀子雖不承認人之有天生之惻隱辭讓羞惡之心，然實未嘗否認人終有能知是非之心，即求合於道而中理之心。荀子性惡篇，承認「人之欲爲善」。夫人性既惡，欲爲善者誰耶？則此只能是指人心之自有一超拔乎惡性，以求知道中理而爲善之「能」也。此處豈不是反證人心之性善耶？然荀子之所以終不說人心之性善者，則以彼說人之欲爲善，不過「可以爲善」，如「塗之人可以爲禹」。可以爲，未必實爲，則欲爲善亦不必實善，故終不說人心之性善也。於此，吾人如依孟子之敎以言，則欲爲善，雖不必實爲善，然此欲爲善之心，畢竟當下實已是善。其所謂不能實爲善，不過謂此善心之不能相續而或至梏亡耳。人以此心之梏亡而不善，依孟子言之，則正證此心之爲善也。而此中孟荀異同之關鍵，自深處言之，則一在荀子之心，其根本性質在知道。道之爲道在涵統類。由心知統類而加以實踐，斯有善行。故心實不能直欲爲善，而只能直欲求知道。故說心欲爲善是間接說，而非直接說。因而荀子終未能直說心之善。二在孟子之看心，乃在就心之本身看，心之梏亡即不算。如依後來承孟子學者，如王陽明之意而言，則可由心能自知其梏亡，見心終不梏亡，以言心無所謂梏亡，心在斯善在。而在荀子，則就心之對治人性之惡，而在人生所表現之力量看，便以覺心能升亦能降，能知道中理，亦可不知道不中理。而荀子遂有私心姦心之名（非十二子），心淫心莊之別（彊國），乃不言心在而善在。此如以孟學之觀點評之，即不免在心之外，觀心與其外者之關係。而其不免在心外觀心，正以其所謂心，乃以智爲主。智之爲智，即可宛若自立於此心外，以觀此心與其外者之關係。而智之爲智，亦本爲欲照燭此心外之物者。則只依智觀心，必不免自心對其外者之人性之惡之關係上看，而心亦終只是一可以爲善以去惡者，不得爲實善者矣。

荀子雖未嘗明言心善，然循荀子所謂心能自作主宰，自淸其天君，以知道體道而行道上說；則仍不得不承認荀子之所謂心有向上之能，如上所說。此向上之能，乃由下直升，至其所謂性情之上，以知統類之道，而實行此道，以轉而制性化性，以成善行者。由是而荀子之心，即只在第一步爲一理智心，而次一步則爲一意志行爲的心。此意志行爲的心，乃上體道而使之下貫於性，以矯性化性者。由是荀子之心，即有如原爲一傘之直立，而漸向上撐開，以舖陳出統類而下覆者。於是荀子之養心之道，遂不似孟子之重在念念充達，而要在念念積累，以使之趨於堅固。荀子之言誠，亦不似孟子之重在直繼天道之誠而思誠，以爲人道之反身而誠。而要在由知道而守道行道，以措之於矯性化性之行。而此誠之工夫，則爲致誠而誠固誠篤之工夫。由誠固誠篤之工夫之彰著，而人之精神即下化自然之性，而心之知道之知，亦下貫而條理此自然之性，此知之明，亦澈於此自然之性。故孟子之思誠，乃直明此誠。荀子之致誠，乃由誠而明。(唯此誠而明又異於中庸所說之義耳)。荀子曰：「君子養心莫善於誠，致誠則無他事矣。唯仁之爲守，惟義之爲行。誠心守仁則形，形則神，神則能化矣。誠心行義則理，理則明，明則能變矣。變化代興，謂之天德」。而此天德者，則人之變化天性之人德之所成也。夫然，故孟荀之言誠雖同，而其所以言誠則異，而其言神化亦異。孟子之「所過者化，所存者神，上下與天地同流」，「浩然之氣……塞乎天地之間」者，乃可欲之善，既有諸己，乃充實於外，而精神洋溢於天地之境。而荀子之「誠信生神」，「盡善浹洽之謂神」，「神莫大於化道」，則精神凝聚，而使人之自然生命之本始材樸，由蒸矯而變化，與善浹洽，以化同於道之境也。是皆有毫厘之差而千里之隔。而孟荀與莊子所言神化之別，則在孟荀之神化，皆由德行上之工夫所致。而莊子之言神言化，則神與物遇，與化同游，乃爲一種藝術性之心境。此較易明。而其所以致此，則追源究本，皆在諸家言心之異，是不可不深察也。

(六) 總論諸家之言心，並說大學中庸與諸家言心之異同

吾於上文分別論孟墨莊荀四家之言心，並略明緣諸家言心之異，相應而有之其他思想之異。吾意是孟子之言性情心，墨子之言知識心，莊子之言情識心與超知識之心，及荀子之言統類心，實各言一種心。亦可謂各言吾人今所

謂人心之一方面。由是而諸家雖同重心之德行或人之行爲，而其所以成德之道，所尙之人之行爲，及所言之治道，皆靡不有毫厘千里之差。綜而言之，則孟子之言性情心，墨子之言知識心，要皆在正面直指心之活動之所向以言心。而莊荀之言心，則兼自心之正反二面言，乃有一般人心與常心，中理之心與不中理之心之相對，而要在由修養之工夫，以達心之一。孟子之德行，爲直承性情心之充達而成。而莊子之道德之德，則由虛心靜心大心洒心釋心而得。孟莊所言之德，皆爲直屬於人之人格自身者，故二家皆尊其所崇仰或所理想之人物。墨子則重人之實行其本理智心依類而推得之一同天下之公義或法儀，不惜以自苦爲極。然其於由自苦所成之德，乃屬於人格自身之義，則未能言之。故其尊崇古代之聖王人物，亦只重此人物之爲法於後世，功見於百姓萬民，死而其鬼神在天者，亦可施賞罰於人之功利價值。墨者乃不言爲厚禹而厚禹，只言「爲天下而厚禹」（大取）荀子亦重實行人由心所知之道，唯其所謂道，乃「總方略齊言行一統類」之道。此與墨子之道爲一抽象的公義或法儀異。故人行此道而形成之具體的人格，亦爲荀子所尊尙。荀子之推尊古代之聖王與仲尼子弓，則非復自其功利價值上着眼。荀子言修養，重在矯飾擾化人之情性。而其重篤實誠慤之行，亦有類於墨子。其工夫，亦堅苦之意重，而和樂之情輕，亦即禮意重而樂意輕。是則異於孟莊之詩樂之意較重者也。至於諸家之言政，則孟子之言，重在敎居上位者，直本仁心，以推恩四海，而行仁政。而仁心之流行，乃自然形成一由近及遠之條理。墨子則依抽象之法儀公義，而爲一往平等之兼愛及尙同之敎。至荀子乃本一統類之心，伸君爲明分使羣之義，爲政重正理平治之義，言天地君師先祖爲禮之三本，此則重在由一統類之心，以建立社會政治之禮法制度。是又與孟子之言仁政，重在省刑罰薄稅歛等，政治上之具體措施之事爲者不同。而莊子則鑒於世之各欲以其所知治天下者，皆「德蕩乎名，知出乎爭」，愈治天下，而天下愈亂，乃以不治天下治天下。此則在政治上偏於放任無爲，而與三家異者也。

此四家之言心，吾人今平情論之，實亦皆各有所見，而各論及吾人今所謂人心之一方面。此四家言心之異，如分別爲之作喩。則吾人前喩孟子之德性心爲出門迎客之心，莊子之心爲洒掃庭除之心，則墨子之依類而行之知識心，可喩如人之出門，順直路一往前行，可遥赴無人之野之心也。而荀子之言心，重在提挈此心，以知貫乎古今四海而一統類之道，則如登樓眺望四達之衢之心也。至於尅就孟子之言性情心，較重人在具體生活中與他人心相感應之際而見，及孟子之重舉斯心以加諸彼，爲政重得民心諸義而說，則孟子之心，又可喩如人心之自開前門，以與對門之他人，相望相呼之心。莊子之言一般之人心，乃由此心回頭反省其喜怒哀樂慮嘆變慹等心態之相代乎前，僨驕而不可係以說，而於此加以洒心釋心虛心或靜心之工夫。是可喩如心之自開後門，而自求清洗心後之溝洫。至墨子言知識心之重知抽象之公義法儀與公利公害之所在，而以興公利除公害爲事，則如心之自開旁門，以修整與他家之門往來之道路，而行其門或未見其人者也。荀子之言心，重在知統類之道，上文喩如登樓眺望四達之衢，則要在開心之四窗之門也。試爲此諸喩，以助好學深思之士，會通前文，更有一親切之直覺的理解。惟望勿引喩失義，則幸甚矣。

吾人如能了解孟墨莊荀四家言心異同，則禮記大學中庸二篇，所言聖賢之修養工夫之心學之旨，亦皎然易見，而知此二篇之心學之旨，亦可對上列四家言心同異之了解，更有所助。故今亦略提此二篇心學之義之數要點於下。其所以不別立一節者，因宋明儒對大學中庸之異釋甚多。如別立一節，勢須舉而加以討論，則將溢出寫此文之原計劃。唯此下所提之數點，其涵義或引而未發，然其重要性，則不亞於上文所說。亦望覽者垂察之。

大學中庸二篇之言修養工夫或心學，皆同本孟子心性之善之義。大學首言大學之道，在明明德於天下，中庸首言率性爲道修道爲教，皆必本於心性之善之義，而後可解。此即與餘三家之言迥別。漢人舊說，以中庸爲子思作，朱子承之，復意大學爲曾子所述。後人疑之者甚多。吾意亦以此二篇，除明徵引孔子曾子之言者外，蓋皆爲七十子後學，宗孟子之學者，經墨莊荀三家言心之思想之出現，因而照應其若干問題並亦用其若干名詞，而變其義，乃引申孟子之言心之旨，以繼孔孟儒學之統者之所爲。唯朱子之以大學中庸與孟子爲一貫之傳，仍未嘗誤。故謂大學爲荀學，中庸爲孟學，及謂中庸爲儒道合參之論，皆非本文之所取。

大學之言明明德，其表面上與孟子之不同，在孟子惟言明善。重德固爲孔孟之教，而特重明之義者，則爲莊子之言「以明」，言「明於天地之大本大宗」，「明於天地之德」等。墨子喜言明類，荀子亦重明。三家之重明，皆由其言心較重知之一面。莊子之不知之知，仍是知也。大學之言明明德，則扣緊德以言明，顯係伸孟子明善之義，而謂明德爲心所固有。明德之明，乃以表此心所固有之德之光明狀態。而非復如「以明」「明類」「明善」之明之只爲一活動。此即爲一思想上之大轉進。如以宋明理學之名詞論之。則墨荀之所謂明，仍多屬聞見之知。莊子之以明之明，則心之虛靈明覺之明。而孟子之明善，大學之明德，則是德性之知。而孟子之明善與大學之明德之不同，則在孟子之明善，乃在工夫上說，或即工夫即本體之事。而大學之明德，則直表心之本體之光明。而明明德方是顯此光明之德於外，而屬於工夫邊之事，或即工夫即本體之事也。是大學之明德，如諸家所言之明之向內收進，以扣緊善德，而爲明德。而大學之明明德，則爲充內而形外，以顯內外統體是一明之義。一明在大學開爲內外之明明，而未嘗出乎一自明之外。其爲承孟子之學而引申之論，又不亦明乎？

大學與孟子之言，表面上又一不同之點，在大學特重言止，故言「止於至善」「知止而後有定」，「定而後能靜，靜而後能安，安而後能慮」。言止言定，言靜，初亦爲莊子所重，而荀子繼之。墨子亦言「止類以行之，說在同」。然墨子言止類，無修養工夫義。莊子言止，乃所以求心之虛靜而不動。荀子言「止諸至足」，亦未言「止於至善」。大學乃由明明德於天下，以言止於至善。至善者非他，即依於明明德而親民，而「爲人君止於仁，爲人子止於孝，與國人交止於信……」以使明德實明於天下，彰明吾本有之明德而已。則所謂止於至善，非止於外在之至善，非止於人之明德善性之外明矣。此亦即所以申孟子之旨，以攝諸家言止之義者也。至大學言靜安慮。置慮於最後，即異於墨子置知慮在最前。大學於靜慮之間，間之以安，尤見孔孟之旨。孔子言「仁者安仁」「汝安則爲之」「老者安之」。孟子言「仁人之安宅」重「居之安」「安民」。此皆自人之生活上內心上說安。凡言心重性情重德性者，皆理當重人心人生之直接的安與不安處之覺察。大學於止定靜之前，言止於至善，於其後繼之以安，則墨莊荀言止定靜之工夫，重在成就知識或心之虛靜者，在大學皆一變其義，全成爲自覺的德性生活或性情中之事矣。

大學之言致知格物，亦表面上有似於荀子，而荀子之重知，則有類於墨子。荀子嘗言「以知，人之性也。可以知，物之理也。」又論「觀物有疑則中心不定」之故。是荀子已有人之求知當格物之意。然荀子之所謂物，雖要在指人間之物，亦可泛指一般之自然外物。大學之言致知格物之知與物，依大學本文解釋，當即「物有本末」之物，「知所先後」之知。則物即天下國家身心意也。而知所先後，即知「欲平天下必先治其國」知「欲治其國必先齊其家，……先修其身，……先誠其意……」也。果之其知物作如是解，則其物非泛指一般外物，其所謂知亦非泛指一般之知，而物爲有關德性性情之物，知爲有關德性性情之知矣。此便明是承孟子之學而來。縱大學之致知格物，不作此解而另作他解，吾人只就其言致知格物之後，即繼以誠意正心以觀，仍可見大學攝他家所重之知物之義，以歸向於孟子所言之德性之學。大學所言之誠意正心之工夫，在根本上，正依於孟子之性善之旨。大學言人之誠意正心，皆言人能自誠其意而自正其心。亦即意能自求誠而好善惡不善，心能自求正，安於喜怒哀樂之得其正而不安於其不得其正。此當爲大學誠意正心其本義。此心此意之能自正自誠，頗有似於荀子言心之能自禁自使，自行自止，恆出令而無所受令，以自作主宰之義。其異則在荀子只知心之能自求「可道」「知道」「行道」，而不言心之涵明德而涵善。而大學之言心之能自求正，意之能自求誠，則此本身爲明德之自明，而自求止於至善之事。是顯爲依於孟子性善之旨。而大學之言明，上承孟子而進於孟子者，則在吾人前所言之孟子之言明善思誠，誠身，皆重在正面之工夫，而忽反面之毋自欺去不誠之工夫。孟子言人之自正其心之工夫，唯重在正面的操存此本心而勿失。而大學之誠意正心之工夫，則重在正反二面之雙管齊下，而尤重在毋自欺以去意之不誠，使好善如好好色，惡惡如惡惡臭，毋「有所」以去心之不得其正者。故在大學言誠意正心，乃直下肯定意之有不誠者及心之有不正者。此爲人由眞正反省自覺，而實見得之人內心之病痛。儒家夙重改過內省之義，自當求去此人內心之病痛。然先秦諸子詳言內心之病痛者，則始於莊子。人之厚貌深情，不精不誠之病，喜怒哀樂慮嘆變慹等之擾亂人心之病，皆由莊子乃暢言之。然莊子於心爲天君，能自令自主之義，尚不如荀子之明白言之。於心之能自誠其不誠自正其不正之義，更未能識。故其於言人內心病痛等處雖言之深切，而繼之者或爲一無可奈何之嘆惋，乃歸於求畸於人而侔於天。而大學則不僅知心之能自誠其不誠自正其不正，且言心之喜怒哀樂，所以不得其正，亦只在其「有所好樂」「有所忿懥」「有所憂患」之「有所」。去其「有所」之處，則喜怒哀樂，亦即未嘗不可見性情之正。是見莊子之不免言無情忘情，正由其所謂常心或靈臺之心，能上同於天，而尚未能爲自正自主之性情心。而大學所言之能自正自主之心，無待於無情，正見其爲申孟子所言之性情心德性心之義者也。

至於中庸之言內聖之修養工夫，或心學，則尤密於大學。大學之道，要在合內聖外王之道爲一。而中庸之言，則要在貫天道人道而爲一。中庸之中心觀念在誠。其以誠爲天之道，非如孟子之偶一言及，乃直言天之道亦只是一誠。此即使孟荀所偏自人工夫上言之誠，正式成爲一本體上之天人合一之誠。思誠誠身，孟子言之。人之不誠而求誠，心之自出令而自禁自使之義，荀子思想中有之。去其自欺之不誠而誠，求存於中者與形於外者之合一，大學言之。中庸之要義，則如順此再進一步，由人心之能自求誠而自令自命處，見此心之性；並由此心之自命，見天之所以命我，而視我心之性，亦爲天之所命；於是我之求誠而彰性德，亦即天之誠道之貫徹於我，我之上達天德，而繼天之誠道之事。人之心性爲天之所以與我者，本爲孟子之義。然孟子書中之所謂天命，猶可只以指一在外或在上之天之命，抑尚不免古代宗教思想之遺。在古代宗教思想中，主天敍有典天秩有禮，以人之道德標準，及各種動作威儀之則爲天之所命。而孟子之學之時代意義，則要在於一般所謂緣於天命而爲人之典常之仁義禮智，實見其本於人之惻隱羞惡辭讓是非之心，而爲此心之性。故曰「仁之於父子也，義之於君臣也，禮之於賓主也，智之於賢者也，聖人之於天道也，命也，有性焉。君子不謂命也。」而人之工夫則在由盡心知性，存心養性，以直契此世所共信之天命所存，是謂知天而事天。而人行此人性所存亦天命所存之仁義禮智，即須順受行此而遭遇之一切。于是一切莫之爲而爲莫之致而致之得失禍福壽夭，遂同可謂天所命我者，而爲人所當修身以俟，方爲眞正之立命。而後之墨子，則言天有志能施賞罰，然又不欲規定人力之所限極。故尊天而非命。莊子則尚自然之性命之情而任之。以天爲自然之化。天之自然之化之所行，亦即命之行。天與命不二，而人亦當隨所遇而安之若素，而尙安命。安命即任天，而與天游也。荀子亦以天爲自然之化。謂「節遇謂之命」，命乃純爲人在環境中之遭遇。而因其重人道，遂主「制天命而用之」。則天命與人成相對，而凡屬於天之自然物與人性，皆爲人所治之對象。此復使天與命若全成爲一外在於人心，在人心所治之下者。是見先秦之思想愈進，而距原始之人上承天命受天命之宗教性思想愈遠。然中庸之標出天命之謂性一語，直接溯人性之原於天命，人性乃上承天命而來，此正是墨莊荀以來天與命之分離及天命之自然化之思想潮流之一扭轉，而上契劉康公所謂「民受天地之中所謂命」之義，承孟子於人性即見天所命之教。而中庸之直下點醒天命之謂性，正爲補足孟子言所未及。其與孟子之不同，則孟子思想之時代意義，在收攝墨子與傳統宗教之見所謂原於天命天志之典常而指歸其本於人性。而中庸思想之時代意義則在：再溯此人性之原於天命，以見人性之宇宙的意義形而上的意義，乃謂「思知人不可不知天」。而其所以能進至由知人性原於天命，而更由知天以知人者，則當在其由人心之自命自令而自求明善誠身處，透視出人心自有一超越的或在上的根原，即無聲無臭的上天之載的根原，足以成其道德生活中求自誠之事相續而無息者。於是人心之自命自令中所顯之性，皆顯爲天所命之性，人之性德之誠皆見天德之誠，人之求自誠之事，皆爲天道之誠之相續於人之事。而自思想史之發展觀之，則此中庸之思想，正宜謂爲合孟子之性善之旨，於荀子所重之心自命自命之義，以成自成之誠，而又化孟荀以來之工夫上之誠，爲兼通性德與天德人道與天道之本體上之誠所生之思想。而其以誠爲天道天德，以達此天道天德之誠，爲人之至誠者之所能至，以「唯天下之至誠唯能化」，正所以代莊子之只以自然之化言天道天德，只重應化游於變化之思想者也。而中庸之言天道天德之誠之形而上學，必由儒家孟子之傳之心性之學中求誠之工夫，向上透入，以求了解，亦由此可見。故論中庸而先置定天之誠或天道天德於外，而謂其賦於人以成人之性，則猶是第二義以下之外在的論法，尙不足以顯中庸思想之骨髓所在，而明中庸思想與先秦他家思想之異同關鍵者也。

以中庸之言天道天德之誠，天命之謂性，本是由人心之能自誠而見。故此人之自誠之工夫，亦即自始爲在人自己之內心深處，自承天道天德天命，以自命自令、而自率其性，自修其道之工天。中庸言誠之工夫一面是直道的順天德性德之誠，以自然明善而成己成物之工夫，其極爲不思而中，不勉而得，從容中道之聖，爲「自誠明，謂之性」，言直率此性，便是道也。一面爲致曲的，於善與不善或惡，中庸與反中庸之過不及中，擇善擇中庸，隱惡而揚善，固執善，惟恐陷於過不及或小人之無忌憚的戒愼恐懼之愼獨工夫。此即吾人之由明以求自誠之事，爲「自明誠謂之敎」，修此道以爲敎也。此見中庸之言誠之工夫及人之能自誠之性德，乃一方言其爲能直道而行，亦一方言其爲能兼明正反二面之善與不善，以反反面之惡與不善，而曲成此正面之善者。而中庸與大學，同重此去反面的不善之修之工夫，正由其對於人之道德生活之嚴肅、反面的人心之不善不誠之病等，特有所認識。莊子言人心，特重人心中當解去釋去刳去洒去之一面。荀子言人心，亦有不中理不合道之一面。由此而莊荀皆重虛心靜心或淸心之工夫。而重改過，亦夙爲儒家之通義。然中庸之特言戒愼恐懼之愼獨工夫，則尤有一深旨。此乃直契曾子所謂「戰戰兢兢，如臨深淵如履薄冰」之義。此義乃謂人在自以爲無過，或無荀子所謂不中理之心時，人仍不當無忌憚，人仍可於一念之間陷於過惡。因而人不僅在自覺有過時，當有一改過之工夫，而即在人自以爲無過時，亦當有一恐懼戒愼其自陷於過之工夫。而人亦惟恃此工夫，可澈入個人內心深處之病痛，而自防其工夫之間斷，自求其工夫之不息，冀達至誠「至誠無息」「純亦不已」而「不二」之聖境。而吾人如觀莊子所言之人心中之成心機心之深，人之喜怒好惡之危，荀子所言人心蔽塞之禍之大，貳而難一，人情之不美，便更易知中庸「君子戒愼乎其所不睹，恐懼乎其所不聞。莫見乎隱，莫顯乎微。是以君子愼其獨也」之言，其切摯之旨所存。所謂不睹不聞隱微之地，可指外面不可見而爲人內心所獨知之念慮，亦可指自己所不自覺而藏於內心之深處之過惡，亦可指人之時時不可免的陷於過惡之可能或過惡之幾。如朱子註所謂「幽暗之中，細微之事，跡雖未形，而幾則已動」。由是而知人才一放肆無所忌憚，即可陷於過惡與邪僻，而使此心成大不誠之心。故此中必須有一戒愼恐懼之工夫，用於此不睹不聞之隱微之地，知「莫見乎隱，莫顯乎微」。求如朱子所謂「以遏人欲於將萌，而不使其潛滋暗長於隱微之地」，求如中庸所謂「內省不疚無惡於志」。此爲「人之所不見」之工夫，方爲「君子之所不可及」，亦內心修養之「誠之」工夫最有密處。是謂愼獨。而「獨」之爲一名詞，蓋首由莊子提出。大宗師篇言「見獨而後能無古今，無古今而後能入於不死不生」。此所見之獨，當即莊子所謂常心靈臺之自體。然莊子於此常心靈臺或獨，未言其爲善。荀子則進而言，「不誠則不獨，不獨則不形」。其所謂獨，當即爲本知道行道合道之心以化性，而專誠篤實的用工夫，所成之個人心志或個人人格。大學中庸言愼獨之異於莊荀言獨者，一在大學中庸之愼獨，皆只所以求自慊自誠以「無惡於志」，而非於本有明德性德之外，另有所見另有所成。一在莊荀之獨，唯是個人之所見或只以指個人之人格。而大學之愼獨工夫，則涵獨居時如爲「十目所視十手所指」之義，而如對越人前，如見君子。中庸愼獨工夫，上承天命之性而可上達天德，則有如對越上帝上天。斯大學中庸之個人愼獨，即涵對超我個人之他人君子或上天上帝之無怍無愧於其內。而中庸之以戒愼恐懼之義言愼獨，尤密於大學以自慊言愼獨者，則在中庸之戒愼恐懼，乃一既能知道行道合道之德性心（即中庸之性德）恆自懼其或將陷於非道之情。故戒愼恐懼，乃一能合於道之德性心之求自保自持。唯由此心之能自保自持，方見此心之自身之爲一眞正之獨。此義亦荀子所未有，更莊子所未有。莊子謂「靈臺者有持，而不知其所持，而不可持者也。」此所言者乃人之虛靈明覺心，而非人之德性心也。人之德性心之求合於道，即必同時懼其陷於非道，則此中即有一自然之自保自持。德性心之爲自持其爲德性心之一義，唯在中庸之愼獨之教中明見之。惟此德性心恆能自持，亦不肯一息停止其自持，停止其戒愼恐懼者，故人在接物應事時，固隨時有工夫當用，而即在獨居僻處，外無所事時，仍有一不息之工夫在。是謂「道也者，不可須臾離也。可離非道也」。而此道者亦即德性心或性德之自保自持而自戒愼恐懼，以自求合道，而不肯一息陷於非道之道也。亦即其此心之自保自持其始終常合道之道也。故曰「誠者自成也。而道自道也。誠者物之終始。」誠之自成者，自成其誠，性德之誠之自保自持而更無不誠，自成爲至誠無息之誠也。道之自道者，自道其道，率性之道之自保自持更無非道，以成悠久無疆之道也。中庸此處之言德性心之誠與道，之自成自道，即入於作聖之工夫之最鞭辟入裡處。而易傳之言知幾言「有不善未嘗不知知之未嘗復行也」，其要歸亦同不外欲人於此心之失道與復道之關鍵處用心。後世唯宋明理學家，能上承此義而發揮之。兩漢魏晋及清以來學者，蓋皆望此道而未之見者。然中庸之此義，正如先秦孟墨莊荀言心性之學之結穴處。此乃一方發揮孟子一路心性之學至極精微之境，一方亦即足銷融他家對心性之善之疑難者。由中庸所言之德性心或性德，能自保自持，以自成自道，，故可爲儒家內聖之學奠立不拔之基。由此性德之充於內而形於外，故可以行天下之達道，成天下之達德，以施教爲政，由盡己之性以盡人之性物之性，贊天地之化育，斯人之性德乃實通於上天之載無聲無臭之天德。然吾人若不自孟墨莊荀之言心之義次第看來，則尚較不易知其「致廣大而盡精微極高明而道中庸」之義所存，故試一附論之於此，唯賢者垂察之。

四十四年十二月廿九日

漢書補注辨正

施之勉

卷一

沛豐邑中陽里

高紀，高祖，沛，豐邑，中陽里人。

孟康曰，後沛爲郡，而豐爲縣。劉攽曰，予謂沛豐郡縣名，史官用漢事記錄耳。應劭曰，沛，縣也。豐，其鄉也。師古曰，沛者，本秦泗水郡之屬縣。豐者，沛之聚邑耳。吳仁傑曰，史記世家列傳所載邑望，大抵書某縣某鄉，或略之，則曰某縣，鮮有列郡縣名者。如蕭何沛豐人，陳平陽武戶牖人，項羽下相人，陳涉陽城人，此類是也。至漢書文景以來諸臣傳，始兼列郡縣名，如史記張釋之，但曰堵陽人，漢書則曰南陽堵陽，河東平陽，此類是也。帝紀比世家列傳加詳，故縣邑里名皆具。高紀所著縣邑，乃史記本文。則知所謂沛豐邑者，沛縣之豐邑，非用漢事紀錄然也。春秋傳，都曰城，邑曰築，則都大而邑小。至秦商鞅集小都鄉邑聚爲縣，故縣仍用邑名。如栒邑左邑之類爲多。今地理志沛郡屬縣有豐，而不云豐邑，此足以知紀所云豐邑，非縣名也。中陽者，里名。荀悅漢紀云，劉氏遷於沛之豐邑，處中陽里，而高祖興焉。齊召南曰，史家紀事，必用當時地名。秦無沛郡，沛縣屬泗水郡。若全記郡縣，必云泗水郡矣。時蕭何曹參王陵周勃樊噲夏侯嬰周苛周昌任敖皆同縣人，而盧綰則同鄉同里，故於蕭曹等傳，但曰沛人，綰傳則曰豐人，又曰與高祖同里也。師古說是。王先謙曰，沛，豐，漢縣，並屬沛郡。

按，孟劉說是，仲遠等五人所說，非也。吳說高紀所著縣邑，乃史記本文。考史記於孔子曰生魯昌平鄉陬邑，於老子曰楚苦縣厲鄉曲仁里人，於高祖曰沛豐邑中陽里人。全書唯此三人，獨詳其郡國縣邑鄉里，蓋因高祖爲開國之君，孔子老子，其學爲世所重也。明乎此，則知沛豐必爲郡縣之名矣。史記世家列傳所載邑望，其實書某縣者居多，其次爲某郡，或某郡某縣，書某縣某鄉者少。諸臣傳且兼列縣郡，寧有帝紀縣邑里名皆具，又而略去郡名耶。齊說全記郡縣，必云泗水郡。不知高祖雖生於秦時，及其滅秦有天下，更姓改物，史官紀事，豈有仍用泗水郡之理。所舉蕭曹等十餘人，唯何（據史蕭相國世家）與綰爲同縣人，餘皆沛縣人，又不得以此證豐爲沛之聚邑也。史漢文中，往往縣邑二字互稱。本紀沛縣稱邑，（紀十二年，沛中空縣皆之邑西獻。）郭解傳兩稱雒陽縣爲邑，（解傳，雒陽人有相仇者，邑中賢豪居間者以十數。又，雒陽諸公在此間，多不聽者，解奈何從他縣奪人邑中賢大夫權乎。）又稱軹縣爲邑，（解傳，郭解，軹人也，邑中少年及旁近縣賢豪夜半過門，常十餘輩，請得解客舍養之。）是其證。蕭何沛豐人，盧綰豐人，此言豐，而紀云豐邑，明此邑字，增之不過以足文句，義實相同，何後人不解，即疑豐爲聚邑而非縣也。地理志，沛郡，故秦泗水郡，高帝更名。豐縣，屬沛郡。史官用漢事紀錄，則高祖爲沛郡豐縣，中陽里人，有何可疑乎。

又按，封禪書，高祖初起，禱枌楡社。二年，令縣爲公社。天下已定，詔御史謹治枌楡社，常以四時春以羊彘祠之，十年、春、有司請令縣常以春二月及臘，（元作春三月及時臘，依王念孫說改。）祠社稷，以羊豕。民里社，各自財以祠。制曰，可。據此，則枌楡社，爲豐之公社，而非里社，故春以羊豕祠之。豐有公社，此豐爲縣之的證也。

本紀於每月大事必書

高紀，秦二年，十二月，魏人周市，路地豐沛，雍齒即反，爲魏守豐。沛公攻豐不能取，怨雍齒與豐子弟畔之，正月，張耳等立趙後趙歇爲趙王。東陽甯君秦嘉立景駒爲楚王，在留，沛公往從之，請兵以攻豐。

王先謙曰，史記，沛公怨雍齒，與豐子弟叛之，聞東陽甯君秦嘉立景駒爲假王，在留，乃往從之，欲請兵以攻豐。漢書敍入張耳云云，文氣稍隔，此改史記而失者。

按，王說非也。本紀於每月大事必書。今年正月張耳立趙歇爲趙王，是一大事，豈可不敍。下云七月，沛公項羽攻定陶，八月，田榮立田儋子市爲齊王。定陶未下，沛公與項羽西略地。是同一例。此正可見班史之密。王以爲文氣稍隔，改史紀而失，是文人之見耳。

皇訢

高紀，與魏將皇欣武滿軍合

齊召南曰，功臣表，樂平侯衛無擇以隊卒從高祖起沛，屬皇訢，當即此皇欣。

按史記月表作皇訢。

得皇欣等軍

高紀，秦三年，十二月，沛公引兵至栗，與魏將皇欣武滿軍合，攻秦軍破之。二月，沛公從碭北攻昌邑，遇彭越。越助攻昌邑未下。

王先謙曰，史記叙彭越助攻昌邑，不利，乃還至栗，與此先後異。至合皇欣等軍後，亦不云攻秦軍破之也。

按史記月表，二世三年，十二月，救趙至栗，得皇訢武蒲軍，與秦軍戰，破之，二月，得彭越軍昌邑。與此正合。

秦時陳留爲縣

高紀，食其說沛公襲陳留

王先謙曰，史記有得秦積粟四字。陳郡，郡也。

按秦時陳留爲縣，非郡也。史記酈生傳，酈生夜見陳留令。又，斬陳留令首。可證。

襄侯王陵非安國侯王陵

高紀，秦三年，七月，南陽守齮降。引兵西。無不下者。至丹水，高武侯鰓，襄侯王陵降。

晉灼曰，功臣表戚鰓也。王陵，安國侯王陵也。韋昭曰，漢封王陵爲安國侯，初起兵時在南陽，南陽有穰縣，疑襄當爲穰，而無禾，字省耳。臣瓚曰，時韓成封穰侯，江夏有襄，是陵所封也。師古曰，戚鰓初從即爲郎，以都尉守蘄城，非至丹水乃降也。此自一人耳，不知其姓。王陵亦非安國侯者。晉說非也。韋氏改襄爲穰者，蓋亦穿鑿也。何焯曰，按下云，因王陵兵，從南陽，迎太公呂后於沛，亦出武關之道，則王陵即安國侯王陵也。襄侯則初起所假封爵耳。功臣表云，以自聚黨定南陽，漢王還擊項籍，以兵屬從，非別一人可知。全祖望曰，陵聚衆定南陽，本傳亦有之。張蒼傳，陵救蒼之死於南陽，是安國侯即襄侯。襄當作穰，南陽地，江夏則不相接矣。韓成之封，以元年，陵是時何妨自稱穰侯乎。

按，師古說是，諸說皆非也。本書功臣表，安國侯王陵，以自聚黨定南陽。漢王還擊項籍，以兵屬從。史記功臣表，安國侯王陵，以客從，起豐。以厩將，別定東郡南陽。從至霸上。入漢，守豐。上東，因從戰，不利，奉孝惠魯元出淮水中。二表所紀，判然有別。然於安國侯王陵，別定南陽，是則同也。豈可以定南陽之安國侯王陵，而爲降於丹水之襄侯王陵乎。又，張蒼傳，蒼以客，從攻南陽。蒼當斬，解衣伏質，身長大，肥白如瓠。時王陵見而怪其美士，迺言沛公，赦弗斬。蒼德安國侯王陵。及貴，父事陵。然則沛公攻南陽時，安國侯王陵亦在，乃得救蒼之死。而襄侯王陵之降於丹水，則在沛公攻降南陽守齮之後。紀中載之甚明。寧有安國侯王陵，與沛公共定南陽，忽又西至丹水而自立，更煩沛公約降之乎。是則襄侯王陵，與安國侯王陵，姓名偶同，非是一人，斷可知矣。諸家說襄侯王陵，即安國侯王陵，不可取也。

塞翟降後有國如故

高紀元年，秋八月，塞王欣翟王翳，皆降漢。

吳仁傑曰，漢所爲不即以兩王地爲郡者，以三秦同功一體之人，雍未下，而塞翟降，故使之王故地，以誘雍耳。太史公乃於二年始書翟塞降，便書以其地置郡，殊失當時廢置先後之意。班氏所書，於義爲長。王先謙曰，吳謂使王故地，史無其事。據史記月表，置郡在九月，本書異姓諸侯王表，亦在八月，則班書於二年，乃統詞，非事實也。

按吳說是，王說非也。本紀，元年八月，塞王欣翟王翳降漢。二年六月雍州定，置河上渭南中地隴西上郡。地理志、京兆尹，高帝元年屬塞國，二年，更爲渭南郡。左馮翊，高帝元年屬塞國，二年，更名河上郡。志與紀合，是元年八月塞翟降漢，有國如故，審矣。迨二年四月漢敗彭城，塞王欣翟王翳亡漢降楚，而後國除爲郡耳。

五諸侯塞翟韓殷魏

高紀，二年，夏四月，羽雖聞漢東，旣擊齊，欲遂破之，而後擊漢，漢王以故得刧五諸侯，東伐楚。應劭曰，雍翟塞殷韓也。如淳曰，塞翟魏殷河南也。韋昭曰，塞翟韓殷魏也，雍時已敗。師古曰，諸家之說，皆非也。張良遺羽書云，漢欲得關中，如約即止、不敢復東。東，謂出關之東。今羽聞漢東之時，漢固已得三秦矣，五諸侯者，謂常山河南韓魏殷也。此年十月，常山王張耳降，河南王申陽降，韓王鄭昌降。三月，魏王豹降，虜殷王卬，皆在漢東之後。故知謂此爲五諸侯。時雖未得常山之地。據功臣表云，張耳棄國，與大臣歸漢，則亦有士卒也。又，叔孫通傳云，二年，漢王從五諸侯，入彭城。爾時雍王猶在，廢丘被圍，即非五諸侯之數也。尋此紀文，昭然可曉，前賢注釋，並失指趣。劉攽曰，張耳奉頭鼠竄，安得有兵。五諸侯者，陳餘其一也，事見餘傳。吳仁傑曰，諸侯歸漢者七。申陽降，即以其國爲河南郡。鄭昌降，即以其國封韓王信。而司馬卬被虜，其地自爲河內郡。此三人，皆以國除，不得與諸侯並。張耳與大臣歸漢，不言與兵俱。惟塞翟魏，有國如故，而韓王信，常將韓兵從，並趙相陳餘所遣兵，是爲五諸侯。董教增曰，顏氏牽引諸王，以足五數，於義亦非。蓋此處五諸侯，有河南韓魏殷等。而項籍傳賛云，遂將五諸侯滅秦，又係何人。尋其條貫，當據故七國，以其地言，不以其王言也。漢定三秦，即故秦地。項羽王楚，即故楚地。其餘韓趙魏齊燕，爲五諸侯。刧五諸侯兵，猶後言引天下兵耳。故漢伐楚，可言五諸侯，楚滅秦，亦可言五諸侯也。全祖望曰，吳氏以史記雖云元年八月降塞翟二王，置二郡，而漢書云二年六月，雍亡後，始置河上渭南中地隴西上郡，則前此塞翟，必如未亡，以是爲史記之誤。塞翟未亡，足充五諸侯之列，不知史記於元年書置二郡者，漢滅二國定其疆，漢書於二年書置五郡者，漢盡定三秦通正其地界。故漢書異姓王表，亦云元年八月置二郡，與史記同。且功臣表云棘丘侯襄，以上郡守，擊西魏，事在二年三月。敬市侯閻澤赤，以河上守遷殷相，擊項藉，事在二年四月。則翟塞之不得有其國，可見矣。蓋五諸侯者，魏王從軍，見其傳。韓王從軍，見異姓王表。陳餘以兵從，亦見其傳。而合齊擊楚，則見淮陰傳。蓋齊人亦以兵從，合殷爲五諸侯也。或謂，時漢置河內郡，殷不在諸侯之列，不知此高紀誤也。功臣表，閻澤赤遷殷相，擊項籍，殷尚有相，則卬尚有國。蓋殷已降漢，故漢爲之命相，而以兵來從。卬死，始置郡耳 。合史漢陳平傳叙殷王事觀之，知殷時尚未亡。史漢二本紀及表並誤。又曰，五諸侯，當爲燕趙韓魏衡山。燕趙不奉楚令，恐楚既平齊而討之，故助漢。衡山，楚之所貶，亦怨楚助漢也。周壽昌曰，項羽傳亦云刧，史記作部。王益之西漢年紀從之。荀紀止云漢王率諸侯之師凡五十六萬人，無五諸侯三字，蓋以其難確指。通鑑云，漢王以故得率諸侯兵，凡五十六萬人，從荀紀，不從漢書。王先謙曰，董以五諸侯爲即天下兵，古籍既無是義，此與項籍傳五諸侯，亦不同。雍塞翟常山河南，不在諸侯之列，諸說允矣。全說前後兩岐，而臧荼聽命，在韓信破趙之後。吳芮在軍，並無確證。據理考實，前說爲近，刧有制持之義，如項羽爲上將軍，諸將黥布皆屬，而下文漢王數羽罪云，擅刧諸侯兵入關，意與此同。

按，諸說皆非唯韋說塞翟韓殷魏是也。史記將相表，二年，春，定塞翟河南韓殷國。夏，伐項籍，至彭城，還據滎陽。淮陰侯傳，漢二年，春，定塞翟河南韓殷王皆降，合齊趙，共擊楚。四月，至彭城。據此，則漢王率諸侯兵，東伐楚，入彭城，不止五國。而項羽紀高祖紀，皆云五諸侯者，何也？蓋漢王發關中兵，收三河士，衆雖多至五十六萬，而諸侯身親從同入彭城者，僅有五人，魏王豹韓王信塞王欣翟王翳殷王卬，是也。史記月表，漢二年三月，豹降漢，爲廢王。四月，從漢伐楚。（本書異姓王表略同。）魏豹傳漢王還定三秦，渡臨晉，魏王豹以國屬焉，遂從擊楚於彭城。彭越傳，漢王二年春，與魏王豹及諸侯東擊楚。外戚世家，豹初與漢擊楚，及聞許負言，因背漢而畔。是魏王豹從漢王入彭城也。韓王信傳，漢二年，韓信略定韓十餘城，漢王迺立韓信爲韓王，常將韓兵從。月表，漢二年，四月，韓王信從漢伐楚。（本書異姓王表略同。）是韓王信從漢王入彭城也。塞王欣翟王翳殷王卬從漢王入彭城，有何據乎。本紀於大戰彭城靈壁東睢水上，楚大破漢軍，即曰，諸侯見漢敗，皆亡去。塞王欣翟王翳降楚，殷王卬死。淮陰侯傳，亦曰，漢之敗卻彭城，塞王欣翟王翳亡漢降楚。而太史公自序曰，諸侯之相王，王卬於殷。漢之伐楚，卬歸漢。是漢王入彭城，此三王者，確從其在軍中矣。按本紀，元年八月，塞王欣翟王翳降漢。二年六月，雍州定，置河上渭南中地隴西上郡。地理志，京兆尹，高帝元年，屬塞國。二年，更爲渭南郡。左馮翊，高帝元年，屬塞國。二年，更名河上郡。可見元年八月，塞翟降後，有國如故。吳說甚是。迨二年四月，漢敗彭城，塞王欣翟王翳亡漢降楚，而後國除爲郡耳。全以棘丘侯敬市侯，而證塞翟之不得有其國。考史記功臣表，棘丘侯襄，以上郡守，擊定西魏地，功侯。據本書高帝紀及史記月表，韓信等虜魏王豹，定魏地，置河東太原上黨郡，在二年九月。而上郡之置，在二年六月。是棘丘侯爲上郡守，當在六月以後。擊定西魏地，又當在九月。二年三月，豹之降漢，魏尙有國，豈得謂爲定魏地乎。河上郡之置，亦在二年六月。敬市侯閻澤赤爲河上守，亦當在六月以後，則何能在四月，以河上守從漢王伐楚，入彭城，擊項籍乎。殷相，當依史表，作假相。殷王卬死，國除爲郡，二年六月後，不得有殷相也。然則全說爲無據矣。地理志，河內郡，高帝元年爲殷國。二年更名。殷王卬，蓋亦至其死而後國除爲郡，亦當在二年四月後。全說卬死始置郡，是也。唯以敬市侯閻澤赤遷殷相，擊項籍，證殷尚有國，則非。故此三人，從漢王東擊楚，皆在諸侯之列也。至於雍王章邯，被圍雍丘。常山王張耳失國，不得有兵。河南王申陽降，即以其地，置爲郡。韓王鄭昌降，即以其國封韓王信。趙則陳餘但遣兵助漢。齊亦或以兵從。是皆不得在五諸侯之數耳。

漢家堯後

高紀贊曰，范氏爲晉士師，魯文公世奔秦，後歸於晉，其處者爲劉氏。齊召南曰，孔穎達左傳疏云，士會之帑在秦，不顯於會之身，復無所辟。傳說處秦爲劉氏，未知何意，討尋上下，其文不類，深疑此句，或非本旨。蓋以爲漢室初興，捐棄古學，左氏不顯於世，先儒無以自申，劉氏從秦徙魏，其原本出劉累，插注此辭，將以媚於世。明帝時，賈逵上疏曰，五經皆無證圖讖，明劉氏爲堯後者，而左氏獨有明文。竊謂前世藉此以求道通，故後引之，以爲證耳。召南按孔疏所見甚卓。但加此文於左傳，實不始於賈逵，且並不始於哀平之世。據昭帝元鳳三年，符節令眭弘上書，言漢家承堯之後，則彼時左傳已有此文。至劉向頌高祖曰，出自唐帝。王莽稱漢爲堯後，有傳國之運，班彪王命論曰，帝堯之苗裔，皆在其後者也。

按，五帝有二說，太昊炎帝黃帝少昊顓頊，見於呂覽十二紀，蓋陰陽家之說也。黃帝顓頊帝嚳帝堯帝舜，見於大戴禮五帝德帝繫，蓋儒家之說也。呂覽應同篇，黃帝得土德，天先見大螾大螻。禹得木德，天先見草木，秋冬不殺。湯得金德，天先見金，刃生於水。文王得火德，天先見火，赤烏銜丹書，集於周社。代火者水。天且先見水氣。水氣至而不知數備，將徙於土。按此實已以少昊代黃帝。五行相勝，則黃帝土德，少昊木德，顓頊金德，帝嚳火德，堯水德，舜土德，禹木德，湯金德，文王火德，秦水德，漢土德。此鄒衍五德終始，其說最盛行於秦及漢初者也。漢興，張蒼以周爲火，漢勝火，當爲水德。至文帝時，公孫臣賈誼，以爲漢得土德。武帝太初改制，兒寬司馬遷，猶從臣誼之言，服色數度，遂順黃德。至以漢爲堯後，當得火德，其說實出於董仲舒。本書眭弘傳，先師董仲舒有言，雖有繼體守文之君，不害聖人之受命。漢家堯後，有傳國之運，漢帝宜誰差天下，求索聖人，禪以帝位，而退封百里，如殷周二王後，以承順天命。此足徵漢家堯後之說，出於董江都矣。仲舒推陰陽，亦當用五勝之說，而以顓頊代黃帝。則黃帝土德，顓頊木德，帝嚳金德，堯火德，舜水德，夏土德，殷木德，周金德，漢繼周，當得火德。（仲舒用五勝，見繁露五行相勝篇。五帝爲黃帝顓頊帝嚳帝堯帝舜，見繁露三代改制質文篇。）堯得爲火，則漢得爲赤，而漢家爲堯後也。成帝時，甘忠可夏賀良言赤精子，漢再受命。劉向父子用五行相生，推漢爲火德。實皆本於董生也。向歆父子，以爲帝出於震，故包羲氏始受木德，其後以母傳子，終而復始，自神農黃帝下歷唐虞三代，而漢得火焉。（見郊祀志。）依向歆父子所推，即是包羲木德，神農火德，黃帝土德，少昊金德，顓頊水德，帝嚳木德，堯火德，舜土德，禹金德，湯水德，周木德，漢繼周，爲火德。律歷志世經，帝王運世，即如此。向歆父子，雖有此議，時不施行。至光武即位，案圖讖，推五運，漢爲火德，周蒼漢赤，木生火，赤代蒼，乃用火德，郊祀帝堯，色尚赤耳。按此，則漢爲堯後，其說倡於董舒仲。以少昊代黃帝，令堯得爲火，漢得爲赤，則始於劉向歆父子。然皆本於陰陽五行終始之傳，非關於左氏春秋。景伯以左氏傳文，更爲董劉二家疏通證明，孔疏以爲賈氏增益傳文，將以媚於世，藉此以求道通，誣矣。（洪亮吉謂疑賈氏增益傳文，蓋習而不察，詳春秋左傳文十三年詁）。齊稱孔疏所見甚卓，何也。江都及中壘父子，推漢爲堯後，皆與左氏無涉。眭弘習公羊春秋，齊以弘書所引漢家堯後，係出左氏，眞譬說耳。

大戰彭城靈壁東

高紀，從魯出胡陵，至蕭，晨擊漢軍，大戰彭城靈壁東睢水上，大破漢軍，多殺士卒，睢水爲之不流。

王先謙曰，項羽傳從蕭，晨擊漢軍而東至彭城，大破漢軍，漢軍皆走，迫之穀泗水，漢軍皆南走山，楚又追擊至靈壁東睢水上。敍次甚明。宜依史記彭城下加一及字，則不累於詞。

按史記高祖紀，從魯出胡陵，至蕭，與漢大戰彭城靈壁東睢水上，大破漢軍，多殺士卒，睢水爲之不流。是孟堅仍襲史記原文，王氏未之察耳。

桃侯

高紀，封項伯等四人爲列侯，賜姓劉氏。

師古曰，皆羽之族，先有功於漢者。錢大昭曰，四人，射陽侯劉纏，平皋侯劉它，桃安侯劉襄也。其一人，表未聞，史記作元武侯。

按功臣表，桃，襄封邑。安，謚也。上二人不謚，則此亦但當稱桃侯耳。

御史大夫昌

高紀，十一年，二月，詔曰，御史大夫昌下相國。

臣瓚曰，周昌已爲趙相，御史大夫是趙堯耳。何焯曰，當時周昌，疑以御史大夫行趙相事，趙堯特以御史守御史大夫，故詔書仍言昌也，王先謙曰，昌字當是誤文。何說無據。

按魏相傳，高皇帝所述書，天子所服第八曰，大謁者臣章受詔長樂宮，曰，令羣臣議天子所服，以安治天下。相國臣何，御史大夫臣昌，謹與將軍臣陵，太子太傅臣通等議。公卿表，高帝十一年，丞相更名相國。則此議亦當在十一年或十一年以後。是昌字非誤文也。外戚傳，定陶戚姬愛幸，生趙王如意。如意且立爲趙王，留長安，幾代太子者數。賴公卿大臣爭之，及叔孫通諫，用留侯之策，得無易。叔孫通傳，十二年，高帝欲以趙王如意易太子。通諫曰云云。及上置酒，見留侯所招客，從太子入見，上遂無易太子志矣。張良傳，漢十二年，上從破布歸，疾益甚，愈欲易太子。良諫不聽，因疾不視事。叔孫太傅稱說引古，以死爭太子。上陽許之，猶欲易之。及宴，置酒，太子侍，四人者從太子，年皆八十有餘。四人爲壽已畢，趨去，上目送之。召戚夫人指視曰，我欲易之，彼四人爲之輔，羽翼已成，難動矣。竟不易太子者，良本招此四人之力也。周昌傳，及高帝欲廢太子而立戚姬子如意爲太子。大臣固爭，莫能得。上以留侯策止，而昌廷爭之强，是後戚姬子如意爲趙王，年十歲，高祖憂萬歲之後不全也，於是徙御史大夫昌爲趙相。據是，則欲易太子，立如意爲太子，决於十二年，以留侯之策而止。其時昌爲御史大夫，廷爭甚力。其徙爲趙相，又在此事之後。則御史大夫昌，見於今年詔書，不足異矣。又，據高紀，如意爲趙王在九年，將相表因誤以昌爲趙相，亦在九年。昌傳云，趙王年十歲，昌爲趙相。史記呂后紀云，高祖爲漢王，得定陶戚姬。戚姬即在漢王元年生如意，則高帝九年爲九歲。今云十歲，昌爲趙相。可證昌爲趙相不在九年也。是昌爲趙相，當在十二年。趙堯代爲御史大夫，亦當在是年，將相表公卿表在十年，蓋誤也。又按史記高祖紀，十年，八月，趙相國陳豨反代地。功臣表，十年，八月，豨以趙相國，將兵守代漢使召豨，豨反。陳豨傳，高祖七年冬，韓王信反，入匈奴。上至平城還，迺封豨爲列侯，以趙相國將，監趙代兵，邊兵皆屬焉。本書高帝紀淮陰侯傳雖作代相國，然功臣表盧綰傳亦均作趙相國，史記則無作代相國者，是豨爲趙相國無疑，故吳仁傑謂本紀於十年九月書豨反時爲代相國也。高帝十年，豨反時，既爲趙相國，何以豨傳復有趙相國周昌，見上，言豨恐有變。及反，趙相又奏斬常山守尉。此非趙國一時有二相國乎，甚可疑也，當考。

秦遷大梁於豐在始皇時

高紀贊，秦滅魏，遷大梁，都於豐。

師古曰，秦昭王伐魏，魏惠王棄安邑，東徙大梁，更號曰梁，非始皇滅六國之時。劉敞曰，當讀云遷大梁，都於豐，則與下文合，顏解誤矣。

按劉說是，師古說謬也。上文云，周市使人謂雍齒曰，豐，故梁徙也。文穎曰，魏王假爲秦所滅，轉東徙於豐。按文說是也。下文云，豐公，蓋太上皇父，其遷日淺，墳墓在豐，鮮焉。此亦可證自徙梁豐，爲時不久，當在皇始之時耳。

戰國時秦已賜民爵

惠紀，十二年，四月，高祖崩。五月，丙寅，太子即皇帝位，賜民爵一級。沈欽韓曰，此賜民爵之始。趙策，趙勝受地，諸吏皆益爵三級，民能相集者，賜家六金。是古但賜民金也。

按沈說非也。秦紀，昭王二十一年，魏獻安邑，秦出其人，募徙河東，賜爵。白起傳，昭王四十七年，王自河內，賜民爵各一級。是戰國時，秦已賜民爵，非始於此矣。

又按，高紀二年，二月癸未，令民除秦社稷，立漢社稷，施恩德，賜民爵。是漢朝賜民爵，亦非始於此也。

董仲舒言漢家堯後

高后紀，高皇后呂氏

王先謙曰，錢大昕養新錄云，漢爲堯之後，說本劉歆。

按，眭弘傳，先師董仲舒有言，漢家堯後。錢說非。

高后崩後曹窋行御史大夫事

高后紀，八月，庚申，平陽侯窋，行御史大夫事。

劉攽曰，按表及周昌傳，高后四年，窋爲御史大夫，誅諸呂後免，則非行也。疑此紀誤。王先謙曰，史記通鑑，亦作行事。公卿表，高后八年，淮南丞相，張蒼爲御史大夫，蓋窋前雖眞爲御史大夫，高后已詔張蒼代之，蒼未事以前，窋尙在官，故僅謂之行事。參觀紀表，可得其實。任敖傳云，窋誅諸呂後，坐事免。（原注，劉言周昌傳，誤。）按文紀勸進，已書御史大夫臣蒼。知所謂坐事免者，仍指高后時言。窋雖有誅諸呂功，已不預迎立文帝之事矣。

按，史呂后紀，八年，七月中，高后病甚。辛巳，高后崩。九月庚申，（元作八月，據通鑑考異改。）平陽侯窋行御史大夫事。辛酉，捕斬呂祿。九月庚申，距辛巳高后崩，已四十日。王說窋爲眞御史大夫，高后已詔張蒼代之，殊不可通。蓋窋免御史大夫，在高后崩前，此時誅諸呂，則又行御史大夫事耳。劉疑紀誤，亦非。

已酉去誅諸呂四十九日

文紀，閏月己酉，入代邸。

劉攽曰，己酉去誅諸呂，已三十七日矣。

按史記呂后紀，九月（元作八月，據通鑑考異改。）庚申，朱虛侯逐呂產，殺之郎中府厠中，辛酉，捕斬呂祿，而笞殺呂嬃，使人誅燕王呂通。計庚申至己酉五十日。辛酉至己酉，四十九日。劉說三十七日，誤。

惠帝更名諸侯相國爲丞相

文紀，元年，六月，封故常山丞相蔡兼爲樊侯。

錢大昕曰，丞字衍。周壽昌曰，丞字，非衍也。此故常山王之丞相也。百官表，諸侯王國，景帝中五年，始改丞相曰相。此在文帝初，宜仍故稱。表下書淮南丞相張蒼爲御史大夫，即其例，功臣表作常山相，無丞字，蓋省文。王先謙曰，周說是。史記亦有丞字。

按，錢說非周說亦未盡也。曹參傳，高帝以長子肥爲齊王，而以參爲齊相國。又，孝惠帝元年，除諸侯相國法，更以參爲齊丞相。景紀，中五年八月，更名諸侯丞相爲相。（公卿表略同。）是諸侯王國，高帝時爲相國，惠帝後稱丞相，至景帝中五年，又更名相也。

文帝開藉田

文紀，二年春正月，詔曰，夫農，天下之本也，其開藉田。

食貨志云，上感賈誼言，始開藉田。

按，食貨志，賈誼說上，有漢之爲漢，幾四十年矣之語。云幾四十年，則當在十一二年，不得在今年，不可謂感誼言，而開藉田，古四字積畫以成，與三易混。四疑是三之譌。幾三十年，則在元二年。今年開藉田，可謂因誼之言也。

文帝壽四十七

文紀，後七年，夏六月，己亥，帝崩于未央宮。

臣瓚曰，帝年二十三即位，即位二十三年，壽四十六也。王先謙曰，官本注上三字作二。

按瓚說非也。徐廣曰，帝年四十七，見集解。趙翼曰，按漢王四年，幸薄姬，生文帝，年八歲立爲代王。十七年，入爲帝，則應是二十五歲。而臣瓚注，謂文帝二十三即位，在位二十三年，壽四十六。是文帝年歲殊不符。見廿二史劄記。按徐趙說，是也。帝年二十五即位，在位二十二年，壽四十七耳。

右內史武帝更名京兆尹

文紀，發內史卒，萬五千人。

王先謙曰，百官表，內史，掌理京師之官，景帝更名京兆尹。

按，右內史，武帝太初元年更名京兆尹。史記索隱誤爲景帝。王不糾之而襲其謬，何耶。

陶青翟

景紀，元年，夏四月，遣御史大夫青翟，至代下，與匈奴和親。

文穎曰，姓嚴，諱青翟。臣瓚曰，此陶青也。莊青翟乃自武帝時人，此紀誤。師古曰，後人傳習不曉，妄增翟字耳，非本作紀之誤。王先謙曰，通鑑作青。胡注，青，陶舍子。以文後二年爲御史大夫，景帝二年爲丞相，見百官表。

按，此陶青也。顧亭林云，古人二名，止用一字。故此紀作青翟，史記景帝紀將相表及本書公卿表止作青也。

傅爲正卒

景紀，二年，令天下男子，年二十，始傅。

師古曰，舊法二十三，今此二十，更爲異制也。沈欽韓曰，本年十五以上出算錢，今寬之，至二十歲始傅，著於版籍也。王先謙曰，史索隱引荀悅云，傅，正卒也。

按，荀顏說是，沈說非也。徐天麟曰，高紀，發關中老弱未傅者，悉詣軍。（師古注，傅，著也。言著名籍，給公家徭役也。）如淳曰，律年二十三，傅之疇官，高不滿六尺二寸以下爲疲㿗。漢儀注，民年二十三爲正，一歲爲衛士，一歲爲材官騎士，習射御馳戰陳，年五十六乃免爲庶民，就田里。則知漢初民在官三十有三年也。今景帝更爲異制，令男子年二十始傅，則在官三十有六年矣。見西漢會要。然則舊法二十三，今更二十，是重民之役也，豈得謂之寬乎。

三年二月壬午晦

景紀，三年，二月，壬子晦，日有食之。

王先謙曰，五行志作壬午晦。漢紀作辛巳朔。

按志作壬午，是也。公卿表，三年，正月壬子，錯有罪要斬。是壬子明在正月矣。壬子至壬午，三十一日。是壬子爲正月晦，壬午爲二月晦也。

七年十一月乙丑

景紀，七年，春正月，廢皇太子榮爲臨江王。

王先謙曰，史記云七年冬，表作十一月己酉。通鑑從之。荀悅從本紀。

按史表，己酉，作乙丑。據景紀，五行志，七年十一月庚寅晦，則十一月有乙丑，無己酉。

三輔之稱起於左右京輔都尉。

景紀，中六年，三輔舉不如法令者。

應劭曰，京兆尹左馮翊右扶風，共治長安城中，是爲三輔。師古曰，時未有京兆馮翊扶風之名，此三輔者，謂主爵中尉及左右內史也。應說失之。劉攽曰，此文參錯不序。又曰，武帝時，改主爵中尉爲右扶風。主爵中尉，初不治民也。自武帝以前，治民者，惟左右內史，此時亦未有三輔。此紀文誤耳。全祖望曰，是時或已分右內史之地，以屬中尉，與左右內史，並治京師，亦未可定。觀武帝營上林，其時亦尚未定三輔，而詔中尉左右內史，表屬縣草田，以償鄠杜之民，則中尉已與左右內史，並治京師，隱然分三輔矣。特其後始改定京兆馮翊扶風之名耳。王先謙曰，全說近之。然三輔之稱或係史家追改，本書此類頗多。

按公卿表，中尉，掌徼循京師，屬官有左右京輔都尉。三輔之稱，蓋起於此。顏全說中尉及左右內史爲三輔，（顏說又見東方朔傳注。）尚未得其實也。公卿表云，景帝二年，分置左右內史。然惠帝三年，已遣御史監三輔郡，見通典職官十四及北堂書鈔設官部，則三輔之稱，並不始於有左右內史矣。左右輔更置於左右內史，在武帝元鼎四年。文三王傳，元鼎中，漢廣關，以常山爲阻。平準書，益廣關，置左右輔。集解，徐廣曰，元鼎三年，徙函谷關於新安東界。公卿表，元鼎四年，更置二輔都尉。二輔都尉，左右輔都尉也。本屬中尉，今則更置於左右內史矣。

（言更置，不言初置，可知二輔本屬中尉，今則置於左右內史也。）又表云，武帝太初元年，右內史更名京兆尹。左內史更名左馮翊，主爵中尉，更名右扶風，治內史右地，與左馮翊京兆尹，是爲三輔。顏師古宣紀本始元年注曰，三輔郡，皆有都尉。左輔都尉，治高陵。右輔都尉，治郿。京輔都尉，治華陰灌北。（據樊噲傳晋灼注補治華二字。）京輔都尉，殆亦在太初元年，更置於京兆尹矣。三輔本以左右京輔都尉而得名，自京兆馮翊扶風改稱爲三輔，遂不知其所從來。顏監全庶吉士謂中尉及左右內史爲三輔，今予姑以三輔之稱起於左右京輔都尉爲說，以就正於海內學者。

周亞夫死於景帝後元年

景紀，後元年，條侯周亞夫，下獄死。

王先愼曰，史記亞夫死於中三年，是也。亞夫免丞相，公卿表在中三年。本傳，亞夫謝病免相。頃之，上召賜食。居無何，買葬器事起，遂入廷尉，不食死。玩文法，亦不應隔免相後四年。侯表，孝景三年，爲太尉。七年，爲丞相。有罪國除。自三年順推至中三年，正合七年之數，明不當在後元年也。此文蓋傳寫誤移之。

按史景紀誤以亞夫死於中三年，王從之，非也。本書功臣表，修，後二年，侯亞夫以勃子紹封，十八年，有罪免。師古曰，修，讀曰條。此後二年，文帝後二年也。自文帝後二年，數至景帝中五年，方爲十八年。是條侯有罪免，已在景帝中五年矣。何得謂其死於中三年。本傳，亞夫不食五日，歐血而死，國絕一歲，景帝更封絳侯勃他子堅爲平曲侯。功臣表，孝景後元年，平曲侯堅，以勃子紹封。亞夫如死於中三年，則至後元年，亦不合國絕後一年也。蓋亞夫於中五年有罪免，而其死則在後元年，故云國絕後一歲而封平曲侯堅。是亞夫死於後元年，審矣。又，五行志，景帝中五年，八月己酉，未央宮東闕災。丞相條侯周亞夫以不合旨，稱疾免。後二年，下獄死。又，景帝中六年，三月，雨雪。其六月，匈奴入上郡，取苑馬，吏卒戰死者二千餘人。明年條侯周亞夫下獄死。據此，則亞夫免侯在中五年，（按免相在中三年。）其死在後元年，確鑿有據，可不辨自明矣。又按史表，亞夫於景帝三年爲太尉。七年爲丞相，與公卿表合。王從三年，數至中三年，湊合爲七年，尤爲乖誤。

火變有喪

武紀，建元六年，五月丁亥，太皇太后崩。

王先謙曰，文帝竇后也。五行志，六月，有星孛於北方。

按天文志，建元六年，熒惑守輿鬼。占曰，爲火變，有喪。是歲，竇太后崩。

董仲舒對策在元光元年

武紀，元光元年，五月，詔賢良曰云云。於是董仲舒公孫弘等出焉。

沈欽韓曰，通鑑考異云，仲舒傳，仲舒對策，推明孔氏，抑黜百家，立學校之官，州郡舉茂才孝廉，皆自仲舒發之，今舉孝廉在元光元年十一月，若對策在下五月，不得云自仲舒發之，蓋紀誤也。然仲舒對策，不知果在何時，惟建元元年見於紀，故著之。洪邁容齋隨筆云，按策問中云，朕親耕籍，勸孝弟，崇有德，使者冠蓋相望。對策曰，陰陽錯繆，氛氣充塞，羣生寡遂，黎民未濟，必非即位之始年也。愚按本傳，仲舒於孝景時爲博士，武帝即位，舉賢良文學，則仲舒對策，實在建元元年，無可疑者。又，建元六年，遼東高廟災，高園便殿火。五行志，仲舒對曰云云，本傳在廢爲中大夫時，居家，推說其意。是賢良對策，不得反在元光元年也。又按公孫弘傳，武帝初即位，弘年六十，以賢良徵。嚴助傳，武帝善助對，擢助爲中大夫。則三人皆同歲舉也。弘後爲博士，免歸。元光元年復徵賢良，俱非元光元年事。按洪說是，通鑑及沈說，非也。禮樂志，武帝即位，進用英儁，議立明堂，制禮服，以興太平。會竇太后好黃老言，不悅儒術，其事又廢。後董仲舒對策，言古之王者，莫不以施敎爲大務，立太學以敎於國，設庠序以化於邑。今臨政而願治七十餘歲矣。武紀，詔舉賢良在建元元年十月，而議立明堂，徵魯申公，則在是年秋。御史大夫趙綰，郎中令王臧，以得罪竇太后，皆下獄，自殺，在二年十月。志謂後董仲舒對策云云，明仲舒對策，在元年議立明堂，二年趙綰王臧自殺之後，決不在此事之前，即建元元年十月詔舉賢良時。此仲舒對策，不在建元元年之明證也。春秋繁露止雨篇，二十一年，八月甲申朔，丙午，江都相仲舒告內史中尉，陰雨太久，恐傷五穀，趣止雨。二十一年者，江都王之二十一年也。據史記漢諸侯年表，元光二年，實爲江都易王二十一年。紀載仲舒對策在元光元年，今知元光二年仲舒爲江都相，則正與本傳所云對策畢天子以仲舒爲江都相事易王合，武帝初立，凡兩詔舉賢良，一在建元元年，一在元光元年。仲舒對策，既非在建元元年，而元光二年，仲舒已爲江都相，則其對策之歲，定在元光元年矣。又對策中有云，今臨政而願治七十餘歲矣。計漢元年至建元元年爲六十七年，而元光元年，則爲七十三年，此亦仲舒對策，不在建元元年，而在元光元年之證也。又按劉向傳，仲舒坐私爲災異書，下吏，廢爲中大夫。是災異在爲中大夫前。沈誤解仲舒傳文，以爲災異書，在中大夫時，因妄謂對策不在元光元年。至公孫弘徵爲賢良，據平津侯傳，一在建元元年，一在元光五年。嚴助舉賢良，據本傳，建元三年，助以節發兵會稽，浮海救東甌，則在建元元年。沈說與仲舒三人皆同歲徵，亦誤。詳董仲舒對策在元光元年考。

獲白麟在元狩五年

武紀，元狩元年，冬十月，行幸雍，祠五畤，獲白麟，作白麟之歌。

王先謙曰，歌載郊祀志。

按封禪書，天子苑有白鹿，以其皮爲幣，以發瑞應，造白金焉。其明年，郊雍，獲一角獸，若麟然。據武紀，以銀錫造白金，及皮幣，在元狩四年。封禪書承此文而云其明年郊雍獲麟，則所謂其明年者，係指元狩五年。是獲白麟，當在五年，不在元年，明矣。紀書獲麟於元年者，蓋因今年改元，而誤繫於此，猶得鼎在元鼎四年，而亦繫於元年，其誤正同耳。詳終軍上對在元狩五年考。

又按獲麟在五年，則白麟之歌，不得作於元年也。歌載禮樂志，王說郊祀志，失之。

淮南衡山王自殺在元狩元年

武紀，元狩元年，十一月，淮南王安衡山王賜謀反，誅。

沈欽韓曰，按淮南傳，謀反在元朔六年秋，紀特以與衡山事相繼，故同在是年冬也。

按史表，淮南衡山王自殺，並在元狩元年。又，五行志，元狩元年，淮南衡山王，謀反，發覺，自殺。是淮南王謀反，雖在元朔六年秋，而其自殺，當在元狩元年冬，故紀同繫於此也。

元狩二年不得有居延縣

武紀，元狩二年，夏，將軍去病公孫敖，出北地二千餘里，過居延。

師古曰，居延，匈奴中地名也。韋昭以爲張掖縣，失之。張掖所置居延縣者，以安處所獲居延人而置此縣。周壽昌曰，按後書明帝紀注，居延，本匈奴地名，武帝因此名縣。按地理志，張掖郡，去北地千里。括地志，居延城，在張掖東北一千五百三十里。此云出北地二千餘里，過居延，其道里相合。是年置武威酒泉郡，想即於其時名縣，但未分置張掖郡耳。又按霍去病傳云，濟居延。蓋縣有居延澤在西北，故云濟。豈匈奴別有一居延哉。韋說不誤，顏注失之。王啓原曰，北地，六郡之一，秦舊郡。張掖，爲河西五郡之一，實在北地之西北。居延，今爲蒙古額濟納旗地。地理志，張掖郡，居延，有居延澤在東北。則張掖郡之居延，實以居延澤而名，非別有居延地，其人降漢而置縣以處之也。顏監徒見六朝多僑置郡縣，意居延亦如此。周申韋說，是也。

按師古說是，周王說非也。李廣利傳，酒泉張掖北，置居延休屠，以衞酒泉。如淳曰，立二縣以衞邊也。武紀，太初三年，遣路博德築居延，蓋二縣於是時置。則元狩二年夏，驃騎出北地，踰居延，其時昆邪未降，河西未開，何得有張掖郡及居延縣耶。武威酒泉郡，亦非元狩二年置。詳河西四郡建置考。

李廣獨身脫還

武紀，元狩二年，匈奴入鴈門，殺略數百人，遣衞尉張騫，郎中令李廣，皆出右北平。廣殺匈奴三千餘人，盡亡其軍四千人，獨身脫還。

劉攽曰，廣傳無此事，而云廣軍幾沒，以自當無賞耳。疑紀誤。

按匈奴傳，匈奴入代郡鴈門，殺略數百人。漢使博望侯及李將軍廣，出右北平，擊匈奴左賢王，左賢王圍李廣。廣軍四千人，死者過半，殺虜亦過當。會博望侯軍救至，李將軍得脫，盡亡其軍。是此事雖不載廣傳，而詳於匈奴傳矣。劉疑紀誤，未之考也。

元鼎六年置酒泉郡

武紀，元狩二年，秋，匈奴昆邪王殺休屠王，幷將其衆，合四萬餘人來降，置五屬國以處之，以其地爲武威酒泉郡。

朱一新曰，按地理志，武威，太初四年開。酒泉，太初元年開。與此不合。豈開郡實在太初時，紀繫於此，乃終言之耶。王先謙曰，當從，紀說見志。

按朱王說，非也。食貨志匈奴傳西域傳，皆謂築令居以西，初置酒泉郡。據武紀，趙破奴出令居，在元鼎六年，則置酒泉郡，亦當在是年。武威郡之置，近人勞榦氏，據居延漢簡，謂在昭帝元鳳三年宣帝地節三年之間，詳河西四郡建置考。

眞定泗水二國元鼎四年置

武紀，元鼎四年，秋，立常山憲王子商，爲泗水王。

王先謙曰，按傳，常山王勃，王數月廢，國除，月餘，詔立憲王子平爲眞定王，商爲泗水王。是此紀不能獨書立商爲泗水王。商上明奪平爲眞定王五字。據表，王勃之廢，平商之封，並在元鼎三年，與傳云勃國，除月餘合。此立下十字，當在三年廢徙房陵下無疑。此乃史表誤班氏也。

按，世家，眞定王平，泗水王商，元鼎四年立。又，地理志，眞定國，泗水國，元鼎四年置。又按，世家，泗水王商，十一年，卒。史表，太初二年，泗水王商薨。太初二年，逆數至元鼎四年，爲十一年。此亦可證泗水國之置，確在元鼎四年。平爲眞定王，亦在今年，紀則漏書耳。史書王侯嗣位，例不併數初立之年。王勃之廢，平商之封，表在元鼎三年，實與紀及史表，並無不合也。王說非。

元封元年立儋耳珠厓

武紀，元鼎六年，定越地，以爲南海蒼梧鬱林合浦交阯九眞日南珠厓儋耳郡。

錢大昭曰，賈捐之傳云，二郡，皆在南方海中洲居，廣袤可千里，合十六縣，戶二萬三千餘。始元五年，罷儋耳郡，幷屬珠厓。初元三年，幷罷珠厓。

按，地理志，賈捐之傳，皆云，元封元年，立儋耳珠厓郡。紀繫於此，乃總言之耳。

置張掖敦煌郡不在元鼎六年

武紀，元鼎六年迺分武威酒泉地，置張掖敦煌郡。

朱一新曰，地理志，張掖，太初元年開。敦煌，後元分酒泉置。並與此不合。且武威酒泉，均在太初時開，此時尤無從分其地也。當是紀誤。王先謙曰，通鑑從武紀。

按，今年初置酒泉郡。張掖，太初元年開。敦煌，後元分酒泉置。通鑑從武紀，誤也。朱說酒泉在太初時開，亦不合。詳河西四郡建置考。

河決在元光三年

武紀，元封二年，夏四月，還祠泰山，至瓠子，臨決河。

王先謙曰，河決在元光二年，今始臨塞之。

按，紀及志，河決在元光三年。

刺史有常治所

武紀，元封五年，初置刺史部十三州。

師古曰，漢舊儀云，初分十三州，假刺史印綬，有常治所，常以秋分行部，御史為駕四封乘傳，到所部，郡國各遣一吏迎之界上，所察六條。何焯曰，是時刺史，不常厥居，至東漢始有治所，顏注微誤。劉昭續志注，謂傳車周流，匪有定鎮者，得之。全祖望曰，沈約之說，與劉昭同。但刺史行部，必以秋分，則秋分以前，當居何所，豈羣萃於京師乎，則顏說未可非也。西京初置刺史，官止六百石，故志略其治，况漢舊儀，未必盡誣妄也。

按，朱博傳，遷冀州刺史，使從事明敕告吏民，欲言二千石墨綬長吏者，使者行部還，詣治所。此刺史有常治所之證。

大旱無說

武紀，元封六年，秋，大旱蝗。

王先謙曰，說見五行志。

按，蝗見於志，有說也。大旱志不載，則無說耳。

後元非年號

武紀，後元元年。

劉攽曰，按昭帝紀云，辭訟在後二年前，皆勿聽，則當但稱後元年也。吳仁傑曰，葛魯卿云，武帝在位五十四年，屢更年號，最後更為後元。謂之後，則疑若有極不知諱避，何耶。按，武帝改元，凡十有一，未有無年號者。在元鼎之前，未有年號，尚加追改，最後二年，何獨無之。若但以後元為稱，則如葛公所云，豈應無所諱避。疑征和四年之明年，改稱征和後元年。史公闕略，故但書後元年，不復有征和字耳。光武以建武三十一年，爲建元中元元年，其以建武冒於中元之上，則似用征和故事也。建武中元，在本紀，亦但云中元元年，猶幸傳志略載其事。宋莒公云，今官書屢經校定，學者但見改元，復有建武二字，輒以意刪去。刊誤亦謂紀無建武，誤脫之。武紀實大類此。又曰，昭紀後元元年，刊誤曰，檢前後多元字。按此固合於文景稱後元之義。然祭祀志稱建武中元元年，東夷傳稱建武中元二年，皆不去元字，則征和元元年，雖加元字，未害理也。班於武紀，書後元元年，於昭宣紀丙吉霍光傳，書後元二年，又於霍光傳，但書後元年，於昭紀，但書後二年，必有一繆，要之，去元字與否，義得兩通。朱一新曰，諸侯王表，濟北王寬，以後二年謀反自殺。地理志，敦煌郡，武帝後元年，分酒泉置。與刊誤劉說合。然他處悉稱後元也。王先謙曰，官本考證引王禕云，武帝沿文景故事，復爲後元，然始以後元二字加於年上，此爲異也。非史官追書之。先謙按，王說是也。武帝元鼎以後，既皆用字冠元，則後元二字，亦其年號，必無單稱後元之理。時制不同，不得援文景爲例也。史書臨文，偶從字省，以其義通，若用此爲疑，則謬矣。吳說無據，不可從。

按諸家之說，皆非也，唯刊誤劉說近之。武帝後元，並非年號。其最後二年，但稱元年二年，其證可於班書得之。趙充國傳，宣帝元康三年，先零與諸羌種豪二百餘人，解仇交質盟詛。上聞之，以問充國。對曰，往三十餘歲，西羌反時，亦先解仇合約，攻令居，與漢相距，五六年迺定。至征和五年，先零豪封煎等，使匈奴，匈奴使人至小月氏，傳告諸羌云云。充國在武帝時，爲車騎將軍長史，至昭宣世，有功，擢爲後將軍，封營平侯。歷事三朝，位至上卿，爵爲列侯，至是年已七十六，當熟諳武帝時故事。其稱征和五年，不稱後元元年，則知後元，並非年號。且武帝最後二年，不曾命名。王禕等說後元是年號，均爲無據。吳說征和四年之明年，改稱征和後元年，可不攻而自破矣。此以充國所對，可證武帝後元，未曾命名，不立年號也。又，律歷志，文帝，前十六年，後七年。著紀，即位二十三年。景帝，前七年，中六年，後三年。著紀，即位十六年。武帝，建元元光元朔各六年，元狩元鼎元封各六年，太初天漢太始征和各四年，後二年。著紀，即位五十四年。五行志，凡漢著紀，十二世，二百一十二年。藝文志，漢著記，百九十卷。著紀，即著記也。紀記音同，古嘗通用。（紀記古字通。史記，秦紀，一作秦記，是其證。）顏師古曰，漢著記，若今之起居注。（藝文志注。）

王應麟曰，漢著記，即漢之起居注（玉海。）則著記，爲史官所記，必爲實錄。其書武帝後二年，與文帝後七年，景帝後三年、同一義例。文紀後元年注，官本引宋祁校說曰，按紀年通譜云，史記文紀十七年，書得玉杯曰，人主延壽。於是天子更始爲元年，而不著後字，至班固則於此題後元年。然則當時玉杯冊中之異，但稱元耳。史家追書後字，以別初元。按宋說是也。文帝後七年、景帝後三年，武帝後二年，後字皆史官追書之，非元來所稱。則刊誤劉說，當但稱後元年，以後字爲年號，猶有毫釐之失。王先謙等說後元爲年號，則如葛魯卿所云，豈應無所諱避，武帝必不以此爲年號矣。此以著記所記，又可證武帝後元，但稱元年二年，未立年號也。（補注中誤以後元爲年號者，後不悉辨。）

後元二年當作後二年

昭紀，後元二年

劉攽曰，檢前後文，多元字。王先謙曰，劉說非也，詳武紀。

按劉說是，王說非也，辨見上。

霍光寬緩以說下

昭紀，始元二年，秋八月，詔曰，往年災害多，今年蠶麥傷，所振貸種食勿收責，毋令民出今年田租。何焯曰，稍修文景之政，天下所以復安。

按五行志，始元二年，冬，亡冰。是時上年九歲，大將軍霍光秉政，始行寬緩，欲以說下。

後二年不誤

昭紀，始元四年，赦天下，辭訟在後二年前，皆勿聽治。

孟康曰，武帝後二年。周壽昌曰，當作後元二年。此無元字，省文也，紀前書後元二年，可證。

按孟說是，周說非也。辨見前。

驃騎將軍上官安

昭記，始元五年六月，封皇后父驃騎將軍上官安爲桑樂侯。

齊召南曰，按驃騎將軍，此與霍光傳同。而外戚傳及恩澤表公卿表，俱作車騎將軍。必有一誤。王先謙曰，通鑑作車騎。考異云，從表傳。荀紀同。

按元鳳元年十月詔書，有左將軍安陽侯桀票騎將軍桑樂侯安之文，則當從紀，作驃騎將軍。（天文志亦作驃騎將軍。）

馬口錢

昭紀，元鳳二年，六月，詔曰，其令郡國毋斂今年馬口錢。

文頴曰，往時有馬口出斂錢，今省。如淳曰，所謂租及六畜也。沈欽韓曰，武帝令亭畜馬，故斂民出錢，爲市直芻秣費也。

按文如說是，沈說非也。始元五年，已罷天下亭母馬，則馬口錢，豈得謂諸亭養馬，而斂民出錢耶。

德轑陽侯

昭紀元鳳四年，太常轑陽侯德，免爲庶人。

錢大昭曰，延年傳，上封德轑陽侯。

按德封轑陽侯、見田廣明傳。

齋

宣紀，就齊宗正府。

錢大昭曰，齊，讀曰齋。

按霍光傳，齊正作齋。

元帝年十八而冠

宣紀，五鳳元年，春正月，皇太子冠。

王先謙曰，通鑑考異云，荀紀於元康三年，二疏去位事，已云皇太子冠，至是又重複言之，蓋誤也。

按元紀，元帝，宣帝太子也，八歲立爲太子。本紀，地節三年，立皇太子。疏廣傳，廣爲太傅，廣兄子受爲少傅。皇太子年十二，通論語孝經。父子俱移病，上疏乞骸骨去。地節三年，皇太子八歲，數至十二歲爲元康三年，而廣傳中，二疏並未云皇太子冠也。考前漢諸帝加冠，惠帝年二十，武帝年十六，昭帝年十八，成帝年十九，哀帝年十七，平帝崩年十四加元服以斂。古者，天子諸侯，年皆十二而冠，元帝未必依此古禮，十二而冠，其冠當在今年，年十八歲也。紀是，荀紀通鑑誤。

五鳳二年後祠五時在三月

宣紀，五鳳二年，春三月，行幸雍，祠五時。

王先謙曰，通鑑作正月，上幸甘泉，郊泰時。考異云，宣紀作三月，荀紀作正月。按漢制，常以正月郊祀。蓋荀悅作紀之時，本猶未誤也。又楊惲傳云行不必至河東矣。蓋時亦幸河東，祠后土，史脫之也。

按通鑑作正月郊泰時，非也。自宣帝今年三月・郊祠五時，此後常在三月。元帝初元五年，永元四年，建昭元年，成帝元延元年，三年，綏和元年，祠五時，皆在三月，是也。惟成帝永始二年，在十一月耳。

楊惲死在五鳳四年

宣紀，五鳳二年，十二月，平通侯楊惲，坐前爲光祿勳，有罪，免爲庶人，不悔過，怨望，大逆不道，要斬。

齊召南曰，按惲之死在四年。此時但與戴長樂相告免官耳。通鑑考異已辨此條之誤。

按考異云，惲死在四年，是也。褚補史表，楊惲爲光祿勳，則五鳳四年，作爲妖言，大逆，罪，腰斬，可證。又，惲傳，兄子安平侯譚謂惲曰，西河太守建平杜侯，今徵爲御史大夫。杜侯，杜延年也。公卿表，杜延年爲御史大夫，在五鳳三年，則惲死不得在二年。又，恩澤侯表，安平侯譚，五鳳四年，坐爲典屬國，季父惲有罪，譚言誹謗，免。惲傳，諸侯在位與惲厚善者，未央衛尉韋玄成，京兆尹張敞，及孫會宗等，皆免官。公卿表，敞在五鳳四年免。玄成傳，徵爲未央衛尉，遷太常，坐與惲善，免。是玄成坐惲免，其時爲太常，非爲衛尉，又當在五鳳四年，表在三年，非也。惲誅如在今年，譚，玄成，敞等免官，不得遲至四年。凡此皆足證紀文之誤。考異又云，蕭望之傳，使光祿勳惲，策免望之。在二年八月，惲猶爲光祿勳。惲以今年十二月免爲庶人。按功臣表，平通侯楊惲，五鳳二年，坐爲光祿勳，誹謗政治，免。（據宋景祐本。）是惲之免，確在今年，又必在七八月之後耳。

呼韓邪遣弟谷蠡王入侍

宣紀，五鳳四年，匈奴單于稱臣，遣弟谷蠡王入侍。

王先謙曰，通鑑考異云，按匈奴傳，呼韓邪稱臣，即遣銖婁渠堂入侍，事在明年。時匈奴有三單于，不知此單于爲誰也。

按匈奴傳，呼韓邪有弟右谷蠡王。是年閏振單于爲郅支擊殺，呼韓邪亦爲其所敗。蓋當呼韓邪之敗，即遣其弟右谷蠡王入侍。此單于，竊意是呼韓邪也。

中山太上皇廟火

宣紀，甘露元年，四月丙申，太上皇廟火。

王先謙曰，五行志作中山太上皇廟災。中山二字衍。

按元紀及韋元成傳，罷郡國祖宗廟，在元帝永光四年。則在宣帝時，中山當有太上皇廟。志是，紀誤，王說非也。

初元二年地凡三震

元紀，初元二年，秋七月，詔曰，一年中地再動。

蘇輿曰，是年地凡兩震、一未書其時地，五行志亦未載。

按今年地凡三震。翼奉傳，二月戊辰，地震。七月己酉，地復震。劉向傳，冬，地復震。

成帝即位在六月己未

成紀，竟寧元年，五月，元帝崩。六月己未，太子即皇帝位，謁高廟。尊皇太后曰太皇太后，皇后曰皇太后。以元舅侍中衛尉陽平侯王鳳爲大司馬大將軍，領尚書事。

錢大昭曰，己未誤，荀紀作乙未。王先謙曰，通鑑從紀，作己未。按本紀是，荀紀誤也。公卿表，竟寧元年，六月己未，侍中衛尉王鳳爲大司馬大將軍。將相表，竟寧元年，六月已未，衛尉陽平侯王鳳爲大司馬大將軍。據此，則成帝即位，在六月己未矣。

京師訛言大水在七月

成紀，建始三年，七月，虒上小女陳持弓，聞大水至，走入橫城門，闌入尚方掖門，至未央宮鉤盾中，吏民驚上城。

王先謙曰，五行志作十月丁未。小女，年九歲也。

按下文九月詔曰，京師無故訛言大水至，吏民驚恐，奔走乘城云云，則此事應在七月，不得在十月也。紀是，志誤。

劉向諫延陵

成紀，永始元年，秋七月，詔曰，朕過聽將作大匠萬年言，昌陵三年可成。作治五年，天下虛耗，百姓罷勞，客土疏惡，終不可成。朕惟其難，怛然傷心。其罷昌陵，及故陵，勿徙吏民，令天下毋有動搖之心。

陳景雲曰，及，當作反。先是，劉向諫昌陵有還反故陵之請，而次年詔書侍中衞尉長數白宜早止徙家反故處。故處，即故陵也，反故陵謂仍還渭城延陵。

按及不當作反。作昌陵及徙吏民故陵，皆使天下虛耗，民心動搖，今皆罷之。但罷昌陵是一事，勿徙吏民故陵又是一事，兩事連言之，故云及也。

又，向諫延陵制度之奢，非諫昌陵也。補注於向傳辨之甚悉，陳說亦誤。

復雍五時在永始元年

成紀，永始二年，冬十一月，行幸雍，祠五時。

何焯曰，建始二年，罷雍五時，至此始復，而於後年總書之。

按復甘泉泰時，汾陰后土，雍五時，陳倉陳寶祠，本紀在三年誤也。當從郊祀志在元年。所以得在今年郊祀雍五時耳。何說非。

太守嚴普

成紀，永始三年，十一月，尉氏男子樊並等十三人，謀反，殺陳留太守。

錢大昭曰，太守，嚴普也，見天文志。

按，太守嚴普，並見五行志。

校獵長楊在永始四年

成紀，元延二年，冬行幸長楊宮，從胡客大校獵。王先謙曰，通鑑載此事於三年。考異云，揚雄傳，祀甘泉河東之歲十二月，羽獵，雄上校獵賦。明年，從上射熊館，還，上長楊賦。然則從胡客校獵，當在三年。紀因去年冬，有羽獵事，致此誤耳。

按，此當從七略及雄傳，祀甘泉河東及羽獵，在永始三年。校獵長楊，在四年。詳揚雄奏甘泉羽獵二賦在成帝永始三年考。

封孔吉姬嘉以存二王後

成紀，綏和元年，二月，詔曰，蓋聞王者，必存二王之後，所以通三統也。昔成湯受命，列爲三代，而祭祀廢絕，考求其後，莫正孔吉。其封吉爲殷紹嘉侯。三月，進爵爲公。及周承休侯，皆爲公。地各百里。師古曰，夏殷周，是爲三代。錢大昕曰，王者存二王之後，並當代爲三。漢承周，周承殷，故以殷，周爲二王後，並漢爲三也。若並夏爲三代，則何不兼求夏後封之。故知此文三代，與他處義別。沈欽韓曰，詔文將封殷後，故言湯爲三王之代。錢氏所言，不合此處文義。

按，此即董江都春秋新王，絀夏，親周，故宋，通三統之說也。顏沈不明斯義，故仍以夏殷周爲三代耳。梅福傳，成帝久無繼嗣，福以爲宜建三統，封孔子之世，以爲殷後。初，武帝時，始封周後姬嘉爲周子南君。至元帝時，尊周子南君爲周承休侯。時匡衡議，以爲王者存二王後，所以尊其先王，而通三統也。孔子曰，丘，殷人也。先師所共傳，宜以孔子世爲湯後。至成帝時，梅福復言，宜封孔子後，以奉湯祀。綏和元年，立二王後，遂下詔封孔子世爲殷紹嘉公。此正與紀今年詔封孔吉合。皆是通三統存二王之意也。錢說甚是，沈氏誤駁。

立樂府不在元狩三年

哀紀，詔曰，鄭聲淫而亂樂，聖王所放，其罷樂府。

王先謙曰，武帝元狩三年，立樂府。此罷鄭聲及不應經法者，餘別屬他官。

按，禮樂志，武帝定郊祀之禮，祠太一於甘泉，祭后土於汾陰，乃立樂府，以李延年爲協律都尉。立后土祠於汾陰，泰畤於甘泉，武紀在元鼎四年五年。李延年以好音進，郊祀志在旣滅南越之後。而南越之滅，武紀在元鼎六年。是立樂府，當在元鼎四五年後，不得在元狩三年也。王說非。（郊祀志，其春，旣滅南越，嬖臣李延年以好音見，上善之。下公卿議，曰，民間祠，尚有鼓舞樂。今郊祀而無樂，豈稱乎。公卿曰，古者祠天地皆有樂，而神祇可得而禮。於是塞南越，禱祠泰一后土，始用樂舞，是立樂府，當在元鼎六年矣。）

陳聖劉太平皇帝

哀紀，建平二年，待詔夏賀良等，言赤精子之讖，漢家歷運中衰，當再受命，宜改元易號。詔曰，漢興二百載，歷數開元，皇天降非材之佑，漢國再獲受命之符。朕之不德，曷敢不通。夫基事之元命，必與天下自新。其大赦天下。以建平二年爲大初元將元年，號曰陳聖劉太平皇帝。

李斐曰，陳道也，言得神道聖者劉也。如淳曰。陳，舜後。王莽，陳之後。謬語以明莽當篡立，而不知。韋昭曰，敷陳聖劉之德也。師古曰，如韋二說是也。王先謙曰，胡三省云，韋說不詭於正，如說則近於巫，顏以二說爲是，將安從乎。

按李韋說是，如說非也。顏氏不達夏賀良等漢再受命之恉，故於三家之說，未能明辨。胡駁甚是。莽傳云，甘忠可夏賀良讖書臧蘭臺，臣莽以爲元將元年者，大將居攝改元之文也，此是莽欲假借忠可賀良讖文而圖篡竊耳。其實漢再受命說，全爲漢家，不爲他姓。如以莽，陳之後，聖爲舜，明莽當篡立，殊爲謬誤。韋說最明晰。蓋唯聖人能受命，哀帝自爲再獲受命之符，因號陳聖劉太平皇帝也。詳說讖。

建平四年春傳行西王母籌

哀紀，建平四年，春，關東民傳行西王母籌。

王念孫曰，五行志，建平四年，正月，民驚走持稾或掫一枚，傳相付與，曰，行詔籌。按五行志，此則紀建平四年春下，當有正月二字。下文二月封帝太后從弟侍中傅商爲汝昌侯，則此紀爲正月事，明矣。漢紀孝哀紀，亦有正月二字。

按天文志，建平四年，正月二月三月，民相驚動，讙譁奔走，傳行詔籌西王母。則此紀是也，春下不當有正月二字。

平帝三歲爲中山王

平紀，孝平皇帝，元帝庶孫，中山孝王子也，母曰衞姬，年三歲，嗣立爲王。

陳景雲曰，三歲，當從外戚傳作二歲。下文云，即皇帝位，年九歲。中山入繼大統，在嗣王後七歲，則三歲字誤，無疑。

按外戚傳，中山孝王，配衞子豪少女，元延四年，生平帝。諸侯王表，中山孝王薨，綏和二年，王箕子嗣。孟康曰，平帝本名箕子，更名曰衎，見本紀元始二年注。從元延四年，數至綏和二年，恰爲三年，則其嗣立爲王，爲三歲無疑。外戚傳，二歲，官本二作三，是也，陳說非。

信等元年正月丙辰封

平紀，元始元年，春正月，封宣帝耳孫信等三十六人，皆爲列侯。

王先謙曰，通鑑考異云，紀在元年，莽傳在五年。按王子侯表，皆元年二月丙辰封，莽傳誤也。

按本紀，信等封侯，與大司馬莽賜號安漢公，同在元年正月。據莽傳，莽號安漢公，在元年正月丙辰。王子侯表在二月丙辰，誤也。

少傅左將軍甄豐

平紀，元始元年，六月，使少傅左將軍豐，賜帝母中山孝王璽書。

師古曰，甄豐，宋祁曰：傅，一作府。周壽昌曰，百官表、元始二年、四月，少府左將軍甄豐爲大司空，則作少府爲是。朱一新曰，中山衞姬傳，亦作少傅。

按王莽傳，孔光爲太師，王舜爲太保，王莽爲太傅，甄豐爲少傅，是爲四輔，則作少傅爲是。

賜公田宅

平紀，元始二年，秋，賜公田宅。

蘇輿曰，莽傳云，予前在大麓，始令天下公田口井，即此時事。穀梁宣十五年傳，古者公田爲居。此蓋放其制，使民即公田爲廬舍，故云賜宅。

按，此即前起官寺市里，賜田宅，以居貧民與公田不同。蘇說非也。（錢穆教授說。）

卷二

二年不當併爲一行

異姓王表，二年。二年。二年。

王先謙曰，按，此，三大行，當併爲一行。此二年之一月也。下同。

按，當時諸侯王，各自紀年。此三大行，不當併爲一行。月表亦分行書之。王說非。

三年不當共爲一行

異姓王表，三年。三年。三年。

王先謙曰，此及下，當共爲一行。官本不誤。

按，景祐本，三年亦分作三行。當時諸侯王，各自紀年，不得共爲一行。此是，官本誤。王說非也。

楚元王二十三年

諸侯王表，楚元王交，高祖六年正月丙午立，二十三年，薨。

王先謙曰，傳同。官本三作二。

按，此及傳是，官本三作二，誤也。據表，孝文二年，夷王嗣，是元王薨於孝文元年。高祖六年至孝文元年，正得二十三年。

齊哀王十年

諸侯王表，孝專七年，哀王襄嗣，十二年，薨。

王先謙曰，本傳，孝文元年薨，距嗣位十年，二字衍。

按，史表正作十年。

齊厲王元光四年嗣

諸侯王表，元光四年，厲王次昌嗣，五年，薨，亡後。

王先謙曰，懿王二十三年薨，表傳合，是薨在元光四年也。厲王當云元光五年嗣爲是。

按，史表世家，懿王二十二年，是薨在元光三年也。厲王四年嗣爲是。王說非。

城陽都莒見沭水注

諸侯王表，城陽，孝文二年，二月乙卯，景王章以悼惠王子朱虛侯立。朱一新曰，地理志云，都莒。

按，水經，沭水注，城陽國，封朱虛侯章，都莒。

城陽王俚永始元年紹封

諸侯王表，城陽，元始元年，王俚以雲弟紹封，二十五年，王莽篡位，貶爲公，明年，廢。

王先謙曰，傳作雲兄。

按，傳作雲兄，是也。平帝元始元年，順數二十五年，已至光武建武元年，不合。元始元年，永始元年之誤也。成帝永始元年，至王莽始建國元年，恰爲二十五年。

後二年不當作後元二年

諸侯王表，濟北，天漢四年，王寬嗣，十一年，後二年，謀反，自殺。
王先謙曰，據傳坐誖人倫，祝詛上，自殺。後二年，謂後元二年。
按，後二年，是也。後，王作後元非。辨見前。

梁都睢陽

諸侯王表，梁懷王揖
錢大昭曰，賈誼傳作小子勝。史記亦作勝。王先謙曰，都定陶。
按，史記梁孝王世家，勝爲梁王。集解，徐廣曰，都睢陽，是也。彭越爲梁王，則都定陶耳。王說非。

梁懷王二年二月乙卯立

諸侯王表，梁懷王揖，文帝子，二年二月乙卯立。
朱一新曰，文紀三月立。汪本作三月，不誤。下同。
按，景祐本作二月。文紀，今年十一月癸卯晦，則乙卯在二月，不在三月。表是，紀誤，朱說非也。

代孝王二年二月乙卯立

諸侯王表，代孝王參，文帝子，二月乙卯，立爲太原王。
朱一新曰，汪本二月作三月是，紀同。
按，表是，紀及汪本誤，朱說非也。說見上。

魯共王二十七年

諸侯王表，魯共王餘，景帝子，二年三月甲寅，立爲淮陽王，二年，徙魯，二十八年，薨。

朱一新曰，當作二十七年，八字誤。王先謙曰，自前二年至元光六年，止二十七年。朱說是。傳亦誤作八。

按，史表，世家，並作淮陽王二年，魯王二十六年。此表及傳作二十八年者，是連前淮陽二年數之。淮陽二年，即魯元年，共王在位，實二十七年。

臨江王榮七年十一月乙丑立

諸侯王表，臨江愍王榮，景帝子，七年十一月己酉，以故皇太子立，三年，坐侵廟壖地爲宮，自殺。

朱一新曰，景紀十一月作正月。史表，己酉作乙丑。

按，景紀五行志，今年十一月庚寅晦，則十一月有乙丑，無己酉。

常山憲王舜三十二年

諸侯王表，常山憲王舜，景帝子，中五年，三月丁巳立，三十二年，薨。

王先謙曰，中五年至元鼎二年，三十一年也。此作三十二，傳作三十三，並誤。

按，史表及武紀，常山王舜，薨於元鼎三年。中五年至元鼎三年，恰三十二年。此是，傳誤。王說非也。

泗水思王商元鼎四年立

諸侯王表，元鼎三年，泗水，思王商，以憲王少子立，十五年，薨。

王先謙曰，元鼎二年，當作三年。十五年，當作十一年，當太初元年也。傳作十年，亦誤。

按，史表世家地理志，均以思王商，元鼎四年立，是也。又史表，思王商，薨於太初二年。元鼎四年，至太初二年，十一年。世家作十一年，是連薨之年，數在內。史表及傳作十年，則未計其薨之年。王未分析耳。

廣陽思王二十年

諸侯王表，廣陽，陽朔二年，思王璜嗣，二十一年，薨。

王先謙曰，傳作二十年，誤。

按，景祐本作二十年。王嘉以建平四年嗣，是璜薨於建平三年，距陽朔二年，璜立之歲，恰二十年。傳是，表誤，王說非也。

廣陵哀王十五年

諸侯王表，廣陵，建始二年，哀王護嗣，十五年，薨。

王先謙曰，傳作十六年，是。

按，傳云，哀王護，十六年，薨。後六年，立守。表在元延二年。逆數至永始元年爲六年。則護以鴻嘉四年薨，距建始二年嗣，恰十五年。表是，傳誤。王說非也。

廣陵靖王十七年

諸侯王表，廣陵，元延二年，靖王守以孝王子紹封，十七年，薨。

王先謙曰，傳作二十年，皆誤。元延二年，至居攝元年，十八年。

按，王宏以居攝二年嗣，則守薨於居攝元年，距元延二年立，恰十七年。此是，傳誤，王說非。

武紀誤作宣紀

諸侯王表，昌邑哀王髆，武帝子，天漢四年六月乙丑立。
王先謙曰，宣紀，六月作四月。
按，武紀，是也。王作宣紀，誤。

宣紀四月作六月

諸侯王表，淮陽憲王欽，宣帝子，元康三年，四月，丙子立。
王先謙曰，宣紀四月作七月。
按，宣紀，今年夏六月，詔令三輔毋得以春夏擿巢探卵，彈射飛鳥，下即接書立王子欽爲淮陽王。是紀作六月，未作七月也。王說非。

東平王開明五年

諸侯王表，東平，元始元年，二月丙辰，王開明嗣立，五年，薨，無後。
王先謙曰，傳作立三年是，此誤。
按，傳云，開明無子，立嚴鄉侯子匡爲東平王，表在居攝元年。是開明薨於元始五年，距元始元年，開明立之歲恰五年。表是，傳誤，王說非也。

定陶王欣十四年

諸侯王表，定陶，陽朔三年，王欣嗣，十四年，綏和元年，爲皇太子。
王先謙曰，十四年，傳作十五年是，此誤。

按，王說非也。據成紀，綏和元年二月，欣爲皇太子，則今年不得數在定陶王之內。欣爲定陶王，自陽朔三年至元延四年，爲十四年。

後元下不當更有元字

王子侯表，邯會，後元年，勤侯賀嗣。

蘇輿曰，後元下當更有元字，後並同。

按，後元，非年號，蘇說非也。辨見前。

陰城侯蒼十七年

王子侯表，陰城思侯蒼，元朔二年，六月甲午封，十七年，太初元年，薨。

蘇輿曰，十七年，當元封元年，疑有誤。

按史表，元朔二年，侯劉蒼元年，十七年，（元朔五年，元狩六年，元鼎六年，）元封元年，有罪，國除。

思侯齊

王子侯表，州鄉節侯禁，元朔三年十月癸酉封，十一年，薨。元鼎二年，思侯齊嗣。元封六年，憲侯惠嗣。

王先謙曰，史表，齊作惠。

按，史表，州鄉侯禁，元朔三封年，二十一年。元封六年，憲侯惠嗣。少思侯齊一代。王說齊作惠，誤。

陰安康侯十一年

王子侯表，陰安康侯不害，元朔三年十月癸酉封，十一年，薨。元鼎三年，哀侯秦容嗣。

蘇輿曰，自元朔三年至元鼎二年，凡十二年，一當爲二。王先謙曰，史表容作客兩見。容字蓋誤。閩本汪本作客。官本考證云，宋本作客。舊監本作客。

按史表，陰安作陪安。元鼎二年，哀侯秦客元年。是康侯不害薨於元鼎元年，距元朔三年，不害立之歲，恰十一年。

隰成

王子侯表，濕成侯忠。

王先謙曰，濕當爲隰。隰成，西河縣。亦見河水注。

按，史表，正作隰成。

都梁侯九年

王子侯表，都梁敬侯定，元朔五年六月壬子封，八月，薨。

王先謙曰，汪本官本，八月作八年，是。

按，景祐本作八年。史表，作九年。（史表定作遂。元朔二，元狩六，元鼎一，是在位九年也。但元鼎元年，又爲侯係元年。景祐本汪本官本作八年，是不數侯定薨之年耳。）

虖葭侯澤六十二年

王子侯表，虖葭康侯澤，元鼎元年四月，戊寅，封，六十二年，薨。

朱一新曰，自始封至神爵元年，止五十六年。表誤。

按，史表，虖葭，作雩殷。元狩元年封，至神爵元年，恰六十二年。狩，此作鼎，誤。

石洛侯

王子侯表，原洛侯敢，城陽頃王子。瑯邪。

王先謙曰，史表原作石，索隱引表注同，而不言地名之異。是唐世史漢表本同。

按史表，原作石，是也。錢大昕云，史記王子侯年表，有石洛侯劉敢，漢表作原洛侯敢。諸城李仁煜於縣南得古印一，文曰石洛侯印。以太史公書考之，知爲城陽頃王子。諸城與城陽國不遠，或石洛侯，封即在其境耶。漢書原字必是轉寫之譌。

缾侯成五十四年

王子侯表，缾敬侯成，元鼎元年七月辛卯封，五十四年，薨。

朱一新曰，自元鼎元年，至地節元年，止四十八年，表誤。

按史表，缾侯成元狩元年封至地節元年，恰五十四年。狩，此作鼎誤。

平陽侯襄十六年

功臣表，平陽，元光五年，共侯襄嗣，十六年，薨。

王先謙曰，元光五年至元鼎元年，止十五年，六字誤。

按，史表，元鼎三年，侯宗嗣。（景祐本漢書，作元鼎三年。）是襄薨於元鼎二年，距元光五年，襄立之歲，恰十六年。

夏侯嬰從降沛

功臣表，汝陰侯夏侯嬰，以令史從，降沛，爲太僕，常奉車，竟定天下，及全皇太子魯元公主。

王先謙曰，降當爲起，史表亦誤。

按傳云，高祖之初與徒屬攻沛也，嬰時以縣令史爲高祖使。上降沛一日，高祖爲沛公，賜嬰，爵七大夫，以爲太僕。此與傳文合，降不當爲起。王說非。

董仲舒言漢家堯後

高后紀，高皇后呂氏。

王先謙曰，錢大昕養新錄云，漢爲堯後，說向歆。

按，據眭弘傳，漢家堯後，董仲舒之言也。錢說非。

劉向諫延陵

成紀，永始元年，秋七月，詔曰，朕過聽將作大匠萬年言，昌陵三年可成。作治五年，天下虛耗，百姓罷勞，客土疏惡，終不可成。朕惟其難，怛然傷心。其罷昌陵，及故陵勿徙吏民，令天下毋有動搖之心。

陳景雲曰，及，當作反。先是，劉向諫昌陵有還反故陵之請，而次年詔書侍中衞尉長數白宜早止徙家反故處。故處，即故陵也。反故陵，謂仍還渭城延陵。

王益之西漢年紀考異曰，蓋是時解萬年作昌陵三年不成，羣臣多以爲言。下有司議。皆曰，宜還復故陵。陳湯傳所載是也。上迺下詔罷昌陵，本紀所載是也。然雖還延陵，而制度尙奢泰，劉向迺上疏諫。載其末，謂初陵之憮，宜從公卿大臣之議。是向此疏，蓋在已復初陵之後也。通鑑移向疏於前，則於復還延陵，制度泰奢兩語不協，遂削去之。且改云，昌陵制度奢泰，久而不成。恐不合當時事情。按王說是也。陳說誤。

陽陵頃侯二十四年

功臣表，陽陵，孝惠六年，頃侯清嗣，二十四年，薨。

王先謙曰，史表，清作靖。官本四作二。

按，孝文十五年，侯明嗣。是清薨於孝文十四年。孝惠六年，至孝文十四年，恰二十四年。官本四作二誤。

平棘侯薛澤三十三年

功臣表，廣平孝文後三年，侯澤嗣。孝景中三年，有罪免。平棘，中五年，澤復封。三十三年，薨。

王先謙曰，官本作二十三年

按景祐本作三十三年。史表，廣平侯澤，文帝後三年至景帝中二年，十三年。又，景帝中五年，復封平棘侯，至元朔三年，二十年。連前十三年通數之，正得三十三年。官本作二十三年，非。

絳侯周勃三十三年

功臣表，絳侯周勃，高祖六年正月丙午封，三十三年，薨。

王先謙曰，官本作三十二年。

按傳，絳侯周勃，孝文十一年，薨。高祖六年至文帝十一年，正得三十三年。官本作三十二年，非。

亞夫紹封在後二年

功臣表，修，文帝後二年，侯亞夫，以勃子紹封，十八年，有罪免。

師古曰，修，讀曰條。朱一新曰，汪本二作三是，傳云，勝之死後，國絕一年，則亞夫紹在後二年。

按五行志，景帝中五年，八月己酉，未央宮東闕災。丞相條侯亞夫以不合旨，稱疾免。後二年，下獄死。從景帝中五年，逆數至文帝後二年，恰十八年。是亞夫紹封在是年，無疑。二不當作三，朱說非。

後二年繆侯終根腰斬

功臣表，繆，元鼎二年，侯終根嗣，二十九年，後二年，祝詛上，腰斬。

王先謙曰，後二年，二上奪元字。

按表作後二年是。二上不當增元字。王說非。辨見前。

貰侯方山二十年

功臣表，貰，高祖八年，共侯方山嗣，二十年。

錢大昭曰，閩本作二十九年，誤。王先謙曰，官本作二十九年。

按景祐本作二十年。孝文元年煬侯赤嗣，是共侯方山薨於高后八年，距高祖八年，方山立之歲，恰二十年。官本作二十九年，誤。

南安屬蜀郡

功臣表，南安嚴侯宣虎，高祖六年，三月庚子，封。

王先謙曰，南安，犍爲郡。

按史佞幸傳，鄧通，蜀郡南安人。集解，徐廣曰，後屬犍爲。是南安在漢初屬蜀郡也。

祁侯繒賀三十三年

功臣表，祁穀侯繒賀，高祖六年，六月丁亥，封，三十三年，薨。

王先謙曰，官本作二十三年。

按景祐本作三十三年。孝文十二年，頃侯胡嗣，是祁侯繒賀薨於孝文十一年，距高祖六年，封侯之歲，恰三十三年。官本作二十三年，誤。

審食其侍呂后孝惠沛三歲十月

功臣表，辟陽侯審食其，以舍人初起，侍呂后孝惠，二歲十月。呂后入楚，食其侍從一歲，侯。

蘇輿曰，二歲漢之二年也。據紀，事在二年四月。史表，作沛三年，誤。

按月表，二世元年九月，沛公初起，訖漢二年四月伐楚，合計三年九月。是史表作侍呂后孝惠沛三歲十月，是也。楚元王傳，高祖兄弟四人，長兄伯，次仲。伯蚤卒。高祖旣爲沛公，景駒自立爲楚王。高祖使仲與審食其，留侍太上皇。交與蕭曹等俱從高祖見景駒。高紀，元年，九月，漢王遣將軍薛歐王吸出武關，因王陵兵，從南陽迎太公呂后於沛。羽聞之，發兵距之陽夏，不得前。又，二年，四月，漢王與數十騎遁去，過沛，使人求室家，室家亦已亡，不相得。漢王道逢孝惠魯元，載行。審食其從太公呂后間行，反遇楚軍。據此，則知沛公起兵後，室家在沛，食其常侍呂后孝惠。迨大戰彭城後，室家散亡，食其又隨太公呂后而入楚軍也。蘇以食其侍呂后孝惠年月，爲漢二年四月伐楚之歲月，大謬。此作二歲，亦誤。又按，建成侯釋之，呂后兄。漢王入漢，使釋之歸豐沛，奉衞呂宣王太上皇，見史表，恩澤侯表同。是侍太公呂后者，不獨審食其矣。

康侯拾二十三年

功臣表，復陽，孝景六年，康侯拾嗣，二十三年，薨。

王先謙曰，官本三作五。齊召南云，作三，非也。計孝景六年，至元朔元年，恰二十五年。監本別本誤，今從宋本。

按景祐本作二十三年。表云，元朔元年，侯彊嗣。是康侯拾薨於元光六年，距孝景六年，拾立之歲，恰二十三年。此是，官本誤，齊說非。

中水侯青眉文帝十三年嗣

功臣表，中水，孝文十二年，共侯青眉嗣，三十二年，薨。

王先謙曰，史表十二年，作十三年。

按景祐本作十三年。表云，建元六年，侯德嗣。是青眉薨於建元五年，距文帝十三年三十二年。此誤，史表是也。

平棘侯辟彊嗣位之歲

功臣表，平棘懿侯林摯，高祖七年封，二十四年薨。孝文五年，侯辟彊嗣，有罪爲鬼薪。

王先謙曰，史表作懿侯執。彊作疆，兩見，五年作八年。

按史表，懿侯，自高祖至高后七年，二十年。辟疆，自高后八年至文帝六年，有罪免。與此異。王說，五年作八年，是以高后八年爲文帝五年也，誤。

橐侯嬰三年嗣

功臣表，孝惠三年，懷侯嬰嗣，十九年，薨。

王先謙曰，官本三作二。

按景祐本作三年。表云，孝文七年，共侯應嗣。是懷侯嬰薨於孝文六年，距孝惠三年，嬰立之歲，十九年，此是，官本誤。

彭侯秦同七十

功臣表，彊圉侯留肹，以客吏初起，從入漢，以都尉擊項羽，代侯，比彭侯，千戶。

錢大昭曰，彭侯秦同，七十一，此七十二。

按彭侯，史表本表，均作七十。錢作七十一，誤。

吳房侯去疾孝景後元年有罪國除

功臣表，吳房，孝文十三年，侯去疾嗣，二十五年。孝景後三年，有罪，耏爲司寇。

王先謙曰，史表，十三年。作十二年。後三年，作後元年。

按嚴侯楊武，高祖八年封，三十二年，薨。高祖八年，數至孝文十二年，三十二年。是武薨於十二年，去疾嗣當在十三年也。此是，史表誤。孝文十三年，數至孝景後元年，二十五年。此作後三年，誤，史表是。

戴侯終根三十七年

功臣表，中牟，孝文十三年，戴侯終根嗣，三十七年，薨。

王先謙曰，官本作二十七年。

按景祐本作三十七年。史表，元光五年，侯舜嗣，是戴侯終根薨於元光四年也。孝文十三年，至元光四年，三十七年。此是，官本誤。

康侯式三十年

功臣表，袁棗，孝文二年，康侯式以朱子紹封，二十一年，薨。

蘇輿曰，自文二年至景中二年，當作三十一年，王先謙曰，史表式作武。

按，史表作三十年，是也。侯昌嗣在景中二年，是康侯式薨於中元年。文二年至景中元年，爲三十年。

樂成簡侯衞毋擇二年

功臣表，樂成簡侯衞毋擇，高后四年四月，丙申封，二年，薨。

王先謙曰，官本二作三。

按，共侯勝嗣在六年，是簡侯毋擇薨於五年，在位二年也。此是，官本誤。

史傳作共侯蔑

功臣表，故安，孝景前三年，侯共嗣，二十二年，薨。

沈欽韓曰，史表作共侯蔑。此譌脫、

按史表作恭侯。傳作共侯蔑

葛繹侯十三年

功臣表，葛繹，太初二年侯，賀復以丞相封，三年，延和二年，以子敬聲有辠，下獄死。

師古曰，延亦征字也。王先謙曰，史表二年下有三月丁卯四字。獲當爲復，官本不誤，延乃延之譌。

按，太初二年至征和二年，十三年。三年上，奪十字。

李蔡封侯在元朔五年

功臣表，安樂侯李蔡，以將軍再擊匈奴，得王，侯。元朔四年四月乙己封，六年，元狩五年，以丞相侵賣園陵道壖地，自殺。

王先謙曰，史表作樂安。乙己作丁未。丞相下，作侵盜孝景園神道壖地。

按，衛青傳，元朔五年，詔御史曰，輕車將軍李蔡，再從大將軍，獲王，以千六百戶，封蔡爲樂安侯。此作四年，誤。史傳作五年，是。（史表亦作五年。）

索隱作東平

功臣表，杜侯復陸支，重平。

王先謙曰，史表重平作東平，誤也。東平，國名。重平，勃海縣。

按索隱作東平，非史表也。

後二年表不誤

功臣表，外石，太初四年，侯首嗣，十四年，後二年，坐祝詛上要斬

蘇輿曰，後下當有元字。後凡紀武帝年者並同

按，後下不當有元字，表不誤，蘇說非，辨見前。

涅陽康侯最五年

功臣表，涅陽康侯最，元封四年三月壬寅封，五年，太初元年，薨。

蘇輿曰，自元封四年至太初元年，止三年，五字誤。

按，史表，康侯最，自元封四年至太初二年，正得五年。

新畤侯趙弟七年

功臣表，新畤侯趙弟，太初四年，四月丁巳封，七年，太始三年，坐爲太常，鞫獄不實，入錢百萬，贖死，而完爲城旦。

錢大昭曰，七當作十，閩本不誤。蘇輿曰，自太初四年至太始三年爲九年。此本七年，閩本十年，並九字誤。

按公卿表，天漢二年，新畤侯趙弟，（元作牟，依王先謙說改。）爲太常，五年，坐鞫獄不實論。天漢二年，下推五年，爲太始二年。太初四年至太始二年爲七年。此是，閩本誤，錢蘇說均非。

杜延年元鳳元年十月甲子封

功臣表，建平敬侯杜延年，元鳳元年，七月甲子封。

朱一新曰，昭紀作十月。據紀及燕王旦傳，上官桀等誅在九月，則延年等無緣以七月先封。然據七月乙亥晦日有食之，推十月無甲子。所當闕疑。下同。

按，五行志，乙亥，作己亥，是也。據七月己亥晦日有食之，推八月十月，皆有甲子。而上官桀等反在九月，則延年等封在十月無疑。七當是十之譌。紀作十月，是。

弋陽侯任宮三十三年

功臣表，弋陽節侯任宮，元鳳元年七月，甲子封，三十三年，薨。

王先謙曰，官本作二十三年，是。史表云，後爲太常。

按，景祐本作三十三年。初元二年剛侯千秋嗣，是節侯宮薨於初元元年。元鳳元年至初元元年，正得三十三年。此是，官本誤，王說非。（按七月當是十月之誤，辨見前。）又按，宮爲太常，在宣帝地節四年，見公卿表，馮奉世傳。

平通侯楊惲十年

功臣表，平通侯楊惲，地節四年，八月乙丑封，十年，五鳳三年，坐爲光祿勳，誹謗政治，免。

蘇輿曰，十年，當五鳳二年，三字誤。據宣紀亦在二年。

按，景祐本，正作二年。

屬山陽是正義文

恩澤侯表，漢陽侯祿，種弟，高后元年九月丙寅封，八年，爲趙王。

王先謙曰，史表作胡陵，山陽縣。

按，山陽，是正義文，見史呂后紀。史表無。

薄昭高祖十年爲郎

恩澤侯表，軹侯薄昭，高祖七年爲郎，從軍，十七年，以中大夫迎帝於代，侯。

王先謙曰，史表，中上有太字。

按，史表，七年作十年。高祖十年至高后八年，十七年。此誤，史表是。

蓋侯王信二十五年

恩澤侯表，蓋靖侯王信，景帝中五年五月甲戌封，二十五年，薨。

蘇輿曰，自景中五年至元光二年，止十三年，表誤。王先謙曰，官本二作三。

按，景祐本作二十五年。史表，自景中五年至元狩二年，二十五年。

元朔三年公孫弘爲丞相

恩澤侯表，平津獻侯公孫弘，元朔三年十一月乙丑封，六年，薨。

洪頤煊曰，據公卿表，弘爲丞相，在元朔五年，薨在元狩二年。是三當作五，六當作四，此並誤。

按，洪說非也。公卿表，元朔五年，丞相澤免，御史大夫公孫弘爲丞相。五當是三之譌也。史表，平棘侯薛澤，孝景中五年，封，元朔三年，薨。本書功臣表同。弘既代澤爲丞相，是弘爲丞相，當在元朔三年無疑。弘薨於元狩二年，距元朔三年，爲相封侯之歲，恰六年，是六字並不誤。

按公卿表，元朔五年，十一月乙丑，丞相澤免，御史大夫公孫爲丞相，誤也。史功臣表，平棘侯薛澤，景帝中五年封，至元朔三年，二十年薨。本書功臣表同。又，建元以來侯者年表，平津侯公孫弘以丞相詔所褒侯，元朔三年十一月，乙丑封，六年，薨。本表同。據此，則澤免相，公孫弘爲丞相，當在元朔三年，無疑。

文潁臣瓚二說非索隱所引

恩澤侯表，博陸宣成侯霍光。北海河間東郡。

王先謙曰，索隱引文潁云，博廣陸平，取其嘉名，無此縣也。食邑北海河東。瓚云，漁陽有博陸城。先謙按，瓚說是也。侯國必有縣，初封北海，食邑在此，後乃兼食二郡耳。河間東郡，誤省作河東。

按，文潁臣瓚二說，見褚補表注，非索隱所引也，王說失之。（文潁說，博大陸平，取其嘉名，又見霍光傳注。）

本始三年韋賢封侯

恩澤侯表，扶陽節侯韋賢，本始二年六月甲辰封。

朱一新曰，據公卿表，二年當作三年。王先謙曰，官本作三年。

按，景祐本作三年，褚補史表，韋賢，本始三年，代蔡義爲丞相，封扶陽侯。

武陽侯丹七年

恩澤侯表，武陽頃侯丹，鴻嘉元年四月庚辰，侯，七年，薨。

王先謙曰，官本作十年薨。

按，景祐本作七年。煬侯邯嗣在永始四年，是丹薨於永始三年，上數至鴻嘉元年，七年。此是，官本誤。

安平當作平安

恩澤侯表，安平侯舜。初元元年封，十三年，薨。建昭四年，剛侯章嗣，十四年，薨。陽朔四年，釐侯淵嗣。

王先謙曰，安平當作平安，說詳外戚傳。

按，史記將相表，河平三年，太僕平安侯王章爲右將軍。又，陽朔四年，右將軍光祿勳平安侯王章卒。本書外戚許皇后傳，后姊平安剛侯夫人謁。凡此，皆足證安平當是平安之譌也。

建成忠侯輔二十七年

恩澤侯表，建成，陽朔三年，忠侯輔嗣，二十七年，薨。

王先謙曰，輔以居攝元年薨，當爲二十九年。

按，景祐本，三作四是也。陽朔四年，至居攝元年，爲二十七年。

建平三年王嘉封新甫侯

恩澤侯表，新甫侯王嘉，建平三年，四月丁酉封，三年，元壽元年，罔上，下獄，瘐死。

王先謙曰，官本上三字作二。

按，景祐本，上三字作三。公卿表，建平三年，丞相當薨，王嘉爲丞相。本傳，建平三年，代平當爲丞相，封新甫侯。是嘉封侯在三年也。此是，官本誤。

左將軍光祿勳甄豐封廣陽侯

恩澤侯表，廣陽侯甄豐，以左將軍光祿勳定策，安宗廟，侯，五千三百六十五戶。

王先謙曰，左當作右，見公卿表。

按，公卿表，豐爲右將軍，在哀帝元壽二年（元作三年，據景祐本改。）三月。六月，孫建爲右將軍，二年，遷。是豐爲右將軍僅數月，即爲左將軍也。據王莽傳，豐封廣陽侯，在平帝元始元年正月，時已爲左將軍。故太后下詔曰，左將軍光祿勳豐云云。此時右將軍仍爲孫建也。平帝紀，元始元年六月，使少傅左將軍豐賜帝母中山孝王姬璽書。公卿表，元始二年四月，左將軍甄豐爲大司空。是此表作左將軍，與事實合。王說豐封侯時爲右將軍，乃是誤讀公卿表耳。

元狩元鼎間已見直指使者

公卿表，繡衣直指，出討姦猾，治大獄，武帝所制，不常置。

錢大昭曰，武紀，天漢二年，遣直指使者暴勝之等，衣繡衣，杖斧，分部逐捕。

按，食貨志，御史大夫張湯方貴用事，減宣杜周等爲中丞，義縱尹齊王温舒等，用急爲九卿，直指夏蘭之屬始出，而大農顏異誅矣。又酷吏傳，義縱爲右內史，王温舒爲中尉。温舒至惡，其所爲不先言縱。縱必以氣淩之，敗壞其功。其治，所誅殺甚多。然取爲小治，姦益不勝，直指始出矣。據本表，張湯爲御史大夫，在元狩二年。義縱爲右內史，王温舒爲中尉，顏異之誅，（集解，徐廣曰，元狩四年，壬戌歲）。均在元狩四年。湯有罪自殺，在元鼎二年。（並見五行志。）温舒由中尉遷爲廷尉，尹齊爲中尉一年抵罪，均在元鼎三年。縱棄市，據酷吏傳，在張湯自殺前一歲，在元鼎元年。則直指夏蘭之屬，亦當出於此時。是直指始出，當在元狩元鼎間，非在天漢二年矣。

掌故非博士之比

公卿表，博士，掌通古今。

錢大昭曰，朝錯匡衡，皆爲太常掌故，疑即博士之類。應劭云，掌故，六百石吏，主故事。孔光傳，是時博士選三科，高第爲尚書，次爲刺史，其不通政事以久次補諸侯太傅。王先謙曰，續志，掌教弟子。國有疑事，掌承問對。

按掌故，索隱引服虔云，百石卒史。集解引應劭注，亦作掌故，百石吏。六字衍也，博士雖本四百石，然國有疑事，並與公卿論議之，獻替可否，掌故不過主故事，豈足與之相比耶。又按，決疑要注曰，漢初博士，而無弟子。後治弟子五十人。是武帝元朔三年，爲博士官置弟子五十人，（公孫弘爲丞相，及請爲博士置弟子員，均在元朔三年，說見後）。而後博士始掌教弟子也。

羽林初見於楚漢之際

公卿表，羽林，掌送從，武帝太初元年初置。

周壽昌曰，文帝時，鄧通爲羽林黃頭郎，武帝前已有之。

按枚乘傳，乘說吳王有赫然加怒，遣羽林黃頭，循江而下之語。此在景帝初，吳楚七國反時，是武帝前確已有羽林，周說是也。然考羽林，最初見於楚漢之際。史記高祖功臣表，宋子侯許瘛，漢三年，以趙羽林將初從，擊定諸侯。則羽林，蓋是六國官也。文景時，習水戰，武帝始改爲騎，屬光祿勳耳。

元狩三年置屬國都尉

公卿表，典屬國，掌蠻夷降者。武帝元狩三年，昆邪王降，復增屬國，置都尉。

周壽昌曰，武紀，元狩二年秋，匈奴昆邪王來降，置五屬國處之。此作三年，誤。

按周說非也。霍去病傳，封昆邪王為漯陰侯，封其裨王鷹庇為煇渠侯，禽梨為河綦侯，大當戶銅離為常樂侯。減隴西北地上郡戍卒之半，以寬人民之繇。居頃之，乃分徙降者邊五郡故塞外，因其故為屬國。據功臣表，此四侯，皆在元狩三年七月封。又據武紀，減隴西北地上郡戍卒半，亦在元狩三年秋。而徙降者置五屬國，在封匈奴降王及減戍卒後，則置屬國，明在三年，不在二年。此作三年，是紀其實。紀繫於二年，乃總言之也。

右扶風屬官無右都水

公卿表，右扶風，屬官又有都水，鐵官、廄、廱廚，四長丞。

劉攽曰，有當作右。上云左都水，此為右都水。

按都水官，少府，水衡，三輔，皆有之。此言京兆馮翊扶風各有都水，不云有左右都水也。有不當作右。劉臆說，不可從。

二輔即左右輔

公卿表，元鼎四年，更置二輔都尉。

錢大昭曰，二當作三。地理志，左馮翊，高陵，左輔都尉治。右扶風，郿，右輔都尉治。不言京輔都尉治，缺文也。王先謙曰，官本二作三。按京輔都尉，見上中尉下，非缺文，錢說誤。

按史記平準書，益廣關，置左右輔。集解，徐廣曰，元鼎三年，徙函谷關於新安東界。此云二輔，即左右輔也，本屬中尉，今更置於左右內史。二不當作三，錢說誤也。官本二作三，亦誤。辨見前。

劉更生以諫大夫給事中

公卿表，給事中，亦加官，所加或大夫博士議郎。

錢大昕曰，劉更生以宗正給事中。

按錢說非也。蕭望之傳，散騎諫大夫劉更生給事中。又，議久不定，出劉更生爲宗正。胡三省曰，散騎給事中，中朝官也。宗正，外朝官也，故云出。是劉更生以諫大夫給事中，而非以宗正給事中矣。劉向傳，蕭望之周堪薦更生，擢爲散騎宗正給事中。佞幸傳，前將軍蕭望之，及光祿大夫周堪，宗正劉更生，皆給事中。此皆是混言之，不可據。

郡長非監

公卿表，監御史，秦官，掌監郡。

王先謙曰，紀有秦泗水監平。曹參傳攻秦監公軍。嚴助傳，秦擊越，使監祿鑿渠通道。皆監御史也。南粤傳，有桂林監居翁，亦郡監，沿秦制爲之。亦稱郡長，見灌嬰傳。

按楚懷王以沛公爲碭郡長，見史項羽高祖二紀曹相國絳侯二世家。灌嬰破楚將公杲於魯北，轉南破薛郡長。又，嬰破項籍於東城，與所將卒，共斬項籍。渡江，破吳郡長吳下。見灌嬰傳。集解，蘇林曰，長如郡守也。正義，韋昭曰，秦名曰守，是時改爲長。按蘇韋說是也，王以爲是監，謬矣。

郡守秩二千石

公卿表，郡守，秩二千石。

錢大昭曰，黃霸傳，霸爲潁川太守，秩比二千石。及守京兆尹，秩二千石。然則此秩下，當有比字。王先謙曰，後志亦作二千石。

按如淳曰，太守雖號二千石，有千石八百石居者，功德茂異，乃得滿秩。又曰，諸官初加，皆試守一歲，遷爲眞，食全俸。蓋霸以揚州刺史爲潁州太守，猶張敞爲冀州刺史，守太原太守，滿歲爲眞，乃得食全俸，秩二千石。試守時，則爲比二千石也。錢說非。

邊郡長史掌兵馬

公卿表，郡守，掌治其郡，秩二千石。邊郡又有長史，掌兵馬，秩六百石。

王鳴盛曰，酷吏傳，嚴延年爲涿郡太守，趙繡稱爲新將。注，新爲郡將也。謂守爲將，以其兼領武事也。尹翁歸孫寶傳，皆有此稱。

按漢舊儀，邊郡太守，置長史一人，掌兵馬。此言長史所掌，非謂太守也。王說非。

郡尉典兵禁備盜賊

公卿表，郡尉，掌佐守，典武職甲卒。

王先謙曰，續志，掌治民，進賢勸功，決訟檢姦。常以春行所主縣，勸民農桑，振救乏絕。秋冬遣無害吏，訊諸囚，平其罪法。論課殿最。歲盡遣上計，並舉孝濂，郡口二十萬，舉一人。典兵禁，備盜賊。

按續志，掌治民至舉孝廉，爲太守之職。典兵禁備盜賊，乃是都尉所掌。此六字，應連景帝更名都尉爲句，不當上屬。漢官儀，郡尉，典兵禁備盜賊，景帝更名都尉，是其證。

五屬國及武威酒泉建置之年

公卿表，屬國都尉，武帝初置。

周壽昌曰，武紀元狩二年，置五屬國，以其地爲武威酒泉郡。自此邊塞皆設都尉。

按周說非也。五屬國，元狩三年置，辨見前。酒泉郡，元鼎六年開。武威郡，昭宣間置。詳河西四郡建置考。

十一年丞相何遷爲相國

公卿表，高帝九年，丞相何，遷爲相國。

王先謙曰，何爲相國，當從紀傳及表上，在十一年。此誤移前二格。

按張良傳，良從上擊代，出奇計，下馬邑，及立蕭相國，所與從容言天下事甚衆。蕭何傳，陳豨反，上自將至邯鄲。而韓信謀反關中，呂后用何計誅信。上已聞誅信，使使拜丞相爲相國。高紀，十一年，冬，上在邯鄲。太尉周勃道太原，入定代地。至馬邑，馬邑不下，攻殘之，春正月，淮陰侯韓信，謀反長安，夷三族。據是，則何爲相國，在十一年無疑。史記功臣表，酇侯蕭何，元年，爲丞相。九年，爲相國，將相表，元年，丞相蕭何守漢中。九年，遷爲相國。班氏蓋沿襲史表之誤，未及刊正耳。

孝惠二年七月癸巳曹參爲相國

公卿表，孝惠二年，七月辛未，相國何薨。七月癸巳，齊相曹參爲相國。

王先謙曰，次七月，七當爲八。

按史記將相表，上格，七月辛未，何薨，下格，七月癸巳，齊相曹參爲相國。此仍襲史記之文，下七月二字，未及刊除耳。七不當爲八也。

九月壬戌食其復爲丞相

公卿表，高后八年，九月丙戌，復爲丞相，後九月免。

王先謙曰，通鑑考異云，史記將相表，八年，七月辛巳，食其爲太傅。九月丙戌，復爲丞相，後九月免。此表乃云云，以長歷推之，八年七月無辛巳，九月無丙戌，閏月迎代邸羣臣，無食其名，表皆誤。周壽昌曰，高后紀，八年秋七月辛巳，皇太后崩。史記，七月中，高后病甚，辛巳崩。是七月有辛巳。辛巳至丙戌，六十六日，正在九月。是九月有丙戌。此長歷誤推耳。食其免相，據陳平傳，在誅諸呂後，自不預迎代邸。各本以七月辛巳，列在七年。九月丙戌，列在八年。皆傳刊之誤，宜改正。

按史記呂后紀，九月庚申，（元作八月，據通鑑改。將相表，九月，誅諸呂，通鑑改作九月，是也。）朱虛侯逐呂產，殺之郎中府吏廁中。辛酉，捕斬呂祿，笞殺呂嬃，誅呂通。壬戌，以帝太傅食其復爲左丞相。是食其復爲丞相，已在誅諸呂後矣。計九月壬戌，至後九月晦日己酉，代王入代邸，四十八日。此云後九月免，當在晦日己酉前。食其自不預迎代邸也。又按，己酉上推至辛巳，八十九日，則辛巳當已在八月，不在七月。（按劉羲叟長歷，八月辛巳朔。）又，己酉上推至丙戌，二十四日，是丙戌在後九月，不在九月。史記將相表亦誤作丙戌。班氏蓋承襲其謬耳。

十一月壬子勃免相

公卿表，孝文三年，十二月，丞相勃免。乙亥，太尉灌嬰爲丞相。

錢大昭曰，文紀作十一月，史記作十一月壬子。

按文紀，三年，十一月丁卯晦。由此逆推十五日爲壬子，在十一月。順數八日爲乙亥，在十二月。勃免相，史表作十一月壬子，是。此作十二月，非。嬰爲丞相，此作十二月乙亥，是，史表作十一月，非。

八月戊辰丞相蒼免

公卿表，孝文後二年，八月，戊戌，丞相蒼免。庚午，御史大夫申屠嘉爲丞相。

王念孫曰，戊戌，當爲戊辰，後二日爲庚午也。漢紀孝文紀，正作戊辰。

按史記將相表。正作戊辰。

周亞夫爲車騎將軍在文帝後七年

公卿表，孝景元年。

王先謙曰，據周亞夫傳，是歲爲車騎將軍。

按文紀及將相表，並在文帝後七年，與亞夫傳云文帝崩亞夫爲車騎將軍合。王說誤也。

功臣表張蒼傳作商陵

公卿表，南陵侯趙周爲太常，四年，免。

王先謙曰，南陵，京兆屬縣。不能封國。功臣表張蒼傳作高陵。

按功臣表張蒼傳作商陵。（史記功臣表同。）史記張丞相傳作高陵。

劉棄

公卿表，元朔四年，宗正劉棄。

錢大昭曰，汲黯傳作劉棄疾。

按史記汲黯傳作劉棄。顧亭林云，古人二名，止用一字。故傳作棄疾，此與史記止作棄也。

元狩三年趙食其爲主爵都尉

公卿表，元朔六年。

王先謙曰，據趙食其傳，武帝立十八年，以主爵都尉從大將軍。是元朔六年，食其已爲主爵都尉代李蔡。故明年書樂安侯李蔡爲御史大夫，不書主爵都尉李蔡也。此格當有主爵都尉趙食其七字，下朱買臣爲主爵都尉。至三年，復書主爵都尉趙食其。是食其免後，復爲此官。

按衛青傳，元朔六年，大將軍衛青出定襄，合騎侯公孫敖爲中將軍，太僕賀爲左將軍，翕侯趙信爲前將軍，衛尉蘇建爲右將軍，郎中令李廣爲後將軍，左內史李沮爲彊弩將軍，並無主爵都尉趙食其也。元狩四年，大將軍衛青出定襄，郎中令李廣爲前將軍，太僕公孫賀爲左將軍，主爵趙食其爲右將軍，平陽侯襄爲後將軍。是食其傳，武帝立十八年，即元朔六年，以主爵都尉，從大將軍，與事實不合。當依史記食其傳，武帝立二十二歲，以主爵爲右將軍，從大將軍出定襄。武帝之二十二歲，元狩四年也，即食其爲主爵都尉之明歲，與表云其二年爲將軍合。則此格不當有主爵都尉趙食其七字，王說誤。

元朔四年李信成爲太常

公卿表，元狩四年，戚侯李信成爲太常，二年，坐縱丞相李蔡侵道，免。

宋祁曰，據功臣表，合在五年。

按功臣表，元狩五年，信成坐爲太常，縱丞相侵神道爲隸臣。與此云爲太常，二年，坐縱丞相李蔡侵道免合。是信成爲太常在四年，免官則在五年也。宋說非。

太子少傅嚴青翟

公卿表，元狩五年，四月乙卯，太子少傅嚴青翟爲丞相。

錢大昭曰，漢紀，乙卯作乙丑，少傅作太傅。

按史記將相表作太子少傅。

太常充

公卿表，元狩六年。

錢大昭曰，史記三王世家，是年有太常充。王先恭曰，此王充也。元光三年，嗣蓋侯。參證世家，下格信，當爲充，宜移入此格。

按三王世家，太常充。索隱曰，趙充。

郎中令徐自爲十三年

公卿表，元狩六年，郎中令徐自爲，十三年，爲光祿勳。

王先謙曰，太初元年，表有郎中令自爲，更爲光祿勳，此十三年爲光祿勳七字衍文。

按此云自爲爲郎中令十三年，而後更爲光祿勳也。十三年爲光祿勳七字，非衍文。王說非。

張騫爲大行令三年卒

公卿表，元鼎二年，中郎將張騫爲大行令，三年，卒。

王先謙曰，騫傳作歲餘卒。

按李陵傳，陵在匈奴，歲餘，上遣公孫敖將兵入匈奴，迎陵。據武紀，陵降匈奴，在天漢二年。敖軍入匈奴，在四年。則所云歲餘，實跨有三年也。又，楊惲傳，惲失爵位家居。歲餘，其友人孫會宗與惲書諫戒之。惲報會宗書云，臣之得罪已三年矣。此尤歲餘爲三年之證。騫傳云爲大行，歲餘卒，此云三年卒者，連元鼎二年至四年而數之，則爲三年，是騫卒於元鼎四年也。騫傳又云，騫卒後歲餘，西北諸國始通於漢。漢始築令居以西，初置酒泉郡。據武紀，趙破奴出令居，在元鼎六年。是西北諸國始通於漢，當在元鼎五六年，正是騫卒後歲餘耳。（元鼎六年，初置酒泉郡，因西域諸國，始通於漢也。）

趙充國奪將軍印

公卿表，本始三年，少府惡。

王先謙曰，趙充國傳，充國擊匈奴，還爲後將軍少府。據宣紀，還應在本始三年。此不載充國爲少府，而書少府惡，不可曉。豈充國爲長信少府，非此少府耶。

按將相表，本始三年，田廣明田順擊胡還，皆自殺。充國奪將軍印，則充國擊匈奴還，豈得爲後將軍少府耶。

金賞爲太僕在甘露四年

公卿表，甘露四年，秺侯金賞爲侍中太僕，七年，遷。

王先謙曰，金日磾傳，宣帝即位，賞爲太僕。霍氏有事萌芽，上書去妻。是賞爲太僕，在霍氏未反前也，與此異。

按日磾傳，宣帝即位賞爲太僕句絕，與下句霍光有事萌芽上書去妻云云，不相連屬者。賞爲太僕在今年，不在霍氏未反前也。據本表，昭帝元鳳元年，杜延年爲太僕，十五年。元鳳元年，下推至宣帝地節四年，爲十五年。霍氏反在地節四年，其時太僕，爲杜延年也。王說誤。

王昌見王尊傳注

公卿表，建昭五年，京兆尹王昌稺賓，二年，轉爲雁門太守。

王先謙曰，見王尊傳，以逐捕盜賊，不能禽制，貶。

按見王尊傳如淳注。

甄遵河內太守見王尊傳注

公卿表，建始二年，河東太守杜陵甄少公爲京兆，二年，貶爲河南太守。

王先謙曰，王尊傳作甄遵，河內太守，與此異。

按此見王尊傳注，如淳作甄遵河內太守也。

鉅鹿張忠子贛

公卿表，建始四年，東平相鉅鹿張忠子贛爲少府，十一月，遷。

王先謙曰，忠爲少府，劾免丞相衡，見衡傳。按，衡以三年十二月免，是忠爲少府，在三年十二月前，而表書四年下，駁文也。

按劾免丞相衡者，爲今年十一月，由少府而爲御史大夫之張忠，非此字子贛者張忠也。蓋忠代溫順爲少府，在三年十二日前，此表漏書，故得以少府行廷尉事劾衡。四年十一月，忠爲御史大夫，則此字子贛者張忠，又代爲少府矣，王說非。

十月丁卯大司馬莽免

公卿表，綏和二年，十一月丁卯，大司馬莽，賜金安車駟馬，免。庚午，左將軍師丹爲大司馬，四月，徙。王念孫曰，十一月丁卯，漢紀作七月丁巳，通鑑作七月丁卯。考異云，師丹若以十一月爲司馬，四月徙，不得以十月爲司空也。七月丁卯朔，無丁巳。年表月誤，荀紀日誤，王先謙曰，傳云月餘徙，此作四月，未知孰是。

按傅喜傳，丹徙爲大司空，在哀帝建平元年正月。依此上推四月，爲成帝綏和二年十月。是大司馬莽免，當在十月丁卯。越二日庚午丹爲大司馬，封高樂侯。恩澤表作七月庚午封，七當是十之譌也。五行志，綏和二年八月庚申，男子王褒，帶劍入前殿非常室中，是時王莽爲大司馬。此尤莽免大司馬，不在七月之確證。莽在八月尚爲大司馬，則丹不得在七月爲大司馬封侯也。年表月誤。荀紀通鑑，月日並誤。十月至正月，恰爲四月。此作四月是，傳云月餘徙，非。

杜業爲太常三年

公卿表，建平四年，建平侯杜業爲太常，三年，貶爲上黨都尉。王先謙曰，業傳，歲餘，左遷上黨都尉。此云三年，與丙昌代任之年合，蓋傳誤。

按楊惲傳，惲失爵位家居，歲餘，其友人孫會宗與惲書諫戒之。惲報會宗書曰，臣之得罪已三年矣。此歲餘爲三年之證。杜業爲太常，表作三年，傳云歲餘，並無不合。此與本表，元鼎二年，張騫爲大行令三年卒，傳作歲餘卒，同一例也。

元始元年正月丙辰備四輔官

公卿表，元始元年，二月丙辰，太傅孔光爲太師，大司馬王莽爲太傅大司馬，車騎將軍王舜爲太保車騎將軍。

王先謙曰，官本二月作三月。下格同。

按平紀，元始元年，正月，大司馬莽，賜號安漢公。太師孔光等，皆益封。王莽傳元始元年，正月，大司馬莽，益戶疇爵邑，以爲太傅，幹四輔之事，號曰安漢公。太傅博山侯光，益封萬戶，以爲太師。車騎將軍安陽侯舜，益封萬戶，以爲太保。左將軍光祿勳豐，封廣陽侯，食邑五千戶，以爲少傅。又，莽上書言，臣以元始元年，正月丙辰，拜爲太傅，賜號安漢公，備四輔官。據此，則光爲太師，莽爲太傅，舜爲太保，當在正月丙辰。此作二月，官本作三月，誤。下格作二月，亦誤。

不窋

人表，不窋，弃子。

王先謙曰，見周紀。

按戴東原以爲繼弃而爲后稷，以至不窋，是不一人。不窋，非弃子。

核

人表，垓，冥子。

王先謙曰，殷紀作振。索隱云，世本作核。垓核形近。

按王國維古史新證曰，山海經之王亥，古本紀年作殷王子亥，卜辭作王亥，正與山海經同。世本作核，古今人表作垓，皆其通假字。史記作振，則因與核垓二字形近而譌。又，天問作該，世本作胲。

虞公遂

人表，虞公遂。

王先謙曰，殷興而封之，見左傳。

按左氏昭三年傳，箕伯，直柄，虞遂，伯戲。杜注，四人，皆舜後。又，昭八年傳，舜，重之以明德，寘德於遂。正義曰，三年傳云，箕伯，直柄，虞遂，伯戲，則遂在直柄之後，故云。蓋殷興，存舜之後而封之也。又，陳世家索隱云，夏代封虞遂。

逢公柏陵

人表，逢公柏陵

王先謙曰，見左傳，杜注，殷諸侯。

按地理志，湯時有逢公柏陵，爲諸侯國。

號仲號叔

人表，號仲號叔。

梁玉繩曰，文王敬友二號，咨于二號，見晋語。

按虢仲，虢叔，王季之穆，見左氏僖五年傳。

向摯

人表，向摯，殷史。

錢大昭曰，閩本作殷太史。王先謙曰，官本作殷太史。見呂覽先識篇。

按呂覽先識篇，作殷內史。又，淮南氾論，作太史令。摯作藝。

晉繆侯

人表，晉繆侯

王先謙曰，見晉世家，名費。

按世家作費王，侯表又作弗生。索隱，按世家，名費生，或作潰生。世本，名弗生。

保申

人表，楚保申。

王先謙曰，見說苑正諫篇。梁玉繩云，呂覽直諫作葆申，淮南說山作鮑申。保葆古通，保鮑音近。

按直諫篇高誘注，葆，太葆官也。申名也。畢沅云，說山作鮑申，非。

猛獲

人表，猛獲。

王先謙曰，並見左傳宋世家。

按宋世家無。

衛戴公

人表，衛戴公，黔牟子。

王先謙曰，見左傳衛世家。梁玉繩云，子當作弟。

按世家，宣公夫人夷姜，生太子伋。得齊女，生子壽子朔。壽及太子伋爲盜所殺。宣公卒，子朔立，是爲惠公。左右公子不平朔之立，乃作亂，攻惠公，立太子伋之弟黔牟爲君。齊襄公率諸侯納惠公，誅左右公子，黔牟出奔于周，惠公卒，子懿公立，爲翟人所殺。百姓大臣乃立黔牟之弟昭伯頑之子申爲君，是爲戴公。是戴公爲黔牟弟之子，表及梁說，均誤。

奄息中行鍼虎

人表，奄息中行鍼虎。

王先謙曰，見詩序左傳。

按見詩秦風黃鳥之篇，並不見於詩序。

趙衰

人表，趙衰。

王先謙曰，趙世家云，共孟子。

按索隱，世本云，公明生共孟及趙夙。夙生成季衰。衰生宣孟盾。

左傳云，衰，趙夙弟，而此云共孟生衰。譙周亦以此爲誤。

(洪亮吉春秋左傳詁曰，史記以衰爲夙孫既誤，晋語又以爲夙弟益非，當以世本爲正。)

宋方叔

人表，宋方叔，嘉子。

錢大昭曰，見孔子世家。方防古通。嘉子二字，誤爲大字。

按潛夫論志氏姓，閔公子弗父何，生宋父。宋父生世子。世子生正考父。正考父生孔父嘉。孔父嘉生子木金父。金父生祁父。祁父生防叔。防叔爲華氏所逼，出奔魯。防叔生伯夏。伯夏生叔梁紇。紇生孔子。則防叔，嘉曾孫。此云子，不合。

欒正求

人表，欒正求。

王先謙曰，見孟子。求，蓋裘之省。

按說文，求，古文裘。王說誤也。

燕簡公

人表，燕簡公。

王先謙曰，見春秋經傳，燕世家，名款。

按燕簡公，名伯款，見春秋昭三年經傳。以款爲簡公名，係索隱之文。

墨翟

人表，墨翟。

梁玉繩曰，見齊策，孟荀傳。

按墨子，見宋策，齊策無。

尹文子

人表，尹文子。

錢大昕曰，藝文志，名家，有尹文子，說齊宣王。

按尹文又說齊湣王，見呂覽正名篇。

大監突

人表，大監突。

錢大昕曰，秦大夫，見呂覽當賞篇。

按當賞篇作監突。高誘注，秦大夫也。

越王無彊

人表，越王無彊，勾踐十世，爲楚所滅。

王先謙曰，越世家，句踐卒，子鼫與立。卒，子不壽立。卒，子翁立。卒，子翳立。卒，子之侯立。卒，子無彊立。表不具載。十爲七之誤。

按勾踐至無翳爲五世。據紀年，翳爲太子諸咎弒後，有孚錯枝，無余之，二君，又皆見弒。此即莊子所謂越人三弒其君者也。無余之後，次無顓立。無顓後，乃次無彊也。如連太子諸咎數，則無彊爲勾踐十世。

魏無哀王

人表，魏哀王，襄王子。

王先謙曰，見世家。

按史記集解云，世本，惠王生襄王，而無哀王。

卷三

正月乾之九二

律歷志，正月乾之九三。

宋祁曰，九三，當作九二。齊召南曰，宋說非也。自子至午，爲乾卦六爻。自未至亥，爲坤卦六爻。此言人生於寅，正是乾之九三，泰卦三陽之象，非九二也。

按據韋昭周語注，十一月黃鐘，乾初九也。正月太蔟，乾九二也。三月姑洗，乾九三也。五月蕤賓，乾九四也。七月夷則，乾九五也。九月無射，乾上九也。十二月大呂，坤六四也。二月夾鐘，坤六五也。四月仲呂，坤上六也。六月林鐘，坤初六也。八月南呂，坤六二也。十月應鐘，坤六三也。則正月乾之九二，宋說是也，齊說非。

春三月每月書王

律歷志，於春三月，每月書王，元之三統也。

錢大昕曰，何休云，二月三月，皆有王者。二月，殷之正月也。三月，夏之正月也。王者存二王之後，使統其正朔，服其服色，行其禮樂，所以尊先聖，通三統，師法之義，恭讓之禮。服虔云，孔子作春秋，於春每月書王，以統三王之正。

按春秋編年，四時具，然後爲年。故春無事，則書春王正月。夏無事，則書夏四月。秋無事，則書秋七月。冬無事，則書冬十月。此一定之例也。春秋書春王二月者，二十有一，以事始於二月也。書春王三月者，十有七，以事始於三月也。春王正月，春王二月，春王三月，不過春秋書法宜然，並無他義。何說二月殷之正月，三月，夏之正月。服說春每月書王，以統三王之正。此皆兩漢公羊家之說，非春秋之義也。詳春秋每月書王解。

殷爲湯有天下之號

律歷志，世經，成湯，書經湯誓，湯伐夏桀，金生水，故爲水德，天下號曰商，後曰殷。

孟康曰，初契封商，湯居殷而受命，故二號。周壽昌曰，孟說非也。鄭氏商頌譜云，商，契所封地。正義云，商者，成湯一代之大號。書盤庚，遷于殷。僞孔傳云，殷，亳之別名。鄭氏以商自此號殷，前未有殷名。盤庚，殷降大虐。鄭注，殷者，將遷於殷，先正其號名。又鄭注序云，商家自徙此而更號爲殷也。是盤庚以前爲商，盤庚以後始稱殷，不得云二號。此文明言後曰殷，則前之止曰商，不曰殷，益可知也。

按孟說是，周說非也。據呂氏春秋，殷亳爲一地。愼勢，湯其無郼，武其無岐。高義，郼岐之廣也。分職，無費乎郼與岐周，而天下稱大仁，稱大義，具備，湯嘗約於郼薄矣，武王嘗窮於畢程矣。愼大覽，親郼如夏。高誘注，郼讀如衣。今兗州人謂殷氏皆曰衣。言桀民親殷如夏也。書康誥，殪戎殷。禮記中庸作壹戎衣。鄭玄注，衣讀如殷。齊人言殷聲如衣。虞夏商周氏者多矣。今姓有衣者，殷之冑矣。周秦人殷衣通用，漢時齊魯間人，郼讀如衣，衣讀如殷，則郼即衣，衣即郼矣。郼與薄連言，則湯之於郼薄，猶武王之於岐周，郼薄必爲一地矣。書伊訓，天誅造攻自牧宮，朕載自亳。孟子，湯居亳，與葛爲鄰。管子，湯以七十里之薄，兼桀之天下。荀子，古者湯以薄，武王以滈，皆百里之地也，天下爲一，諸侯爲臣。此皆以湯起於亳也。惟左氏傳亦連言景亳。椒舉曰，商湯有景亳之命。此則墨子所謂湯奉桀衆，以克有夏，屬諸侯於薄，周書所謂湯放桀而復薄，三千諸侯大會者也。景亳即郼薄，聲近通假。古書大抵單言亳與薄，惟左傳呂氏春秋兼言景亳與鄗薄，是又可證鄗薄爲一地矣。至亳薄二字，古多通用。左傳墨子荀子，呂氏春秋，則亳薄互用，書，書序，孟子史記作亳，周書管子作薄。然則薄即亳也，鄗薄即殷亳也。單言之，曰薄，曰亳，兼言之，曰景亳，曰鄗薄，曰殷亳矣，殷爲湯有天下之號，鄭康成謂盤庚遷于殷，商自此號殷，前未有殷名，非也。左氏隱八年傳曰，天子建德，因生以賜姓，胙之土而命之氏。國語曰，賜姓曰姒，氏曰有夏，賜姓曰姜，氏曰有呂。此胙土命氏之古誼也。故氏爲有土者之號。陶唐氏有虞氏夏后氏殷氏周氏，皆以土地之名而爲號者也。論衡曰，唐虞夏殷周者，土地之名。堯以唐侯嗣位，舜從虞地得達，禹由夏而起，湯因殷而興，武王階周而伐，皆本所興昌之地，重本不忘始，故以爲號，若人之有姓矣。唐虞夏殷周，猶秦之爲秦，漢之爲漢，秦起於秦，漢起於漢中，故曰猶秦漢，猶王莽從新都侯起，故曰新。此王充以湯興於殷，以殷爲號，論之最詳矣。商頌玄鳥之詩曰，天命玄鳥，降而生商，宅殷土芒芒。古帝命武湯，正域彼四方。方命厥后，奄有九有。此明言殷爲土地之名，湯肇基於此，王跡之所起也。若爲盤庚始改號，則何以說此詩宅殷之義乎。考之尙書盤庚篇，凡兩言殷，曰盤庚遷於殷者，此地名也，謂將遷於殷地也。曰，殷降大虐，先王不懷，厥攸作，視民利用遷，此國號也。可知盤庚未遷於殷，即已稱殷也。鄭玄乃謂殷者，將遷於殷，先正其號名。此高密之曲說。不知殷爲成湯建國之所命，是後遷於囂，遷於相，遷於邢，遷於朝歌，皆謂之殷矣。玄又云，商自徙此，而號曰殷。鄭以盤庚未遷殷前，未有殷名也。皇甫謐勦其說，作帝王世紀，因曰，帝盤庚徙都殷，始改商爲殷。後儒遂謂盤庚前稱商，徙後曰殷。是說也，貽誤後學，千數百年矣。詳殷亳考。

頊公

律歷志，子頃公讎立。

錢大昕曰，頃，史記作傾。

按史記作頃。

甘泉圜丘汾陰方丘

禮樂志，武帝定郊祀之禮，祠太一於甘泉，就乾位也，祭后土於汾陰，澤中方丘也。師古曰，汾水之旁土特堆起，是澤中方丘也。祭地以方，象地形。吳仁傑曰，按郊祀志，祠官寬舒議親祠后土，宜於澤中圜丘，於是立后土祠於汾陰。然則汾陰之祠，實用圜丘，今云方丘，傳寫誤也。封禪書曰，天好陰，祠之必於高山之下畤，地貴陽，祭之必於澤中圜丘，乃知汾陰之議，蓋有所祖，學者但見周官書奏樂於圜丘以禮神示，謂圜丘以象天圜，方丘以象地方，於是改漢史之文，以從周官之制。不知武帝祠汾陰之日，周官書猶未出也。顏依文解釋，不以寬舒本議，及八神之說，考訂其誤。通鑑元鼎四年，載立后土祠于澤中圜丘，此爲不失其實。

按封禪書，天好陰於高山下畤，地貴陽於澤中圜丘，此蓋燕齊海上方士之說。祠官寬舒祠后土於澤中圜丘，即用其說者也。（寬舒，受李少君祀竈方，本方士也。）大抵武宣之世，郊社宗廟百神之祠，多依方士之說，元成以後，則以經義釐定。平帝元始五年，王莽與孔光等議復長安南北郊。莽又據周禮春官大司樂之文，奏樂於圜丘方丘，以禮天神地祇，頗改其祭禮。（郊祀志。）此云祭后土澤中方丘，下文又云，以正月上辛，用事甘泉圜丘，蓋是莽等議定郊祀之禮以後所改定，並非傳寫有誤也。

朝隴首非元狩元年作

禮樂志，朝隴首，元狩元年，行幸雍，獲白麟作。

王先謙曰，武紀太始二年，詔云，往者朕郊見上帝，西登隴首，獲白麟，以饋宗廟。

按獲白麟，在元狩五年，則此歌非元年所作。獲白麟在元狩五年，不在元年，詳終軍上對在元狩五年考。

今謂撰志時

刑法志，今郡國被刑而死者，歲以萬數。天下獄二千餘所。

王先謙曰，地理志縣邑道侯國一千五百八十七。續志注，孝武帝置中都官獄二十六所。此二千餘所，二蓋一字之誤。

按上文云，考自昭宣元成哀平，六世之間，斷獄殊死，率歲千餘口而一人。地理志，訖于孝平，民戶千二百二十三萬三千六十二。口五千九百五十九萬四千九百七十八，漢極盛矣。犯殊死者歲千餘口而一人，則西漢自昭宣後，郡國被刑而死者，一歲不得有萬數也。又上文云，今漢道至盛，歷世二百餘載。師古曰，今謂撰志時。按顏說是也。則今郡國之今，亦謂撰志時，當在東漢之世。王以前漢地志爲說，失之矣。

大司農中丞

食貨志，桑弘羊爲大司農中丞。

王先謙曰，大農屬，無中丞，中字衍。平準書正作大農丞。通鑑據漢志錄之。胡三省云，今置中丞，其位當在兩丞上。然百官表所無，當以平準書爲正。胡氏臆說，不可據也。

按大司農中丞，麻光，見律歷志。大司農中丞耿壽昌，見上文及宣紀蕭望之陳湯嚴延年傳。（延年傳作司農中丞。）是大司農屬官有中丞也。

褚大徐偃

食貨志，於是遣博士褚大徐偃等，分行郡國。

王先謙曰，大見武紀，偃事終見終軍傳。

按大等分巡天下，亦見五行志

入羊爲郎在元朔中

食貨志，又興十餘萬人，築衞朔方，轉漕甚遠，自山東咸被其勞，費數十百鉅萬，府庫並虛。乃募民能入奴婢，得以終身復。爲郎增秩，及入羊爲郎，始於此。

葉德輝曰，此疑即卜式輸家財事。式傳云，初式不願爲郎。上曰，吾有羊在上林，令子牧之。式既爲郎，布衣草蹻而收羊。歲餘，羊肥息。蓋式先入羊而後上知其善牧。傳云輸財，殆微詞也。

按築衞朔方，據武紀在元朔二三年。入羊爲郎，當是其時事也。卜式上書輸財助邊，雖在公孫弘爲丞相時，然以弘言而報罷。至式以錢二十萬助貧民，拜爲郎，布衣蹻而牧羊上林中，則又在元狩三四年矣。此皆見於志。事與時均不合，葉獻疑未當。

三年作昆明池四年擊胡

食貨志，故吏皆適令伐棘上林，作昆明池。其明年，大將軍票騎大出擊胡。

王先謙曰，武紀擊胡事與造白金皮幣，俱在元狩四年，似不應分敍。大抵造金幣之議，𢼸於三年，成於四年，故紀志異也。

按王說非也。因志追敍三年作昆明池，（武紀在元狩三年。）故此云其明年，以承上文，又敍四年擊胡事也。

水衡都尉諸官

食貨志，於是悉禁郡國毋鑄錢，專令上林三官鑄。

王先謙曰，水衡都尉諸官，置於元鼎六年，見百官表。上云湯死後二歲，此禁令當在元鼎四年，通鑑編在二年，似未當。

按百官表，水衡都尉諸官，置於元鼎二年，王說六年，誤也。

初置酒泉郡

食貨志，明年，南粵反，西羌侵邊，天子爲山東不澹，赦天下囚，因南方樓船士二十餘萬人擊粵。發三河以西騎擊羌，又數萬人度河築令居。初置張掖酒泉郡。

王先謙曰，據武紀，武威酒泉，置在元狩二年。張掖敦煌，分在元鼎六年。通鑑從之。此酒泉字誤，當作敦煌。地理志年歲參差，蓋誤，辨見彼志。

按霍去病傳云，渾邪王降，開河西酒泉之地。張騫傳西域傳云，築令居以西，初置酒泉郡。是河西四郡，初置止酒泉一郡也。此張掖字衍。據武紀，趙破奴出令居，在元鼎六年，則酒泉郡之置，亦必在是年。詳河西四郡建置考。

平準書作牝馬

食貨志，車騎馬乏，縣官錢少，買馬難得，迺著令，令封君以下至三百吏以上，差出牡馬，天下亭亭有畜字馬，歲課息。

錢大昭曰，牡當作牝。昭帝始元五年，罷天下亭母馬，是也。

按平準書，牡正作牝。

桑弘羊爲治粟都尉領大農

食貨志，元封元年，桑弘羊爲治粟都尉領大農，盡代僅斡天下鹽鐵。

劉敞曰，大司農，舊治粟內史耳，弘羊爲搜粟都尉也。宋祁曰，領大農，當作司農。

按治粟都尉，非搜粟都尉，劉說誤。又按武帝太初元年始改大農令爲大司農。此作大農是，宋說非。

陳寶及河祠祭之禮不同

郊祀志，陳寶節來祠。其河加有嘗醪。

服虔曰，陳寶神應節來也。王先謙曰，其字無義，當爲及。謂陳寶及河祠祭禮同也。

按上云陳寶或歲不至，或歲數來，以一牢祠之。下云陳寶節來一祠，又云，陳寶祠，每見雍，太祝祠以太牢。此所謂陳寶節來祠也。其河加有嘗醪者，其，發聲也，謂祠河加有嘗醪也。王說陳寶及河祠祭禮同，非是。

菅廟在雍

郊祀志，於杜亳，有五杜主之祠，壽星祠，而雍菅廟亦祠有杜主。

李奇曰菅茅也。王先謙曰，謂雍縣菅縣，俱有此廟祠也。菅，濟南縣。

按下云，秦巫，祠杜主。又云杜主，其在秦中，最小鬼之神也，則菅廟當在雍。王以菅爲濟南縣，菅縣亦有杜主祠，非也。

獲麟在元狩五年

郊祀志，後二年，郊雍，獲一角獸，若麃然。有司曰，陛下肅祗郊祀，上帝報享，錫一角獸，蓋麟云，於是以薦五時，時加一牛，以燎。賜諸侯白金，以風符應合於天也。

王先謙曰，封禪書，麃作麟。後三年者，元狩元年。據此，上文人言解祠諸祀，在元朔五年也。

按封禪書，其後天子苑有白鹿，以其皮爲幣，以發瑞應，造白金焉。其明年，郊雍，獲一角獸，若麟然。有司曰，陛下肅祗郊祀，上帝報享，錫一角獸，蓋麟云。於是以薦五時，時加一牛燎。錫諸侯白金，風符應合於天也。據武紀，以銀錫造白金及皮幣，在元狩四年。封禪書承此文而云明年，郊雍獲麟，符應合於天，錫諸侯白金。則所謂其明年者，係指元狩五年。是獲麟，在元狩五年，不在元年。據此上推，人言解祠諸祀，當在元狩三年，王說均誤。

王夫人卒少翁之誅均在元狩六年

郊祀志，明年，齊人少翁以方見上。上有所幸李夫人。夫人卒，少翁以方，蓋夜致夫人，及竈鬼之貌云。天子自帷中望見焉。迺拜少翁爲文成將軍。

王先謙曰，通鑑誅文成，在元狩四年。下云居歲餘云云，是見上或在元狩三年。沈欽韓曰，封禪書孝武紀作王夫人。按李廣利以初太元年爲貳師將軍，若李夫人以元狩三年卒，距太初之元，十有五年，廣利不應至此時始進用也。又南粵滅在元鼎六年。此志有云旣滅南粵，嬖臣李延年以好音見。而李夫人之進，以延年歌北方有佳人，得召見，又在延年後，明矣。其死安得反在元狩時乎。考史記三王世家，王夫人者，與衞夫人並幸。計其始進，當在元光時，至元狩三年卒，前後相當。然外戚傳，漢武實悼李夫人。惟少翁之誅，在元狩中，李夫人卒，不得有少翁。此傳誤也。史記作王夫人又一事，而兩傳之誤，論衡自然篇，武帝幸王夫人，王夫人死，思見其形，道士以方術作王夫人形，形成出入宮門，武帝大驚，立而迎之，忽不復見，又本史記而附益之。

按上後二年爲元狩五年，則此明年，爲元狩六年也，李夫人，封禪書作王夫人是，此漢書改史記而失者也。李夫人之進，在元鼎六年後，其卒在太初中，（說見後。）少翁在元狩六年以方見上，則何得以方夜致夫人耶。三王世家褚先生補曰，王夫人幸武帝而生閎，閎且立爲王時，其母病，武帝臨問之曰云云。按策立齊王閎在元狩六年，是王夫人死在元狩六年，少翁得以方，夜致夫人也。下文成死明年，天子病鼎湖，病愈，幸甘泉。此明年爲元狩六年，則下明年爲元鼎元年，是少翁亦死在元狩六年。通鑑誅少翁在元狩四年，緣不知獲麟在元狩五年，因是而誤推耳。（酷吏傳，義縱爲右內史。上幸鼎湖，病久。已而卒起甘泉。道不治，棄縱市。後一歲，張湯亦死。按張湯自殺，在元鼎二年，武帝病鼎湖，幸甘泉，在其前一年，則在元鼎元年也。）

文成死明年爲元鼎元年

郊祀志，文成死明年。

王先謙曰，通鑑在元狩五年。

按文成死在元狩六年，則此明年，當爲元鼎元年，通鑑誤也。

後三年元鼎三年

郊祀志，後三年，有司言元宜以天瑞，不宜以一二數云云。

王先謙曰，按承上文成死明年爲元狩五年言之，則後三年爲元鼎二年。而下云今郊得一角獸曰狩，非必元鼎中言也。後三年，疑是後一年之誤。荀悅諸人，皆知後三年之不可通，故漢紀即書於獲麟之下，云由是改元朔爲元狩。通鑑亦於獲麟下，書久之，有司又言元，宜以天命云云。莫能定爲何年事。封禪書孝武紀，並作後三年，班氏承用之。

按上文，成死明年，天子病鼎湖，是在元鼎元年。下，其明年，天子郊雍，立后土祠。據武紀在元鼎四年。則此後三年，連元鼎元年及三年前後總言之，是元鼎三年無疑。有司言元，宜以天瑞，確在元鼎三年。漢紀通鑑，都緣不知獲麟在元狩五年而誤也。詳終軍上對在元狩五年考。

元鼎中追改年號

郊祀志，後三年，有司言元，宜以天瑞，不宜以一二數。一元曰建，二元以長星曰光，今郊得一角獸曰狩云。

朱一新曰，封禪書孝武紀，今作三元二字。按元光下尚有元朔年號，則元狩不得謂之三元。王先謙曰，專舉天瑞，故略元朔不言。武帝於元狩中追改建元元光元朔元狩，於元封追改元鼎，係兩次追改。

按有司言元，宜以天瑞，在元鼎三年。王說元狩中追改，誤。

復甘泉河東祠在永始元年十月

郊祀志，永始元年，三月，以未有皇孫，復甘泉河東祠。

王先謙曰，元年三月，誤也，當作三年十月。

按王說非也。成紀，永始二年冬十一月，行幸雍，祠五時。復甘泉河東等祠在三年十月，則二年十一月不得幸雍祠五時。紀繫於三年十月，誤也，當從此志。

復甘泉泰畤汾陰后土不在三年十月

郊祀志，後上以無繼嗣故，令皇太后詔有司曰，其復甘泉泰畤汾陰后土如故，及雍五時，陳寶祠在陳倉者。

王先謙曰，永始三年十月事。

按復甘泉泰畤，汾陰后土等祠，在永始元年三月，不在三年十月，辨見上。

河平二字非衍

天文志，河平二年。

錢大昭曰，前已云河平元年矣。此河平二字，疑衍。

按前云河平元年三月旱傷麥，二年十二月印成王太后避時，又云河平元年三月流民入關，此以明建始四年七月熒惑隃歲星及十一月月食塡星之徵驗也。上敍建始中事，此是紀河平二年事，自當特提河平年號。河平二字，非衍。

蒲毫薄三字通

五行志，哀公四年，六月辛丑，亳社災。

沈欽韓曰，公羊作蒲社。蒲是薄之訛耳。

按書序，作將蒲姑。釋文，蒲，如字，馬本作薄。左傳，昭元年云，蒲姑商奄。釋文蒲如字，又音薄。周本紀，遷其君蒲姑。呂覽具備篇，湯嘗約於郼薄矣。注，薄或作亳。蓋蒲，亳，薄，三字通（包愼言說。）

中山太上皇廟

五行志，宣帝甘露元年，四月丙申，中山太上皇廟災。

王念孫曰，景祐本無中山二字，是也。宣紀云，甘露元年，夏四月丙申，太上皇廟火。甲辰，孝文廟火。漢紀火作災。皆無中山二字。葉德輝曰，西漢會要三十引，亦無中山二字。是宋人所見本，皆與景祐本同。

按元帝紀及韋玄成傳，罷郡國廟，在元帝永光四年。則在宣帝時，中山自有太上皇廟。此是，紀誤，王說非也。又，西漢會要三十引，有中山二字，葉說亦誤。

見食貨志

五行志，元狩三年，夏大旱。是歲，發天下故吏伐棘上林。

朱一新曰，見刑法志。

按見食貨志，刑法志無也。

何休解依董義

五行志，桓公十五年春，亡冰。董仲舒以爲象夫人不正，陰失節也。

師古曰，夫人姜氏通於齊侯，故云不正。沈欽韓曰，范甯解，依董義。

按范甯注穀梁云，皆君不明去就，政治舒緩之所致。又，何休注公羊云，此夫人淫泆，陰而陽行之所致。是何解依董義也。沈說非。

何休說同劉向

五行志成公元年，二月，亡冰。董仲舒以爲方有宣公之喪，君臣無悲哀之心，而炕陽作丘甲。劉向以爲時公幼弱，政舒緩也。

沈欽韓曰，何休不用董劉之說，云季孫行父專政所致。楊疏駁之，云桓十四年，季氏不專政，亦亡冰。按陳立公羊義疏云，按何氏之說同子政。知成公幼少者，下十六年不見公傳，曷爲不恥，公幼也。左傳成二年，公衡爲質。杜注，衡成公子。計已有子爲質，則公時應三十餘年矣，則左氏不以爲幼。然公至十四年始娶，則公羊之說信矣。行父專權，自仲遂卒後始。魯世家於宣公初立云，魯由此公室卑，三桓彊。明魯君失政於宣初，遂卒後，季氏日彊大也。

桑穀生有二說

五行志，書序曰，伊陟相太戊，亳有祥桑穀共生。傳曰，俱生乎朝，七日而大拱。伊陟戒以修德而木枯。劉向以爲殷道既衰，高宗承敝而起，盡涼陰之哀，天下應之。既獲顯榮，怠於政事，國將危亡，故桑穀之異見。

師古曰，據今尚書及諸傳記，太戊卒，子仲丁立。卒，弟河亶甲立。卒，子祖乙立。卒，子盤庚立，小乙之子武丁立，是爲高宗。桑穀自太戊年生。涼陰，乃高宗之事。而此云桑穀即高宗時出，其說與尚書大傳不同，未詳其義也。或者伏生差謬。錢大昕曰，此自劉向差謬，非伏生誤也。郊祀志亦以桑穀爲太戊事。王鳴盛曰，志引書序大傳伊陟相太戊事，下文引劉向說爲武丁時事，此向之誤。班氏聊存異說。沈欽韓曰，說苑敬愼篇，與大傳同爲高宗時，顏少見多怪耳。注中不同，不字當衍。王先謙曰，桑穀生，本有二說，故班氏兩引之。

按王先謙說，是也。說苑君道篇，殷太戊時，有桑穀生於庭，昏而生，比旦而拱。又，高宗者，武丁也，桑穀俱生乎朝，七日而大拱。是向兼采二說。此以桑穀爲武丁事，正與大傳同，不可謂向誤耳。（孫星衍云，孔安國古文說，爲太戊時。伏生今文說，爲武丁時。）

齊人歸衛寶

五行志，嚴公六年，秋，螟。董仲舒劉向以爲先是衛侯朔出奔齊，齊侯會諸侯納朔，許諸侯賂。齊人歸衛寶，魯受之。

師古曰，以伐衛所獲之寶來歸魯。朱一新曰，衛寶，亦公穀說。左氏作俘。

按釋例云，齊人來歸衛寶，公羊穀梁經傳及左氏傳皆同，惟左氏經獨言衛俘。考三家經傳有六，而五皆言寶，此必左氏經之獨誤也。正義，說文，保，從人，采省聲。古文保，不省。易繫辭傳，聖人之大寶曰位。釋文，寶，孟喜作保。史記周本紀，令南宮括史佚，展九鼎寶玉。集解，徐廣曰，保一作寶。是保古與寶通。篆體保與俘相似，故左氏經誤爲俘也。

秦孝公十二年都咸陽

五行志，先是，文惠王初都咸陽，廣大宮室，南臨渭，北臨涇。

錢大昕曰，史記惠文王十三年，始都咸陽，即惠王也。此作文惠，誤。史記，秦本紀，孝公十二年，作爲咸陽，築冀闕，秦徙都之。始皇本紀，孝公享國二十四年。生惠文王。其十三年，始都咸陽。正義，本紀云，十二年，作咸陽，築冀闕，是十三年始都之。王念孫云，按秦本紀，作爲咸陽，與徙都咸陽，皆十二年之事。此云十三年，始都咸陽，三即二之誤，正義曲爲之說，非也。（詳讀書雜志三。）按王說是也。此十三年已誤，錢又以爲惠文王十三年，益非矣。

隼集於廷在陳閔公時

五行志，史記魯哀公時，有隼集於陳廷而死，楛矢貫之，石砮，長尺有咫。陳閔公使使問仲尼。

師古曰，閔公，名周，懷公之子。錢大昭曰，魯語作陳惠公。韋昭曰，惠公，陳哀公之孫，悼太子之子也。

按孔子世家，作陳湣公。湣閔，古通也。索隱，家語國語，皆作陳惠公，非也。按惠公以魯昭九年立，定四年卒。又按世家，湣公六年，孔子適陳，十三年，亦在陳。則此湣公爲是。

正月庚午爲食晦日

五行志，僖公十二年，三月庚午朔，日有食之。

齊召南曰，按僖十二年經無朔字。王引之曰，朔，衍字也，檢左氏公羊穀梁，皆無朔字。春秋日食，言日不言朔者凡七，公羊以爲二日，穀梁以爲晦日。故下文云，穀梁晦七，公羊二日七。一，隱公三年，二月己巳。二，僖公十二年，三月庚午。三，文公元年，二月癸亥。（原注公羊衍朔字。）四，宣公八年，七月甲子。五，宣公十年，四月丙辰。六，宣公十七年，六月癸卯。七，襄公十五年，八月丁巳也。此七者，皆言日不言朔，故或以爲晦日，或以爲二日。若有朔字，則非晦，亦非二日，而穀梁之晦，公羊之二日，皆不得有七矣。

按三月庚午朔，穀梁經作正月庚午，是也。（撰異曰，三月，各本作正月。惟唐石經作三月，與左氏公羊同。）據杜氏長歷，正月辛丑朔，下推三十日庚午爲晦日。穀梁隱三年傳曰，言日不言朔，食晦日也。則此爲食晦日，而穀梁之晦，公羊之二日，皆得有七矣。

正月二日燕越分

五行志，劉歆以爲正月二日，燕趙分。

錢大昕曰，趙當作越。王引之曰，周之正月，今十一月，是月二日，日躔去箕而入斗。箕，燕也，斗越也，故曰燕越分。若作趙，則爲胃之分野。胃爲三月之朔，日躔所在，非十一月之宿矣。此國名之誤也。蘇輿曰，按趙字不誤，乃正月爲三月之誤也。春秋經，本作正月辛卯朔，日有食之。（原注，三傳同。）上文三月，當作正月。此正月，當作三月，轉寫互誤。班所據，本春秋經，前後無一異者。歆凡出某月二字，所推皆與經異。此以經作正月，故云三月二日，否則贅矣。且三月適趙分。天文志，辰，邯鄲，（原注，王念孫云，邯鄲即趙。）在辰曰執徐，三月出，即正作三之顯證。錢王不據以正今本月分之誤，轉改趙爲越，失之。

按正月爲燕越分。志云，隱公三年，二月己巳，日有食之。劉歆以爲正月二日，燕越之分野。文公元年，二月癸亥，日有食之。劉歆以爲正月朔，燕越分。此正月二日，當爲燕越分，錢王改趙爲越，是也。又，三月爲齊衞分。志云，僖公十二年，三月庚午朔，日有食之。劉歆以爲三月，齊衞分。哀公十四年，五月庚午朔，日有食之。劉歆以爲三月二日，齊衞分。正月改作三月，則爲齊衞分，蘇說爲燕趙分，誤也。又，歆說春秋日食，以占列國分野。正月爲燕越，二月爲齊越，三月爲齊衞，四月爲魯衞，五月爲魯趙，六月爲晉趙，七月爲秦晉，八月爲周秦，九月爲周楚，十月爲楚鄭，十二月爲宋燕，具見於志。蘇云三月爲燕趙，又大不合耳。（按定公五年三月辛亥，左氏穀梁二經，俱作三月，公羊經作正月。蘇云，三傳同，又非也。）

三百里諸侯

地理志，五百里侯服，百里采，二百里男國，三百里諸侯。

師古曰，三百里同主斥候，故合而言之爲一等。王先謙曰，夏紀枚書亦作三，疑三當爲二。

按師古說是也。孔疏，經言諸侯者，三百里內同爲王者斥候。在此內所主事同，故合三百四百五百，共爲一名，言諸侯以示義耳。三不當作二，王說非。

京兆尹高帝二年爲渭南郡

地理志，京兆尹，故秦內史。高帝元帝，屬塞國。二年，更爲渭南郡。

全祖望曰，渭南河上置郡，異姓諸侯王表，以爲元年八月，可據此與高紀作二年，誤也。功臣表，敬市侯閻澤赤，以二年四月由河上守遷殷相矣，豈待雍亡之後。王先謙曰，史記秦楚之際月表，書八月司馬欣董翳降漢，九月屬漢爲渭南郡上郡。班氏於高紀書二年，乃統詞，非事實，全說是也。

按全王說，非也。元年八月塞翟降後，有國如故。二年四月，漢敗彭城，塞王欣翟王翳亡漢降楚，而後國除爲郡。志與紀，正可以訂月表及異姓王表之誤。敬市侯當依史表作故市侯。殷相，當作假相。閻澤赤由河上守遷假相，以擊項羽有功封侯，則爲五年破楚垓下，非二年四月彭城之役，不得據謂二年四月即有河上守也。辨見前高紀五諸侯條。

左馮翊高帝二年爲河上郡

地理志，左馮翊，高帝元年屬塞國。二年，更名河上郡。

王先謙曰，辨見京兆尹下。

按王據月表以爲河上郡，元年九月置，非也。辨見上。

元鼎四年更置二輔都尉

地理志，左馮翊，高陵，左輔都尉治。

錢坫曰，百官表，武帝元鼎四年，置三輔都尉。

按公卿表，中尉，掌徼循京師，屬官有左，右，京輔都尉，文三王傳，元鼎中，漢廣關，以常山爲阻。平準書益廣關，置左右輔。集解，徐廣曰，元鼎三年，徙函谷關於新安東界。公卿表，元鼎四年，更置二輔都尉。二輔都尉，左右輔都尉也，本屬中尉，殆今年更置於左右內史。錢說今年置三輔都尉，非。

中地郡九年罷

地理志，右扶風，故秦內史。高帝元年，屬雍國。二年，更爲中地郡。九年罷，復爲內史。

錢大昭曰，百官表，高帝十年，有中地守宣義，疑非九年罷。

按渭南河上郡，皆於九年罷，復爲內史。中地郡之罷，亦當在今年無疑。沈欽韓云，此當云故中地守，是也。

梁惠王徙都大梁

地理志，河東郡，安邑，魏絳自魏徙此，至惠王徙大梁。

王先謙曰，絳徙安邑，武侯城之。惠王三十一年，秦地東至河，安邑近秦，於是徙都大梁，見魏世家。

按惠王徙都大梁，世家在三十一年，紀年在六年。朱右曾云，惠王之徙都，非畏秦也，欲與韓趙齊楚爭强也。

安邑迫於中條太行之險，不如大梁之平坦，四方所走集，車騎便利，易與諸侯爭衡故也。且孫子列傳云，梁趙相攻，輕兵銳卒竭於外，老弱疲於內，不若引兵直走大梁。田忌從之。戰於桂林。事在惠王十八年。又，馬陵之戰，在惠王二十八年。孫子傳亦云直走大梁。使尚未遷都，彼胡爲批亢擣虛之計乎。秦本紀，孝公十年，衞鞅爲大良造，將兵圍安邑，降之。秦孝公十年，即魏惠王之十九年，使時尚便未遷都，魏已亡矣。按朱說是也。惠王徙都大梁之年，當從紀年，世家誤。

首陽在平陽

地理志，河東郡，蒲反，有首山祠

錢坫曰，首山，在今蒲州府城南三十里。馬融云，首陽山，在蒲坂華山之北，河曲之中，伯夷所隱也。考古夷齊所隱首陽有二說。曹大家幽通賦注謂在隴西郡首陽縣，在今渭源縣西二十里。戴延之西征記，謂在洛陽東北。水經注云，或云夷齊餓死在此，今在今偃師縣西北二十里。但夷齊之歌，自稱西山，而蒲坂之山，無西山之目。若以在周之西論之，則作隴西者是。惟自唐以後，皆推本馬融，建祠定祀，證古者因循莫改，殊難辨其眞正焉。又武帝六年作首山宮，文頴以爲亦在此。

按金鶚求古錄云，曾子制言中篇云夷齊居河濟之間。莊子讓王篇云，夷齊北至於首陽之山，遂餓而死。言北至於首陽，則首陽當在蒲坂之北。雷首南枕大河，不得言此也。況論語言首陽之下，是首陽二字名山，非言首山之陽也。蒲坂雷首山，一名首山，不名首陽。則謂首陽在蒲坂者，非也。唐國即晉國。晉始封在晉陽，即夏禹都。至穆侯遷于翼，在今平陽。獻公居絳，亦屬平陽，詩所詠首陽，即夷齊所隱之首陽也。平陽爲堯都，又黃帝所葬，二子所願居。其地近河濟，又在蒲坂之北，與曾子莊子所言皆合，但非在河濟之間。意二子先居於河濟，後乃隱於首陽。史記云，武王東伐紂，夷齊叩馬而諫，蓋出孟津之地。孟津正當河濟間，是夷齊去周，尚未隱首陽，而居於河濟之間也。又云，武王已平殷亂，天下宗周，夷齊恥之，隱於首陽山，采薇而食，遂餓死。是武王克商之後，乃隱於首陽山也。故曾子言居河濟之間，而不言隱首陽。莊子言北至於首陽，明自河濟間而北去也。首陽之在平陽，可無疑。

按金說明辨，今從之。

秦昭王四十八年定上黨

地理志、上黨郡，秦置

王先謙曰，先屬韓，降趙後入秦。莊襄王四年，因之。見秦紀。

按秦紀韓世家白起傳，韓上黨，秦昭王四十五年降趙，四十八年入秦。又、韓世家，桓惠王二十六年，秦悉拔我上黨。（六國表同。）秦紀，莊襄王四年，王齕攻上黨。正義，上黨又反，秦故攻之。六國表，韓桓惠王二十六年，秦莊襄王三年。是秦置上黨郡，當在昭王四十八年，不得在莊襄王三年也。律歷志世經亦云莊襄王即位三年，與六國表同，秦紀作四年，亦誤。

中牟在相州湯陰縣

地理志，河南郡，中牟，趙獻侯自耿徙此。

徐松曰，經傳所載中牟，皆趙之中牟，所謂河北之中牟也。至此志之縣，則鄭之中牟，所謂河南之中牟，而名未見於經傳。王先謙曰，渠水注，昔趙獻侯自耿都此。班固云，趙自邯鄲徙焉。趙襄子時，佛肸以中牟叛，田英將襄褭赴鼎處也。薛瓚注漢書云，中牟在春秋爲鄭地。三卿分晉，則在魏邦，趙自漳北，不及此也。春秋傳衞侯如晉，過中牟，非衞適晉之次也。汲郡古文云，齊伐趙東鄙，圍中牟。此中牟不在趙東，當在漯水之上矣。按春秋齊伐晋夷儀，晋車千乘在中牟，衞侯過中牟，中牟人欲伐之。服虔不列中牟所在，杜預云今滎陽有中牟，回遠，疑爲非也。然地理參差，土無常域，隨其強弱，疆理流移，寧可一也。兵車所指，逕紆難知。自魏徙大梁，趙以中牟易魏，故趙之南界，極於浮水，匪直專漳也。趙自西取後，止中牟，齊師伐其東鄙，於宜無嫌，而瓚逕指漯水，空言中牟所在非論證也。全祖望云，有河南之中牟，有河北之中牟，張守節以鄴西牟山爲趙中牟者近之。管子所謂築五鹿中牟鄴者三城相接也。然則非獨滎陽有之矣。趙一清云，孔潁達正義，三家分晋，河南之中牟，魏分也。非趙得都之。獻侯所治，非河南之中牟也。此言晋東在中牟，趙鞅伐魏圍中牟，論語佛肸爲中牟宰，與獻侯所都，必非河南中牟，當於河北別有一地耳。紀要，中牟城，在湯陰縣西五十里，此即河北之中牟也。先謙按道元引班云，自邯鄲徙，蓋文有誤。趙世家，獻侯即位，治中牟，此志文所本，但與趙地不相連屬、班偶未審。全趙二氏，以爲趙所治中牟，當在河北，誠爲篤論。韓非外儲說，晋平公問趙武云，中牟，三國之股肱，邯鄲之肩髀，是矣。道元展轉解釋，未免曲袒之也。

洪亮吉曰，管子云，築五鹿中牟鄴者三城相接也。五鹿，今直隸大名府元城縣。鄴，今河南彰德府安陽縣。是中牟在當時與五鹿鄴相接矣。韓非子，晋平公問趙武曰，中牟，三國之股肱，邯鄲之肩髀。邯鄲，即今直隸廣平府邯鄲縣。是中牟在當時又與邯鄲咫尺矣。臣瓚引汲郡古文云，齊師伐趙東鄙，圍中牟。趙時已都邯鄲，是中牟又在邯鄲之東矣。戰國策，昔者趙氏襲衞，魏主身披甲底劍，挑趙索戰，邯鄲之中鶩，河山之間亂，衞得是藉也，亦收餘甲，而北面殘剛平，墮中牟之郭。是中牟又在衛之北境矣。太平寰宇記，湯水在湯陰縣北，源出縣，西牟山，去縣三十五里。元豐九域志亦云，湯陰縣，有牟山。戰國策舊志云，中牟在相州湯陰縣。史記佛肸爲中牟宰。索隱云，此河北之中牟，蓋在漢陽西。漢陽，蓋濮陽之誤。今湯陰縣正在濮州西也。張守節史記正義亦云，湯陰縣西五十八里有牟山，蓋中牟邑在此山側。則中牟在湯陰縣無疑也。今湯陰去安陽不五十里，去邯鄲元城，亦不出一二百里，益信管子韓非子所云相接，云肩髀，無一字妄設也。春秋時，晉車千乘在中牟，中牟人欲伐之。哀五年，趙鞅伐衛，圍中牟。杜預以滎陽中牟爲注，而疑其回遠。裴駰集解，又以中牟非自衛適晉之次。不知春秋傳之中牟，即今湯陰中牟也。晉在衛之西北，今湯陰縣正在滑縣等西北，爲衛入晉必由之道。若河南之中牟，漢雖立爲縣，而其名實未嘗見於經傳。班固地理志，于河南郡中牟縣注云，趙獻侯自耿徙此。則以鄭之中牟，爲趙之中牟，雖偶有未檢，然殊非小失矣。（與孔檢討廣森論中牟書。）按洪說甚明塙，可正班注之失，足補諸說之闕，補注何未收耶。

殷王卬死國除爲郡

地理志，河內郡，高帝元年爲殷國。二年，更名。

錢坫曰，諸侯王表，二年三月，屬漢，爲河內郡。

按元年塞翟降後仍稱王，有國如故。二年四月，漢敗彭城，塞翟降楚，而後國除爲郡。疑殷亦然。卬死於彭城之役，而後漢以其地爲河內郡，當在二年四月後，不在三月也。三疑是四之誤耳。

南陽分屬韓

地理志，河內郡，脩武。

應劭曰，晉始啓南陽，今南陽城是也。秦改曰脩武。臣瓚曰，韓非書，秦昭王越趙長平，西伐脩武。時秦未兼天下，脩武之名久矣。師古曰，瓚說是也。王先謙曰，南陽，戰國魏地，秦昭襄王時取之，見秦紀，分屬韓，白起攻韓南陽太行道，絕之，見起傳。

按南陽分屬韓，並見秦紀六國表。秦紀，昭王四十四年，攻韓南郡，取之。六國表，昭王四十四年，秦攻韓，取南陽。集解，徐廣曰，一作郡，是也。

三州郡治滎陽

地理志，河南郡，故秦三川郡。

王先謙曰，秦莊襄王紀始皇紀，並書置三川郡，蓋規模至始皇迺定。韋昭注有河洛伊，故曰三川。全祖望云，宋白謂秦三川郡，治洛陽，後徙滎陽。予謂秦莊襄王元年，取韓滎陽，已置三川郡矣，不治滎陽而安治乎。其後或徙洛陽耳。先謙按，李由爲三川守，守滎陽，此秦末郡治滎陽之明證，未嘗徙洛陽也。秦紀始皇紀兩書置三川郡，前則洛陽未入秦，後雖得洛陽，亦無徙治之文。諸說皆非。

按周紀，秦莊襄王滅東西周，東西周皆入於秦。高誘曰，西周王城，今河南。東周成周，故洛陽之地。又，秦紀，莊襄王元年，東周君與諸侯謀秦。秦使相國呂不韋誅之，盡入其國。使蒙驁伐韓，韓獻成皐鞏。（六國表韓世家，秦拔成皐滎陽。）秦界至大梁。初置三川郡。又，呂不韋傳，莊襄王元年，以呂不韋爲丞相，封文信侯，食河南洛陽，十萬戶。始皇十年，免相國呂不韋，而出就國河南。據此，則莊襄王元年，滅東西周，即以河南洛陽封呂不韋。是初置三川郡，當治滎陽，不治洛陽也。陳涉世家，吳廣圍滎陽，李由爲三川守，守滎陽。是二世時，三川郡治在滎陽也。然則秦時，三川郡治，常在滎陽，未曾徙洛陽矣。（王說秦紀兩置三川郡，前則洛陽未入秦，誤。）

哀帝封丁明爲陽安侯

地理志，汝南郡，陽安。

王先謙曰，成帝封丁明爲侯國，見表。

按哀紀，綏和二年，三月，成帝崩。四月丙午，太子即皇帝位，封舅丁明爲陽安侯。又恩澤表，陽安侯丁明，以帝舅侯，帝，哀帝也。綏和二年四月壬寅封。又，師丹傳，哀帝即位爲左將軍，上書言，前大行尸柩在堂，封舅爲陽安侯。是哀帝封丁明爲侯國也，王說非。

安成侯王崇成帝封

地理志，汝南郡，安成，侯國。

王先謙曰，王崇國，元帝封。

按據成紀恩澤表，五行志，崇封安成侯，在成帝建始元年。王說誤。

新都侯王莽成帝封

地理志，南陽郡，新都，侯國。

王先謙曰，王莽國，平帝封。

按據成紀恩澤表王莽傳，莽封新都侯，在成帝永始元年，王說誤。

紅陽侯王立成帝封

地理志，南陽郡，紅陽，侯國。

王先謙曰，王立國，元帝封。

按據成紀恩澤表，立封紅陽侯，在成帝河平二年。王說誤。

韓南郡在河內

地理志，河內。

全祖望曰，南郡，故楚地也。韓亦有南郡。秦紀，昭襄王四十四年，攻韓南郡，取之，是也。蓋與楚接境之地，後殆併入。

按全說非也。六國表，昭王四十四年，攻韓，取南陽。集解，徐廣曰，一作郡。白起傳，昭王四十四年，白起攻南陽太行道，絕之。集解，徐廣曰，此南陽，河內脩武，是也。是秦紀昭襄王四十四年所攻取韓之南郡，即六國表白起傳之南陽，徐廣所謂河內脩武者，是也。又，六國表，韓桓惠王十年，秦擊我於太行，韓世家，桓惠王十年，秦擊我於太行。我上黨守以上黨降趙。按韓桓惠王十年，秦昭王四十四年也。合白起傳以考之，則是年秦攻韓所取者，定爲河內之南陽，決非秦漢之南陽郡。然則韓南郡在河內，豈得與楚之南郡接境耶。

楚平王十年城郢

地理志，南郡，江陵，故楚郢都，楚文王自丹陽徙此。後九世，平王城之。

錢坫曰，在平王十一年。

按左傳，昭二十三年，楚囊瓦爲令尹，城郢。楚世家，平王十年，城郢。索隱，據左氏昭二十三城郢，二十四年無重城郢之文也。十二諸侯年表，魯昭公二十三年，楚平王十年。是城郢在十年，不在十一年。錢說誤。

曲陽侯王根成帝封

地理志，九江郡，曲陽，侯國。

王先謙曰，王根國，元帝封。

按據成紀恩澤表元后傳，根封曲陽侯，在成帝河平二年。王說誤。

城都侯王商成帝封

地理志，山陽郡，城都，侯國。

王先謙曰，王商國，元帝封。

按據成紀恩澤表元后傳，商封城都侯，在成帝河平二年。王說誤。

魏王假徙豐

地理志，沛郡，豐。

王先謙曰，秦邑，魏王假徙此，見魏世家。

按魏世家無，見高紀文潁注。

蕭何豐人

地理志，沛郡，沛。

王先謙曰，縣人蕭何。

按史記，蕭相國何，沛豐人。

武安君

地理志，魏郡，武安。

王先謙曰，戰國，秦地，昭襄王以封白起爲武安君。趙奢破秦軍於此，蓋以此時屬趙。秦王齕取之。並見秦紀。李牧又封武安君，蓋後復屬趙，見趙世家。

按蘇秦傳，蘇秦既約六國從親，歸趙，趙肅侯封爲武安君。秦策，秦惠王謂寒泉子曰，趙固負其衆，故先使蘇秦以幣帛約乎諸侯，寡人忿然含怒日久，吾欲使武安子起往喻意焉。高誘注，武安子起，白起。是白起在秦，封爲武安子，其時趙亦封蘇秦爲武安君，豈得謂此武安是秦邑乎。秦紀，昭襄王二十九年，白起爲武安君。正義，言能撫養軍士，戰必克，得百姓安集，故號武安。竊謂正義之說是矣，白起非必封於此，而稱爲武安君也。又，昭襄王三十八年，中更胡傷攻趙閼與，不能取。正義，武安故城在潞州武安縣西南五十里，七國時趙邑，即趙奢救閼與處也。是武安，本屬趙地，何得云此時屬趙乎。又，昭襄王四十七年，秦使武安君白起，大破趙於長平，四十八年武安君歸，王齕將伐趙武安，拔之。武安至此而人於秦，白起封武安子，爲武安君，蓋已數十年矣，而謂此武安本秦地，起封於此，可乎。趙世家，趙王遷三年，封李牧爲武安君。六國表，趙王遷三年，秦始皇十三年。是時武安屬秦，已二十餘年，又豈可謂復屬於趙以封李牧爲武安君乎。

常山郡高帝置

地理志，常山郡，高帝置

錢大昕曰，項羽封張耳爲常山王，都襄國。是常山之名，不始於高帝。蓋趙歇既滅，遂因爲郡耳。王先謙曰，高紀，三年置。全祖望云，故屬邯鄲郡。楚漢之際，屬趙國，尋爲常山國。八月，復屬趙國。高帝三年，屬漢爲郡。四年，復以屬趙國，高后二年，復爲常山國。文帝元年，復屬趙國。景帝二年，復故。中五年復爲常山國。按張蒼傳，陳餘擊走常山王張耳，耳歸漢，漢以蒼爲常山守。從韓信擊趙，蒼得陳餘。功臣表，蒼爲常山守，得陳餘。高紀，二年，冬十月，陳餘擊常山王張耳，耳敗走降漢。是常山郡之置實始於高帝，當在二年張耳歸漢時，不在三年韓信滅趙後也。

琅邪二十六年置見濰水注

地理志，瑯邪郡。

王先謙曰，始皇紀，二十六年置。

按始皇紀，二十六年，王賁攻齊，得齊王建，濰水注，瑯邪，秦始皇二十六年，滅齊以爲郡。

高平侯王逢時成帝封

地理志，臨淮郡，高平，侯國。

王先謙曰，王逢時，元帝封。

按據成紀恩澤表，逢時封高平侯，在成帝河平二年。王說誤。

丹陽郡景帝四年屬江都

地理志，丹陽郡，屬江都。
錢大昭曰，屬上當有景帝三年四字。
按上會稽郡云，景帝四年，屬江都。下廣陵國云，景帝四年，更名江都。是丹陽郡，亦在景帝四年，屬江都也。

高后二年地震羌道

地理志，隴西郡，羌道。
王先謙曰，高帝時，地震，見紀。
按地震羌道，見高后紀。（二年春正月乙卯。）

武威郡昭宣間置

地理志，武威郡，故匈奴休屠王地，武帝太初四年開。
齊召南曰，武紀，元狩二年，匈奴昆邪王殺休屠王，幷將其衆來降，置五屬國以處之，以其地爲武威酒泉郡，豈遲至太初四年乎。志與紀自相矛盾，自應以紀爲實。下三郡同。
按五屬國，元狩三年置，見公卿表。（辨見上。）酒泉郡，元鼎六年開，詳河西四郡建置考，武威郡，最後置。近人勞榦據居延漢簡推定武威置郡，早不得逾元鳳三年十月，晚不得逾地節三年五月。

張掖郡太初元年開

地理志，張掖郡，故匈奴昆邪王地，武帝太初元年開。
錢大昕曰，武紀言分武威酒泉，置張掖敦煌。敦煌爲酒泉所分，則張掖必武威所分矣。四郡之地，雖皆武帝所開，然先有武威酒泉，而後有張掖敦煌。以內外之詞言之，武威酒泉，當云元狩二年開。張掖敦煌，當云元鼎六年分某郡置。昆邪來降在元狩間，而志以爲太初。張掖乃武威所分，而志以張掖屬元年，武威屬四年，皆誤。

按酒泉郡，最先開，在元鼎六年。武威郡，最後置，在昭宣間。不得云元鼎六年，分酒泉武威置張掖敦煌也。

張掖郡，太初元年開。詳河西四郡建置考。

酒泉郡元鼎六年置

地理志，酒泉郡，武帝太初元年開。

全祖望曰，故匈奴昆邪王地，武帝元狩二年開。據匈奴傳，則初置止酒泉一郡，武威亦稍後之。今從本紀。

按酒泉郡，武帝元鼎六年初置。詳河西四郡建置考。

敦煌郡後元年置

地理志，敦煌郡，武帝後元年，分酒泉置。

齊召南曰，武紀，敦煌與張掖，並元鼎六年置。又，太初元年、書蝗從東方飛至敦煌，則置郡久矣。

按元鼎六年，初置止酒泉一郡。敦煌郡分置，不得在是年也。志是，紀誤，齊說非。

上郡二年六月置

地理志，上郡，秦置。高帝元年，更爲翟國。七月，復故。

全祖望曰，異姓諸侯王表，作元年八月。本紀，作二年六月。此又作元年七月。紀志誤，表是。

按紀作二年六月，是也。據高帝紀淮陰侯傳，二年春，漢王部五諸侯兵伐楚，翟王翳實從漢王至彭城者。故紀於楚軍大破漢軍，曰，諸侯見漢敗，皆亡去，塞王欣翟王翳降楚。淮陰侯傳亦曰，漢之敗卻彭城，塞王欣翟王翳，亡漢降楚。據此，則元年七月，翟王降後，有國如故。至二年四月，漢敗彭城，翟王翳亡漢降楚，而後國除爲郡。故紀於二年六月，雍州定後，總言置河上渭南中地隴西上郡耳。

代郡始皇二十五年置

地理志，代郡，秦置。

錢坫曰，始皇二十三年置。

按趙世家，秦既虜遷，趙之亡大夫，共立嘉爲王，王代六歲，秦進兵破嘉，遂滅趙以爲郡。始皇紀，二十五年，王賁攻代，虜代王嘉。（六國表同。）是代郡之置，當在二十五年。漯水注作二十三年，未可信據也。

靈丘

地理志，代郡，靈丘。

王先謙曰，戰國趙邑。敬侯敗齊於此。後入齊，與樂毅復伐取之。孝成王以封楚黃歇。並見趙世家。魏武侯伐齊至此，見魏世家。周勃破陳豨於此，見勃傳。

按孟子，蚳鼃辭靈丘。趙岐注，齊下邑。閻若璩曰，靈丘，亦屬齊邊邑。趙世家，敬侯二年，敗齊於靈丘。六國表，敬侯九年，魏武侯九年，韓文侯九年，因齊喪共伐之，至靈丘。又趙世家，惠文王十四年，樂毅將趙秦韓魏攻齊，取靈丘。明年，燕獨入取臨淄。爾時趙別有靈丘，以葬武靈王得名，即今靈丘縣。孝成王以靈丘封黃歇，絳侯擊破陳豨於靈丘，皆其地。注史記者，以此之靈丘，爲齊之靈丘，無論齊境不得至代北，而敬侯時安得有靈丘。

胡三省注齊靈丘，又以漢淸河郡之靈縣當之。抑出臆度，毋寧闕疑。按閻是說也。此靈丘與齊靈丘爲二地，不當牽合爲一。（趙之靈丘，非齊之靈丘，顧亭林亦有辨，見日知錄卷三十一。）

楚漢之際爲常山國

地理志，趙國，故秦邯鄲郡，高帝四年爲趙國。

王先謙曰，封張耳，表作三年。全祖望云，楚漢之際爲趙國。秦爲常山國，八月，復爲趙國。高帝四年屬漢，仍爲趙國。

按史月表，以十月爲歲首，耳爲趙王，在三年十月，又在四年十一月。本表以正月爲歲首，耳爲趙王，在三年十一月，即史表之四年十一月。實則漢立耳爲趙王，在三年十月或十一月。其眞爲趙王，在三年夏。史月表又作四年十一月，誤也，辨見後。

又按項羽紀及月表，義帝元年正月，趙更名常山，立張耳爲王。是在楚漢之際也。秦字當是誤衍。

秦諱楚字不應有楚郡

地理志，淮陽國，陳。

王先謙曰，秦楚郡，治陳，故陳涉世家陳守令並稱。

按秦莊襄王名子楚，故秦諱楚之字曰荆。始皇爲莊襄王子。旣諱楚字，不應滅楚之後，以其地爲楚郡也。

晁錯傳未見削薛郡

地理志，魯國，故秦薛郡，高帝元年爲魯國。

全祖望曰，薛郡，高帝所以封楚王。而薛之魯縣，魯元公主之食邑，當高后時，未嘗奪楚之薛郡以封張偃也。楚之薛郡至景帝時削。原注，見鼂錯傳。

按削薛郡不見錯傳，見楚元王傳。

建平二年魯國爲郡

地理志，魯國。

全祖望曰，成帝，陽朔三年爲郡，哀帝建平三年，復爲國。

按諸侯王表及魯共王傳，陽朔二年，文王晙嗣，十九年薨，亡後國除。陽朔二年，下推至建平二年十九年。是魯國爲郡，當在哀帝建平二年也。全說誤。

黃岡縣本有郝城

地理志，魯國，騶，故邾國，曹姓，二十九世爲楚所滅。

玉先謙曰，齊乘之，邾爲楚所滅，遷之江夏，故黃岡縣有邾城。

按說文，邾，江夏縣。段玉裁曰，水經曰，又東過邾縣南，鄂縣北，是也。酈善長曰，楚宣王滅邾，徙居於此。王隱地道記劉昭郡國志，皆有此說。但此事不見楚世家。時楚之强，未必滅此彈丸，而尙以地居之。蓋此地古名邾，魯附庸國古名邾婁，依許所說，本不相謀，無庸牽合。

景帝四年汝南王非徙爲江都王

地理志，廣陵國，高帝六年屬荆。十二年，更屬吳。景帝四年，更名江都。

王先謙曰，徙汝南王非。王念孫曰，四當爲三。諸侯王表，非以景帝二年三月甲寅，立爲汝南王。二年，徙江都。二年者，景帝之三年也。史表誤在四年。史記孝景紀，三年六月，徙汝南王非爲江都王。漢紀同。

按上會稽郡，高帝六年，爲荆國。十二年，更名吳。景帝四年，屬江都。又五宗世家，江都易王非、孝景前二年，爲汝南王。吳已破二歲，徙爲江都王。立二十六年卒。漢諸侯年表，孝景四年，初置江都。六月乙亥，汝南王非爲江都王，元年。元朔元年，二十六年。是汝南王非徙爲江都王，在景帝四年，不在三年也。

秦三十六郡無楚郡

地理志，本秦京師爲內史，作三十六郡。

王先謙曰，全云，始皇二十四年，置楚郡，見楚世家。胡云，三十六郡無楚郡，蓋滅楚時所暫置，後分爲九江，鄣，會稽，三郡。按，秦滅楚，置楚，九江，泗水，薛，東海，五郡。及定江南，又置會稽，無鄣郡也。楚郡，蓋自淮陽以至彭城，泗水則沛也，薛則魯也，東海則郯以至江都也，皆江北地。會稽則江南地。惟九江兼江介，非由楚郡分置爲三也。胡因二漢書志皆無，欲護其失，而爲此語。

按王鳴盛十七史商榷曰，據楚世家孫檢注云，滅去楚名，以楚地爲秦郡。秦郡，震澤王氏刻本作三郡，疑是，當從之。秦莊襄王名楚，本諱楚字，故於破楚虜王後，除去楚名而爲郡也。按，王說是也。始皇爲莊襄王子，既諱楚字，豈得於破楚虜王之後，即名其地爲楚郡。是三十六郡，不得有楚郡，明矣。

二十六郡國眞爲高帝置者不及三分之一

地理志，高祖增二十六。

王先謙曰，河內一，汝南二，江夏三，魏郡四，常山五，清河六，涿郡七，勃海八，平原九，千乘十，泰山十一，東萊十二，豫章十三，桂陽十四，廣漢十五，定襄十六，中山十七，膠東十八，淮陽十九，衡山二十，武陵二十一，梁國二十二，楚國二十三，燕國二十四，鄣郡二十五，東海二十六。

按王國維漢郡考上曰，二十六郡國，其眞爲高帝置者，曾不及三分之一。諸郡中確證爲高帝置者，唯河內，清河，常山，豫章四郡。汝南，魏郡，中山，已不足徵。江夏，涿郡，勃海，平原，千乘，泰山，東萊，桂陽，武陵，定襄，十郡，皆非高帝所置。東海，本秦郯郡，淮陽，本秦陳郡。燕之國都，亦秦之一郡。謂此二十餘郡爲高帝所置，其誤猶小。若直以孝平時之疆域，爲漢初之疆域，而謂此二十餘郡者，悉爲天子所有，則全不合事實。

秦在汧渭之會

地理志，後有非子，爲周孝王養馬汧渭之間。孝王曰，昔伯益知禽獸，子孫不絕，迺封爲附庸，邑之於秦。今隴西秦亭秦谷是也。

齊召南曰，此隴西，非郡名，言隴縣之西，有秦亭秦谷，即是其地。隴縣，屬天水郡 。後書郡國志，隴有大坂，名隴坻，豲坻聚，有秦亭。注云：秦之先起於此。錢坫曰，今日亭樂山，山下有秦亭，在秦州清水縣東三十里。

按秦本紀，非子居犬丘，好馬及畜，善養息之。周孝王召使主馬于汧渭之間，馬大蕃息。孝王曰，昔柏翳爲舜主畜，畜多息，故有土，賜姓嬴。今其後世亦爲朕息馬，朕其分土爲附庸，邑之秦，使復續嬴氏祀，號曰秦嬴。後文公東獵，至汧渭之會，曰，昔周邑我秦嬴於此，後卒獲爲諸侯。乃卜居之，占曰吉，即營邑之。正義，括地志，郿縣故城，在歧州郿縣東北十五里。毛萇云，郿，地名也。秦文公東獵汧渭之會卜居之，乃營邑焉，即此城。據此，則非子所邑之秦，在汧渭之會，當在今郿縣東北，不在隴縣之西也。

河內好生分

地理志，河內殷虛，更屬于晉。康叔之風既歇，而紂之化猶存。故俗剛彊，多豪桀侵奪，薄恩禮，好生分。師古曰，生分，謂父母在，而昆弟之同財產。王先謙曰，生分，蓋夫婦乖異。下韓地民以生分爲失同義。顏以生爲父母在，分爲昆弟不同財，於文不順。且昆弟同財固善，分亦未爲大失。若以父母在而分財爲非，豈父母死而分財即是乎，知其義之未安矣。

按師古說是，王說非也。禮，父母在，不有私財。又，昆弟之義無分。漢代去古未遠，宗法未盡壞，世俗猶重兄弟同居，不分財。史言商君治秦，令民有二男以上不分異者，倍其賦。又言，秦人家富子壯則出分，以爲國俗之弊。而於同居不分財者則稱道之，至後漢猶然。後書，魏霸傳，稱少喪親，兄弟同居，州里慕其雍和。崔駰傳，子瑗，兄弟同居數十年，鄉里化之。蔡邕傳，與叔父從弟同居，三世不分財，鄉黨高其義。桓帝之世，更相濫舉，時人爲之語曰，舉秀才，不知書，察孝廉，父別居。其時猶以分居爲譏。此云河內好生分，特志其風俗之薄耳。又按，生分，即分異也。下云，潁川民以貪遴爭訟生分爲失。又云，潁川好爭訟分異。即商君令民有二男分異。正義謂民有二男別爲活者。是兄弟不同居爲分異也。王說夫婦乖異，失其指矣。

韓分晉得南陽

地理志，韓分晉得南陽郡。

全祖望曰，楚有南陽，韓亦有南陽，蓋潁川之西，如宛如穰，與楚南陽接，故並取名焉。六國表秦紀韓世家可考，非晉所啓之南陽也。晉之南陽，趙得其温原，韓得其州，魏得其修武，即河內也。三晉同分河內之地，而魏獨多。及韓趙相繼失上黨，而河內道斷，魏之修武亦不保。是非可幷晉楚之南陽，而合之也。志云韓分晉得南陽。下文云，秦滅韓，徙天下不軌之民於南陽。又云，宛，西通武關，東受江淮，一都會也，則即以爲楚南陽矣。不知河內之南陽，得名在春秋之世，三晉分之，非韓所獨，始皇十六年所受之南陽，地在宛穰，與楚境相犬牙者，不得混而舉之，秦幷天下，蓋幷韓地，以入楚之南陽矣。

按，班語意甚含混，全未能糾之，而又爲之說，非也。此南陽，當爲河內之南陽，韓自晉分得者也。六國表，昭王四十四年，秦攻韓，取南陽，秦紀作南郡。白起傳，昭王四十四年，攻南陽太行道絕之。集解，徐廣曰，此南陽，河內修武，是也。韓世家，桓惠王十年，秦擊我於太行，我上黨守以上黨郡降趙。六國表同。韓桓惠王十年，秦昭王四十四年也。則是年秦攻韓所取之南陽，爲河內之南陽，即晉所啓之南陽。此考之六國表秦紀白起傳韓世家，而可知也。

至戰國時，韓與楚接境之南陽，當在陘山，據正義在新鄭。史記蘇秦傳，說韓宣王曰，南有陘山。又，說楚威王曰，北有陘塞。陘山陘塞，正義以爲皆在新鄭縣西南三十里，蓋是一地，爲楚韓兩國間之要隘矣。楚世家，威王卒，魏聞楚喪，伐楚，取我陘山。魏世家，襄王六年（按紀年，當是惠王後六年。）魏伐楚，敗之陘山。國策秦四，楚魏戰於陘山。魏戰勝，楚敗於南陽。高誘注，南陽，陘山所在也。則韓與楚接境之南陽，當在陘山矣。正義以爲在新鄭，而志云，新鄭，詩鄭國，後爲韓所滅，韓蓋得之於鄭，非分晉所得者也。

徐廣（見魏世家集解。）酈道元，（見水經溳水注。）又以陘山在密縣。師古曰，此密縣，即春秋僖六年圍新密者也，蓋鄭邑。王先謙曰，戰國屬韓。然陘山在密，韓與楚接境之南陽，亦得之於鄭，非分晉所得也。謝山不別河內之南陽，韓得之於晉，陘山之南陽，乃得之於鄭，非矣。

始皇十六年所受之南陽，全說在宛穰，亦殊嫌無據。

世紀元始二年民戶口數

地理志，迄於孝平，民戶千二百二十三萬三千六十二，口五千九百五十九萬四千九百七十八。

齊召南曰，帝王世紀，民戶千三百二十三萬三千六百十一二，口五千九百一十九萬四千九百七十八人。皇甫謐所計戶口，必本此志，而數目參差，似見古本異也。王鳴盛曰，續志，元始二年，民戶口數，與世紀同。

按王說誤也。續志，注所引即世紀元始二年民戶口數之文。

文帝十二年河決東郡

溝洫志，漢興三十有九年，孝文時，河決酸棗，東潰金隄。於是東郡大興卒，塞之。其後三十六歲，孝武元光中，河決於瓠子。

齊召南曰，按河渠書作四十有餘年，自孝文十四年，河決東郡，至元光三年，河決濮陽，實三十六年，無四十餘年也。此則志訂史記之失。

按，文紀，十二年冬十二月，河決東郡。

延年

溝洫志，齊人延年上書。

師古曰，史不得其姓。蘇輿曰，廣韻延下云，亦姓。按後漢，有延篤。

按漢有孔延年，韓延年，李延年，王延年，（公卿表作王卿，荀紀作王延年。）解延年，田延年，兩杜延年，兩嚴延年，乘馬延年，東暆令延年，及張延年。此延年，亦名也，非延姓。師古說是也，蘇說非。

武帝廣開獻書之路

藝文志，漢興，改秦之敗，大收篇籍，廣開獻書之路。

齊召南曰，此二句，既敍在孝武之前，則指高祖時，蕭何收秦圖籍。楚元王學詩。惠帝時，除挾書之律。文帝使晁錯受尚書，使博士作王制，又置論語孝經爾雅孟子博士，則其事也。

按下文云，歆卒父業，總羣書而奏其七略。今刪其要，以備篇籍。是班志仍七略之文也。而七略云，孝武皇帝，敕丞相公孫弘，廣開獻書之路。百年之間，書積如山。故內則延閣廣內祕書之府。按七略明云廣開獻書之路，在武帝時。則不得以此二句敍在孝武前，而疑非其時事也。

元朔三年詔書

藝文志，聖上喟然而稱曰，朕甚閔焉。

王先謙曰，劉歆傳云，故詔書稱曰，禮壞樂崩，書缺簡脫，朕甚閔焉。武紀，元朔五年秋詔書，刪書缺簡脫一句。

按儒林傳，丞相公孫弘請爲博士置弟子員，太常孔臧等議予博士弟子。據功臣表，蓼侯孔臧爲太常，坐南陵橋壞，衣冠道絕，免，在元朔三年。是弘爲丞相，博士置弟子員，當在三年，紀在五年，誤也。

劉向校中祕書十九年

藝文志，每一書已，向輒條其篇目，撮其指意，錄而奏之。

沈欽韓曰，向爲孝成皇帝典校書籍二十餘年，皆先書竹，改易刋定，可繕寫者，以上素也。

按向校祕書，在成帝河平三年，其卒在綏和元年。是向典校書籍十九年，不得有二十餘年也。

侍中奉車都尉劉歆

藝文志，會向卒，哀帝復使向子侍中奉車都尉劉歆，卒父業。

王先謙曰，傳作騎都尉奉車光祿大夫。

按儒林傳亦作侍中奉車都尉。

蓋寬饒受易於涿韓生

藝文志，易家，韓氏二篇。名嬰。

王應麟曰，韓嬰以易授人，推易意而爲之傳。蓋寬饒從受焉。封事引韓氏易傳，言五帝官天下，三王家天下。

按據儒林傳，寬饒從嬰後涿韓生受易，非從嬰受也。

史籀篇不得有九千字

藝文志，小學家，史籀十五篇。班注，周宣王太史作大篆十五篇，建武時，亡六篇矣。

王鳴盛曰，說文謂之史篇。今說文九千三百五十三字，其數與此志籀書九千字以上相合。但說文或取古文，或取大篆，或取小篆，以意參酌定之，非專取史籀。建武亡六篇，當許氏時，已無全本，許氏固不能盡遵用之也。沈欽韓曰，說文敍，大篆十五篇，與古文或異。張懷瓘書斷云，以史官製之，用以教授，謂之史書，凡九千字。唐玄度十體書曰，逮王莽亂，此篇亡失，建武中獲九篇。章帝時王育爲作解說，所不通者，十有二三。

按段玉裁說文敍注，大篆十五篇，亦曰史籀篇，亦曰史篇。籀文字數不可知。尉律諷籀書九千字，乃得爲史。此籀字，訓讀書，與宣王太史籀，非可牽合。或因之謂籀文有九千字，誤矣。又曰，李之七章，趙之六章，胡毋之七章，各爲一篇。漢志冣目，合爲倉頡一篇者，因漢時閭里書師合爲三篇，斷六十字以爲一章，凡五十五章，并爲倉頡篇故也。六十字爲一章者，凡五十五。然則秦至司馬相如以前，小篆祇有三千三百字耳。淺人云，倉頡大篆有九千字。大篆之多，三倍於小篆，其說之妄，不辨而可知矣。

太史試學童

藝文志，漢興，蕭何草律，亦著其法，曰，太史試學童，能諷書九千字以上，乃得爲史。

王鳴盛曰，即史籀大篆也。

按王說非也。東方朔傳，年十三，學書，三冬文史足用。文者，各書之體。（據王先謙說）史者，揚雄傳，史篇莫善於蒼頡，謂小學之書，諷誦在口者也。足用者，言足用以應試。是太史試學童，先令倍誦解說（諷書，說文序作諷籀書。諷者倍誦。籀是抽繹解說其義。故至九千字之多也。）史篇小學之書，而後以大篆小篆蟲書摹印署書殳書隸書八體試之也。豈專試史籀大篆哉。

妄說隸書之字

藝文志，古制，書必同文，不知則闕，問諸故老。至於衰世，是非無正，人用其私。故孔子曰，吾猶及史之闕文也，今亡矣夫。蓋傷其寖不正。

周壽昌曰，說文敍云，詭更正文，鄉壁虛造不可知之書，變亂常行，以燿於世，皆不合孔氏古文，謬於史籀。

按周說誤也。說文敍所謂不合孔氏古文，謬於史籀，是指諸生妄說馬頭人爲長，人持十爲斗，虫者屈中也。所謂詭更正文，鄉壁虛造，不可知之書，則是世人非毁孔氏古文，謂是鄉孔氏之壁，憑空別造不可知之文字，而以秦之隸書爲正文，不信古文者也。

集解引徐廣

藝文志，道家，南公三十一篇。班注，六國時。

王應麟曰，項羽紀，楚南公曰，楚雖三戶，亡秦必楚也。正義曰，虞喜志林云，南公者，道士，識廢興之數，知亡秦者必於楚。徐廣云，楚人也，善言陰陽。

按集解引徐廣，非正義也。

劇孟劇辛見索隱

藝文志，法家，處子九篇。

王應麟曰，史記趙有劇子之言，注，徐廣曰，應劭氏姓注云，處子。風俗通云，漢有北海太守處興，蓋處子之後。史記正義，趙有劇孟，劇辛，是有劇姓。

按，趙有劇孟劇辛，見史記索隱。

尹文又說齊湣王

藝文志，名家，尹文子一篇。說齊宣王。

沈欽韓曰，說苑，尹文對齊宣王曰云云。

按尹文又說齊湣王，見呂覽正名篇。

孔甲盤盂二十六篇

藝文志，雜家，孔甲盤盂二十六篇。

錢大昭曰，應劭注田蚡傳作二十九篇。

按田蚡傳注，應劭孟康均作二十六篇。

東曬令延年

藝文志，賦家，東曬令延年賦七篇。

王先謙曰，延年，亦見溝洫志。

按溝洫志，齊人延年，與此延年，史皆不得其姓。王氏以爲是一人，然嫌無據。

陰陽者未脫兵字

藝文志，兵家，陰陽十六家，二百四十九篇。

錢大昭曰，此兵家陰陽，上當有兵字。法家者流之前，已有陰陽家者流矣，下文陰陽者，亦脫兵字。張衡傳李注，以兵陰陽之風后十三篇地典六篇爲陰陽流。又方回古今考，引此無兵字，知唐宋本已脫。

按，據上下文，兵權謀，兵形勢，兵技巧，皆有兵字，錢說此兵家陰陽上當有兵字，是也。但謂下文陰陽者，亦脫兵字，不免拘泥。班敍權謀者，形勢者，技巧者，均無兵字，則陰陽者，亦不當有兵字也。

東漢政權之建立與士族大姓之關係

——畧論兩漢之際政治變遷的社會背景

目錄

一、引言
二、士人數量的激增
三、士族的形成探源
四、王莽興亡與士族大姓的關係
五、兩漢之際起兵羣雄的社會背景
六、兩漢之際士族大姓的舉宗從征
七、宗族的武裝自保及其方式
八、親族之休戚相關
九、不重單身之士
十、光武集團與士族大姓的一般關係

十一、更始與赤眉敗亡之社會背景的分析
十二、略論士族化程度與政治成敗的關聯
十三、從士大夫名稱之演變看東漢政權的社會背景
十四、結語
附錄一：兩漢之際各地豪傑起事表
附錄二：兩漢之際羣雄割據圖
後　記

東漢政權之建立與士族大姓之關係

——畧論兩漢之際政治變遷的社會背景——

余英時

一、引言

東漢初期帝王如光武、明帝、章帝等都比較尊重士人，這是大家所習知的。而且光武本人也是大學生出身，曾於「王莽天鳳中之長安，受尙書，略通大義。」（後漢書本紀）所以雖在東西誅戰之際，猶能「投戈講藝，息馬論道」。（樊準語）趙翼廿二史劄記論東漢功臣多近儒條云：

「西漢開國功臣多出於亡命無賴，至東漢中興，則諸將帥皆有儒者氣象，亦一時風會不同也。……蓋一時之興，其君與臣本皆一氣所鍾，故性情嗜好之相近，有不期然而然者，所謂有是君即有是臣也。」

趙氏看出了兩漢開國君臣的性質不同，確是他的史識過人之處。然而他把這一重要事實單純地解釋爲「君臣本皆一氣所鍾」與「性情嗜好之相近」，而不能從歷史的與社會的背景上看問題，却未免知其一不知其二了。我們根據趙氏這一段文字所啓示的線索，而將兩漢政權建立時社會背景的主要差異，加以比較研究，便可對東漢政權的本質，及西漢末葉至東漢初期這一階段的政治史，有比較深入的認識與貫通性的解釋；並因而瞭解到，在趙氏所指出的兩漢開國君臣性質不同的背後，還埋藏着一些可以說明兩漢社會變遷的重要事實。

二、士人數量的激增

秦漢之際，一方面士人數量極少，另一方面漢高祖又復「慢而侮人」（王陵語）甚至解儒生冠而溲溺其中（史記酈食其傳），在這種情形下，當時的士人，於政權之建立，自然鮮能爲力。但是在西漢末葉，形勢却不同了。首先引起我們注意的是士人數量的激增：漢書儒林傳序記載自從武帝時「爲博士官置弟子五十人，復其身」以後，

「昭帝時舉賢良文學，增博士弟子員滿百人；宣帝末增培之。元帝好儒，能通一經者皆復。數年以用度不足，更爲設員千人；郡國置五經百石卒吏；成帝末或言孔子布衣養徒三千人，今天子太學弟子少於是，增弟子員三千人。歲餘復如故。平帝時王莽秉政，增元士之子得受業如弟子，勿以爲員。（顏師古注曰：常員之外更開此路。）歲課甲科四十人爲郎中；乙科二十人爲太子舍人；丙科四十人補文學掌故云。」

又據前漢紀卷三十載，平帝元始四年，王莽「爲學者築舍萬區(註一)，所益博士員經各五人；徵天下有才能及小學異藝之士，前後至者數千人。」這些還祇說明了太學生名額的增漲，至於郡國方面，自文翁在蜀郡開設學校後，至武帝時，遂令天下郡國皆立學校官。平帝元始三年；立學官，郡國曰學，縣道邑侯國曰校，鄉曰庠，聚曰序。（前漢書本紀）是學校之設立幾已遍及鄉壞之間。（參看西漢會要卷二十五）

此外如私人教授也已頗發達，我們且列舉幾條史實於下：

一、吳　章　「治尚書經爲博士……初，章爲當世名儒，教授尤盛，弟子千餘人。」（前漢書云敞傳）既云「教授尤盛」，則可見當時私人授徒之風已很普遍，固不止吳章一家了。

二、疏　廣　「少好學、明春秋。家居教授，學者自遠方至。」（同書疏廣傳）

三、贛　遂　「耆老大儒，教授數百人。」（同書朱博傳）

四、翟　宣　「宣教授，諸生滿堂。」（同書翟方進傳）

五、珪　孟　「嚴彭祖與顏安樂俱事珪孟。孟弟子百餘人。……孟死，彭祖、安樂各顓門教授。」（同書儒林列傳）

六、王　良　「少好學，習小夏侯尚書。王莽時稱病不仕，教授諸生千餘人。」（後漢書王良傳）

七、劉　昆　「少習客禮；平帝時受施氏易於倖人戴賓。……王莽世，教授弟子，恒五百餘人。」（同書儒林列傳）

八、夏　恭　「習韓詩、孟氏易，講授門徒，常千餘人。」（同書文苑列傳上）按恭亦王莽時人。

九、劉　茂　「長能習禮經，教授常數百人。哀帝時察孝廉。……王莽簒位，茂棄官，避世弘農山中教授。」（同書獨行列傳）

十、索盧放　「以尚書教授千餘人。」（同上）按放亦王莽時人。

十一、伏　湛　「少傳父業，教授數百人。成帝時以父任爲博士弟子。……更始立，以爲平原太守。時倉卒兵起，天下驚擾，而湛獨晏然教授不廢。」（同書伏湛傳）

十二、徐子盛　「以春秋經授諸生數百人。」（同書承宮傳）按徐子盛爲西漢末人。

從歷史記載上我們可以看出，私人教授的風氣愈往後便愈普遍。所以班固的儒林列傳贊曰：

「自武帝立五經博士，開弟子員，設科射策，勸以官祿，訖於元始，百有餘年；傳業者寖盛，支葉蕃滋，一經說至百餘萬言，大師衆至千餘人，蓋利祿之路然也！」

三、士族的形成探源

可是我們不能把這種人數的增多單純地瞭解爲量的變化，更重要的是士人的社會身份已隨着這種增加而發生了本質的改變。西漢政權之建立，士人雖未發生重要的作用，但高祖陣營中還是有少數儒生如酈食其、陸賈、叔孫通等。這些人的社會本質如何呢？稍一回想便可知道：他們還是和戰國時單身的「游士」沒有什麼分別；他們除了知識之外，別無其他的社會憑藉。叔孫通雖帶了一百多個學生，在天下未定之前，却一直被冷落在一邊。但在西漢末葉，士人已不再是無根的「游士」，而是具有深厚的社會基礎的「士大夫」了。這種社會基礎，具體地說，便是宗族。換言之，士人的背後已附隨了整個的宗族。士與宗族的結合，便產生了中國歷史上著名的「士族」。

然則士與宗族又是怎樣結合在一起的呢？這一問題，若詳加分析，必須另有專文。我們在此祇能略加探溯，以明源流所自而已！家族羣居之制源自遠古，本非漢代的新產物。秦與漢初的移徙大族政策，一部份用意便在於防止封建宗族勢力的復活。（註二）武帝時更有强宗大姓不得族居的禁律。後漢書鄭弘傳注引謝承書說：

「鄭弘曾祖父本齊國臨淄人，官至蜀郡屬國都尉。武帝時選强宗大姓不得族居，將三子移居山陰，因遂家焉！」（又北堂書鈔四〇、七八引）

可見傳統的宗族勢力一直很强大，而爲西漢統治階層所畏懼。然而這種宗族勢力與士人之間並未發生具有社會涵義的聯繫，故其性質應與後來的「士族」有別，未可混爲一談。我們試舉一例以說明之。史記主父偃列傳記偃之言曰：「臣結髮游學四十餘年，身不得遂，親不以爲子，昆弟不收，賓客棄我，我阨日久矣！」後偃拜爲齊相，至齊遍召昆弟賓客散五百金予之，數之曰：「始吾貧時，昆弟不我衣食，賓客不我內門。今吾相齊，諸君迎我或千里。

吾與諸君絕矣！毋復入偃之門。」(又見漢書本傳)這事實告訴我們：在武帝之世，士與宗族還沒有完全打成一片。從此一故事與蘇秦的傳說之相似性來看，可見那時的士人仍未脫離「游士」階段。此外如流傳頗廣的朱買臣故事，也具有同樣的社會意義。其所以如此者，最根本的原因，顯然是由於那時的士尚未能普遍地確定地取得政治地位，因此也遂不能形成他們的宗族。但在武帝崇儒政策推行之後，士人的宗族便逐漸發展。如史記酷吏列傳記張湯「於故人子弟爲吏，及貧昆弟，調護之尤厚。」及湯死，「昆弟諸子欲厚葬湯。」(漢書張湯傳同)自此以後，士與宗族的關係便日深一日：楊惲「受父財五百萬，及身封侯，皆以分宗族。後母無子，財亦數百萬，死皆予惲。惲盡復分後母昆弟。再受訾千餘萬，皆以分施。」(漢書本傳)朱邑「身爲列卿，居處儉節，祿賜以共九族鄉黨，家亡餘財。」(同書循吏傳，又見前漢記卷十九)疏廣「既歸鄉里，日令家共具設酒食，請族人賓客與相娛樂，數問其家金餘尚有幾所，趣賣以共具。」(同書本傳，又略見前漢記卷十八)嚴延年母知子將敗，「遂去歸郡，見昆弟宗人，復爲言之。」(同書酷吏傳。又前漢記卷十九作「母還歸，復爲宗族昆弟言之。」)平當不應封侯之詔，「宗族皆謂當曰：何不强起受侯印綬爲子孫邪？當曰：吾在大位已負素餐之責矣！起受侯印，還寢而死，死有餘罪。今不起者爲子孫也。」(前漢記卷二十八，又漢書本傳「宗族」作「家室」。)漢書鮑宣傳：「郇越散其先人訾千餘萬以分施九族州里。」張臨「亦謙儉。且死，分施宗族故舊。」(同書張湯傳)

我們將這幾條史實與主父偃的宗族關係作一對照,便立刻可以看出士與宗族的關係,在武帝以後發生了如何巨大的變化。至於這種變化的實際過程究竟如何，由於文獻不足，我們無法詳說。惟亦有蛛絲馬跡可得而言者。士族的發展似乎可以從兩方面來推測：一方面是强宗大姓的士族化,另一方面是士人在政治上得勢後,再轉而擴張家族的財勢。這兩方面在多數情形下當是互爲因果的社會循環。所謂「士族化」，便是一般原有的强宗大族使子弟讀書，因而轉變爲「士族」，這從西漢公私學校之發達的情形，以及當時鄒魯所流行的「遺子黃金滿籯，不如一經。」（漢書韋賢傳）的諺語，可以推想得之。試想讀書旣爲利祿之階，豈有社會上最有勢力的强宗大姓反而不令子弟受學之理？而且這種推想也並不是全無事實根據，例如平當「祖父以訾百萬，自下邑徙平陵，當少爲大行治禮丞，功次補大鴻臚文學，察廉爲順陽長栒邑令，以明經爲博士。」（漢書本傳）歷史上祇說他家世豪富，並沒有說他是仕宦世家，很可能是到平當這一代才開始讀書的。比較明顯的例子是蕭望之。漢書本傳說他「家世以田爲業，至望之好學，治齊詩，事同縣后倉且十年。」這是普通强宗大姓轉變爲士族的確證。後世譜諜妄記望之爲蕭何之後，顏師古已力辨其非。又如鄭崇「本高密大族……祖父以訾徙平陵。父賓明法律爲御史。」（同書本傳）可見鄭氏也是剛由普通大姓轉變爲士族的。西漢自武帝以後，必然有許多强宗大姓逐漸轉變爲士族，此實屬不容懷疑的事。我們祇要進而一察士人藉政治關係發展宗族財勢的情形，對這一點便可有更明確的認識。漢書張禹傳說：「禹河內軹人也。至禹父徙家蓮勺（師古曰：左馮翊縣名。）……卜者謂禹父曰：是兒多知，可令學經。」同傳又說「家以田爲業。」可見張禹原爲大姓子弟。西漢多强宗大姓遷徙之事，張家當亦爲其中之一。（如前舉鄭崇之例）及至張禹在政治上得勢之後，便極力爲宗族求發展：「禹爲人謹厚，內殖貨財。……及富貴，多買田至四百頃，皆涇渭漑灌，極膏腴上賈。」「禹每病，輒以起居聞，車駕自臨問之。上親拜禹床下，禹頓首謝恩歸誠，言老臣有四男一女，愛女甚於男，遠嫁爲張掖太守蕭咸妻，不勝父子私情，思與相近。上即時徙咸爲弘農太守。又禹小子未有官；上臨候禹，禹數視其小子。上即牀下拜爲黃門郎給事中。」其後禹卒，「長子官至太常，列於九卿，三弟皆爲校尉散騎諸曹。」（均見漢書本傳，又略見前漢紀卷二十五）又如楊惲「既失爵位，家居治產業，起室宅，以財自娛。歲餘其友人安定太守西河孫會宗與惲書諫戒之，爲言大臣廢退當闔門惶懼，爲可憐之意。不當治產業，通賓客，有稱譽。」（同書本傳）鄭崇以諫哀帝勿過寵外戚近臣獲罪，尙書令奏崇與宗族通，疑有姦，請治。上責崇曰：「君門人如市，何以欲禁切主上？崇對曰：『臣門如市，臣心如水。』」（同書本傳）是崇亦承認他與宗族的關係甚爲密切。疏廣歸鄉里，居歲餘，子孫竊謂其昆弟老人廣所信愛者曰：『子孫幾及君時頗立產業基阯，今日飲食費且盡，宜從丈人所勸說君買田宅。』老人即以閒暇時爲廣言此計，廣曰：『吾豈老悖不念子孫哉！顧自有田廬，令子孫勤力其中，足以共衣食與凡人齊，今復增益之以爲贏餘，但教子孫怠惰耳！……又此金者聖主所以惠養老臣也。故樂與鄉黨宗族共饗其賜，以盡吾餘日，不亦可乎？』於是族人說服。」（同書本傳）疏廣爲士人中之賢者，所以不肯過份爲家族治「產業基阯」，但他的家族經濟狀況還是很好，而且從他所謂「吾豈老悖」之言觀之，則士人爲家族治產的思想，在當時已甚爲普遍。可是士人中究竟賢者太少，故利用政治關係發展家族勢力者，在在皆是。武帝時，丞相公孫賀便是其中之一。征和二年春詔曰：「故丞相賀倚舊故乘高勢而爲邪，興美田以利子弟賓客，不顧元元，無益邊穀，貨賂上流，朕忍之久矣！終不自革……。」（漢書劉屈氂傳）士族勢力的發展，最後竟至侵犯到一般平民的利益，引起嚴重的社會問題。西漢時有識之士便已看到這一點，元帝時貢禹陳事已指出當時風氣，以「居官而置富者爲雄桀，處姦而得利者爲壯士。兄勸其弟，父勉其子。俗之敗壞，乃至於是。察其所以然者，皆以犯法得贖罪，求士不得眞賢，相守崇財利，殊不行之所致也！」（同書本傳）哀帝時鮑宣上書也說「豪强大姓蠶食亡厭」，爲民「七亡」之一；他指出：「羣臣幸得居尊官，食重祿，豈有肯加惻於細民，助陛下流教化者邪？志但在營私家，稱賓客，爲姦利而已！」又說：

「臣雖愚戇,獨不知多受祿賜、美食、大官、廣田宅、厚妻子,不與惡人結仇怨,以安身邪?」(均見本傳)這些話實透露出當時大族發展的黑暗的一面。

上引史實已可說明西漢士族勢力的產生過程及其活動方式,用不着再加解釋。我們固不能說那時所有强宗大族都已「士族化」,但士族在西漢後期的社會上已逐漸取得了主導的地位,實是不可否認的歷史眞理。我們懂得了這一重要的歷史背景,就可以進一步討論從西漢末葉至東漢政權建立這一期間的政治變遷了。

四、王莽興亡與士族大姓的關係

士族勢力的政治影響,首先具體表現在王莽的變法運動上。王莽本人是當時兩種矛盾的社會勢力的綜合產物:從他身世說,他乃是外戚,屬於王室勢力的系統;但從其行事及其所推行的政策看,則他又代表了漢代士人的共同政治理想。他之所以後來成爲衆望所歸的人物,便正是由於他一方面有王室的關係爲憑藉,而另一方面又獲得了不少士人的歸心。前面曾指出士與家族的關係愈至後便愈密切,外戚的宗族勢力似乎也有同樣的發展過程。例如武帝方幸王夫人時,甯乘對衛青說:「今王夫人幸,而家族未富貴。願將軍奉所賜千金爲王夫人親壽。(師古曰:親,母也。)」(史記衞將軍驃騎列傳,漢書衞青霍去病傳)則那時的外戚與家族之關係還不一定都很密切。但無論如何,到昭帝時,外戚與其家族的關係便已經很深了。霍光死後,魏相奏封事說:「今光死,子復爲大將軍,兄子秉機樞,昆弟諸婿據權勢在兵官,光夫人顯及諸女皆通籍長信宮……。」(漢書魏相傳)後漢書申屠剛傳載:剛對策論外戚事有云:「霍光秉政,輔翼少主,修善進士,名爲忠直,而尊崇其宗黨,摧抑外戚。」章懷注曰:「昭帝時霍光輔政,其子禹及兄孫雲山等皆中郎將,奉車都尉,昆弟諸婿皆奉朝請給事中。唯昭帝外家趙氏無一人在位者。」

其論外戚與宗族之關係亦自霍氏始，不更上溯。可見武帝以後外戚與宗族之關係確有一轉變。而且外戚之富貴者，也不止於本族了。成帝時，張匡復以此攻擊王商，也說商「宗族爲列侯，吏二千石，侍中諸曹給事，禁門內連昏諸侯王，權寵至盛。』又說：「今商宗族權勢，合貲鉅萬計，私奴以千數。」(同書王商傳)後商死，其「子弟親屬爲駙馬、都尉、侍中、中常侍、諸曹大夫、郎吏者，皆出補吏。」(同上)可見張匡所言並不爲過份。前漢紀載成帝元延元年劉向上封事曰：「今王氏一姓而朱輪華轂者二十三人。……尙書九卿州牧郡守皆出其門，管執樞機，朋黨比周，行汚而寄治，身私而託公，稱舉者登進，忤恨者中傷，遊談者爲己說，執政者爲己言。……兄弟据重，家族盤牙。歷自上古以來，未有其比。」(卷二十七)我們舉此數事以見西漢的外戚，亦自有其家族的背景。王莽既有大志，當然也不能忽略這一力量。所以他年青時「事母及寡嫂，養孤兄子，行甚敕備。又外交英俊，內事諸父，曲有禮意，陽朔中世父大將軍鳳病，莽侍疾親嘗藥，亂首垢面，不解衣帶連月。」這種孝弟之行，顯然是爲了取得宗族的信任。及後爲安漢公時，又「復以千萬分予九族貧者。」(均見漢書本傳)則交結宗族之意尤爲明顯，且範圍也遠超出本族之外了。而王莽之得勢，更重要的還在於他獲得了多數士人的支持，這是一般外戚不能和他比較的地方。他早年即以士人而不是外戚姿態出現：「莽羣兄弟皆將軍五侯子，乘時侈靡，以輿馬聲色佚游相高。莽獨孤貧，因折節爲恭儉，受禮經，歸事沛郡陳參，勤身博學，被服爲儒生。」漢書本傳復記他後來和士人交往的情形云：

「莽……爵位益尊，節操愈謙，散輿馬衣裘振施賓客，家無所餘，收贍名士，交結將相卿大夫甚衆。故在位更推荐之，游者爲之談說，虛譽日隆洽，傾其諸父矣！敢爲激發之行，處之不慚恧：莽兄永爲諸曹蚤死，有子光，莽使學博士門下。莽休沐出振車騎，奉羊酒勞遺其師，恩施下竟同學。諸生縱觀，長老歎息。」

因此一時名士如戴崇、金涉、箕閎、陽並、陳陽等都成爲他的支持者。及後執政，遂有宗族與士人結黨爲莽效力之事：

「王舜主邑爲腹心，甄豐、甄邯主擊斷，平晏領機事，劉歆典文章，孫建爲爪牙，豐子尋、歆子棻、涿郡崔發、南陽陳崇皆以材能幸於莽。莽色厲而言之．欲有所爲微見風采。黨與承其指意而顯奏之。」（本傳）「外交英俊，內事諸父」的策略，終使王莽同時贏得了士人與宗族的擁戴，故班固也不能不承認：「王莽始起外戚，折節力行，以要名譽。宗族稱孝，士友歸仁。」（王莽傳贊）

王莽興起之士人與宗族的背景既如上述，而新室的失敗，也與其時的士族大姓有相當關係，値得我們注意。在未討論這個問題之前，有一點必須辯明：即個別士人的社會理想並不必然和他自己階層的利益完全符合。換言之，知識份子的理想主義的一面，常表現爲追求社會的正義與進步。這也是一般社會所以尊重士人的主要原因。即以兩漢而論，自董仲舒以迄仲長統，許多明智之士，都感覺到豪强兼幷是一嚴重的社會問題，故多主張限田或井田之類的均田政策，以消弭貧富過份懸殊的現象。而在兩漢豪强大姓之中，則頗不乏士族之家，觀前所擧士族興起之事實可知。貢禹、鮑宣的議論，更顯然是以士族爲對象。此外兩漢許多打擊豪族大姓的所謂酷吏，也多可以歸之於這一類士人之中。而且無論我們對這一類的現象如何解釋，個別士人的言行可以超越他所屬的階層利益，終爲不可抹殺的客觀事實。王莽新政的失敗，便恰恰是說明這項原則的例證之一。

在王莽新政所表現的社會理想中，限制士族大姓在經濟上的過度擴張，是最主要的項目之一。這種限制後來便具體化爲復井田與禁奴婢。蓋土地兼倂與奴婢買賣爲當時士族大姓勢力發展之一要端，哀帝時，師丹建言說得很明白：

「孝文皇帝承亡周亂秦，兵革之後，天下空虛，故務勸農桑，帥以節儉，民始充實，未有并兼之害，故不爲民田及奴婢之限。今累世承平，豪富吏民，訾數鉅萬，而貧弱愈困。……宜略爲限。」（漢書食貨志上）

荀悅更對豪强兼併下的實際情形有深入的分析，他說：

「今漢民或百一而稅，可謂鮮矣！然豪富人占田逾侈，輸其賦太半。官收百一之稅，民收太半之賦。官家之惠優於三代，豪强之暴酷於亡秦。」（前漢記卷八）

王莽新政便是在這樣的社會經濟危機下產生的。這種政策的推行，很顯然地要侵害到士族大姓的利益，因之，其將引起士族大姓的普遍反對，也可以說是必然的。我們且先一看王莽失敗的前奏曲。

原來在師丹建言之後，哀帝即曾「下其議，丞相孔光、大司空何武，奏請，諸侯王列侯，皆得名田國中，列侯在長安，公主名田縣道，及關內侯吏民名田，皆毋過三十頃。諸侯王奴婢二百人，列侯公主百人，關內侯吏民三十人。期盡三年，犯者沒入官。」（食貨志上）這種政策，姑無論其是否足夠解決當時的社會問題，倘眞能付諸實施，總可發生一點壓抑豪强大姓的作用。（註三）可是結果如何呢？食貨志接着告訴我們：

「時田宅奴婢賈爲減賤。丁傅用事，董賢隆貴，皆不便也。（師古曰：丁傅及董賢之家皆不便此事也。）詔書且須後。（師古曰：須，待也。」遂寢不行。」

這樣一種輕微的改革都因爲不便於權貴之家而胎死腹中，（註四）何況是王莽那種比較澈底的政策呢？荀悅論井田制度的實行云：

「夫井田之制，宜於民衆之時。地廣民稀，勿可爲也。然欲廢之於寡，立之於衆，土地既富，列在豪强，

卒而規之，並有怨心，則生紛亂，制度難行。」（前漢紀卷八）

荀氏之言本爲泛論，但竟道中了王莽失敗，天下亂起的一部份原因。我們觀察舊史的記載，至少可以看出一點，即當時眞正爲反對王莽新政而起兵者，主要是一些士族大姓。（註五）更堪玩味的是：在其復井田禁奴婢未正式實行以前，士族大姓猶有擁戴新室者，而起事者亦甚少，在這以後，天下士族大姓遂紛紛舉兵反叛。我們於此須先對士族大姓的社會勢力及其舉兵的歷史略加追溯。

漢初豪宗强族多爲古代封建勢力之遺，故漢廷對付他們的政策，除遷徙之外，便是嚴厲的打擊，甚至不惜加以「夷滅」。此觀史記酷吏列傳可知。武帝以後，强宗豪族既逐漸因「士族化」而與統治階層發生聯繫，其勢力遂益爲鞏固與浩大。而一般對付豪强的官吏，便往往要採取分化與利用的政策，不能一味地殺伐了。宣帝時，趙廣漢遷潁川太守，

「郡大姓原、褚，宗族橫恣，賓客犯爲盜賊，前二千石莫能禽制。廣漢既至，數月誅原、褚首惡，郡中震栗。先是潁川豪桀大姓相與爲婚姻，吏修朋黨。廣漢患之，厲使其中可用者受記，出有案問，既得罪名，行法罰之。廣漢故漏泄其語，令相怨咎。又教吏爲缿筩，及得投書，削其主名，而託以爲豪桀大姓子弟所言。其後强宗大姓家家結爲仇讎，姦黨散落，風俗大改，吏民相告訐，盜賊以故不發，發又輒得，一切治理，威名流聞。」

（漢書趙廣漢傳）

這顯然只是治標的辦法，並不能眞正消弭社會危機，而且還引起了另一方面的惡果。因此後來韓延壽繼治潁川遂改弦更張，運用軟化的手法。同書韓延壽傳說：

「潁川多豪强難治……。先是趙廣漢爲太守，患其俗多朋黨，故構令吏民，令相告訐。一切以爲聰明，潁川由是以爲俗。民多怨讎。延壽欲改更之，教以禮讓。恐百姓不從，乃歷召郡中長老爲鄉里所信向者數十人，設酒具食，親與相對，接以禮意，人人問以謠俗民所疾苦，爲陳和睦親愛，銷除怨咎之路。長老皆以爲便，可施行。因與議定嫁娶喪祭儀品，略依古禮，不得過法。延壽於是令文學校官諸生皮弁執俎豆，爲吏民行喪嫁娶禮，百姓遵用其教。」

這便是西漢循吏所常推行的教化政治。觀其以「長老」爲號召的辦法，則主要還是借重宗族的關係，不過納之於禮義之途而已！至其效果是否如歷史上所說的那樣神速，我們已無從知悉，也毋須乎深究。我們於此應注應的是：這種教化政治，乃是兩漢士人所嚮慕的士族社會的共同理想。因之，如果這種政治實驗眞是相當成功，則更足以說明當時社會士族化的程度實已很深了。此外如成、哀之世的朱博，也是以分化政策治理豪族大姓著稱，史載：

「博治郡，常令屬縣各用其豪桀以爲大吏，文武從宜。縣有劇賊及它非常，博輒移書以詭責之。其盡力有效，必加厚賞，懷詐不稱，誅罰輒行。以是豪强慹服。」（漢書朱博傳）

很顯然地，這一類的政策所能發生的作用，最多也不過是防止强宗大姓爲非作歹而已，它不但不能遏止豪强勢力的正常發展，從另一方面說，恐正有以助長之。偶有嚴厲打擊豪强者，則已不能立足，如陳咸在州郡，「下吏畏之，豪强慹服，令行禁止。然亦以此見廢。」（同書陳萬年傳）

西漢强宗大姓的勢力如此龐大，故中葉以降，已常有造反之事，如「武帝崩，昭帝即位，而齊孝王孫澤交結郡國豪傑謀反，欲先殺青州刺史。」（同書雋不疑傳）這已是大姓舉兵的明證。成帝河平三年，「廣漢男子鄭躬等六十餘人攻官寺，纂囚徒，盜庫兵，自稱山君。」次年冬，「鄭躬等黨與寖廣，犯歷四縣，衆且萬人。」（成帝紀）梅福上疏論士之重要曾引此事爲例云：「方今布衣，迺窺國家之隙，見間而起者，蜀郡是也。」孟康曰：「成帝鴻嘉中，廣漢男子鄭躬等反是也。」（見梅福傳）參而考之，則鄭躬似爲士人。無論如何，士族在西漢末葉已頗有勢力，殆爲顯著的事實。梅福曰：「士者國之重器；得士則重，失士則輕。」（同上）李尋謂王根曰：「夫士者國家之大寶，功名之本也。」（同書李尋傳）後光武亦謂王霸曰：「今天下散亂，兵革並興。得士者昌，失士者亡。夢想賢士共成功業，豈有二哉！」（後漢紀卷一）此等思想祇有在士族勢力既興之後才能產生，決非漢初社會所能普遍流行的。而且這些話也並不是虛語，當時確有因得士而興或失士而敗者。宣帝時楊惲之死便因爲他「自伐其賢能，性好刻害，發人陰伏，輕慢士人，卒以此敗。」（前漢紀卷二十）又如朱邑也「貢荐賢士大夫，多得其助者。」（漢書朱邑傳）哀帝時，朱博「好樂士大夫。爲郡守，九卿賓客滿門，欲仕宦者荐擧之，欲報仇怨者解劍以帶之。其趨事待士如是。博以此自立，然終用敗。」（同書朱博傳）

我們明白了王莽變法以前士族大姓的實際力量，對於王莽時士族大姓紛紛起兵的現象，就不會感到兀突了。前面說過，王莽雖一方面交結士大夫，另一方面却又打擊侵淩小民的豪强勢力，這是與多數士族大姓的利益相衝突的。史載：「平帝即位，王莽陰有篡國之心，乃風州郡以辠法案諸豪桀及漢忠直臣不附己者。」（漢書鮑宣傳，又見王莽傳上）這已經開始懲治豪强了。其始建國元年改制詔有云：

「漢氏減輕田租，三十而稅一，常有更賦，罷癃咸出，而豪民侵淩，分田刼假。厥名三十稅一，實什稅五也。（按此或即前引荀悅之論之所本）父子夫婦終年耕芸所得不足以自存。故富者犬馬餘菽粟，驕而爲邪，貧者不厭糟糠，窮而爲姦。……今更名天下田曰王田，奴婢曰私屬，皆不得賣買。其男口不盈八而田過一井者，分餘田予九族、鄰里、鄉黨，故無田，今當受田者，如制度。」（漢書王莽傳中）

這種改革之不利於一般士族大姓，可不待言而明。因此其後「坐賣買田宅、奴婢，鑄錢，自諸侯卿大夫至於庶民，抵罪者不可勝數。」（同上）而當時起事反莽之士族大姓亦多以此。卜者王况謂李焉曰：「新室即位以來，民田奴婢不得賣買……百姓怨恨，盜賊並起。」（同書王莽傳下）隗囂移檄數莽罪狀，亦列「田爲王田，賣買不得」爲其中之一。（後漢書隗囂傳）甚至王莽自己的人也有同樣的看法。區博諫王莽曰：

「井田雖聖王法，其廢久矣！周道既衰，而民不從。秦知順民之心可以獲大利也，故滅廬井而置阡陌，遂王諸夏，訖今海內未厭其敝，今欲違民心復千載絕跡，雖堯舜復起，而無百年之漸，弗能行也。天下初定，萬民新附，誠未可施行。」（莽傳中）

區博的話已明確的指出了當時的社會經濟背景，王莽爲鞏固政權計，亦不能不作某種程度的讓步，故下書曰：「諸名食王田皆得賣之，勿拘以法。犯私賣庶人者且一切勿治。」（同上）其後叛亂四起，莽召問羣臣擒賊方略，公孫祿也說：

「國師嘉信公顚倒五經、毀師法，令學士疑惑，明學男張邯、地理侯孫陽造井田，使民棄土業，羲和魯匡設六筦以窮工商，說符侯崔發阿諛取容，令下情不上通。宜誅此數子，以慰天下。」（王莽傳下）

綜合以上種種材料觀之，可見復井田與奴婢之禁，確是激起士族大姓反莽的基本原因之一。因此地皇三年，「莽知天下潰畔，事窮計迫，乃……除井田、奴婢、山澤、六筦之禁。」我們試一看最早起兵反莽者的社會身份，對此點便可有更深切的認識：居攝元年四月，「安衆侯劉崇與相張紹謀曰：安漢公莽專制朝政，必危劉氏。天下非之者乃莫敢先舉，此宗室恥也。吾帥宗族爲先，海內必和。紹等從者百餘人。」此劉氏之宗族也。次年東郡太守翟義見王莽居攝，心忍之，謂姊子上蔡陳豐曰「『吾幸得備宰相子，身守大郡，父子受漢厚恩義，當爲國討賊……今欲發之，乃肯從我乎？』豐年十八，勇壯許諾。又遂與東郡都尉劉宇、嚴鄉侯劉信、信弟武平侯劉璜結謀。……郡國皆震。比至山陽，衆十餘萬。莽聞之大懼。」（漢書翟方進傳）此士族與宗室之連結者也。翟義兵既起，「槐里男子趙明、霍鴻等起兵以和翟義，相與謀曰：『諸將精兵悉東，京師空，可攻長安。』衆稍多至且十萬人。」（王莽傳上）此則普通大姓也。

唯以上幾次士族大姓的反叛，都在王莽篡位之前，那時王莽的改制尚未明朗化，所以士族大姓和者猶少。而且由於王莽一向頗得士人的擁戴，在其復井田禁奴婢未施行之前，尙有士族大姓助莽平亂者。此事甚有意義，茲舉數例以明之。劉崇、張紹起兵時，崇族父嘉與紹從弟竦「詣闕自歸。莽赦弗罪。」竦復爲嘉作奏曰：「安衆侯崇乃獨懷悖惑之心，操畔逆之慮，興兵動衆，欲危宗廟，惡不忍聞，罪不容誅。……是故親屬震落而告其罪，民人潰畔而棄其兵。」又說：「方今天下聞崇之反也，咸欲騫衣手劍而叱之……而宗室尤甚。……宗室所居或遠，嘉幸得先聞，不勝憤憤之願。願爲宗室倡始，父子兄弟負籠倚鍤馳之南陽。」（均見王莽傳上）劉敞子祉娶翟宣女爲妻，「會宣弟義起兵，欲攻莽。南陽捕殺宣女。祉坐繫獄。敞因上書謝罪，願率子弟宗族爲士卒先。」（後漢書城陽恭王祉傳）甚至在王莽篡位之後，宗室及一般士族大姓仍有助莽之事。始建國元年四月，徐鄉侯劉快結黨數千人，起兵於其國。快兄殷，故漢膠東王，時改爲扶崇公。快舉兵攻即墨。殷閉城門自繫獄，吏民距快。快敗走，至長廣死。

莽曰：「……今即墨士大夫復同心殄滅反虜，予甚嘉其忠者，憐其無辜。其赦殷等非快之妻子它親屬當坐者，皆勿治。」（王莽傳中）這是王莽改制前的最後一次叛亂。自此以後，遂不見有士族大姓擁戴新室之記載。相反地，各地士族大姓都紛紛率領宗族子弟起而反莽，王莽政權終因而覆亡。王莽亦深知他的政策不利於一般士族大姓的社會經濟利益。所以天下亂起之後，他最憂慮的也是士族大姓的武裝力量。地皇二年，莽下書責吏士而論及盜賊的性質云：

「今盜賊發不輒得，至成羣黨，遮略乘傳宰士。士得晚者又妄自言：我責數賊何故爲是，賊曰：貧窮故耳！賊護出我。今俗人議者率多若此，唯貧困饑寒犯法爲非，大者羣盜，小者偷穴，不過二科。今結謀連黨以千百數，是逆亂之大者。豈饑寒之謂邪？」（王莽傳下）

王莽不信饑寒爲盜之說，當然是由於他瞭解士族大姓造反的可能性較大之故。我們看了下面這一記載當更了然：

「初京師聞青、徐賊衆數千萬人，訖無文號旌旗表識，咸怪異之。……莽亦心怪，以問羣臣。羣臣莫對。唯嚴尤曰：『此不足怪也。自黃帝、湯武行師，必待部曲旌旗號令，今此無有者，直饑寒羣盜，犬羊相聚，不知爲之耳。』莽大說，羣臣盡服。及後漢兵劉伯升起，皆稱爲軍，攻城略地，既殺甄、阜，移書稱說。莽聞之憂懼。」（王莽傳下）

按此所謂「青徐賊衆」，即赤眉也。王莽不畏「饑寒羣盜」而獨懼劉伯升者，蓋以前者僅爲下層農民的烏合之衆，不足成事，而後者則爲士族大姓的集團，具有深厚的社會勢力故耳！因此地皇四年王莽大赦天下時猶曰：「故漢氏舂陵侯羣子劉伯升，與其族人婚姻黨與，妄流言惑衆，悖畔天命，……不用此書。」可見王莽對於饑民集團與士族大姓勢力之區別，固辨之甚明也。觀翟義起兵時「王莽日抱孺子會羣臣」及「作大誥」種種張皇失措的表現，則更可推想他對士族大姓勢力的戒懼爲何如矣！（註六）

五、兩漢之際起兵群雄的社會背景

從王莽政權的崩潰至東漢政權的建立這一期間，士族大姓的勢力表現得更爲顯著。我們對這一期間的劇烈政治變遷加以分析，便可看出東漢政權與士族大姓之間的關係如何密切，而王莽失敗的根本原因亦可因之而益明。

王莽末葉，天下羣雄並起，各自擁衆割據一方。漢書班氏叙傳上說：

「世祖即位於冀州，時隗囂據壟擁衆，抬輯英俊；而公孫述稱帝於蜀漢。天下雲擾；大者連州郡，小者據縣邑。」（又前漢紀卷三十所引略同）

薛瑩的光武贊曰：

「王莽之際，天下雲亂，英雄並發。其跨州據郡僭制者多矣！」

——藝文類聚十二、御覽九十引薛氏後漢書

袁山松也說：

「世祖以渺渺之肖，起于白水之濱，身屈無妄之力，位舉羣豎，並列于時，懷璽者十餘，建旗者數百：高才者居之南面，疾足者爲之王公。茫茫九州，瓜分鸞切。」

——同上引袁氏後漢書

當時各地起事者如此之多，我們勢不可能一一加以叙述。但爲了使讀者對於當時起事的情形有一大體上的瞭解起見，我們不妨根據地理分佈的不同，試列一「兩漢之際各地豪傑起事表」如下：

兩漢之際各地豪傑起事表

地區	姓名	起事地點 古名	起事地點 今名	初起兵力	社會身份	起迄時間 起	起迄時間 迄	出處	備註
東方地區	翟義劉信等	東郡	河北濮陽縣	衆十餘萬	士族、宗室	王莽居攝二年九月	同年十二月	漢書翟方進傳	地在山東河北交界處。比至山陽，衆十餘萬，山陽在山東金鄉縣，足見爲東方力量。
東方地區	孫揚	朐	山東東海縣	不詳	不詳	不詳	建武五年	後漢書陳俊傳	
東方地區	劉快	徐鄉	山東黃縣	數千人	宗室	始建國元年四月	同年	漢書王莽傳中	
東方地區	呂母	海曲	山東日照縣	百餘人	大姓	天鳳四年		王莽傳下，又後書劉盆子傳	後捲入赤眉集團
東方地區	樊崇等	琅玡	山東膠州一帶	衆皆萬數	饑民	天鳳四年（或謂五年）		同右	同右
東方地區	索盧恢	無鹽	山東東平縣	萬餘人	不詳	地皇三年	地皇三年	王莽傳下	
東方地區	城頭子路、劉詡	盧頭城	山東肥城縣	二十餘萬（按此非初時兵力）	疑爲士族與宗室	王莽末	不詳	後漢書任光傳	按城頭子路姓爰名曾字子路，觀其名字似爲士人，故疑爲士族與宗室。
東方地區	力子都	東海	山東郯城縣	六七萬（按此非初時兵力）	不詳	天鳳四年	不詳	王莽傳下、又任光傳	力或謂作刁。然沈欽韓後漢書疏證舉姓纂云：「漢有魯郡相力題。」斷爲力字。觀其地點相近，則力氏或爲東方大姓也。
東方地區	遲昭平	平原	山東平原縣	聚衆數千	不詳	地皇二年	不詳	王莽傳下	
東方地區	劉永	睢陽	河南	據國起兵	宗室	更始二年	建武三年	後書本傳、光武紀	按劉永勢力後皆在東方。
東方地區	張步	琅玡		據衆數千	大姓	王莽末	建武五年	劉永傳、本傳、光武紀	
東方地區	董憲	東海		據其郡	不詳	更始二年	建武五年	劉永傳、光武紀	一度與赤眉合
東方地區	董次仲	茌平	山東茌平縣	不詳	不詳	不詳	建武二年	任光傳	
東方地區	龐萌	桃鄉	山東汶上縣	合衆三萬	士族	建武五年	建武六年	後書本傳	
東方地區	佼彊	西防	山東單縣	不詳	大姓	不詳	建武五年	劉永傳	按蓋延傳注云：「佼彊、姓名也，周大夫原伯佼之後。」又惠棟補注卷五引胡氏案姓譜云：「春秋絞國，即佼也。後改從人，漢有佼彊。」則佼氏必爲當時大姓無疑。
	瓜田儀	臨淮	安徽盱眙縣	不詳	不詳	天鳳四年	不詳	王莽傳下	後依阻會稽、長洲，地在今江蘇吳縣
	王匡王鳳	新市	湖北京山縣	衆數百人	饑民	地皇元年		後書劉玄傳	捲入更始集團

南方地區	陳牧廖湛	平林	湖北隨縣	千餘人	饑民	地皇三年		同右	同右
	張霸	南郡	在湖北境	萬餘人	饑民	地皇元年		王莽傳下	同右
	羊牧	江夏	湖北武昌	萬餘人	饑民	地皇元年		同右	同右
	秦豐	黎丘	湖北宜城縣	且萬人	大姓	地皇二年	建武五年	王莽傳下，又後書光武紀、岑彭傳、朱祐傳	後漢紀云：「與同鄉蔡張、趙京等起兵，衆數千人。」
	王州公等	廬江	安徽廬江	十餘萬（按非初時人數）	不詳	王莽末	王莽末	後書李憲傳	
	李憲	廬江		同右	郡守	更始元年	建武六年	本傳	
	西陽三老	江夏		不詳	不詳	王莽末		後書馬武傳	後捲入更始集團
	田戎陳義	夷陵	湖北宜昌縣	據有夷陵	大姓	更始元年	建武五年	光武紀、岑彭傳及注引東觀記與襄陽耆舊記	
	董訢	堵鄉	河南方城縣	不詳	不詳	建武二年	建武三年	岑彭傳	
	許邯	杏聚	河南銅柏縣	不詳	不詳	同右	同右	同右	
	劉信	豫章	江西南昌縣	不詳	宗室	更始時	建武元年	後書安城孝候賜傳	後歸光武集團
	劉梁	豫章		不詳	宗室	更始元年	不詳	後書成武孝候順傳	後暴病卒
北方地區	馬適求	鉅鹿	河北平鄉縣	數千人	大姓	地皇元年	同年	王莽傳下	未及起兵即被王莽擊滅。
	王昌（郎）	邯鄲	河北邯鄲縣	河北皆從	大姓	更始元年	更始二年	後書本傳	
	彭寵	漁陽	河北密雲縣	擁有郡縣	士族	建武二年	建武五年	後書本傳	起年以叛光武計
	張豐	涿郡	河北涿縣	據郡舉兵	太守	建武三年	建武四年	光武紀、祭遵傳	
	劉揚兄弟	眞定	河北正定縣	各擁兵萬餘	宗室大姓	不詳	建武二年	耿純傳	
	郭勝	曲陽	河北保定	五千餘人	不詳	不詳	建武初	馮衍傳上	
	田邑	上黨	山西東南部	不詳	士族（太守）	不詳	建武初	同右	歸光武集團
	鮑永馮衍	太原	山西太原	不詳	士族	更始二年	建武五年（？）	後書本傳	同右
	蘇竟	代郡	河北蔚縣	不詳	士族	王莽末		後書本傳	同右
西	李興、隨昱	五原	綏遠五原縣	不詳	不詳	王莽末	建武十二年	後書盧芳傳	
	田颯	朔方	綏遠南境	不詳	不詳	王莽末	建武六年	同右	歸光武集團

北地區	石鮪閔堪	代郡		不詳	不詳	同右		同右	併入盧芳集團
	盧芳	三水	甘肅固原縣	不詳	大姓或宗室	更始時	建武十六年	同右	
	竇融等	河西	甘肅境	河西五郡	士族大姓	更始元年		後書本傳	歸光武集團
	隗囂	天水	甘肅境	衆數千人	士族大姓	同右	建武九年	本傳	
	劉嬰、方望	臨涇	甘肅鎮原縣	數千人	室室士族	建武元年	同年	後漢紀卷二、後書光武紀	
西南地區	王岑	雒縣	四川廣漢縣	衆合數萬人（與宗成合）	疑爲大姓	同右	更始元年	公孫述傳	
	公孫述	成都	四川成都	衆數千人	士族大姓	同右	建武十二年	同右	
	任貴	超嶲	四川西昌縣	據郡	大姓	莽末		同右	併入公孫述集團
	史歆	成都		不詳	大姓	建武十八年	同年	吳漢傳、華陽國志	
	楊偉	宕渠	四川渠縣	數千人	大姓	同右	同右	吳漢傳	
	徐容	朐䏰	四川雲陽縣	數千人	大姓	同右	同右	同右	
中	劉縯等	舂陵	湖北棗陽縣	七八千人	宗室大姓	地皇四年		王莽傳下、光武紀、又本傳	捲入更始集團
	劉崇、張紹	宛	河南南陽縣	百餘人	宗室大姓	居攝元年四月	同年	王莽傳上	
	趙明、霍鴻	槐里	陝西興平縣	且十萬人	疑爲大姓	居攝二年	居攝三年	王莽傳上	
	鄧曄、于匡、析宰等	南鄉	河南內鄉縣	數千人	大姓官吏	更始元年		王莽傳下	捲入更始集團
	申碭	櫟陽	陝西臨潼縣	數千人	大姓	同右		同右	同右
	王大	下邽	陝西渭南縣	同右	同右	同右		同右	同右
	嚴春	斄	陝西武功縣	同右	同右	同右		同右	同右
	董喜	茂陵	陝西興平縣	同右	同右	同右		同右	同右
	王孟	藍田	陝西藍田縣	同右	同右	同右		同右	同右
	汝臣	隗里		同右	同右	同右		同右	同右
	于扶	盩厔	陝西盩厔縣	同右	同右	同右		同右	同右
	嚴本	陽陵	陝西咸陽縣	同右	同右	同右		同右	同右

心地區								
屠門少	杜陵	陝西長安縣	同右	同右	同右		同右	同右
劉聖（望）	汝南	河南汝南縣	不詳	宗室大姓	建武元年	同年	王莽傳下、劉玄傳	
延岑	漢中	陝西境	不詳	大姓	建武二年	建武四年	光武紀、公孫述傳、馮異傳、鄧禹傳。	入公孫述集團
張宗	魯陽	河南魯山縣	三四百人	大姓	王莽末		本傳	歸光武集團
劉茂（厭新）	京、密間	京在河南境，密在山東費縣	衆十餘萬	宗室大姓	不詳	建武元年	光武紀、泗水王歙傳	降光武
張滿	新城	河南密縣	不詳	不詳	建武二年（或以前）	建武三年	光武紀、祭遵傳	
宗成	南陽	河南南陽縣	不詳	不詳	更始元年	同年	公孫述傳	
召吳	襄城	河南開封附近	數百人	不詳	更始元年	建武九年	郭伋傳	
趙宏	陽夏	河南太康縣	數百人	山賊	不詳	建武九年	同右	
嚴終趙敦	陽翟	河南禹縣	萬餘人	不詳	建武三年	同年	寇恂傳	馮異傳趙敦作趙根
賈期	密	山東費縣	不詳	不詳	同右	同右	同右	
賈復	羽山	在山東境	數百人	士族	地皇元年	更始元年	本傳	後歸光武
王歆	下邽		萬人左右	大姓	不詳	建武二年	馮異傳	
芳丹	新豐	陝西臨潼縣	同右	同右	同右	同右	同右	
公孫守	長陵	陝西咸陽縣	同右	同右	同右	同右	同右	
楊周	谷口	陝西醴泉縣	同右	同右	同右	同右	同右	
角閎	汧	陝西隴縣	同右	同右	同右	同右	同右	
駱蓋延	盩厔		同右	同右	同右	同右	同右	通鑑、十七史商榷、後書補注均謂作「駱延」。
任良	鄠	陝西鄠縣	同右	同右	同右	同右	同右	
汝章	槐里		同右	同右	同右	同右	同右	
蔣震	霸陵	陝西長安	同右	同右	同右	同右	同右	此三人於馮異平關中後皆走降公孫述。
張邯	長安	西安	同右	同右	同右	同右	同右	
呂鮪	陳倉	陝西寶鷄縣	同右	同右	同右	同右	同右	
蘇況	弘農	河南靈寶縣	據其郡	疑爲大姓	建武三年	不詳	景丹傳、又後漢紀。	

右表主要係根據兩漢書中有關之諸紀傳寫成。但並不敢說沒有疏漏之處。更不是說這一期間的起兵者僅止於此。

事實上不僅文獻不足，而且還有許多起兵之事雖見於史籍，亦未曾列入表中。這可分作幾種情形：

一、起事人姓名不可考見者：如始建國三年，「民棄城郭，流亡爲盜賊。蘇州、平州尤甚。」天鳳二年「五原、代郡……盜賊數千人爲輩，轉入旁郡。」（均見漢書王莽傳中）天鳳六年「青徐民多棄鄉里流亡，老弱死道路，壯者入賊中。」地皇二年「三輔盜賊麻起。」（同書傳下）又如後漢書成武孝侯順傳所載六安賊事，耿弇傳所記擊望都故安西山賊事（註七），以及光武紀上所載「別號諸賊」中之若干武裝力量等，雖確知有起兵之事，亦不載。

二、僅有姓名而其事已湮沒無聞或不甚可考者：如始建國二年孫建上言云：「陵鄉侯劉曾，扶恩侯劉貴等，更聚衆謀反。」（王莽傳中）雖確知其人，亦不載。

三、姓名與事均可考見，但無獨立性，僅如更大勢力之分支者：如後漢書寇恂傳載：「初隗囂將安定高峻擁兵萬人，據高平第一。」同書鮑永傳載：「董憲裨將屯兵於魯……永到擊討，大破之，降者數千。唯別帥彭豐、虞林、皮常各千餘人，稱將軍，不肯下。」同書蘇竟傳：「初延岑護軍鄧仲況擁兵據南陽陰縣爲寇。」等均不載。唯表中尙有少數起事者，雖其後附屬或併入大集團中，但因其初起時有獨立性，故亦及之。

至於右表所能明確地指出者，則有下列三點：

一、兩漢交替之際的羣雄並起，乃是全國性的，當時中國境內幾無處沒有豪傑聚衆起兵之事。

二、就已有資料統計之，則當時起兵者實以宗室、士族、大姓作主要成份，而且其中有許多起事者的身份，歷史上雖已無明確記載，據情形判斷則仍似為豪强大姓。但為謹愼計，除有確證者外，悉存闕。

三、關於士族大姓之地理分佈，右表亦略有暗示。邊郡如西北、西南，以及北方之一部份，因人口較稀，士族大姓不多，故起事者亦甚少，而且容易形成少數士族大姓割據或獨霸之局。至於中心地區以及東南諸郡（尤其是現在陝西、河南、及山東的一部份），因係政治、文化、經濟各方面的中心，人口稠密，士族大姓林立，所以起事者極多，擾亂最甚。唯此表祇能顯示出士族大姓地理分佈的靜止面，至於其中種種動態，足以更進一步說明地理分佈的情形者，後文另有分析，非此表所能及矣！

根據前表的線索，我們試對當時割據一方的幾個較大武裝集團的領袖人物與士族大姓之關係略加檢討，然後再進而討論東漢政權的本質。袁山松說當時「懷璽者十餘，建旗者數百。」後者因史料不足，已不能詳加列舉，前者則猶可考見。茲據地理分佈的不同分為五部討論之：（註八）

一、東方：劉永集團、張步集團、董憲集團

二、北方：王郎集團、彭寵張豐集團

三、西北：盧芳集團、竇融梁統集團、隗囂集團

四、南方：李憲集團、秦豐集團、田戎集團

五、西南：公孫述集團

以上共十二集團。按楊守敬「歷代輿地沿革險要圖」一書中有「前漢末割據圖」，共載十四個武裝集團。除上述十二個外，尚有赤眉、更始兩集團。本文因對此二集團將另有分析，故此處從略。

兩漢之際羣雄割據圖

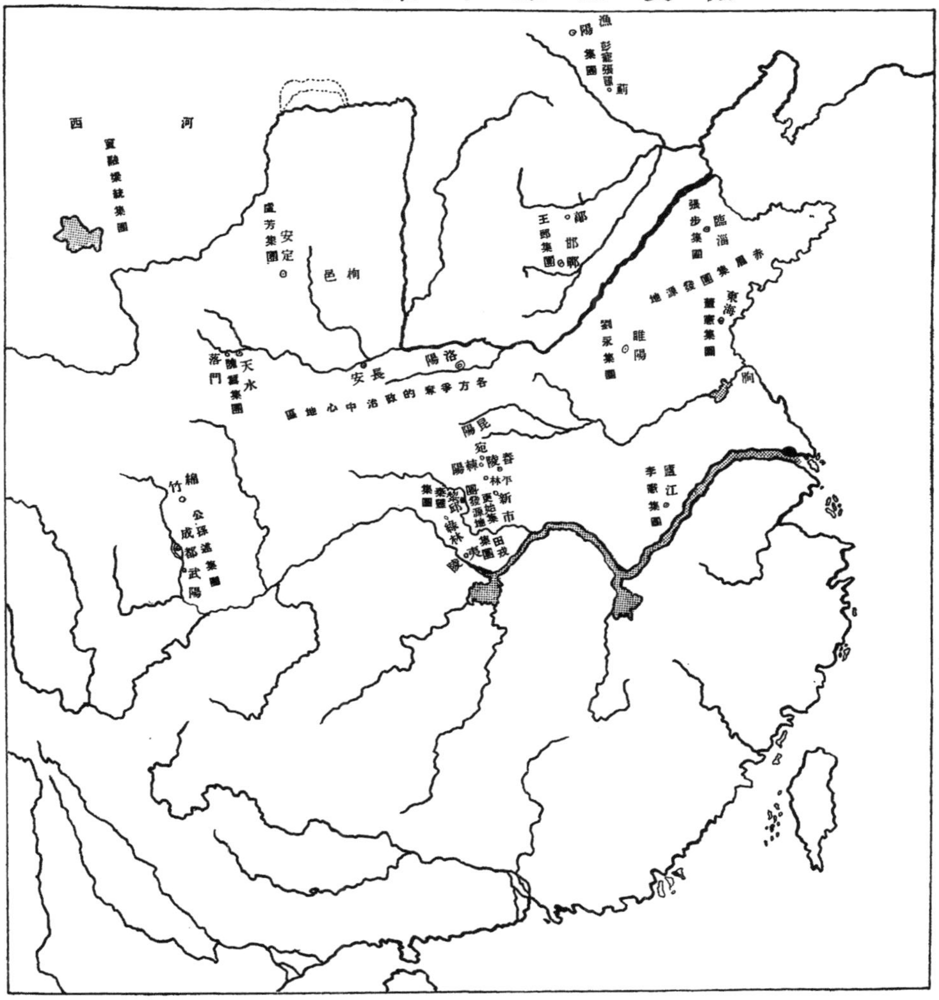

按：本圖係參合楊守敬「歷代輿地圖」中之「前漢末割據圖」及日人箭內亙所編「東洋讀史地圖」中之「漢室復興時羣雄割據圖」兩圖而製成。

一、東方　東方主要包括今山東省及河南之一部份，約當於漢代所謂「關東」地區。漢時早有所謂「關東出相」的諺語。成帝之世，陳湯也說：「關東富人益衆，多規良田，役使平民。」師古注曰：「規，畫也，自占爲疆界也。」（漢書陳湯傳）足見其地士族大姓之衆。故最初起兵反莽者如劉崇、張紹、翟義、劉快等，都是當時東方的士族大姓。另一方面，關東早自元帝初元元年起，即屢有天災，如大水、蝗蟲、嚴霜之類，而王莽之世尤甚。饑荒連年，所以稍後有饑民集團（赤眉）的產生，擁衆至達百萬。赤眉雖爲饑民集團，但其所過之處，亦必有不少强宗大族捲入其中。（呂母、董憲即其明證）東方勢力的强大，早已爲王莽時人所瞭解：嚴尤諫王莽曰：「匈奴可且以爲後，先山東盜賊。」哀章亦謂莽曰：「臣……願平山東。」地皇四年，莽遣王邑、王尋「發衆郡兵百萬……平定陵東。」及圍長安時，「城中或謂莽曰：城門卒東方人，不可信。」（均見王莽傳下）唯以上所謂東方人猶是兼指饑民而言，至於東方士族大姓的力量，我們則可於割據羣雄中窺見其大概。

劉永集團　劉永本人爲宗室，其爲大姓固無可疑。而他的起事以及後來的「專據東方」也都是依賴着士族大姓的支持。這祇要看下面的記載即知：

「劉永者，梁郡睢陽人。……更始即位，永先詣洛陽，詔封爲梁王，都睢陽。永聞更始政亂，遂據國起兵，以弟防爲輔國大將軍，防弟少公御史大夫，封魯王。遂招諸豪傑沛人周建等，並署爲將帥，攻下濟陰、山陽、沛、楚、淮陽、汝南，凡二十八城。又遣使拜西防賊帥山陽佼强爲橫行將軍。是時東海人董憲起兵據其郡，而張步亦定齊地。永遣使拜憲翼漢大將軍，步輔漢大將軍，與共連兵，遂專據東方。」

——後漢書劉永傳

是劉永的勢力且伸展至南方地區矣！其後永死，王閎亦謂張步曰：「梁王以奉本朝之故，是以山東頗能歸之。」（同書張步傳）可見他確曾爲一部份東方大姓强宗所擁戴。

張步集團　張步本人亦爲大姓：「漢兵之起，步亦聚衆數千，轉攻傍縣，下數城，自爲五威將軍。……理兵於劇，以弟弘爲衞將軍，弘弟藍玄武大將軍，藍弟壽高密太守。遣將徇太山、東萊、城陽、膠東、北海、濟南、齊諸郡皆下之。……專集齊地，據郡十二。」（張步傳）同書伏隆傳也謂：「張步兄弟各擁强兵，據有齊地。」至於他與當地强宗大姓的交結，歷史上也有明白的記載，同書陳俊傳載：「是時太山豪傑，多擁衆與張步連兵。」及後齊地既平，俊爲琅玡太守，「齊地素聞俊名，入界盜賊皆解散。」而耿弇傳也謂張步降時，「弇傳步詣行在所，而勒兵入據其城，樹十二郡旗鼓，令步兵各以郡人詣旗下。衆尚十餘萬，輜重七千餘兩，皆罷遣歸鄉里。」可見所謂「豪傑」、「盜賊」與張步的武力，本皆由强宗大姓所組成，而張步之所以能據齊地，主要也是因爲獲得了强宗大姓的自動歸附也。

董憲集團　後漢書無董憲傳，於其身世，語焉不詳。漢書王莽傳及後漢紀卷一均謂「董憲起兵爲赤眉別校。」然此祇能說明他曾被捲入饑民集團，不足以確定他的社會身份。唯後漢紀對他的家世略有涉及，其文曰：「董憲字僑卿，東海朐人，父爲人所殺，憲聚客報怨，衆稍多，遂攻屬縣。」從這一點簡略的記載看，他既有賓客爲之報仇，當亦是屬於豪傑之流，再證之以呂母結客報仇而後捲入赤眉之事，則我們更有理由相信董憲亦爲强宗大姓出身。其後憲與劉永、張步兩集團相互連結，而龐萌也加入了他的集團，其與士族大姓的密切關係遂益無可疑。下面兩事也可以幫助我們瞭解他的社會身份：一、憲敗後，「吏士聞憲尚在，復往往相聚，得數百騎，迎憲入郯城。」觀憲與其部曲關係之深，殆皆親戚賓客之屬耶！二、吳漢旣盡獲憲妻子，「憲乃流涕謝其將士曰：妻子皆已得矣，嗟呼！久苦諸卿。乃將數十騎夜去，欲從間道歸降。」（均見同書龐萌傳）則憲實具有甚深的家族觀念。綜合以上種種材料觀之，則董憲集團的士族大姓本質，殆爲不容置疑之事。

二、北方　北方爲光武發跡之地，其地亦多强宗大姓，此觀王郎與彭寵兩集團之活動事跡，即可瞭然：

王郎集團　後漢紀卷一記王郎初起情形云：「郎於是詐稱子輿以誑動（趙繆王子）林等。林等亦願以爲亂，乃與趙國大豪李育、張參先宣言赤眉將至，立劉子輿以動衆心。遂率車騎數百，晨入邯鄲，止王宮。」後漢書王昌傳載郎旣起事之後，「於是趙國以北、遼東以西皆風從而靡。」至於王郎與大姓的關係，同書李忠傳（後漢紀卷二同）載：「王郎遣將攻信都，信都大姓馬寵等開門內之。」後更始遣將攻破信都，李忠還行太守事，「收郡中大姓附邯鄲者誅殺數百人。」又耿純傳：「郭大姓蘇公反城，開門內王郎將李惲。」（註九）又堂陽亦嘗反屬王郎。（邳肜傳）則王郎實頗得一部份大姓的支持，又耿純曰：「今邯鄲自立，北州疑惑。純雖舉族歸命，老弱在行，猶恐宗人賓客半有不同心者。」（純傳）通鑑卷三十九邳肜說光武曰：「明公旣西，則邯鄲勢成，民不肯捐父母，背成主，而千里送公。」（又見後漢書本傳）王郎集團具有士族大姓的背景，毫無可疑。

彭寵張豐集團　彭寵是士族子弟，「父宏、哀帝時爲漁陽太守。」他自己也「少爲郡吏，地皇中爲大司空士。」光武初至河北，嘗倚爲北道主人。後寵叛光武自立，北連匈奴，「南結張步及富平，獲索諸豪傑，皆與交質連衡。遂攻拔薊城，自立爲燕王。」（均見後漢書本傳）張豐本爲涿郡太守，建武三年叛附彭寵。「初豐好方術，有道士言豐當爲天子，以五綵囊裹石繫豐肘，云中有玉璽。豐信之，遂反。」（後漢書祭遵傳）朱浮上疏亦云：「今秋稼已熟，復爲漁陽所掠。張豐狂悖，姦黨日增。連年拒守，吏士疲勞。」（同書朱浮傳）是彭張集團已成爲北方一支重要的割據力量，且不斷有豪傑大姓依附之也。

三、西北　西北地區士族大姓較少，局勢亦較穩定，故在政治上形成少數集團的壟斷之局：

盧芳集團　盧芳爲安定三水人，王莽末自稱爲宗室子弟，縱非劉氏，當亦係大姓。後漢書盧芳傳云：

「更始敗，三水豪傑共計議，以芳爲劉氏子孫，宜承宗廟，乃共立芳爲上將軍，西平王。使使與西羌匈奴結和親。……芳與兄禽、弟程俱入匈奴。單于遂立芳爲漢帝，以程爲中郎將，將胡騎還入安定。初五原人李興、隨昱，朔方人田颯，代郡人石鮪，閔堪、各起兵自稱將軍。……（建武）五年李興、閔堪引兵至單于庭，迎芳與俱入塞，都九原縣，掠有五原、朔方、雲中、定襄、雁門五郡，並置令守，與胡通兵，侵苦北邊。」

遂爲西北邊郡的大姓武裝集團。又後漢書杜茂傳載：「自是盧芳城邑稍稍來降，（郭）涼誅其豪右郇氏之屬，鎮撫羸弱，旬月間鴈門且平。芳遂亡入匈奴。」足見盧芳集團的最後失敗，還是由於被光武方面挖空了大姓的根基也。

隗囂集團　隗氏爲西北著名的士族。（註十）後漢書隗囂傳曰：「季父崔，素豪俠，能得衆，聞更始立而莽兵連敗，於是乃與兄義及上邽人楊廣，冀人周宗謀起兵應漢。……遂聚衆數千人，攻平襄，殺莽鎮大尹。……囂素有名，好經書，遂共推爲上將軍。」觀其起事時盟文有云：「凡我同盟，三十一將，十有六姓。」可知爲十六家大姓的聯盟。囂既爲士族出身，故對士大夫尤爲尊敬，歸之者遂多。「更始敗，三輔耆老，士大夫等皆奔歸囂。囂素謙恭愛士，傾身接爲布衣交。」又「囂賓客、掾史多文學生，每所上事，當世士大夫皆諷誦之。」（同上）荊邯說隗囂

「尊師章句，賓友處士。」章懷注云：「章句，謂鄭興等也；處士，謂方望等也。」（同書公孫述傳）申屠剛與囂書亦云：「將軍素以忠孝顯聞，是以士大夫不遠千里，慕樂德義。」（同書申屠剛傳）馬援致楊廣書則謂囂擁兵衆除保宗族外，「又言苟厚士大夫而已！」（同書馬援傳）是隗囂集團尤具有士族性質，非一般大姓的武裝勢力可比也。

竇融梁統集團　竇、梁等所領導的河西五郡（武威、張掖、酒泉、敦煌、金城）是當時最大的一個士族大姓的武裝自保集團，其意義甚爲特殊。通鑑卷四十載此事最爲扼要：

「初，平陵竇融累世仕宦河西(按後漢書竇融傳云：「爲吏人所敬向」)，知其土俗；與更始右大司馬趙萌善。私謂兄弟曰：『天下安危未可知，河西殷富，帶河爲固；張掖屬國，騎兵萬騎。一旦緩急，杜絕河津，足以自守。此遺種處也。』乃因前求往河西。萌薦融於更始，以爲張掖屬國都尉。融既到，撫結雄桀，懷輯羌虜，甚得其歡心。是時酒泉太守安定梁統（按後漢紀卷三謂統「少治春秋，好法律。」），金城太守庫鈞、張掖都尉茂陵史苞、酒泉都尉竺曾、敦煌都尉辛彤、並州郡英俊，融皆與厚善。及更始敗，融與梁統等計議曰：『今天下擾亂，未知所歸，河西斗絕在羌胡中，不同心戮力，則不能自守。權鈞力齊，復無以相率。當推一人爲大將軍，共令五郡，觀時變動。』議既定，而各謙讓。以位次，咸共推梁統；統固辭，乃推融行河西五郡大將軍事。武威太守馬期、張掖太守任仲並孤立無黨，乃共移書告示之。二人即解印綬去。於是以梁統爲武威太守、史苞爲張掖太守、竺曾爲酒泉太守、辛彤爲敦煌太守。融居屬國，領都尉職如故。置從事，監察五郡。（按後漢紀卷三云：「而太守各治其郡，尊賢善士，務欲得吏民心。」）河西民俗質樸，而融等政亦寬和，上下相親，晏然富殖。……內郡流居避凶饑者歸之不絕。」

這一士族大姓聯盟的特點，係以自保爲最高目標，而無爭奪政權之企圖。他們對於當時稱帝之幾大集團，也無所偏向，而一唯自身之利害是視。遇到必須選擇歸附的對象時，則由大姓領袖共同會議決定之。通鑑卷四十一記其決定在光武與隗囂之間擇一而事的情形云：

「融等召豪傑議之，其中識者皆曰：『……况今稱帝者數人，而雒陽土地最廣、甲兵最强、號令最明。觀符命而察人事，它姓殆未能當也！』衆議或同或異，融遂決策東向。」

這種純粹以自身利益爲中心的士族大姓聯盟之產生，更顯示出當時士族大姓的勢力發展得如何普遍與强大了！

四、南方　南方早在王莽天鳳四年，即有瓜田儀起兵之事。其後「王莽末，南方饑饉，人庶羣入野澤，掘鳧茈而食之，更相侵奪。」（後漢書劉玄傳）又同書齊武王縯傳亦云：「莽末盜賊羣起，南方尤甚。」此所以南方在士族大姓之外，又有龐大的饑民集團也。這裡我們試先對當時稱霸南方的三大武裝集團加以分析：

李憲集團　李憲本爲士人，王莽時任廬江屬令，以擊破江賊王州公等而據郡自守。「更始元年，自稱淮南王。建武二年遂自立爲天子，置公卿百官，擁九城，衆十餘萬。(後漢書李憲傳)李憲雖爲潁川人，其集團中份子，則無疑爲當地强宗豪族之屬；此可由其後憲餘黨之降服情形，推測得之。同書本傳曰：「後憲餘黨淳于臨等，猶聚衆數千人，屯灊山。」謝承後漢書記陳衆招降事云：「陳衆於是自請以恩信曉喻降之，乘單車駕白馬，往到賊所，以爲告喻。賊素服名德，即降服。」（御覽二六五引）此類說降之事，東漢初年屢見，蓋所謂「賊」，本皆士族大姓的武裝自保集團，若眞爲盜賊，安能輕易爲「名德」所服哉！

秦豐集團　秦豐「據黎邱，自稱楚黎王，略十有二縣。」（後漢書岑彭傳）考其身世，則亦爲士族。東觀漢記曰「豐、邔縣人，少學長安，受律令，歸爲縣吏。更始元年起兵，攻得邔宜城若，編臨沮、中沮、廬、襄陽、鄧、新野、穰、湖陽、蔡陽兵，合萬人。」（岑彭傳注）余知古諸宮故事曰：「豐少有雄氣。王莽末，結鄉里豪傑起兵，掠荊州十二縣，據襄陽之黎丘，自稱楚黎王。」（惠棟後漢書補注卷一）豐起事時已有鄉黨附隨，其後又嘗以女妻延岑、田戎（見後漢書公孫述傳），則交結親族之意更顯然矣！

田戎集團　「戎，汝南人，初起兵夷陵，轉寇郡縣，衆數萬人。」（公孫述傳）東觀漢記載其事曰：「田戎西平人，與同郡人陳義客夷陵爲羣盜。更始元年，義、戎將兵陷夷陵。陳義自稱黎邱大將軍，戎自稱掃地大將軍。」觀其稱號，似眞爲盜賊。然岑彭傳注又引襄陽耆舊記曰：「戎號周成王，義稱臨江王。」未知孰是。若謂前後稱號不同，則雅俗之間不應相去如是之遠。東觀記爲官書，其記「盜賊」之事或不免有歪曲，毋寧以耆舊記爲較可信也。又謝承書曰：「田戎擁衆夷陵，聞秦豐被圍，懼大兵方至，欲降。而妻兄辛臣諫戎曰：今四方豪傑各據郡國，洛陽地如掌耳！不如按兵以觀其變。」（御覽七二五引）司馬彪續漢書亦曰：「辛臣爲戎作地圖，圖彭寵、張步、董憲、公孫述等所得郡國，云洛陽所得如掌耳！」（後漢書岑彭傳注）合而觀之，至少田戎在起兵之後，其陣營中仍多宗親。再參以他與公孫述、秦豐諸集團之交結事實，則田戎集團在本質上縱非士族，亦當爲普通强宗大姓也！

五、西南　西南爲公孫述獨霸之局，其情形較爲簡單，但士族大姓的勢力，也表現得極爲活躍。

公孫述集團　述爲世族子弟，其先武帝時爲吏二千石，述哀帝時以父任爲郎。司馬彪續漢書云：「公孫述，補淸水長，太守以爲能，使兼治五縣，政事修理，姦盜不發，郡中謂有神明。」（藝文類聚五十、御覽二七六）後漢書公孫述傳曰：

「更始立，豪傑各起其縣以應漢。南陽人宗成自稱虎牙將軍，略漢中。又商人王岑亦起兵於雒縣，自稱定漢將軍，殺王莽庸部牧以應成；衆合數萬人，述聞之，遣使迎成等。成等至成都，虜掠橫暴。述意惡之，召縣中豪傑謂曰：『天下同苦新室，思劉氏久矣！故聞漢將軍到，馳迎道路。今百姓無辜，而婦子係獲，室屋燒燔；此賊寇，非義兵也。吾欲保郡自守，以待眞主。諸卿並力者則留，不欲者便去。』豪傑皆叩頭曰：『願效死！』」

可見公孫述集團，最初亦僅爲一士族大姓武裝自保的組織。後述既自立爲蜀主，「遠方士庶多往歸之。」（同上）述又嘗遍徵境內名士如譙玄、費始、李業、王皓、王嘉、任永、馮信等。但他們因拘於正統觀念，堅不肯事述；最後逼不得已，則頗有自殺而死者。（見同書獨行列傳，又華陽國志）然亦有士人爲公孫氏所網羅者，如楊「春卿善圖讖學，爲公孫述將。漢平蜀，春卿自殺。」（同書楊厚傳）當時忠於公孫氏之士族自不止楊氏一姓，特史少記載耳！從這種地方，至少可以看出公孫述集團確是有意交結士族大姓的。故其他地區的大姓武力如「關中豪傑呂鮪（張邯、蔣震）等，往往擁衆以萬數，莫知所屬，多往歸述。」（同書本傳，又馮異傳）此外漢中延岑以及夷陵田戎亦皆先後來附。

以上是四方士族、大姓、豪右、强宗之類的勢力各霸一方的大概情形。各地區士族大姓勢力之不同，亦自有其種種地理的與歷史的背景，漢書地理志論各地風俗異趨的文字，可以使我們瞭解其中一部份的根源，此處不擬詳及。這裡還應該一提的，便是本文所謂中心地區的情況。無論從史籍上看，或根據前表的統計，中心地區的士族大姓勢力都是最强大與最衆多的一環。漢代移徙强宗大姓，多在長安附近之諸陵。因此三輔大姓特多。王莽末年「三輔盜賊厤起」，「大姓櫟陽申碭，下邽王大皆率衆隨(王)憲。屬縣斄嚴春、茂陵董喜、藍田王孟、槐里汝臣、盩厔王扶、陽陵嚴本、杜陵屠門少之屬，衆皆數千人，假號稱漢將。」(漢書王莽傳下)後建武初年，「赤眉、延岑暴亂三輔，郡縣大姓各擁兵衆。延岑據藍田、王歆據下邽、芳丹據新豐、蔣震據霸陵、張邯據長安、公孫守據長陵、楊周據谷口、呂鮪據陳倉、角閎據汧、駱蓋延據盩厔、任良據鄠、汝章據槐里，各稱將軍，擁兵多者萬餘，少者數千人，轉相攻擊。」(見馮異傳)，這些人中，當地强宗大姓顯然佔絕大多數。這是環繞着長安政治中心的情勢。另一方面，在洛陽政治中心的四周，也有許多强宗大族的勢力。光武集團最初即發端於南陽一帶，東觀漢記卷一載李氏「兄弟爲帝言天下擾亂饑餓，下江兵盛，南陽豪右雲擾。」又如潁川亦爲士族大姓密集之地，觀前書趙廣漢傳，已可瞭然。後漢書寇徇傳載建武二年，「潁川人嚴終、趙敦聚衆萬餘人，與密人賈期連兵爲寇。」次年，「潁川盜賊羣起，帝乃引軍還。謂恂曰：『潁川廹近京師，當以時定。』」(同書寇恂傳)但中心地區的士族大姓勢力雖盛，却始終動盪不定。其中唯漢中延岑稍成局面，史載：「岑字叔牙，南陽人，始起據漢中，又擁兵關西，所在殘破。走至南陽，略有數縣。」(同書公孫述傳)則流動性仍然甚大。其所以有此特色者，實因此區域係政治中心，爲各方起事者爭奪的對象。更始所率領的新市平林下江兵佔據於前，赤眉流寇又復擾亂於後，遂使當地士族大姓無法形成統一的霸局。而且亦正由於士族大姓過多，力量各不相上下，故更易流於羣雄並峙的混亂局面。此中心地區與四方情形迥乎不同之根本原因所在也！

六、兩漢之際士族大姓的舉宗從征

前面我們簡要地清理了東漢政權建立之前，各地士族大姓的起兵以及幾個主要武裝集團各據一方的混亂歷史。我們於此至少已可得出這樣的結論：即當時起事者實多屬强宗大姓，而稱霸的羣雄更非有强宗大姓的支持不可。唯關於士族的問題，許多更重要的史實，上文猶未及徵引。我們將於下面分析東漢政權的性質時，進一步討論之。如此則上文一些沒有交代清楚的關鍵都可迎刃而解。

我們在前面已一再提到士族大姓的問題，可是由於舊史家對當時擾亂的羣雄之身世背景等叙述得過於簡略，除少數情形外，我們已很難找到關於士族大姓實際活動的明確記載。因此到現在止，讀者對士族大姓起兵的普遍性，恐仍不能無疑。幸而光武集團以及許多附漢的士族大姓的動態，舊籍中均保存了許多史料，若細加排比，則事實昭然若揭。爲了使問題獲得根本的解決，我們最好是先將西漢政權建立時的情形作一對照。

劉邦打天下時，追隨者如張良、韓信，酈食其之流都是單身的士，背後沒有宗族的力量。其中唯一的例外便是蕭何，而且還有特殊的原因。史記蕭相國世家（漢書蕭何列傳同）記其事始末云：

「鮑生謂丞相曰：『王暴衣露蓋，數使使勞苦君者，有疑君心也。爲君計，莫若遣君子孫昆弟能勝兵者悉詣軍所，上必益信君。』於是何從其計。漢王大悅。」

可見蕭何之舉宗從征，完全是爲了袪高祖之疑，蓋有人質之意味。但何以見得那時祇有蕭何一人是例外呢？同書接着告訴我們：

「漢五年既殺項羽，定天下，論功行封。羣臣爭功，歲餘功不決。高祖以蕭何最盛，封爲酇侯，所食邑多。功臣皆曰：『臣等身被堅執銳，多者百餘戰，少者數十合，攻城略地，大小各有差。今蕭何未嘗有汗馬之勞，徒持文墨，議論不戰，顧反居臣等上，何也？』高帝曰：『……且諸君獨以身隨我，多者兩三人。今蕭何舉宗數十人皆隨我，功不可忘也！』羣臣皆莫敢言。」

前漢紀亦曰：「封蕭何爲酇侯，父母兄弟封侯食邑者十餘人。以蕭何舉宗從征故也。」（卷三）西漢政權建立時並無宗族背景，此其明證。又項羽欲殺太公，項伯曰：「天下事未可知，且爲天下者不顧家，雖殺之無益。」（項羽本紀）更可見其時起事者與家族的關係爲何如了。可是在東漢政權建立之際，社會背景便完全不同。早在王莽時，我們已看到劉嘉「願爲宗室始倡，父子兄弟負籠倚鍤，馳之南陽。」以及劉歙「願率宗族爲士卒先」之類，舉宗爲王莽効力的事。及至光武帝起事以後，這類舉宗從征的事尤爲普遍。首先我們須知光武及其兄伯升所率領的武裝力量，便是一個大宗族集團。後漢紀卷一對此事經過敘述得比較清楚（通鑑卷卅八同）：

「劉縯（伯升）召諸豪傑計議曰：『王莽暴虐，百姓分崩。今枯旱連年，兵革並起，此亦天亡之時，復高祖之業，定萬世之秋也！』衆皆然之。於是分遣親客，使鄧晨起新野，世祖與李軼起於宛，伯升自發舂陵子弟。諸家子弟恐懼，皆逃亡自匿，曰：『伯升殺我！』及見世祖絳衣大冠，皆驚曰：『謹厚者亦復爲之。』乃稍自安。凡得子弟七八千人。（按前漢書王莽傳下亦云：「世祖與兄齊武王伯升，宛人李通等帥舂陵子弟數千人。」）部署賓客，自稱柱天都部。」

王常謂下江兵將帥曰：「今南陽諸劉舉宗起兵。」（後漢書王常傳）可見其中確包括了好幾個大家族在內。而更值得注意的是光武集團不僅多普通强宗大姓，而且還有不少士族，爲其他集團所不及。

趙翼在「東漢功臣多近儒」條中曾舉出鄧禹、寇恂、馮異、賈復、耿弇、祭遵、李忠、朱祐、竇融、王霸、耿純等人以爲他的論斷的根據。我們若進而對東漢功臣的身世背景加以分析，再佐以其他種種材料，合而觀之，即可以瞭解東漢政權與當時士族之間的深切關係。且趙翼所謂多近「儒」之「儒」，主要是指着狹義的儒家而言的，如擴大而用之於一般智識份子，則我們實可以說，創造東漢政權的主要份子多爲士人。而這些士人的後面差不多都附隨着整個宗族。下面我們試加以討論。

最早以「劉氏復興，李氏爲輔」的讖文說光武起事的，是南陽李氏兄弟，後漢書李通傳說：

「李通……世以貨殖著姓。父守……爲人嚴毅，居家如宮廷。（注引續漢書曰：「守居家與子孫尤謹。閨門之內如宮廷也。」）初事劉歆，好星歷讖記，爲王莽宗卿師。通亦爲五威將軍從事，出補巫丞，有能名。」

這說明了李氏一方固然經營農商，另一方面則仍置身於士林宦海，決不是單純的商人家庭。所以當李通一再遣弟軼詣光武，要求見面時，光武以爲是「士君子道相慕。」同時與李氏家庭成份相類似的，還有光武之舅樊宏，史載：

「樊宏……爲鄉里著姓，父重字君雲，世善農稼，好貨殖。重性温厚有法度，三世共財，子孫朝夕禮敬，常養公家。其營理產業，物無所棄，課役童隸，各得其宜。故能上下戮力，財利歲倍至。乃開廣田土三百餘頃。其所起廬舍，皆有重堂高閣，陂渠灌注。……而賑贍宗族，恩加鄉閭。」（後漢書樊宏傳）

這顯然也是一個規模極大的家族。而且從他們家居守禮甚嚴的情形看，更使人相信他們同時還是深受儒學薰陶的士族。故後樊宏辭更始曰：「書生不習兵事。」（註十一）這兩大家族的生活情形，不僅使我們瞭解到當時社會上士族發展的程度之高，同時更印證了我們前面所指出的强宗大姓的士族化過程，此外如張湛亦「矜嚴好禮，動止有則，居處幽室，必自修整。雖遇妻子若嚴君焉！及在鄉黨，詳言正色，三輔以爲儀表。」（同書張湛傳）司馬彪續漢書也說湛「性矜嚴，非禮不動。遇妻子若嚴君，三輔以爲儀表。」（北堂書鈔五三、御覽四五二引）又東觀漢記卷十五云：「堪年六歲，受業長安，治梁邱易，才美而高，京師號曰聖童。堪守蜀郡，公孫述遣擊之，堪有同心之士三千人，相謂曰：『張君養我曹爲今日也！』」此三千人當爲賓客之屬無疑。當時士族之普遍，於此可見一斑。

至於一般士族舉宗從征之事，我們也舉一些最顯著的例證如下：

一、寇恂：「寇恂字子翼，上谷昌平人也。世爲著姓。」其後恂同門生董崇勸戒他時曾說：「今君所將，皆宗族昆弟也。」（後漢書本傳。又後漢紀卷三作「宗族兄弟」）

二、劉植：「劉植字伯先，鉅鹿昌城人也。王郎起，植與弟喜、從兄歆率宗族賓客聚兵數千人，據昌城。聞世祖從薊還，乃開門迎。」（同書本傳）又水經注曰：「世祖之下堂陽，昌城人劉植率宗親子弟據邑以奉世祖。」（影印永樂大典本卷五。又略見惠棟後漢書補注卷七）按植是否爲士人，已不可考，以其宗族賓客甚多，故及之。

三、耿純：「耿純字伯山，鉅鹿宋子人也。……學於長安，因除爲納言士。……世祖自薊東南馳，純與從昆弟訢、宿、植共率宗族賓客二千餘人，老病者皆載木自隨，奉迎於育。」（註十二）「純恐宗家懷異心，乃使訢、宿歸燒其廬舍。世祖問純故，對曰：『純雖舉族歸命，老弱在行，猶恐宗人賓客半有不同心者。故燔燒屋室，絕其反顧之望。」（均見同書本傳，又見後漢紀卷三）

四、耿弇：「耿弇……扶風茂陵人也。……其先武帝時二千石。……父況字偉游，以明經爲郎。……弇少好學，習父業。……建武四年詔弇進攻漁陽。弇以父據上谷，本與彭寵同攻，又兄弟無在京師者，自疑不敢獨進。上書求詣洛陽。詔報曰：『將軍出身舉宗爲國，所向陷敵，功效尤著。何嫌何疑，而欲求徵。且與王常共屯涿郡，勉思方略。』況聞弇求徵，亦不自安，遣舒弟國入侍。帝善之。」（同書耿弇傳）

五、馮勤：「馮勤字偉伯，魏郡繁陽人也。曾祖父揚，宣帝時爲弘農太守，有八子，皆爲二千石。趙魏間榮之，號曰萬石君焉！……初爲太守姚期功曹，有高能稱。期常從光武征伐，政事一以委勤，勤同縣馮巡等舉兵應光武。謀未成而爲豪右焦廉等所反，勤乃率將老母兄弟及宗親歸期。期悉以爲腹心，荐於光武。」（同書馮勤傳）

六、陰識：「陰識字次伯，南陽新野人也。……及劉伯升起義兵，識時游學長安，聞之，委業而歸，率子弟宗族賓客千餘人往詣伯升。」（同書陰識傳）

七、王丹：「王丹：……哀平時仕州郡，王莽時連徵不至。家累千金，隱居養志，好施周急。……會前將軍鄧禹西征關中，軍糧乏。丹率宗族上麥二千斛。」（同書王丹傳）

八、王霸：「潁川潁陽人也，世好文法。父爲郡决曹椽，霸亦少爲獄吏，常慷慨不樂吏職。其父奇之，遣西學長安。漢兵起，光武過潁陽，霸率賓客上謁。」（同書本傳）

九、鄧晨：「字偉卿，南陽新野人也。世吏二千石，父宏豫章都尉。……及漢兵起，晨將賓客會棘陽。」又章懷注引東觀記曰：「晨曾祖父隆，揚州刺史；祖父勳，交趾刺史。」（後漢書本傳）

十、馮異：「潁川父城人也。好讀書，通左氏春秋，孫子兵法。」後上書亦自云：「臣本諸生。」其爲士人固無可疑。異初拒漢，後始歸光武。建武二年破嚴終、趙根，「詔異歸家上冢，使太中大夫齎牛酒，令二百里內太守都尉已下，及宗族會焉！」（均見同書本傳）是亦爲一大士族也。

十一、賈復：「南陽冠軍人也。少好學習尙書，事舞陰李生，李生奇之。……時下江兵起，復亦聚衆數百人於羽山，自號將軍。更始立，乃將其衆歸漢。」（同書本傳）

十二、祭遵：「潁川潁陽人也，少好經書。家富給而遵恭儉。……嘗爲部吏所侵，結客殺之。」（同書本傳）家富足而又結客，顯然爲士族，非僅單身之士人也。

十三、任光：「南陽宛人也，少忠厚爲鄉里所愛。初爲鄉嗇夫、郡縣吏。漢兵至宛，軍人見光冠服鮮明，令解衣，將殺而奪之。會光祿勳劉賜適至，視光容貌長者，乃救全之。光因率黨與從賜，爲安集掾，拜偏將軍。」（同書本傳）

十四、李忠：「東來黃人也，父爲高密都尉。忠元始中以父任爲郎。署中數十人而忠獨以好禮脩整稱。」後家屬陷信都，大姓馬寵令親屬招呼忠，「時寵弟從忠爲校尉，忠即時召見，責數以背恩反城，因格殺之。」並謂光武曰：「誠不敢內顧宗親。」（均見同書本傳）可見李忠最初不僅有宗親相隨，且亦嘗得大姓馬氏之支持也。

十五、邳彤：「信都人也，父吉爲遼西太守。彤初爲王莽和成卒正，世祖徇河北，至下曲陽。彤舉城降，復以爲太守。」（同書本傳）

十六、馬援：「扶風茂陵人也。……嘗受齊詩，意不能守章句。……亡命此地，遇赦，遂留牧畜。賓客多歸附者，遂役屬數百家。」注引續漢書曰：「過北地任氏畜牧，自援祖賓本客天水，父仲又嘗爲牧帥令，是時員（按援之兄也）爲護苑使者。故人賓客皆依援。」（同書本傳）

七、宗族的武裝自保及其方式

以上所舉僅爲隨光武征戰之士族勢力，至於以其他方式支持光武集團之士族，則均未列入。如「宋弘字仲子，東北長安人也。父尙，成帝時至少府。……弘少而溫順，哀平間作侍中，王莽時爲共工。……光武即位，徵拜太中大夫。建武二年代王梁爲大司空，封栒邑侯。所得租奉，分贍九族。」（後漢書本傳）宣秉「少修高節，顯名三輔。」後仕光武，「所得祿奉，輒以收養親族。其孤弱者分以田地。」（同書本傳）杜林，「父鄴，成哀間爲涼州刺史，林少好學沉深。家既多書。又外氏張竦父子喜文采。林從竦受學，博洽多聞，時稱通儒。」等皆是。今不詳引。此外尙有許多宗族自保的集團，亦爲當時社會上一極普遍的現象。其最大者如竇融、梁統等之在河西五郡，事已見前。又有保全一郡者，如伏湛之在平原，侯霸之在淮平，（均見同書本傳）蘇竟之在代郡，鮑永、田邑等之在幷土（同書馮衍傳、鮑永傳），都能在兵革之中捍衞宗族，庇護黎庶。史文甚長，不能多所徵引。我們這裡且一看分散各地的宗族自保集團。所謂自保，即雖擁兵衆而無意於爭奪政權者：後漢紀卷一賈復說劉嘉曰：「今漢氏中興，大王以親戚爲輔。天下未定而安所保，所保得無不可保乎？」嘉曰：「公言大，非吾任也。大司馬劉公在河北，可往投之。」」後漢書伏湛傳：「時門下督素有氣力，謀欲爲湛起兵，湛惡其惑衆，即收斬之。」又同書虞延傳：「王莽末，天下大亂。延常嬰甲冑，擁衞親族，捍禦鈔盜。其存者甚衆。」此數事均證明當時武裝宗族集團中，確有僅以自保爲最高目的者。同書劉盆子傳：「三輔大饑，人相食，城郭皆空，白骨蔽野。遺人往往聚爲營保，各堅守不下。」又赤眉掠奪長安時「百姓保壁，由是皆復固守。」（同上）馮異傳：「時赤眉，延岑暴亂三輔；郡縣大姓，各擁兵衆。」陳俊傳：「五校引退入漁陽，所過掠奪。俊言於光武曰：『宜令輕騎出賊前，使百姓各自堅守壁，以絕其食。可不戰而殄也。光武然之，遣俊將輕騎馳出城前，視人保壁堅完者，敕令固守，放散在野者亦掠取之。賊至無所得，遂敗散。」（註十三）這是士族大姓在兵革中自衞的一般情形。我們再看幾個具體的例子：

一、樊　宏：「更始欲以宏爲將，宏叩頭辭曰：『書生不習兵事。』竟得免，歸與宗家親屬作營壍自守。老弱歸之者千餘家。」（後漢書本傳）

二、馮　魴：「爲郡族姓。王莽末四方潰畔，魴乃聚賓客、招豪傑、作營壍，以待所歸。」（同書本傳）

三、第五倫：「王莽末盜賊起。宗族閭里爭往附之，倫乃依險固築營壁。有賊輒奮厲其衆，引强持滿以拒之。銅馬、赤眉之屬前後數十輩皆不能下。」（同書本傳）

四、簡陽大姓：「時江南未賓，道路未通。以熹守簡侯相。熹不肯受兵，單車馳之簡陽，吏民不欲內熹，熹乃告譬，呼城中大人（註十四），示以國家威信。其帥即開門，面縛自歸。由是諸營壁悉降。」（同書趙熹傳）

五、趙　綱：「光武即位拜（李章）陽平令。時趙魏豪右往往屯聚，清河大姓趙綱遂於縣界起塢壁、繕甲兵，爲在所害。」（同書酷吏列傳）

按營壁、壁壘、營保、或營壍原爲軍事建築物。史記項羽本紀：「諸侯軍救鉅鹿下者十餘壁，莫敢縱兵。及楚擊秦，諸將皆從壁上觀。」又淮陰侯列傳：「趙見我走，必空壁逐我，若疾入趙壁，拔趙幟，立漢赤幟。」即是也。

故西漢會要卷五十七列「壁壘」於「兵」項下。兩漢之際，戰役中用之尤多，史不勝書。如耿弇傳：「與中郎將來歙分部徇安定北地，諸營保皆下之。」同傳載張步言：「以尤來，大槍十餘萬衆，吾皆即其營而破之。」又注引袁山松書曰：「弇上書曰：『臣據臨淄，深塹高壘。張步從劇縣來攻。……臣依營而戰。』」杜茂傳：「擊五校賊於魏郡、淸河、東郡、悉中諸營保。」馬成傳：「令諸軍各深溝高壘，憲數挑戰，成堅壁不出。」張宗傳：「諸營既引兵，宗方勤厲軍士堅壘壁以死當之。」此種記載俯拾即是，略舉數例以見當時營壁之普遍。從一般士族大姓築營壁以自保的事實，我們更可看出他們勢力的浩大。這種民間的營壁，並非烏合之衆，其中亦有組織，故有所謂「營長」，蓋即宗族集團之領袖也。劉玄傳：「三輔苦赤眉暴虐，皆憐更始。而張卬等以爲慮，謂祿曰：『今諸營長多欲篡聖公者。一旦失之，合兵攻公，自滅之道也。』」劉盆子傳：「三輔郡縣營長遣使貢獻，兵士輒剽奪之。」何以知營長爲宗族集團的領袖呢？第五倫傳繼前引倫築壁之文後，續云：「倫始以營長詣郡尹鮮于褒。褒見而異之，署爲吏。」通鑑卷四十胡三省注「三輔郡縣營長遣使貢獻」文云：「時三輔豪傑處處屯聚，各有營長。長、知兩反。」可見營長確爲民間宗族組織的領袖，而且已成一普遍的社會稱號。這更反映出當時士族大姓的自衛營壁之多。

當兵革之際，士族大姓除築營壁以防禦寇賊外，同時也集體避難。杜林傳：「王莽敗，盜賊起，林與弟成及同郡范逡、孟翼等將細弱俱客河西。」朱暉傳：「朱暉、南陽宛人也，家世衣冠。暉早孤，有氣決。年十三，王莽敗，天下亂，與外氏家屬從田間奔入宛城。道遇羣賊白刃劫諸婦女，略奪衣物。昆弟賓客皆惶迫伏地，莫敢動。暉拔劍前曰：『財物皆可取耳！諸母衣不可得。今日朱暉死日也！』」而士族之家則至有攜門生弟子同行者：如承宮傳：「

承宮……經典既明，乃歸家教授。遭天下喪亂，遂將諸生避地漢中。」桓榮傳：「莽敗，天下亂。榮抱經書與弟子逃匿山谷，雖常饑困而講論不輟。」郭丹「既至京師常爲都講，諸儒咸敬重之。大司馬嚴尤請丹辭不就，王莽又徵之，遂與諸生逃於北地。」（同書本傳）甚至在征戰之中，宗親細弱亦隨在軍營：如光武嘗謂耿純曰：「軍營進退無常，卿宗族不可悉居軍中。」迺以純族人耿伋爲蒲吾長，悉令將親屬居焉！」（耿純傳）鄧禹亦謂張宗曰：「將軍有親弱在營，奈何不顧！」（張宗傳）又東觀漢記卷十六載：「耿嵩字文都，鉅鹿人。……王莽敗，賊盜起，宗族在兵中。穀食貴，人民相食。宗家數百人升合分糧。時嵩年十二三，宗人少長咸共推之主稟給，莫不稱平。」

八、親族之憂戚相關

前面說過，士人與其宗族的關係，自武帝以後便日深一日。這種密切的宗族關係，在動亂之世表現得更爲顯著。此觀當時起事者多以宗族爲基礎之事實即可瞭然。（註十五）而且在這種情形之下，宗族即有不參加者，事敗亦不能免於禍。鄧晨響應漢兵，及漢兵敗退，「新野宰乃汚晨宅，焚其冢墓。宗族皆恚怒曰：『家自富足，何故隨婦家人入湯鑊中？（按鄧晨娶光武姊，故云。）』晨終無恨色。」（同書本傳）彭寵嘗有大功於光武，後復叛之，事敗遂「夷其宗族」。（註十六）隗囂季父崔聞更始立，亦欲起兵應漢。囂止之曰：『夫兵，凶事也！宗族何辜？』崔不聽。」（同書本傳，又後漢紀卷一）趙孝良王爲光武叔父，「光武兄弟少孤，良撫循甚篤。及光武起兵，以事告，良大怒曰：『汝與伯升志操不同。今家欲危亡，而反共謀如是？』既而不得已，從軍至小長安。」（同書本傳）蓋當時整個宗族的禍福相依，無法分開，故族中主要人物的動向勢必牽連及於全族。而族人爲自身的利害計，最後亦惟有出諸支持一途。此所以劉良雖反對姪輩之舉，終「不得已」而從軍；隗囂雖不贊成叔父之謀，也還是捲入了

漩渦，且成爲領袖人物也！（註十七）

尤有進者，當時的宗族關係尚不止於一姓，父族之外，往往擴大至母族與妻族。地皇四年王莽詔已云：「劉伯升與其婚姻黨與妄流言惑衆，悖畔天命。」其後光武陣營中，如樊宏爲「世祖之舅」，是母黨；陰識、陰興爲陰后兄弟，是妻黨；又如鄧晨，自鄧氏言亦爲妻族。田戎據夷陵，其妻兄辛臣亦在軍中，同爲妻族之證。不僅此也，當時又有因爭取宗族勢力而交結婚姻者。早在王莽時，劉歆「欲結援樹黨，乃爲祉娶高陵侯翟宣女爲妻。」（後漢書城陽恭王祉傳）注引東觀記曰：「歆爲嫡子終娶宣子女習爲妻，宣使嫡子姬送女入門，二十餘日義起兵也。」又延岑、田戎「並與秦豐合。豐俱以女妻之。」（同書公孫述傳）田戎已有妻室而秦豐猶以女妻之，其以婚姻爲交結之手段，尤爲明顯。（註十八）更明顯的例子是光武娶郭后，劉植傳載：「時眞定王劉揚起兵以附王郎，衆十餘萬。世祖遣植說揚，揚乃降。世祖因留眞定，納郭后，后即揚之甥也。故以此結之。酒與揚及諸將置酒郭氏漆里舍。揚擊筑爲歡，因得進兵拔邯鄲，從平河北。」從這一條證據看，光武之定河北實頗得力於婚姻關係。（註十九）鮑永「遣弟升及子婿張舒誘降涅城。舒家在上黨，（田）邑悉繫之」（馮衍傳）同傳註引東觀漢記載田邑致永書曰：「張舒內行邪孽，不遵孝友，疏其父族，外附妻黨。已收三族，將行其法。能逃不自詣者，舒也；能夷舒宗者，予也！」則妻黨關係亦有凌駕乎本族之上者矣！

九、不重單身之士

由於宗親勢力的浩大，故光武不甚重視單身的士人。祇有背後附有宗親勢力者才能眞正爲光武所倚重。如「鄧晨爲常山太守，會王郎反，光武自薊走信都。晨間行會於鉅鹿下，自請從擊邯鄲。光武曰：『偉卿以一身從我，不如以一郡爲我北道主人。』乃遣晨歸郡。」北堂書鈔七四引司馬彪續漢書，又見范書本傳）鮑永知更始已亡，「悉罷兵，但幅巾與諸將及同心客百餘人詣河內。帝見永問曰：『卿衆何在？』永離席叩頭曰：『臣事更始，不能令全，誠慚以其衆幸富貴。故罷之。』帝曰：『卿言大。』而意不悅。時攻懷未拔。帝謂永曰：『我攻懷三日而兵不下，關東畏服卿，可且將故人自往城下譬之。』即拜永議諫大夫。至懷乃說更始河內太守，於是開城而降。帝大喜。」注引東觀記曰：「永說懷下，上大喜，與永對食。」(鮑永傳)光武這一怒一喜，充份地說明了背後沒有勢力的單身士人在那時確已無大作用。而當時士人中亦有知之者：光武召見馮異，異曰：「一夫之用，不足爲强弱，有老母在城中，願歸據五城以効功報德。」（馮異傳）單身之士偶有被重用者也還是因爲他有宗族的背景：岑彭荐韓歆於光武曰：「『韓歆南陽大人，可以爲用。』乃貰歆以爲鄧禹軍師。」李賢注曰：「大人、謂大家豪右。」又曰：「貰、寬也。」（岑彭傳）耿純說李軼，「軼奇之。且以其鉅鹿大姓，乃承制拜爲騎都尉，授以節令，安集趙、魏。」（耿純傳）

十、光武集團與士族大姓的一般關係

以上許多分析已很明白地顯示出東漢政權之建立與士族大姓的關係如何深切。唯上引諸例證還祇是個別性的，現在我們試再根據若干史料來說明東漢政權與士族大姓的一般關係。

光武兄弟初起時即得力於南陽士族大姓的擁戴，前已言之矣！後漢書王常傳亦云：「及諸將議立宗室，唯常與南陽士大夫同意欲立伯升。而朱鮪、張卬等不聽。」其後光武在河北亦因獲得若干士族大姓的支持，始能擊敗王郎。光武交結劉揚兄弟之事固是一例，而尤要者則爲上谷耿況父子與漁陽彭寵。耿弇傳載：

「弇因從光武北至薊，聞邯鄲兵方到。光武將欲南歸，召官屬計議。弇曰；『今兵從南來，不可南行。漁陽太守彭寵，公之邑人；上谷太守即弇父也。發此兩郡控弦萬騎，邯鄲不足慮也。』光武官屬腹心皆不肯，曰：『死尚南首，奈河北行入囊中？』光武指弇曰：『是我北道主人也！』」

後兩郡兵俱來，光武見弇等說曰：「當與漁陽、上谷士大夫共此大功。」我們於此可以注意到兩點：一、光武集團到處交結士族大姓以建立根基。二、彭寵之從光武更顯出當時士族大姓有濃厚的地域觀念。（註二十）

士族大姓之勢力既遍佈全國，而其所以起事或擁衆自立，最初又多爲保全宗族與財產。故任何集團如想獲得政權，勢不能不在某種程度上照顧到此一士族大姓階層的社會經濟利益。何況當時那些武裝集團的本身，如前面的分析所已指陳的，便主要是來自這個階層呢？東漢政權之建立，和它在這一方面應付得比較適當，極有關係。後漢紀卷四載建武四年條下云：

「鬲縣五姓反，逐其守長。諸將曰：『朝擊鬲，暮可拔也。』漢怒曰：『敢至鬲下者斬，使鬲反者守長罪也。』移檄告郡牧守長，欲斬之。諸將皆竊言．『不擊五姓，反欲斬守長乎？』漢乃使人謂五姓曰：『守長無狀，復取五姓財物，與寇掠無異，今已收斬之矣！』五姓大喜，相率而降。諸將曰：『不戰下人之城，非衆所及也！』」（按後漢書吳漢傳注曰：「五姓蓋當土强宗豪右也。」）

吳漢不攻五姓而殺守長，是因爲首長侵犯了五姓的權利，而五姓之反亦確以此。吳漢的處置之所以成功，也正在於他把握到了東漢政權的本質。諸將但折於他能「不戰下人之城」，殊不知他的高明實在於政略而非戰略也。還有一件極重要的事實也可以說明東漢政權與士族大姓之間的關係。通鑑卷四十建武二年條下云：

「庚辰悉封諸功臣爲列侯。梁侯鄧禹、廣平侯吳漢皆食四縣。博士丁恭議曰：『古者封侯不過百里，强幹弱枝，所以爲治也。今封四縣，不合法制。』帝曰：『古之亡國，皆以無道。未嘗聞功臣地多而滅亡者也。』……帝令諸將各言所樂，皆占美縣。」（參看後漢書光武紀上）

「强幹弱枝」原爲西漢早期的重要政策之一，及至中葉以後，其事已頗鬆弛，然猶未被正式放棄。（參看註一）今光武政權之建立既頗有賴於士族大姓的助力，（註廿一）自不能再繼續西漢初期那種抑止强宗豪族發展的政策。而且由於士族大姓業已遍佈國中，傳統的移徙政策事實上也無法再推行下去。丁恭之議眞是太「不識時務」了！光武對當時的士族大姓如此牽就，而桓譚上疏猶云：「臣譚伏觀陛下用兵，諸所降下，既無重賞以相恩誘，或至虜掠其財物。是以兵長渠率各生狐疑；黨輩連結，歲月不解。」（後漢書本傳）是希望光武對士族大姓的政策更爲放寬也。但事實上一個要統一全國的政權與分散各地，擁兵自保的士族大姓之間多少是存在着矛盾的。這種矛盾，在戰亂之際還不易察覺，等到局勢稍一穩定，便自然地暴露出來了。玆舉兩事以說明之。

「（建武）十六年……郡國大姓及兵長羣盜處處並起，攻刼在所，害殺長吏。郡縣進討，到則解散，去復屯結。青、徐、幽、冀四州尤甚。冬十月遣使者下郡國，聽羣盜自相糾擿。五人共斬一人者除其罪，吏雖逗留迴避，故縱者皆勿問，聽以禽討爲效。其牧守令長坐界內盜賊而不收捕者，又以畏愞捐城委守者，皆不以爲負；但取獲賊多少爲殿最。唯蔽匿者乃罪之。於是更相追捕，賊並解散。徙其魁帥於它郡，賦田受稟，使安生業。自是牛馬放牧，邑門不閉。」（後漢書光武紀下）

自此以後東漢政權完全穩定。光武對於這些武裝宗族採取了懷柔與分化並用的策略，直到完全摧毀了他們的力量才肯罷手。在這裡，我們看到東漢政權建立最後所遭遇到的困難，仍在於士族大姓的擁兵自立。又據常璩華陽國志卷五：

「建武十八年，刺史郡守撫恤失和。蜀郡史歆怨吳漢之殘掠蜀也，擁郡自保。世祖以天下始平，民未忘兵，而歆唱之，事宜必克。復遣漢平蜀，多行誅戮。世祖誚讓於漢，漢陳謝。」

按吳漢這次之所以不能仿其降五姓之例，而光武也認為「事宜必克」者，實因天下初定，大姓擁兵自保之風不容再長，故不能不以武力鎮壓之。觀華陽國志同卷載吳漢平公孫述後，立即「搜求隱逸，旌表忠義」；及漢誅戮過多，光武亦深責之，其交結蜀郡士族大姓之意，甚為顯然也！

十一、更始與赤眉敗亡之社會背景的分析

到現在為止，本文僅討論了兩漢之際的羣雄——尤其是光集武團，如何賴士族大姓的支持而建立基業的歷史。但是另一方面，當時也有非士族大姓的集團，雖曾在軍事上贏得一時的勝利，而終不免於覆亡者。其原因究竟何在呢？如果我們要澈底澄清此一時期政治變遷的社會背景，則不能不對此問題有一比較圓滿的解答。這樣，我們便須一察更始與赤眉兩大集團的社會本質。

這兩個集團起事很早，勢力也一度極為浩大，而且均曾先後據長安，企圖建立起全國性的統一政權；但結果都未能逃避失敗的命運。這裡我們無法涉及它們興亡的全部經過與原因，而祇能就其與本文題旨直接相關的地方略加分析而已。從它們社會根源與得勢後的一般作風來看，我們至少可以找出下列三個最相同之點：一、饑民的烏合之衆，故領袖人物多出身低微；（註廿二）二、流動性極大，且到處搶掠；（註廿三）三、缺乏良好的組織，故無力

統治國家。茲分別論列於後：

關於第一點：

甲、更始：此集團係以新市、平林之兵爲主體。後漢書云：「王莽末，南方饑饉，人庶羣入野澤，掘鳧茈而食之，更相侵奪。新市人王匡、王鳳爲平理爭訟，遂推爲渠帥，衆數百人。」（劉玄傳）其爲饑民毫無可疑。鄧禹嘗謂光武曰：「更始……諸將皆庸人屈起，志在財幣，爭用威力，朝夕自快而已！非有忠良明志、深慮遠圖，欲尊主安民者也！」（同書本傳）雖然此集團中亦有士族大姓勢力，如光武兄弟所領導的一支，然遠不敵原有集團的力量。故其間常有衝突與鬥爭。後漢紀卷一曰：「諸將請立君，南陽英雄（按范書劉縯傳作「豪傑」）及王常皆投歸伯升。然漢兵以新市、平林爲本，其將帥起草野，苟樂放縱，無爲國之略。皆憚伯升而狎聖公。」此所謂「英雄」、「豪傑」皆爲士族大姓之流，故後「豪傑失望多不服。」（縯傳）我們於此實可窺見兩派鬥爭之消息。更始本人出身宗族，其立場原與光武兄弟相去不遠；然在諸將扶持下亦無可如何。伯升被誅，其咎亦不在更始，劉縯傳載大會諸將事云：「更始取伯升寶劍視之，繡衣御史申屠建隨獻玉玦。更始竟不能發。」種種事實都說明更始集團確在下層階級份子控制之下，更始處於其中，較之劉盆子之在赤眉集團，相去不過一間耳！明乎此，則光武雖悲兄之死而終不甚怨恨更始者，其故亦可得而明矣！（註廿四）

乙、赤眉：此集團中包括份子也極複雜，雖有大姓如呂母之屬。但通體而論，則仍爲饑民集團。漢書云：「赤眉力子都、樊崇等以饑饉相聚，起於琅玡，轉鈔掠，衆皆數萬。（王莽傳下）後漢書則云：「時青徐大饑，寇賊蜂起，羣盜以崇勇猛皆附之。（劉盆子傳）後在長安時楊音罵諸將曰：「諸卿皆老傭也！」即以其領袖樊崇而論，史稱其「雖起勇力，爲衆所宗，然不知書數。」光武亦謂崇曰：「卿所謂鐵中錚錚，傭中佼佼者也。」（均見同上）故赤眉之爲饑民集團及其領導者的出身微賤，早成定論，不煩詳說。

關於第二點：

甲、更始：新市平林兵初起時即流竄搶掠，如「攻拔竟陵，轉擊雲社、安陸，多略婦女，還入綠林中。」其後因一度與士族大姓的勢力相結合，欲成大事，稍爲收斂。而積習終不能改；既至長安「諸將後至者，更始問虜得幾何？左右侍官皆宮省久吏，各驚相視。」後赤眉將至，張卬與諸將議曰：「赤眉近在鄭、華陰間，旦暮且至。今獨有長安，見滅不久。不如勒兵掠城中以自富，轉攻所在，東歸南陽收宛王等兵事，若不集復入湖池中爲盜耳！申屠建、廖湛等皆以爲然。」（均見後漢書劉玄傳）其流竄與掠奪的本質終於完全暴露出來了。故耿弇謂光武曰：「今更始失政，君臣淫亂，諸將擅命於畿內，貴戚縱橫於都中；天子之命不出城門，所在牧守輒自遷易，百姓莫知所從，士人莫敢自安。擄掠財物，刼掠婦女。懷金玉者至不生歸。」（同書本傳）這一番話同時也說明了更始爲諸將所挾持的眞相。馮衍亦嘗謂鮑永曰：「然而諸將虜掠，逆倫絕理，殺人父子，妻人婦女，燔其室屋，略其財產。」（同書本傳）馮異亦云：「今下江諸將，縱橫恣意，所至虜掠財物，略人婦女。百姓已復失望，無所戴矣！」（後漢紀卷一）其他有關記載尚多，不必盡錄：

乙、赤眉：赤眉初時流竄於東方，本皆「以困窮爲寇，無攻城徇地之計。」及至長安建立政權，猶四處搶掠。故劉子盆說：「今設置縣官而爲賊如故，吏人貢獻，輒見剽刼，流聞四方，莫不怨恨，不復信向。」雖一度徇盆子之求，「閉營自守，三輔翕然。……百姓爭還長安，市里且滿，得二十餘日。」可是緊接着「赤眉貪財物，復出大掠。城中糧食盡，遂收載珍寶，因縱大火燒宮室，引兵西向。」所以後來光武也對樊崇等說：「諸卿大爲無道，所過皆夷滅老弱，溺社稷，汚井竈。」（均見同書劉盆子傳）

關於第三點：

甲、更始：後漢書劉玄傳載：「其所授官爵者皆羣小賈豎，或有膳夫庖人，多著繡面，衣錦袴襜襜諸于，罵詈道中。長安爲之語曰：竈下養，中郎將，爛羊胃，都騎尉，爛羊頭，關內侯。」惠棟補注卷五曰：「東觀記曰：『更始在長安，官爵多羣小，里閭語曰：使兒居市决，作者不能得，傭之市空返。問何故，曰：今日騎都尉注會日也。由是四方不復信向京師。』三輔舊事曰：『更始遣將軍李松攻王莽，屠兒賣餅者皆從之。屠兒杜虞手殺莽。』故其時所授官爵，皆屠沽之輩也。」後漢紀卷二載博士李淑諫更始之言曰：「陛下本因下江平林之勢，假以成業。斯亦臨時之宜。事定之後，宜釐改制度，更延英俊，以匡王國。今者公卿尚書皆戎陣亭長凡庸之隸，而當輔佐之任。」（註廿五）

乙、赤眉：此集團無文書旌旗號令之事，前已言之；足見其缺乏組織的狀態。後來他們仍然「擁百萬之衆，西向帝城，而無稱號，名爲羣賊。」還是接受了士人方陽（方望之弟）的勸告，才立劉盆子爲帝。玆再引後漢書劉盆子傳中的一段文字以說明其本質：「入長安城，更始來降。盆子居長樂宮，諸將日會功爭言讙呼，拔劍擊柱，不能相一。三輔郡縣營長遣使貢獻，兵士輒剽奪之。又數虜暴吏民。百姓保壁，由是皆復固守。至臘日，崇等乃設樂大會。盆子坐正殿中，黃門持兵在後，公卿皆列坐殿上。酒未行，其中一人出刀筆書謁欲賀，其餘不知書者起往請之。各相屯聚，更相背向。大司農楊音拔劍罵曰：『諸卿皆老傭也！今日設君臣之禮，反相殺亂。兒戲尚不如此，皆可格殺！』更相辯鬬。」

以上三方面的大體比較，確可使我們相信，更始與赤眉兩集團在社會本質上是完全一致的；其起事與失敗的原因也有根本相同之處。消極方面，他們的流竄與搶掠既損害了士族大姓的利益；積極方面，他們缺乏文化修養與組織才能，更無法滿足新興的士族大姓階層之政治要求。以毫無社會基礎的烏合之衆而與全國最有勢力的士族大姓階層爲敵，在當時的情形下，是絕對不可能成功的。也許今天有人同情他們的社會處境，但這並不足以抹殺規定着他們走向覆亡之途的歷史條件。而我們對於這兩大集團的分析，更從反面指出了一項原則：即當時不能得到士族大姓階層普遍支持的集團，雖有强大的武力，也很難存在的。

十二、略論士族化程度與政治成敗的關聯

但另一方面，我們也不能否認，這種饑民集團在推翻舊秩序上，是有其一定的作用的。王莽政權的崩潰以及東漢政權的建立，上述兩大集團確會盡了開路之功。然而他們的功能也僅止於此：可以除舊，不足以開新。原因何在呢？這就不是社會經濟基礎這一簡單的事實可以完全解釋得清楚的了。從本文的整個討論來看，文化程度的深淺對於政治變遷的影響，無疑也極爲重要。

更始與赤眉的敗亡繫於他們在文化方面的極端落後，恐猶甚於其社會經濟基礎的薄弱。再就其餘十二個各霸一方的士族大姓集團而言，其規模之大小與存在之久暫，既不盡在於經濟力量的强弱，亦非地理環境所可完全决定，

最主要，還在於文化程度的淺深。公孫述與隗囂兩集團侷促於邊郡，而居然規模甚宏，爲一部份人心所歸者，其故實即在此。荊邯嘗說公孫述曰：

「隗囂遭遇運會，割有雍州，兵强士附，威加山東。遇更始政亂，復失天下。衆庶引領，四方瓦解。囂不及此時推危乘勝，以爭天命，而退欲爲西伯之事。尊師尊句，賓友處士，偃武息戈，卑辭事漢。喟然自以文王復出也。今漢帝釋關隴之憂，專精東伐；四分天下而有其三，使西州豪傑咸歸心於山東。……臣之愚計以爲宜及天下之望未絕，豪傑尙可招誘，急以此時發國內精兵，令田戎據江陵，臨江南之會，倚巫山之固，築壘堅守，使傳檄吳楚，長沙以南必隨風而靡。今延岑出漢中定三輔，天水隴西拱手自服。（註廿六）如此海內震搖，冀有大利。」（後漢書公孫述傳）

我們從荊邯的話中可以瞭解到隗囂與公孫述兩集團在當時社會上確比較具有更大的號召力。使此二集團早用荊邯之計，起而逐鹿中原，則天下之事，誠未可知。這兩個集團之所以可能與光武集團一爭雄長者，實即由於其文化程度較高，具備了統治國家的條件。而光武之所以一再對他們採用緩和牢籠的政策，也正是因爲瞭解到這一點。由此觀之，則東漢政權之建立與其文化程度之高低——換言之，亦即士族化程度的深淺——亦至有關係，固非一味依恃一般大姓的武裝宗族力量也！是知趙翼所謂「東漢功臣多近儒」，其更深一層之意義尤當於此求之。在這一關聯上，我們須再對若干綜合性的史料加以討論，以更一步地澄淸東漢政權與士族大姓的一般關係，並爲全文之結束焉！

十三、從士大夫名稱之演變看東漢政權的社會背景

更始三年（亦建武元年）春，光武還祇是蕭王，在一連串的軍事勝利後，諸將都一致議上尊號，請求光武自立

爲帝，一連三次都爲光武嚴詞拒絕。後漢書光武紀（後漢紀卷三、通鑑卷四十略同）載：

「諸將且出，耿純進曰：『天下士大夫捐親戚、棄土壤，從大王於矢石之間者，其計固望其攀龍鱗、附鳳翼、以成其所志耳！今功業即定，天人亦應，而大王留時逆衆，不正號位，純恐士大夫望絕計窮，則有去歸之思，無爲久自苦也。大衆一散，難可復合；時不可留，衆不可逆！』純言甚誠切。光武深感曰：『吾將思之！』」

這一段事實極值得我們注意者有數點：一、光武不肯立即登帝位，決非虛爲做作，實因當時形勢猶未穩定，而他本人又是一向深謀遠慮，不敢輕舉妄動的。二、諸將再勸請上尊號亦確極誠懇，因爲誠如耿純所說，這和他本身的利害是密切相關的。三、光武不顧諸將之請而獨感於耿純之論，也並不僅是由於「純言甚誠切」，更重要的，乃是耿純當衆明白地指出了光武集團中人結合的眞正因素與關鍵；因之，如果光武再不加考慮，則確不免會影響到「攀龍附鳳」者的團結精神。（註廿七）四、耿純屢用「天下士大夫」這個名詞，又謂「捐親戚、棄土壤」，是已說明在當時追隨光武者之中，極多士族大姓。瞭解了這一點，舊籍中有許多驟看似無甚深意的老話，在此便都發生了新的意義：後漢紀卷一光武對王霸說：「夢想賢士共成功業，豈有二哉！」同書卷二（又見後漢書景丹傳）謂耿弇等曰：「方與士大夫共此功名耳！」同書卷四載桓譚於建武四年上疏有云：「陛下若能輕爵祿、與士大夫共之，而勿愛惜，則何招而不至，何說而不釋，何向而不開，何征而不剋」（又後漢書桓譚傳作「輕爵重賞，與士共之。」）後漢書王常傳亦云：「唯常與南陽士大夫同意欲立伯升。」同書岑彭傳載彭說光武曰：「竊聞大王平河北、開王業，此誠皇天佑漢、士人之福也！」以「漢」與「士人」並舉，更可見光武政權與士族大姓之休戚相關。而士族大姓對王權的「

攀龍附鳳」，也是當時士大夫的一個普遍意識；後漢書寇恂傳：「恂與門下掾共說耿況曰：『……今聞大司馬劉公伯升母弟尊賢下士，士多歸之，可攀附也。』」

爲使問題更爲淸楚起見，我們在此必須略一追溯「士大夫」一詞在兩漢時的意義的變遷。「士大夫」這個名詞古已有之，蓋從封建制度中的「大夫」與「士」兩稱號逐漸演變而成。史記、漢書中均常見「士大夫」之字樣；唯漢書係東漢人手筆，班固著史時，其所用名詞，可能已滲入當時社會所流行的意義。故爲謹愼計，我們先看史記中的「士大夫」。

史記中的士大夫，主要是指武人(軍官)而言，所以屢見於武將列傳。韓信背水破趙，諸將問其故。信曰：「此在兵法，顧諸君不察耳！……且信非得素拊循士大夫也。」(淮陰侯列傳)同傳廣武君謂信曰：「百里之內，牛酒日至，以饗士大夫，醳兵。」李廣自殺，「廣軍士大夫一軍皆哭。」又太史公曰：「彼其忠實心，誠信於士大夫也！」(李將軍列傳)武帝使司馬相如作檄告巴蜀民曰：「蠻夷自擅，不討之日久矣！時侵犯邊境，勞士大夫。」伍被謂淮南王曰：「大將軍(衞靑)遇士大夫有禮，於士卒有恩，衆皆樂爲之用。」(淮南衡山列傳)武帝曰：「縱單于不可得，(王)恢所部擊其輜重，猶頗可以得慰士大夫心。」(韓長孺列傳)文帝元年詔亦有「高祖親率士大夫始平天下。」(孝文本紀)這裡「士大夫」一詞都很明顯地是指着武人而言。這一意義的「士大夫」亦保存於漢書之中：胡建旣斬監軍御史，上奏有云：「不立剛毅之心、勇猛之節，亡以帥先士大夫。」(胡建傳)元帝勞馮奉世詔亦云：「故遣將軍帥士大夫行天誅。」(馮奉世傳)又司馬遷報任安書曰：「愚以爲李陵與士大夫絕甘分少，能得人之死力，雖古名將不過也！」(司馬遷傳)

史記中也有涵義較廣的「士大夫」，然有時分作兩詞，非如後世之合而爲一。袁盎謂申屠嘉曰：「且陛下從代來。每朝，郎官上書疏，未嘗不止輦受其言。言不可用，置之，言可受，採之，未嘗不稱善。何也？則欲以致天下賢士、大夫。」（袁盎列傳）張湯及列九卿，收接天下名士、大夫。」（酷史列傳）又游俠列傳郭解曰：「解奈何從他縣奪人邑中賢大夫權乎？」（註廿八）尤其清楚的是下面一段文字：衞將軍驃騎列傳太史公曰：「蘇建語余曰：『吾嘗責大將軍至尊重，而天下之賢大夫毋稱焉！（索隱：謂不爲賢士大夫所稱譽。）願將軍觀古名將所招選擇賢者，勉之哉！』大將軍謝曰：『自魏其武安之厚賓客，天子常切齒。彼親附士大夫，招賢絀不肖者，人主之柄也。人臣奉法遵職而已！何以招士？』」在這一段話裡，我們一方面看到「士大夫」已有較廣泛的社會涵義，而另一方面則可以斷言，史記中之士與大夫在有些處確不可分開。這一類的「士大夫」，漢書中更是數見不鮮。漢高祖十一年詔曾數「賢士、大夫」字樣，其文曰：

「蓋聞王者莫高於周文，伯者莫高於齊桓，皆待賢人而成名。今天下賢者智能豈特古之人乎？患在人主不交故也。士奚由進？今吾以天之靈，賢士、大夫定有天下，以爲一家，欲其長久世世奉宗廟亡絕也！賢人已與我共平之矣，而不與吾共安利之，可乎？賢士、大夫有肯從我游者，吾能尊顯之。」（高祖紀下）

我們試將此詔所流露的傲慢之氣，與前引耿純說光武之情味作一比較，便立即可以看出「士大夫」在兩漢政權建立之初的社會地位的差異，及其在統治者心目中的輕重之別。尤其是「人主不交，士奚由進」以及「肯從我游者，吾能尊顯之」等語，最足以顯出那時的「士大夫」對統治者的片面依賴性。再就其十二年封功臣詔中所謂「與天下之豪士、賢大夫共定天下，共安輯之。其有功者，上致之王，次爲列侯，下乃食邑。……吾於天下賢士、功臣可謂亡負矣！」之言推之，則其時「士大夫」主要是指着與高祖共同打天下的文武功臣而言的；而「士」與「大夫」兩個名詞之可以分開，並被個別的冠以「賢」、「豪」之類的形容詞，也極爲明顯。另一方面，漢書中又已有了專門社會名詞的「士大夫」。武帝元朔三年詔即有「與士大夫日新」之語，元封元年復云：「與士大夫更始。」（均見孝武紀。又史記褚少孫補孝武本紀，亦有「自新嘉與士大夫更始。」之言。按少孫爲元、成間人，已在西漢下葉矣！）此後這一類的話遂屢見於兩漢詔書之中，不煩詳引。崔實政論謂漢代：「踐祚改元際，……每其令曰：『蕩滌舊惡，將與士大夫更始。』」（羣書治要卷四十五引）誠其也！不但詔書中常用「士大夫」一詞，一般社會上似亦通用此稱號。茲再舉數例於下（按前文已引者從略）：宣帝時韋玄成「素有名聲，士大夫多疑其欲讓爵辟兄者。」（韋賢傳）元帝時朱博「隨從士大夫，不避風雨。」（朱博傳）成帝時胡常「居士大夫之間，未嘗不稱述方進。」（翟方進傳）

從上面這一番檢討中，我們知道，「士大夫」在漢初時主要係指武人，但愈往後便愈具有較廣的社會涵義；雖然後來的史籍中亦多少保存了一些「士大夫」的早期用法。我們把這種觀念的演變配合着實際的社會變遷來看，才能明白其所以有此演變之故。這更加深了我們對於西漢社會士族化過程的理解。由此可見，「士大夫」一詞從漢初到士族興起以後，在內容上確已起了很大的變化。謹愼一點說，至少在東漢政權建立之際，它已有我們現在所說的「士大夫階層」之意義。因之，此所謂「士大夫」，自不僅限於追隨光武起事的少數功臣，而可以在概念上將士族、大姓、官僚、縉紳、豪右、强宗……等等不同的社會稱號統一起來。儘管這些人的社會成份在大同之中仍存在着小異。而我們更可由此一涵義的「士大夫」名稱之成立，瞭解到士族在當時社會上，尤其佔有主導性質的事實。

如果我們對「士大夫」的分析是正確的，則不僅東漢政權賴之而建，即光武以下諸功臣的勳業亦依之而立：後漢書寇恂傳：「恂明經修行，名重朝廷；所得秩奉厚施朋友、故人、及從吏士。常曰：『吾因士大夫以致此，其可獨享之乎？』時人歸其長者，以爲有宰相器。」同書馬援傳：「『今賴士大夫之力，被蒙大恩，猥先諸君，行佩金紫，且喜且慚。』吏士皆伏稱萬歲。」（又略見後漢紀卷七）又同書來歙傳：「歙爲人有信義，言行不違；及往來游說，皆可案覆。西州士大夫皆信從之，多爲其言，故得免而東歸。」（按時歙爲光武使於隗囂，囂嘗欲殺之。）又鄧訓「樂施下士，士大夫多歸之。」（同書鄧禹傳）杜林（京師士大夫咸推其博洽。」（同書本傳）「士大夫在當時已是一廣泛的社會稱號，觀此益信。

十四、結語

本文的全面分析已經很淸楚地告訴我們：東漢政權的建立實以士族大姓爲其社會基礎。光武集團之所以能在羣雄並起的形勢下獲得最後的勝利，除了劉秀個人的身世（註廿九），及其所處的客觀環境較爲有利外，它和士族大姓之間取得了更大的協調，顯然是最主要的原因之一。關於東漢政權與一般大姓之間的關係，近代學者已早有所論列。（註三十）本文雖亦頗有涉及一般大姓之處，然其主旨則在企圖更進一步地指出士族勢力對於兩漢之際政治變遷的特殊影響。唯因當時的士族與大姓在廣泛的社會經濟立場是相當一致的，故有時遂不能不合併討論之。蓋以舊史記載多語焉不詳，除少數情形外，要想把士族與大姓截然分開，的確已很爲困難。但這並不是說，它二者是沒有分的。就本文的整個討論言，其間的分別固已甚爲明顯：它們在一般社會經濟基礎上的共同點掩蓋不了它們在文化程度上的差異。而這差異則正是決定着光武集團崛起於羣雄之間的重要關鍵。不可否認地，士族在當時社會上實特別起着主導的作用；那就是說：在這一階段的歷史進程中，不是士族跟着大姓走，而是大姓跟着士族走。這一論斷，至少就作者目前的瞭解，是鐵案難移。光武能尊重天下隱者如周黨、嚴光之流，而公孫述不能容巴蜀一地的不仕之士。僅此一端便可知光武的成功，自有其深厚的社會背景，決不是偶然的。范蔚宗在卓茂傳論裡曾給我們透露出一點消息：

「建武之初，雄豪方擾，虓呼者連響．嬰城者相望。斯固倥傯不暇給之日。卓茂斷斷小宰，無它庸能，時已七十餘矣！而首加聘命，優辭重禮，其與周、燕之君表閭、立舘何異哉！於是蘊憤歸道之賓越關阻、捐宗族，以挑金門者，衆矣！」

而漢末傅幹在「王命論」中則明白地指出：

「且世祖之興有四：一曰帝皇之正統，二曰形相多異表，三曰體文而知武，四曰履而好士。……言語、政事、文學之士咸盡其材，致之宰相；權力畢力於征伐，搢紳悉心於左右。此其所以成大業也！」（藝文類聚十引，又見全後漢文八十一）

然而這並不等於說，東漢王朝完全是代表士族大姓利益的政權；歷史的發展固非任何單一因素所能完全解釋的。東漢中葉以後（和帝以下）的歷史，便逐漸顯示出此政權在本質上與士大夫階層確有矛盾之處。由此種種矛盾而產生的漢族勢力與王室勢力的全面衝突，充滿了此後的東漢史。我們在此已不能涉及。我們在此所應說的是：此一藉着士族大姓的輔助而建立起來的政權，最後還是因爲與士大夫階層之間失去了協調而歸於滅亡！

一九五五、九、十六、初稿於香港新亞研究所

一九五六、一、廿五、改定於美國劍橋寓所

註一：初學紀引三輔黃圖云：元始四年起明堂辟雍爲博士舍三十一區，爲會市。又云：去城七里東爲常滿倉，倉之北爲槐市，列槐樹數百行，諸生朔望會且市。此更可見當時博士與諸生之多，可與正史記載相印證。

註二：漢書地理志下：「漢興，立都長安，徙齊諸田，楚昭、屈、景，及諸功臣家於長陵。後世，徙吏二千石，高訾富人及豪傑幷兼之家於諸陵。蓋亦以强幹弱支，非獨爲奉山園也。」可見這種政策本來是限制宗族勢力發展的。但成帝時陳湯上封事則曰：「初陵京師之地最爲肥美，可立一縣。天下民不徙諸陵三十餘歲矣！關東富人益衆，多規良田，役使貧民，可徙初陵以强京師，衰弱諸侯。又使中家以下得均貧富，湯願與妻子家屬徙初陵，爲天下先。」這種强幹弱枝政策之鬆弛，實透露出西漢政權逐漸與强宗大族取得協調的重要消息。這種協調則無疑是通過「士族化」的過程而逐漸獲致的。

註三：荀悅以爲「三十頃有不平矣！」是仍嫌其限制太寬。

註四：丁傅爲外戚。董賢雖係佞臣，却出身士族之家，「父慕爲御史，任賢爲太子舍人。哀帝立，賢隨太子官爲郎。」（漢書佞幸傳）

註五：當時起兵者可分兩類：一是因饑荒而起的農民烏合之衆，他們對王莽政權並無敵意，祇是「饑寒羣盜，犬羊相聚。」（嚴尤語），故沒有政治的意義。另一則是士族大姓的勢力，他們大部份是爲推翻王莽政權而起兵的，其政治目標甚爲明顯。後文另有分析。

註六：呂思勉先生「秦漢史」云劉昆傳：王莽世教授弟子，恒五百餘人。每春秋饗射，常備列典儀，以素木瓠葉爲俎豆。桑弧蒿矢，以射菟首。每有行禮，縣宰輒率吏屬而觀之。王莽以昆多聚徒衆，私行大禮，有僭上心，乃繫昆及家屬於外黃獄。此則漢世豪傑大姓，往往私結黨羽，謀爲不軌，亦不可不防也。」（頁二一二）所見甚是。呂先生已知漢世有士族大姓勢力，其論王莽之敗亦謂：「蓋莽所行者爲革命之事，其利害與官吏根本不能相容」，又曰：「故莽之敗，究由所行之事與社會情勢不合者居多。」然其用意但在爲王莽個人辯護，竟未能結合其所運用的史料進一步說明當時社會背景的眞象。這眞是古人所謂「明察秋毫而不見輿薪」了！

註七：水經易水注曰：「世祖令耿况擊故安西山賊吳耐、蠡苻，雹上十餘營皆破之。」（沈欽韓後漢書疏證卷二、惠棟補注卷七均曾引之。）雖知其姓名，亦因事不可詳考，故從略。

註八：本文對地區之劃分，祇取其大體情形，非有嚴密之界線；其主要根據在以大武裝集團之活動地帶爲中心，換言之，即以人事繫地理，而非以地理繫人事也。舊史中地區之劃分不甚清晰，甚至有相互混淆者，如十七史商榷「山東山西」條即謂後漢書中之山東山西有兩種不同的意義：一以太行山爲劃分標準（鄧禹傳），一則以陝山爲分水線（鄭興傳）。唯此與本文之主旨關涉甚少，無詳加考證的必要。

註九：李慈銘後漢書札記卷二謂「城開」二字疑誤倒。當作「開城」。按所疑甚是。

註十：惠棟補註卷六引姓源韻譜曰：「天水隗氏出於大隗氏。」又通鑑卷四十二云：「徙諸隗於京師以東。」胡三省註曰：「隗純降而徙其族，以其西州强宗，恐其後復能爲變也。」

註十一：顧亭林日知錄「兩漢風俗」條謂東漢士風家法有過西京，並舉鄧禹、樊重爲例。是亦以樊氏爲士族也。

註十二：後漢書光武紀亦云：「昌城人劉植、宋子人耿純各率宗親子弟，據其縣邑，以奉光武。」此亦光武在北方獲得士族大姓之支持而始能立足之證。

註十三：按此即著名的「堅壁清野」的戰略。唯御覽四四九引司馬彪續漢書與此略同，而陳俊作王俊，五校作銅馬。未知孰是。又後漢紀卷四：「三輔饑民，人相食。諸有部曲者皆堅壁清野。赤眉掠奪少所得。」又光武勅馮異曰：「三輔遭王莽、更始之亂，又遇赤眉、延岑之弊；兵家縱橫，百姓塗炭。將軍今奉辭討諸不軌，兵家降者遣其渠帥皆詣京師，散其小民，令就農桑，壞其營壁，無使復聚。……」（同上）當均爲强宗大族的營壁也。

註十四：大人即豪强大姓之屬，見同書岑彭傳註。

註十五：後漢書趙孝良王傳注引續漢書曰：「從軍至小長安。兵敗，妻及二子皆被害。甄阜、梁邱賜移書於良曰：『老子不率宗族，單袴騎牛，哭且行，何足賴哉！』」可見士人須率宗族之觀念，在當時已甚爲流行矣！

註十六：李慈銘後漢書札記卷二謂光武夷寵宗族爲少恩，蓋亦不知當時的社會背景，故有是論。

註十七：後漢書馬援傳載援致楊廣書云：「季孟平生自言，所以擁兵衆者，欲以保全父母之國而完墳墓也。」

」尤其明證。

註十八：沈欽韓後漢書疏證卷一謂田戎有妻兄辛臣在軍中，「蓋別娶也。」以爲秦氏在前。按秦氏辛氏之前後今已不可考；縱使從沈說，秦豐以婚姻爲交結之手段一點，也依然可以成立。而田戎之「別娶」，或亦效秦豐之故智耳！

註十九：陰氏亦爲大族，觀陰識所率宗親子弟之多可知。故疑光武娶陰麗華亦兼有交結之意，不僅因陰氏之色也。

註二十：關於這一點，史料甚多，茲略舉數事以概其餘。鄧奉「怒吳漢掠其鄉里，遂返擊破漢軍，與諸賊合從。」（岑彭傳）「蜀郡史歆怨吳漢之殘蜀也，擁郡自保。」（華陽國卷五）甚至赤眉亦有此觀念：「崇又引其兵十餘萬復還圍莒數月，或說崇曰：『莒、父母之國，奈何攻之？』乃解去。」（劉盆子傳）袁山松書所記略同，唯多「莒中人出縑千匹以自贖」語，殆較近事實。（御覽八一八）由於有鄉土觀念，遂自然重鄉誼，「南陽士大夫」及彭寵之助光武，即以此也。其後光武得政權，南陽人遂多得勢：郭伋傳：「伋因言選補衆職當簡天下賢俊，不宜專用南陽人。」通鑑卷四十二曰：「是時在位多鄉曲故舊，故伋言及之。」這也是光武建都洛陽的主要考慮之一。今不具論。

註廿一：建武三年己酉詔曰：「羣盜縱橫，賊害元元，盆子竊尊號，亂惑天下。朕奮兵討擊，應時崩解，十餘萬衆，束手降服。先帝璽綬，歸之王府。斯皆祖宗之靈，士人之力。朕曷足以享斯哉！」（後漢書光武紀上）可見光武早就瞭解到他的政權與士族大姓的密切關係。關於此點，後文中另有較詳細的討論。此處僅舉此一例，以說明光武放棄「强幹弱枝」政策的根本原因所在。

註廿二：此非謂饑民集團中無士族大姓份子，蓋士族大姓在此集團中並不佔主導地位，關於此點，後文中別有討論。讀者但須知此處僅就此集團的根本性質而言，足矣！

註廿三：士族大姓集團中亦未始無掠奪之事，從註二十所引吳漢之例，已可知之。但一般地說，「士族化」程度愈深的集團，便愈少掠奪之事；而且領導者在基本政策上，是絕對禁止這種行爲的。如光武勅馮異曰：「今之征伐，非必略地屠城，要在平定安集之耳！諸將非不健鬬，然好虜掠。卿本能御吏士，念自脩勑，無爲郡縣所苦。」（後漢書馮異傳）又如傅俊軍掠奪百姓，郅惲極諫之，謂宜「親率士卒，收傷葬死，哭所殘暴，以明非將軍本意也！」俊從之。見郅惲傳。

註廿四：十七史商榷卷三十以光武封更始爲「以德報怨」，殊爲非是。王氏蓋亦未能明瞭當時更始集團中之情勢耳。按馮異傳：「三王反畔，更始敗亡。」注云：「三王謂張卬爲淮陽王、廖湛爲穰王、胡殷爲隨王。更始欲殺卬等，遂勒兵掠東西市，入戰於宮中，更始大敗。」此爲更始與其諸將鬥爭之最高潮，而更始之與伯升兄弟站在同一階級立場，亦可得而明。

註廿五：關於此點，後漢書劉玄傳，謝承書（初學記十二、御覽二二八引）均有相似之記載。而范書光武紀所載三輔吏士初見更始與光武時的情形，尤堪注意，其文曰：「時三輔吏士東迎更始，見諸將過，皆冠幘而服婦人衣諸于繡镼，莫不笑之，或有畏而走者。及見司隸僚屬（按光武時爲司隸校尉），皆歡喜不自勝。老吏或垂涕曰：『不圖今日復見漢官威儀！』由是識者皆屬心焉。」東觀漢記所載亦略同，末句作「賢者蟻附。」我們於此實可窺見士族大姓與下層饑民在政治上的根本不同，以及此與彼衰的一部份原因。

註廿六：按荆邯之所以建議田戎下南方而延岑定三輔者，顯然以此二人以前爲霸據該地區之大姓勢力的領袖，依然有號召力故也！

註廿七：范書「諸將且出，耿純進曰」語，袁紀作「諸將出。耿純進曰」，一字之差，而相去遠矣！耿純的話，顯然是當着諸將面前說的，光武恐失人心，遂不能再推辭。通鑑此處從范書，是其有識見處；而范袁優劣亦於此而判。

註廿八：漢書游俠傳亦曰：「解奈何從它縣奪人邑賢大夫權乎？」而荀悅漢紀卷十則改作「解如何從他郡奪人邑中權乎？且須士大夫復居其間。」這一從「賢大夫」到「士大夫」的變遷，實至堪玩味，頗能顯示出「士族化」前後兩個歷史階段的不同。蓋荀悅生當士族勢力高張之世，士大夫已擴大爲包括一切士族、大姓、豪强等的社會稱號，故不能不改易之。我們從這裡更可瞭解：西漢中葉以前，士與大夫不僅可分，且意義尙有不同也！

註廿九：參看二十二史劄記「王莽時起兵者皆稱漢後」條。

註三十：楊聯陞先生早在一九三六年即會發表了「東漢的豪族」一長文（清華學報十一卷四期）。其中第一節便爲「東漢豪族政權的樹立」。他指出雲台二十八將差不多全爲豪族出身，並謂豪族起兵係以「宗族賓客爲基本軍隊」。日本學者宇都宮清吉於其新著「漢代社會經濟史研究」（一九五四年七月出版）一書之第十及十一兩章中，亦曾論及光武政權與其時豪族的關係。讀者均宜參閱。

後記

本文是我在新亞研究所的研究論文。一九五五年八月，我因爲赴美在即，遂開始擬寫「東漢士族勢力的發展」一文，以結束一年多的研究工作；本文便是其中的第一節。不料在寫作過程中，我發現關於士族勢力與東漢政權之建立這一問題的本身，便有許多話要說，決不是三五千字可以交代清楚的。於是便擴展成一篇長達萬餘言的獨立論文。當時一因行色匆匆，二因參考書缺乏，寫成後自己已感非意所愜，及至送呈錢師賓四看後，他一方面認爲其中所涉及的問題仍值得窮究其源，另一方面則嫌該稿係由小題放大而成，對中心問題的陳述不夠清楚；囑我到美後再改寫一過，不必急於交卷。我是於去年十月初到達劍橋的。初來時忙於安頓行裝，一直沒有時間改寫過這篇稿子。到了十一月初，我的生活大體上已安定下來，這才開始考慮到如何改寫的問題。

隻身遠遊，自已讀過的書籍一本也沒有帶來，改寫工作總不免要困難一些。幸而哈佛大學的漢和圖書館藏書極爲豐富，使我可以找到我所需要的一切材料，其中還有幾本書是我在香港時屢求不獲的。關於這一點，我必須在這裡表示我的感激。

最初我把改寫工作估計得太容易了一點。我以爲全文的綱領既具，祇要再補充一點新材料，重新安排一番即可完工。所以我相信能在一個月內結束這件工作。沒想到問題竟越牽連越多：在時間上，它從東漢一直上朔至西漢，以至漢初；在空間上，它從少數武裝集團擴展到全國各地的起事者。初步工作遲到去年年尾才告一段落，已整整化費了兩個月的時間。今年一月以來，我便一面整理材料，一面繕寫，又差不多過了兩個多星期才算大體完成。這時恰好我自己的書籍有一部份剛從香港運到；因爲這些書上有不少批語，便於繙檢，所以又得從容校改一遍。

全文寫成後，我復送給哈佛大學的楊聯陞教授，請他批評。承楊先生的盛情，除了對我行文不愼之處有所指正外，同時更借給我幾本與本文有很重要關係的近人著述。這些著述是日本學者宇都宮清吉氏的「漢代社會經濟史研究」（一九五四年），Mr, Hans Bielenstein 的 The Restoration of the Han Dynasty(1953)，和楊先生自己早在一九三六年發表於「清華學報」的「東漢的豪族」長文。我因爲不懂日文的緣故，所以一直沒有注意鄰邦學者關於中國史的著作，雖則我早就知道他們在這一方面已有很大的成就。至於楊先生的大文，因爲未有單行本流行，我也一直不知道它的存在。我固然可以有種種理由爲自已辯護；但任何辯護都是多餘的，都無法掩飾我的「孤陋寡聞」的事實。

不幸得很，我看到這些文字已經太遲了。一方面我的全文業已繕就，無法更動，另一方面「新亞學報」第二期在二月初就要發稿，也使我不可能再從容增删，我除了在「結語」中補充了一兩句話，並加了一條「附註」外，其餘的一切都衹好照舊。爲了補救這一缺憾，我願意在這裡略提一提上述三種近作與本文相關涉之處。

楊先生的「東漢的豪族」，大概是最早指出東漢政權與豪族之關係的近代文字，不過它是以整個一代的東漢豪族爲研究對象的，故除第一節——東漢豪族的樹立——外，其餘文字均與本文無涉，可以不論。宇都宮清吉的書，則對兩漢的豪族問題，有詳細的討論，所引史料極爲豐富。而與本文最有關聯的，則有兩點。一是光武與南陽豪族的關係，一是漢代豪族的生活。我在本文及附註二十中，曾指出光武集團頗得南陽士族大姓的支持，並懷疑光武建都洛陽有其鄉土的背景。宇都宮清吉氏則有專章討論劉秀與南陽；其分析南陽豪族的社會關係，劉氏的經濟狀況，以及南陽郡的歷史，均極詳盡，一方面可補本文之略，一方面又可助證建都問題的看法。至於他對豪族生活的討論，亦有可以補充本文之處。如他在第十一章最後一節的三十八及一〇一兩條附註中，曾引有不少有關豪族大姓及地理分佈情形的史料，讀者如進而參閱該書，則可對此問題有更深入的了解。唯他也是合論兩漢豪族生活的，與本文專門分析兩漢之際士族大姓在戰時之種種動態者，着眼點殊有不同。不過無論如何，他的論述是很有助於對本文的理解的。

上述兩家的文字，都是從純粹的社會經濟史觀點立論的，故不必分別士族與大姓之間的差異。本文的主旨既在討論東漢政權的本質，則不能不於一般社會經濟的基礎上進而觸接到它的文化層次。因此士族問題才是本文的核心。士族在西漢的遠源固極重要，而它對此後的政治社會史的影響，則尤爲深遠。東漢末葉以至魏晉南北朝的社會發展，是以士族而非普通大姓爲其中心問題的。士族與大姓的差異愈往後便愈形顯著，也愈不能併論；因之，如果可能的話，我們應該儘量追溯出這種差異的源流。這是本文之所以儘可能地將士族與大姓分開的根本原因。

最後值得一提的是Mr. Bielenstein的 The Restoration of the Han Dy asty 一書。他這本書可分作兩部份，前一部是研究後漢書的，與本文無關，可以不論。後一部則專論王莽的失敗與漢朝的中興，與本文所論的時代幾乎完全吻合。所不同者，他注重的是王莽失敗的原因，而本文則在發掘光武成功的根據，眞是微乎其微了！更有趣的是他的結論幾乎和我完全相反。如果他的論斷是絕對正確的話，我這篇文章中所說的差不多便全是廢話了。不過我不能在這裡全面地批評他的著作，而祇是對他的結論提出一點討論。

首先我應該說，他對後漢書的研究，的確曾化了不少精力，對於史事的整理與叙述也相當清楚。他是漢學家高本漢(Bernhard Karlgren)先生的高足，既得名師傳授，又用功如此之勤，眞令人欽佩。他於本月中旬前來哈佛大學一次，聽說我也在研究後漢史，便在漢和圖書館裡同我寒喧了幾句。我記得他說，他從一九四八年起便開始研究後漢書。於今已有七八年的光景，功力比我深多了。何況我又不是專門研究後漢書的呢？可惜當時他很忙，而我又沒有讀過他這篇文章，所以竟失去了向他請教的機會。

他這本書論漢朝的中興時曾提出兩個問題：一、王莽爲什麽失敗而使另一個王朝得以興起？二、爲什麽這一王朝與以往統治天下的「前漢」相同？但就這篇文章說，最重要的則是第一個問題。那麽，他的答案如何呢？他一則曰：「我們可以安全地作這樣的結論：王莽失敗的最根本原因是黃河的改道。」(p.153)再則曰：「所以王莽的政策並未招致最後的叛亂。他不是因爲他自己的錯誤而失敗的。如果黃河沒有改道，他的王朝大概是會持續下去的。」(p.162)這裡我得簡要地說一說他得此結論的根據。他曾從後漢書明帝永平十三年（公元七十年）乙酉詔與同書王景傳中，發現黃河在公元二至六年之間（即平帝時），發生過一次決堤的大水災，而漢書未載其事。漢書王莽傳中所記河决魏郡之事，則在公元十一年（始建國三年），不合乙酉詔所謂「六十餘年」之數。換言之，自平帝時至始建國三年，黃河曾有一連串的決壞。最後遂有黃河改道之事。同時他在以前發表的 The Census of china during the period 2—742A.D. (Bulletin of Museum of Far Eastern Antiguities, No. 19,Stockholm 1947)一文中，曾指出東漢早期有從北到南的移民的事情發生。把這兩件事聯繫起來看，於是他斷定移民是由於水災所致。同時更進一步，他又根據其戶口調查之文，解釋東方的赤眉，南方的新市、平林、下江兵，以及臨淮瓜田儀等，都是受水災影響的移民。移民所過之處，造成嚴重的經濟担負，慢慢地便發生饑荒。此即饑民集團之所由來，而饑民集團則爲推翻王莽政權的基本力量，其他豪强大姓則並不甚反對王莽。

以上是他該文論據的要點。我們現在試一檢討他的說法，看看有無成立的可能。他全文中最有力的一點，便是平帝時黃河曾決堤。此外關於移民之事等，都是他的推測，沒有任何證據。有之，則是他自己的戶口調查。我沒有看到他的戶口調查的文字，無法確定其可靠性到如何程度。我們姑且承認它是完全正確的。但他之斷定「後漢早期」有從北到南的移民，乃是根據他發現從公元二年至一四〇年南北戶口有此升彼降的情形。(p146—7) 試問在一百三十九年間之內，即使北民曾南移，我們又如何能肯定它究竟是在那年內發生的呢？依照他自己的推測，移民之事發生於「後漢早期」，換言之，即在王莽覆亡之後。移民之事既發生在王莽覆亡之後，它如何能成爲王莽覆亡的原因呢？平帝時的黃河決堤，並不必然會造成移民，因爲我們根本無法知道由決堤所引起的水災究竟大到何種程度。班固僅提到公元十一年的河決，而不記平帝時的水災，則很可能是因爲這件事並無很大的影響。Bielentesin 解釋班固不載此事的原因是：「公元十一年，曾有某位官員假該年黃河決堤之事以間接地批評政府。而漢書不提另一更早更大的災害，則是因爲沒有官員選擇這件事作爲他上奏的題旨。」(p. 150) 他如此解釋漢書中的災異，究竟恰當與否，姑置勿論。（按他另有論漢書災異之文，認爲漢書所記災異，都是因爲有人借災異上奏以間接批評朝政而保持下來的紀錄，故不完全。我未見其全文，不能批評。）我們於此祇提出一個問題，即范曄著史時，猶得見「平帝時河汴決壞」的記載，何以班固對於數十年前曾引起從北到南的大量移民的大水災反而毫無所知？即使官方對此事沒有記載（假定 Bielenstein 對災異記載的說法是正確的），難道故老相聞也會中斷嗎？班固在王莽傳裡曾一再提到種種天災人禍所造成的社會後果。即以始建國三年言，「是時諸將在邊須大衆集，吏士放縱而內郡愁於徵發。民棄城郭，流亡爲盜賊，幷州平州尤甚。」此明明係因人禍而激起的流亡與盜賊。同時莽下書亦云：「毒蠚並作，農民離散。」此是因其將士與官吏之殘民所致者也。又在「河決魏郡泛淸河以東數郡」之文前曾載：「瀕河郡蝗生」師古注曰：「謂緣河南北諸郡。」此蝗蟲之害，亦饑饉之一大原因也。而「河決」文下則不見有災害嚴重之敍述。又如天鳳二年「穀常貴，邊兵二十餘萬人仰衣食，縣官愁苦。五原代郡，尤被其毒，起爲盜賊。數千人爲輩，轉入旁郡。」此亦人禍所造成之盜賊也。天鳳「三年二月乙酉地震大雨雪，關東尤甚。深者一丈，竹柏或枯。」此又是一種天災也。至於南方與東方饑民之起，班固亦曾記其原因。如費興曰：「荆揚之民率依山澤以漁采爲業。閒者國張六筦、稅山澤，妨奪民之利。連年久旱，百姓饑窮，故爲盜賊。」（按此節 Bielenstein 亦曾引之）是王莽之政策與久旱，均爲饑民起爲盜賊的造因。再者赤眉方面：「赤眉力子都樊崇等以饑饉相聚，起於琅玡，轉鈔掠。……時關東饑旱數年，力子都等黨衆寖多。」以上數事皆信手略舉，以說明王莽之敗亡，雖亦與天災有關，此所謂天災，恐怕主要實由於水太少（久旱），而不是因爲水太多（黃河決堤泛濫）吧！

班固既已注意到天災與盜賊之間的關係，而單單不提公元十一年河決的後果，更遺漏了平帝時所發生的一次「河汴決壞」，其中原因究竟何在呢？我想如果我們不將「河汴決壞」與「河決魏郡」的事實孤立起來，而配合着上述種種事實，作全面的觀察的話，則最近情理的解釋，便是河決所造成的災害，比較上是很輕微的。尤有進者，Bielenstein 把平帝時的河決與王莽時的河決連繫在一起，並懷疑在這兩次之間，還發生過不少次水災。這已純是假想，毫無佐證。可是他竟進而得出「漢書不提另一更早更大的災害」之結論。「更早」兩字固無可疑，「更大」這個形容詞是如何比較出來的呢？

王莽之敗亡有其天災的因素，這早在漢書中就有了答案，本非新說。但天災不是王莽失敗的唯一原因，歷來史家均有闡發，我這篇文章中也曾提及它與士族大姓的淵源。所以Bielenstein之文所論水災與移民等事，即使全部正確，最多也不過可以改變我們過去對於天災的解釋——久旱與蝗災，決不足以推翻王莽之亡與其所推行的政策有關之傳統說法。如果天災眞是王莽敗亡的最根本原因，則久旱與蝗災已經很夠了，不必再加上黃河的改道。何況黃河泛濫促成北民南移之說根本不能成立呢？茲再略舉數例以更進一步地說明其時天災的性質如下。

久旱爲災，漢書記載甚多，前已舉例說明之矣！至於蝗災，亦極普遍，如地皇二年「秋隕殺菽，關東大饑蝗。」三年四月莽曰：「惟陽九之阨與害氣會究於去年枯旱霜蝗，饑饉荐臻，百姓困乏，流離道路，於春尤甚。」又「夏蝗從東方來，蜚蔽天，至長安入未央宮，緣殿閣。莽發吏民設購賞捕擊。」

我們再看後漢書中關於旱與蝗的記載。光武紀上：「莽末，天下連歲災蝗，寇盜蜂起。地皇三年，南陽荒饑，諸家賓客多爲小盜。光武避吏新野，因賣穀於宛。」注引東觀記曰：「時南陽旱饑而上田獨收。」建武二年「初，王莽末，天下旱蝗。黃金一斤易粟一斛。」五年「四月旱蝗」。五月丙子詔曰：「久旱傷麥，秋種未下，朕甚憂之。」齊武王縯傳：「莽末，盜賊羣起，南方尤甚。伯升召諸豪傑計議曰：『王莽暴虐，百姓分崩。今枯旱連年，兵革並起。』」注引東觀記曰：「王莽末年，天下大旱，蝗蟲蔽天，盜賊羣起，四方潰畔。」凡此諸證，都說明饑饉遂因旱蝗而起，而蝗災則常伴旱災以俱至者。這種天災，自王莽即位以來便常發生，最明確的證據是王莽地皇元年的詔書，其中有云：

「惟即位以來，陰陽未和，風雨不時，數遇枯旱，蝗螟爲災，穀稼鮮耗，百姓苦饑。蠻夷猾夏，寇賊姦宄」。

（王莽傳下）

至於水災的記載，則遲到建武六年才有。是年正月辛酉詔云：

「往歲水、旱、蝗蟲爲災，穀價騰躍，人用困乏。」（後漢書光武紀下）

水災仍不過是一部份而已！但我們於此有一問題，即此所謂「往歲」，究指何時。難道可以遠追至公元十一年或者更前嗎？旱蝗的普遍性我們已經知道，毋須多說。可是水災不能與旱災同時存在於同一地區；因之，如果我們不能證明建武元年至五年之間曾經發生過水災，那麼這一「往歲水災」，便很可能被解釋爲平帝時或始建國三年的黃河泛濫。幸而我們在古今注裡找到了這樣一條證據：

「光武建武四年，東郡以北傷水。」（劉昭五行志補注三引）

這次水災發生在一年多以前，時間很近，合乎「往歲」的口吻，同時它又僅止於「東郡以北」這一小地區之內，與其他地區的旱蝗爲災也不衝突。我想光武六年所說的水災，便是指此而言的。在我反覆推求的過程中，我最初覺得辛酉詔也許是唯一可能證明黃河改道會引起大水災的文獻，可是這一最有利的假設，最後還是被更堅强的反面證據否定了。

問題談到這裡本可以告一段落了。因爲我們已經完全正面地證明了王莽時的饑饉，主要是旱蝗兩災造成的，而南方與東方的盜賊均因此而起。此一傳統的天災解釋既無法推翻，則黃可改道引起大量移民，以及因此而造成饑饉與盜賊之說，便已失去存在的根據。可是從另一方面說，平帝時「河汴決壞」與公元十一年的「河決魏郡」，也都是事實。這類的決堤會發生一定程度的水患，也是理有當然，事有必至。照道理推測，河堤既遲到明帝永平十三年才完全修好，則中間六十餘年黃河改道的地區，必然是一片澤國，無法居住。Bielenstein 因此而斷定其間有移民之事，似乎也不無見地。我在前面曾假定這兩次河決並不太嚴重，所以班固一次不記，另一次雖記亦不言其害。但這種假定還是需要證明的，若無更好的解釋，則此問題依然懸而未決。我們試先解釋河決最初為患不甚嚴重這一點。後漢書王景傳曰：

「初，平帝時，河汴決壞，未及得修。建武十年陽武令張汜上言河決積久，日月侵毀，濟渠所漂數十許縣。修理之費，其功不難。宜改修堤防，以安百姓。」

從張汜的話裡，我們可以瞭解，建武時的水患是「河決積久，日月侵毀」所致。這八個字已很明白地告訴我們，河患是慢慢嚴重起來的。它既是積久以後才嚴重的，那麽在起始時當然是為患甚微了！再看下去，問題就更清楚了：

「書奏光武，即為發卒方營河功。而後儀令樂俊復上言『……今居家稀少，田地饒廣，雖未修理，其患猶可。且新被兵革，方興力役，勞怨既多，民不堪命。宜須平靜，更議其事。』光武得此遂止。後汴渠東侵，日月彌廣，而水門故處皆在河中。兗豫百姓怨歎，以為縣官恒興它役，不先民急。永平十二年議修汴渠。」

這裡可以看出兩點：一、水患在建武十年還不算太嚴重，故光武雖一度動工，依然因恤民而中止。二、「汴渠東侵」引起嚴重水患是建武十年以後的事。由此可見，把平帝時與始建國三年兩次河決後的景象想像成一片汪洋的澤國，完全是一種違反史實的誇大。現在我們得進一步追問，何以河堤兩度決壞都未能立即引起很大的災害，直到數十年以後水患才嚴重起來呢？要瞭解其中的曲折，我們必須牢牢記住王莽時代一項極端重要的史實，那便是「久旱」。久旱在無形中消弭了水災。這決不是我的空想，我可舉出幾條鐵證來支持這一推理。在王景傳「濟渠所漂數十許縣」之下，章懷注道：

「濟水出今洛州濟源縣西北，東流經温縣入河，度河東南入鄭州，又東入滑、曹、鄆、濟、齊、青等州入海。即此渠也。王莽末旱，因枯涸，但入河內而已。」

這條注是根據劉昭補郡國志一的「濟水出，王莽時大旱，遂枯絕。」杜佑通典亦云：「濟水王莽時因旱渠塞。」（此據永樂大典影本水經注附錄。因時間倉卒，手頭無書，不及繙查原文。）王莽時因久旱而枯涸的河流尚不止濟水，漢書溝洫志孟康注曰：

「二渠其一出貝邱西南，南折者也。其一則漯川也。河自王莽時遂空，唯用漯耳！」

水經注卷二「河水又東北爲長壽津」句下，亦嘗引此事云：

「河之爲中國害尤甚。故導河自積石歷龍門二渠以引河。一則漯川，今則所流也。一則北瀆，王莽時空。故世俗名是瀆爲王莽河也。」（同上本）

這豈不是另一條因久旱而乾涸的河流嗎？

這樣，我們對王莽時天災的性質便完全明白了，以前我們只知久旱造成了嚴重的饑荒，現在我們更瞭解到，它同時還消弭一向可能發生的大水災。旱災與水災決不能同時存在於同一空間之內；所以在王莽時代，前者戰勝了後者，並代替了後者地位。這眞是歷史上一件極有趣味的事。因此我們也就懂得爲什麽班固對這次河決不很重視了：它們根本沒有產生什麽嚴重的後果。Bielcnstein 因爲漢書平帝紀中沒有記載河決之事而感慨的說：「歷史家實在應該用很長的篇幅來敘述這次決不容忽視的災害。可是他竟依然保持着緘默。而我們祇能間接地找出過去曾發生過的歷史眞相。這更說明一種事實，即中國歷史上一定還發生過許多後果深遠的事件，但歷史家却從來沒有把它們記載下來。(p.151) 現在我們可以回答他：「中國歷史家決不會忽略任何事實，如果這事實眞正具有重大的影響。」

最後，我願意再補充一筆，漢書平帝紀雖然沒有記載河決之事，但班固在溝洫志中却用了相當長的篇幅保留着王莽時許多水利專家討論治水方略的文字。這次討論便很可能是由於河決的事情刺激出來的。班氏所謂「王莽時但崇空語，無施行者。」的評語，也許是一種歷史家的偏見，因爲河汴決壞並不太嚴重，王莽要做的事情很多，自然可以把這個「不急之務」暫緩一緩了。我說這話是有根據的，這根據便是司馬光的通鑑。通鑑卷四十五永平十二年條下曾引王景傳「初，平帝時，河汴決壞，久而不修」之語，可見温公已經注意到這件事。不僅此也，溝洫志所載王莽時水利專家討論治水事，本無歲月可考，通鑑却繫之於平帝元始四年。温公著史極謹愼精細，當有所本。這可見，至少司馬光修通鑑時，已有意要解決永平十三年乙酉詔中「六十餘年」的問題了。他之繫討論治水事於元始四年者，以此。而我所以推測這次討論可能與「河汴決壞」有關者，也以此。班固可以不記河決之事實，却用很長的篇幅保持當時專家的意見。這正說明中國歷史家的眼光深遠處：不重要的事件瞬息即過，祇是「爾曹身與名俱滅」而已，何必一一筆之於書？可是治河是中國歷史上的大問題，前代專家的意見仍可能在後世產生重大的影響，故孟堅不惜詳乎言之，以其「不廢江河萬古流」也！

一九五六、一、廿八晨四時追記於劍橋旅次

論唐開元前的政治集團

章羣

唐朝從開國到開元這一段期間裡，曾經有過幾次政變，雖然多數是宮庭方面的事，但是中央的官宰，處身其中，不免被牽涉到，而且他們也眞有左右大局的力量。前輩陳寅恪先生近著「記唐代之李武韋楊婚姻集團」一文，考按開元以前宮與府人事的演變，並加以解釋。寅恪先生的論旨，綜括地說，不外乎兩點：第一是說唐朝初年，原來有幾個政治集團，其組成的分子，都可以以地域來分，如關隴集團，如山東集團。這是因爲武后初立的時候，有反對的，也有贊成的。反對的長孫無忌和褚遂良，都是關隴份子；而贊成的徐世勣，却是山東人。這兩派好像隱然對立。依照這樣的看法，於是說：開元以前，若干政治人物的起伏，都可以依兩個政治集團對立的情况來解釋，尤以武后一朝爲然。第二是說當時政治人物的結合，很多是由於婚姻關係的。說武后以山東寒族入主朝政，徘徊在大唐和大周之間，希望用婚姻的關係，混一武家和李家，以延續武家的政治地位。我現在細考這一段期間宰相的進退，以爲上面的兩種說法，都不盡然。茲略揭其義如後，並就寅恪先生論旨以外所應考慮的幾點，同時陳論於此。

請先說地域的關係。

所謂關中，所謂山東，原是承襲着北朝的門第來說的。北朝的門第、關中以韋、裴、柳、薛、楊、杜爲大；山東以王、崔、盧、李、鄭爲大。這許多大姓，因爲政治特權的世襲，不但有其政治地位，而且因了久有政治地位，也造成他們的社會地位。這種情形，直到隋朝還是沒有變化，舊唐書韋雲起傳說：

大業初，（雲起）改爲通書謁者，又上疏奏曰：今朝廷之內，多山東人，而自作門戶，更相談薦，附下罔上，

共爲朋黨，不抑其端，必傾朝政，臣所以痛心扼腕，不能默已，謹件朋黨人姓名及姦狀如左。（列傳卷二十五）

雲起所說共爲朋黨的是山東望族，居然可以指出姓名和罪狀，可見不是虛假。但到了唐代，我們對於山東人這個名詞，不能一概地看做山東望族。如果以地域分，唐代大臣確有不少是山東人，却未必就是望族，既然不是望族，在政治上並沒有一種潛勢力，足以構成集團，此其一。如立武則天爲后，爲關隴集團所不能忍，則太宗的引用山東人，也同樣地應爲關隴集團所不喜，而事實上，唐自開國就引用了許多山東人，此其二。同樣的，武后時雖多用山東人，但關中舊家也不少。此其三。以下先說事實，然後再說明其何以如此。

所謂事實，可從幾方面來說明；

第一是武后以前，山東人在朝廷中的人數和地位。

第二是武后執政以後，關隴人在朝廷中的人數和地位。

第三是開元以前，關隴人和山東人互相或兩集團中人自相推薦或排斥的事實。

第四是新人的進用，究竟從什麽時候開始？是太宗下來的一貫精神呢？還是武則天的新猷？

第五從明經和進士的分野上，看思想的異同是否有可能構成政治集團，也就是看舊世家確有卓異處不。

茲依次來說。

要決定一個人的地域關係，先要注意他的籍貫、事業成就地、以及郡望三者的分別。籍貫不過示其出生所在，或者祇是祖居之處，對於他以後事業的發展，可能毫無關係。又唐人對於門第觀念，猶不能盡免，明明住在乙地已經幾代了，但報籍貫的時候，却仍說是甲地人，以自矜誇。爲說明三者的分別，各舉例如次。

褚遂良，是褚亮之子，兩唐書褚亮傳，都稱亮爲杭州人，但褚遂良顯非江南集團中人。舊書遂良傳說大業末隨父在隴右。可見他是生長在隴右的，論者列他爲關隴集團，原沒有錯，這就是不能根據籍貫來定他的政治關係的一個例子。

岑文本，本傳稱南陽人。舊傳載文本自稱南方一布衣，新書則說漢南一布衣。漢南二字，很容易使人誤會，以爲就是南陽，但漢水出其西，所謂漢南，其義實不可曉。新書宰相世系表，稱文本先人自東漢黨錮難起，逃于江夏山中，徙居吳郡，茲後又徙壖官。（新表卷十二中）既說是吳郡，又說壖官，這是南方無疑了。文本自稱南方一布衣，可見並不錯，而新傳說漢南者誤。但兩唐書都說他是南陽人，則是舉他的郡望。這是不能以郡望來說政治關係的一例。

這三者的分別，學者何嘗不知，但祗注意到百官，對於唐朝帝室，倒反而忽略了。按李淵雖籍隴西，王業所基，却在太原，太原正是山東之地。唐高祖太原起義原從諸臣，并州人計有：劉世龍、趙文恪、許世緒、龐卿惲、唐儉、武士彠等。關中人計有：劉文靜、李高遷、公孫武達、張長遜、劉弘基、殷嶠等，兩者的人數，約略相等。而武德年間的宰相，有裴寂、劉文靜、蕭瑀、竇威、竇抗、陳叔達、楊恭仁、封德彝、裴矩、宇文士及。其中的陳叔達和蕭瑀，都是南朝遺胤，封德彝和裴矩都是山東人。武德中，祇能說大局粗定，但即使在這樣的局面中，朝廷大臣，也不全是關隴集團中人。

太宗在位凡二十三年，這二十三年中宰相人數很多，然就最著名的房玄齡和魏徵來說，都是山東人。

房玄齡，舊書本傳說他是齊州臨淄人，又說其父爲隋涇陽令。按涇陽，在唐爲平涼縣，屬關內道，如以此來考他的出身，似乎和關中不無淵源。但傳文又說他年十八舉本州進士。所謂本州，當是指齊州，則其出身，仍由山東。舊書李玄道傳說房玄齡是李玄道的從甥，又說玄道世居鄭州，爲山東冠族。又玄齡傳稱其垂死時，誡其子必不可以地望凌人。如以玄齡本傳與玄道傳並看，則房玄齡之爲山東望族，可無疑問。

魏徵，鉅鹿曲城人，原在李密幕下，及李密降唐，而齊魯猶未下，唐高祖遣淮安王神通爲山東安撫大使，以崔民幹爲副，胡三省注通鑑說：

崔民幹，山東望族，故使副神通以招撫諸郡縣。（通鑑卷一八六。武德元年十一月）

這時候，魏徵隨李密在朝，本傳稱其久不見知，於是自請安輯山東，這是較神通出使稍遲的事。魏徵之所以能安輯山東者，一因原在李密幕下，而山東未降者，多是李密舊部；二因其本身是山東人，雖然其門望不及崔民幹，但必也是有足夠的聲望可加任使的。

現在再說一件事，以明太宗的任用山東人。

貞觀十九年，唐太宗將親征高麗，二月，詔皇太子留定州監國，當時共掌機務的，除長孫皇后之舅高士廉以外，有劉洎、馬周、許敬宗、高季輔、張行成。其中馬周、高季輔和張行成，都是山東人，而季輔和行成，共掌機務外，且同輔太子，季輔爲太子右庶子，行成是太子少詹事，地位又遠較他人爲重要。行成原在王世充手下做官，世充平，太宗任用之。舊書行成傳記太宗的話說：

觀古今用人，必因媒介，若行成者，朕自舉之，無先容也。（列傳卷二十八）

貞觀二十二年，這兩個人，又與長孫無忌、褚遂良同執朝政。這樣看來，太宗對於關隴集團和山東集團的人，都信用無疑，未嘗有所軒輊。一直到了高宗時，行成和季輔，以東宮舊從，仍知宰相事。綜高宗一朝，執政的山東人計有：杜正倫、李義府、盧承慶、許圉師、劉仁軌、孫處約、戴至德、張文瓘、李敬玄、郝處俊、張大安、裴炎、崔知溫。論人數比例，猶大於關隴人。

以上說明武后以前，李唐任用山東人的情形。今更從反面說，武后當位的二十一年中，任用關隴人的情形。

據唐會要，這二十一年中，宰相凡七十八人，他們是：劉仁軌、薛元超、郭正一、姚元崇、裴炎、袁恕己、敬暉、岑長倩、郭待舉、魏元同、劉齊賢(羣案：即劉景先)、韋宏敏、桓彥範、王德眞、劉禕之、武承嗣、騫味道、崔詧、李景諶、韋方質、沈君諒、裴居道、韋思謙、蘇良嗣、韋待價、張光輔、王本立、范履冰、邢文偉、武攸寧、傅遊藝、史務滋、宗秦客、格輔元、樂思晦、任知古、歐陽通、裴行本、狄仁傑、楊執柔、李遊道、袁智宏、崔神基、崔元綜、李昭德、姚璹、李元素、王璿、婁師德、韋巨源、陸元方、豆盧欽望、蘇味道、王孝傑、武什方、楊再思、杜景佺、周允元、孫元亨、李道廣、王方慶、王及善、宗楚客、武三思、吉頊、李嶠、張錫、韋安石、李懷遠、顧琮、李迥秀、朱敬則、唐休璟、韋嗣立、崔元暐、張柬之、房融、韋承慶。其中敬暉、桓彥範、魏元忠、袁恕己，都是中宗復辟以後任命的，劉仁軌、薛元超、郭正一、郭待舉、魏元同之任相，都在武后登極以前，裴炎任相以後即被殺，所以實際上祇得六十八人。其中關中籍者十八人，江南佔五人，以此和山東人比，數量誠然較少，但武后用人，並無一定的辦法，能夠久於其位者，殊不多見。此外，也可於李昭德的言論中，知道武后時臣下並不諱言關中人的政治地位，事實上也沒有人因爲是關中人而見嫉。舊書李昭德傳：

來俊臣又嘗棄故妻，而娶太原王慶詵女，侯思止亦奏娶趙郡李自挹女。勑政事堂共商量，昭德撫掌謂諸宰相曰：大可笑，往年俊臣賊劫王慶詵女，已大辱國，今日此奴，又請索李自挹女，無乃復辱國耶。尋奏寢之。（列傳卷三十七）

按唐代李姓，有隴右和趙郡之分，唐王室出自隴右，趙郡李姓則是山東的大姓。若論社會地位，王室諸李，猶不及趙郡李姓。侯思止不娶隴右李，而娶趙郡李，是重視有社會地位的李姓，而輕視有政治地位的宗室，所以李昭德以爲辱國。昭德是京兆人，武后雖是山東人，但昭德敢在武后面前奏論其事，武后又准其奏，這說明了上下都沒有否定關中人政治地位的意念。昭德任相後，也很專斷，武承嗣譖構之，武后不以爲是，昭德傳記武后的話說：

自我任昭德，每獲高臥，是代我勞苦，非汝所及也。（舊書列傳卷三十七）

是昭德雖然是關中人，未嘗見嫉於武后。

以上是說武后一朝，關隴人被任用的情形。

就中宗、睿宗兩朝的宰相看，山東人約略多於關隴人。到了玄宗，開元共二十八年，姚元崇、宋璟、盧懷愼、張嘉貞、張說，都是山東人，而韓休、李林甫、牛仙客都是關隴人，江南人也有蕭嵩和張九齡。

根據以上的敘述，從貞觀到開元，包括中書令、侍中、左右僕射、以及其他知機務、知政事、同中書門下平章事、同中書門下三品這許多官，大抵關中人和山東人參用。如中書令原有兩員，但並非時時足額，大多數的時間，祇有一人在位，如果有兩人同時爲中書令，往往關中和山東各佔一人。如貞觀十八年，馬周和楊師道同爲中書令，馬周是山東人，師道是關中人。又如永徽元年，褚遂良和高季輔同爲中書令，遂良屬關隴集團，季輔則是山東人。

總章年間，閻立本和劉仁軌同爲中書令，立本是關中人，而仁軌是山東人。凡此諸例，雖非絕對不變，然也足以見其大概。再看左右僕射．如房玄齡任左僕射凡十六年，玄齡是山東人，在此十六年中，爲右僕射的，除貞觀十年至十一年，是溫彥博以外，其他人如李靖、高士廉，都是關中人。又如永徽年間，張行成爲右僕射，而于志寧和褚遂良相繼爲左僕射，這兩人都是關隴份子。又除山東與關中人以外，大抵江南人居其一，軍人也居其一。前者之例，如貞觀十年，蕭瑀既罷政事，至十三年，即以劉洎參知政事。自劉洎被殺，許敬宗與政事。敬宗於顯慶三年轉中書令，於是儀鳳元年有來恆，恆死，永淳元年有岑長倩，兩年後繼長倩則有劉禕之。長倩於垂拱二年居中書令，自天授以至長壽元年，復轉右僕射，其明年，有陸元方知政事。以後雖然不見有江南人執政，但先天間，猶有岑羲、陸象先，繼迹先人，參知政事。開元末葉，又有張九齡。從蕭瑀到張九齡，都是南方人，先後相續，參與執政，間斷的日子很少。

至於武將參加政事的，貞觀前期有李靖和侯君集，都是關中人。十七年起有徐世勣和張亮，亮伏誅後，世勣仍知政事直到永徽年間，這兩人都是山東人。自世勣死，顯慶四年有任雅相，龍朔二年，雅相死，兩年後有劉仁軌和姜恪，仁軌是山東人，恪關中人。自乾封二年，仁軌爲中書令，再二年，即總章元年，恪爲侍中。咸亨三年，恪薨，仁軌轉左僕射，直到武后時。武后執政期內，似未見武將知政事，然而像婁師德、狄仁傑、姚元崇，都曾經領命專征。景雲二年有郭元震，開元後先有薛訥，後有王晙、杜暹，以至牛仙客。大抵上說，武人也始終有一人與政事，這是因爲軍國大事，不能不有一個熟知軍情的人參加討論。

以上舉例，說某人爲某地人，無非備按考，並不說地域的集團眞正存在，相反地，從以上的例子中，可以見得祇就宰相來說，各地的人幾乎人數相等，而又別有特殊的區分應該知道，如武人不能不有一人參加執政。

綜觀開元前，關隴和山東兩地域的人，互相推薦或攻訐的紀載，也足以證明，兩集團之分，嚴格說起來是不存在的。李昭德是京兆人，其父乾祐，為褚遂良所構，這是同為關隴份子自相排斥。昭德既當權，別人說他專擅，姚璹甚至於說昭德實負國。璹是京兆人，這也是同一地域的人自相排斥。昭德既得罪左遷，坐其事同遷的有韋巨源、陸元方、蘇味道。其中巨源是關中大姓，而元方是蘇州人，味道是趙郡人，一在江南，一為山東，這是異地域的人互相過從。（上述諸例，俱見舊書李昭德傳，參見諸人本傳）楊再思和李嶠，都是承宗楚客的意思而致魏元忠於罪的，（見舊書魏元忠傳）這四人都是山東人，這是同地域的人自相排斥的又一例。這一類的例子，殊不勝舉，總而言之，開元以前的政治集團，不能夠全以地域區分來解釋。

除了以上的分析以外，還有一事值得考慮，那就是引用新人的問題。

說到這裡，應該重新提醒一下，唐朝的所謂山東人，並不是全指的山東世族。

唐太宗對於山東世族，確是有意抑壓的，祇要看貞觀氏族志的編纂經過，就可以知道了，具見舊書高士廉傳。綜括地說一句，「欲崇重今朝冠冕」，想用政治的力量來推倒舊家的社會地位。太宗是否想造成新門第，這一問題可以存而不論，但至少因了抑壓舊門第之後，使李家政權增加了威嚴，且使政權的行使更見順利，是無疑問的。

除了抑壓舊門第之外，對於新人，祇要他眞有才學，太宗是無不樂於任用的，最顯明的例子是馬周被任用的經過。舊傳稱周少時孤貧，到貞觀四年，馬周為常河之代陳便宜二十餘事，太宗遂不次擢用。馬周是寒族，可無疑問，舊書韋挺傳稱挺以馬周寒士下之，足為佐證。這樣說來，馬周是稱得上新進之士的。所以唐室的引用新人，從太宗時候起已經這樣了。

高宗的引用新人，情形正是一樣，新書竇德玄傳說：

時帝又以源直心爲奉常正卿，劉祥道爲司刑太常伯，上官儀爲西台侍極，郝處俊爲太子左中護，凡十餘人，皆帝自擇，以示宰相，李勣等皆頓首謝。（列傳卷二十）

新傳說十餘人，姓名雖不備，但「皆帝自擇」四字，也足以說明當時引用人才，確是有一番新氣象的。如仍不以爲然，且再看高宗下的詔書：

山東江左，人物甚衆，雖每充賓薦，而未盡英髦。或孝悌通神，遐邇惟敬。或德行光裕，邦邑崇仰。或學統九流，重帷覩奧。或文高六藝，下筆成章。或備曉八音，洞該七曜。或射能穿札，力可翹關。或邱園秀異，志存棲隱。或將帥子孫，素稱勇烈。委巡撫大使，咸加採訪，佇申褒奬。亦有婆娑鄉曲，負材傲俗，爲譏議所斥，陷於踈弘之流者，亦宜推擇，各以名聞。（令山東江左採訪人物詔，見全唐文卷十三高宗條）

詔文雖是山東江左並言，然重點實在山東，此因江左人物在當時還比不上山東來得多。綜上所述，引用新人，也不是自武后開始的。而是唐太宗以來的一貫作法，太宗的所以如此，也有幾點可以說。

第一是思想上的，唐太宗希冀堯舜三王之治，自有他的政治理想，而任賢爲其一端，形成貞觀之治，並非偶然之事。茲就貞觀政要所見太宗語，略舉數條如左。

貞觀十三年，太宗謂侍臣：朕聞太平後必有大亂，大亂後必有太平。大亂之後即是太平之運也。能安天下者，惟在用得賢才。（下略）

貞觀二年，太宗謂右僕射封德彝曰：致安之本，惟在得人，比來命卿舉賢，未嘗有所推薦，天下事重，卿宜分朕憂勞，卿既不言，朕將安寄。對曰：臣愚豈敢不盡情，但今未見有奇才異能。太宗曰：前代明王使人如器，皆取士於當時，不借才於異代，豈得待夢傳說，逢呂尙，然後爲政乎？且何代無賢但患遺而不知耳。德彝慙赧而退。（均見卷二）

第二是制度上的。考試制度既已公開施行，則舊世家對新人才，也無法阻斷其升進。唐制，考進士科的要送三代名諱，而考明經的可以不要，這自是要看考進士的門第。但唐朝得人以進士科最盛，又是不爭的事實，武后時不過科目多一點，又須面試，取人較爲眞切則有之，若必說是新人的起用，始於武后，必難使人盡信。就唐朝說，不但是新人未被阻進，實際上是新人反過來打擊世家，即使這世家是王室的親戚，也不能例外，而問題的關鍵正在於此，新舊門第之爭，伸展於全面，决不是地域關係可以盡其說，在婚姻上，新門第所表現的，似乎又想高攀世家，這與他們的政治態度，是相矛盾的。

第三是歷史淵源的關係。太宗事業的成就，實在平滅竇建德、王世充以後。即說山東是太宗的勢力範圍，也不爲過。玄武門之變的前夕，唐高祖命太宗去洛陽，准行天子故事。又太宗遣張亮去洛陽，陰結山東豪傑。熟於唐初史實的，即以此兩事推斷太宗在山東的勢力，當可得其大概。太宗既即位，對山東人的多所引用，自是意料中事。

基上所論，唐朝的引用新人，引用山東寒士，並非始自武后，武后的作法，正是仍一貫之舊，至於新人的逐漸得勢，也正是在公開競爭的考試制度下，必將出現的結果。

以上說唐朝引用新人的最初情形。

進士和明經的分別，李德裕已經說過，舊書武宗紀載德裕的話說：

臣無名第，不合言進士之非，然臣祖天寶末以仕進無他岐，勉强隨計，一舉登第，自後不於家置文選，蓋惡其祖尙浮華，不根藝實。然朝廷顯官，須是公卿子弟，何者，自小便習舉業，目熟朝廷間事，臺閣儀範班行准則不教而自成，寒士縱有出人之才，登第之後始得一班一級，固不能熟習也。（本紀卷十八）

德裕所說的，乃是指門蔭與舉業二者的分別，但也可以反映出所謂舊門第，若僅恃其嫻於臺閣儀範，班行准則，已不足與新人才抗衡，這不是明經進士的分別問題。但在最初，舉明經的不論其爲關中人或山東人多是大姓。如武后之世，諸大臣由明經出身的有李昭德、姚璹，都是關中人，杜景佺、崔義玄，都是山東人。所以考試制度和門第略有關聯，而至後世，舉明經的日少，其勢也日衰，更可以看出新人的興起，與日俱進。這是一個大概的情況。

若論思想，恐怕沒有差異，就是進士也不是不明經義的，册府元龜有如下之紀載：

貞觀八年，詔加進士試讀經史一部。

調露三年四月，劉思立除考功員外郎，先時進士試策而已。思立以其膚淺，奏請帖經及試雜文，日後因以爲常。

開元二十五年正月詔：……自今以後，其進士宜停小經，唯明經例，帖大經十帖，……取通四以上（均見卷六三九）

開元詔云唯明經例，說得最明白。以事實論，如李日用，舊傳說他舉進士第，新書武平一傳，則記平一和日用辯論左氏春秋，往復不下。那末日用也不是不知經義的。但問題的關鍵猶不在此，主要的乃是兩者是否因門第的不同，而有思想上的差異。從來論者，祇及其家教風習，恐也祇是如此，而談不上思想問題。

現在再說婚姻關係，是否足以形成一政治集團。要瞭解這個問題，須注意三點：其一是當時社會的婚姻風尚，其二是武后以前唐室的婚姻關係，其三是武后時諸武和宗室有婚姻關係的有幾人，他們在政治上佔了什麽地位。茲依次來說。

雖然抑壓山東士族，是唐室一貫的政策，但當時社會風尚，仍願與山東舊家結爲婚姻。新舊高士廉傳：

王妃主婿，皆取當世勳貴名臣家，未嘗尚山東舊族，後房玄齡、魏徵、李勣復與昏，故望不減。（列傳卷二十）

玄齡、魏徵、世勣，都是太宗時大臣，太宗雖欲抑壓山東世族，而彼等仍與之婚，很足以說明一代政策與社會風尚的不同。士廉傳又說：

又詔後魏隴西李寶，太原王瓊，滎陽鄭温，范陽盧子遷、盧渾、盧輔，清河崔綜伯、崔元孫，前燕博陵崔懿，晉趙郡李楷，凡七姓十家，不得自爲昏。（同前）

若依此說，也不止是對山東舊家，即使關隴河北，祇要是世家，也一概在抑壓的範圍裡了。政策雖是如此，風尚却是未變。舊書李敬玄傳，說敬玄三娶，皆山東士族，這是一例。又前引李昭德的話，指來俊臣娶王慶詵女，俟思止也要娶趙郡李自挹女，這又是一例。總之，時代的趨勢，雖要打倒門第，而社會習俗，仍一時難改。

至於唐室婚姻，似欲以關隴人自高，讀者祇要一檢后妃傳可知，其中如高宗后王氏，雖傳云幷州人，但是她的外家柳氏，是關中郡姓，而且是唐室舊姻，舊書柳亨傳：

亨容貌魁偉，高祖甚愛重之，特以殿中竇誕之女妻焉，即帝之外孫也。（列傳卷二十七）

柳亨的弟弟是柳奭，王皇后則是柳奭的外甥女，以王氏配高宗，原是親上加親。這樣的婚姻關係，如果說有什麼目的，恐怕也祇是爲了抑壓山東舊家而已。

諸武與李唐的婚姻關係，據唐會要卷六，公主降於武姓的有：高宗女太平公主初降薛紹，後降武攸曁。中宗女新都公主降武延暉。永泰公主降武延基。安樂公主初降武崇訓，後降武延秀。

按此諸武，在則天時，攸曁封千乘王，延基爲南陽王，延秀爲淮陽王，崇訓爲高陽王。根據這一個事實，似當承認武、李確有混合的迹象，較近理的解釋是武后既不願以皇位姑姪相傳，勢必還位中宗，一旦李氏再有天下，則爲武家計，聯姻的確是最好的辦法，使在李氏治下仍有武家的政治地位。但一考諸武的事蹟，並沒有一人居相位，武后的初意是否如此，也很難斷言，如不是固求新奇，那末說這是皇室的親上加親，也無不可。且當時的問題實不在此，而是王統的誰屬。吉頊有一番話，正是針對這個問題而發，大唐新語記吉頊的話最爲明白可讀：

> 頊曰：水土各一盆，有競乎？則天曰：無。頊曰：和之爲泥有競乎？則天曰：無。頊曰：分泥爲佛，爲天尊，有競乎？則天曰：有。頊曰：臣亦以爲有。竊以皇族外戚各有區分，豈不兩安全耶？今陛下貴賤是非於其間，則居必競之地。今皇太子萬福，而三思等久已封建，陛下何以和之？臣知兩不安矣。（卷一）

吉頊的意思，以爲諸武封王，是與皇族無別，且既可封王，豈不也可以爲皇太子，這樣，中宗和相王，自不能安。反之，諸武既已爲王，仍慮不能爲皇太子，也難自安。舊書武承嗣傳，稱承嗣欲立爲皇太子，足以爲此註脚。吉頊所謂皇族與外戚兩不安者，指此而說。寅恪先生引吉頊這一段話來證明武李兩家混和之說，實際上與吉頊的原意恰相反。吉頊之意，首先在肯定皇太子的地位，水泥混和之說，無非是容許諸武存在而已。這樣說來，吉頊的話，不足以爲武李混合的證明，更不足以證明因婚姻關係而終不可分。如政治上要求分，即使皇太子也可殺死，宗室諸王、公主亦然，何況異姓。學者如知貞觀以來，諸王若有異謀，必遭誅滅的事實，以至太平、安樂諸事件，也不例外，可以想過半了。

那麼，開元以前到底有沒有政治集團，如有，他們是怎樣結合的。據個人的研究，政治集團不能說沒有，但他們的結合，祇是爲了權力的追求。爲追求權位，鞏固權位，或延長權位，這些人或者依附於太子；如太子有被廢的可能，也可以依附太子的兄弟。後來的太平、安樂兩公主，雖說是公主，但都有做皇太女的野心，仍屬此例。如皇帝有內寵，也可以依附后妃，張易之、張昌宗雖是男性，仍是內寵。這樣的結合，賢者如魏徵，尚且不免，何況他人。茲依次敘述貞觀以後事如次。

一、侯君集事件。君集是三水人，如以地域說，是關隴份子。太宗爲秦王時，君集已在其幕下。玄武門之變，太宗的兩大功臣，一是尉遲敬德，另一就是侯君集。史稱建成元吉之誅，君集之策居多。貞觀四年，君集爲兵部尙書，貞觀十二年，拜吏部尙書，舊傳云：

君集出自行伍，素無學術，及被任遇，方始讀書，典選舉，定考課，出爲將領，入參朝政，並有時譽。（列傳卷十九）

舊傳既稱其爲將相，並有時譽，可見君集自具才華，到了平高昌還，功勞更大。但也在這個時候開始被懷疑，君集乃自託於太子承乾，舊傳說：

時庶人承乾在東宮，恐有廢立，又知君集怨望，遂與通謀。君集子婿賀蘭楚石，時爲東宮千牛，承乾數引君集入內，問以自安之術。君集以承乾劣弱，意欲乘釁圖之，遂贊承乾，陰圖不軌，嘗舉手謂承乾曰：此好手當爲用之。（列傳卷十九）

貞觀十七年，承乾事發，君集被收。因君集之死，而牽涉到魏徵，舊書魏徵傳說：

嘗密荐中書侍郎杜正倫及吏部尚書侯君集有宰相之材。徵卒後，正倫以罪黜，君集犯逆伏誅，太宗始疑徵阿黨。（列傳卷二十一）

以太宗的英明，在魏徵死後，不能不疑其阿黨，則其事也不是毫無根據的。當魏王泰有寵之時，褚遂良以爲嫡庶應有所分，魏徵也以爲宜抑其驕奢，似已有維護太子的意思，這是貞觀十六年的事，就在這一年，魏徵被任爲太子太師，通鑑紀其事云：

時太子承乾失德，魏王泰有寵，羣臣日有疑議，上聞而惡之，謂侍臣曰：方今羣臣忠直，無踰魏徵，我遣傳太子，用絕天下之疑。（卷一九六）

這許多迹象，雖不能斷爲魏徵阿黨的證據，但徵與太子間的關係，也可以見得一二。而且魏徵所推荐的杜正倫，正是坐承乾之事被流的。正倫初爲太子右庶子，貞觀十年，兼太子左庶子，可見正倫和承乾的關係原極密切，舊書正倫傳稱：

太宗謂正倫曰：我兒疾病乃可事也，但全無令譽，不聞愛賢好善，私所引接，多是小人，卿可察之，若教示不得，須來告我。正倫數諫不納，乃以太宗語告之，承乾抗表奏聞。太宗謂正倫曰：何故漏洩我語。對曰：

開導不入，故以陛下語嚇之，冀其有懼，或當反善。帝怒，出爲穀州刺史，又左授交州都督。（列傳卷二十）

時承乾患足疾，不良於行，所以太宗說我兒疾病，從這一段紀載看，正倫和承乾似乎是不大相合的。但舊傳又說：

後承乾構逆事，與侯君集相連，稱遣君集將金帶遺正倫。（同前）

則正倫仍是承乾的黨羽。其他牽涉的人物有杜如晦子杜荷（尙太宗女城陽公主）；有王珪子敬直（尙太宗女南平公主）。兩人都坐和承乾交往一死一流。

二、自武后時以至開元，有二大政治集團，須同時敘述，這就是太平公主集團和諸武集團。

武后以太平類已，寵愛很深，太平的勢力，直至開元，始終未衰。據唐會要說：神龍二年，鎭國太平公主，儀比親王。景龍四年六月，雖有勅停府，但不久，中宗被鴆，韋后臨朝，改元唐隆，仍准太平開府。（均見卷六）至玄宗爲太子時，太平之勢，已蓋過了皇太子。新書記王琚之語說：

琚是時方補諸暨縣主簿，過謝東宮，至廷中，徐行高視，侍衛何止曰：太子在。琚怒曰：在外惟聞太平公主，不聞有太子。（卷四十六王琚傳）

太平公主的黨羽有竇懷貞、岑羲、蕭至忠、李晉、薛稷、賈膺福、常元楷、李慈等。見舊書卷四十二蕭至忠傳。

諸武之黨，以武三思爲首。則天死了以後，三思以與韋后姦通，所以仍得勢。（三思與韋后事，治史者類多知之，語見舊書桓彥範傳）安樂公主，恃韋后之寵，求爲皇太女，也可列入這一黨。若依此說，這一黨實際上包含了武三思、韋后、和安樂公主三個主要人物。依附的則有宗楚客，紀處訥、韋巨源、吉頊。宗楚客是則天從父姊之子，紀處訥是武三思的聯襟，吉頊，史稱武承嗣納其二女弟，各見兩唐書本傳。所以這一集團是有婚姻關係的。那末太平黨和諸武是不是對立呢？就史實看，不但是對立，而且是勢不兩立的。這一種情況，自則天在位時已然，請略敘史實以爲證明。

先說太平黨反對諸武之事。新書岑長倩傳：

鳳閣舍人張嘉福，洛州民王慶之，建請以承嗣爲皇太子，長倩謂皇嗣在東宮，不宜更立。與格輔元不署，奏請切責嘉福等。（列傳卷二十七）

前面說過，岑羲是太平黨，且以預太平謀坐誅。羲是長倩的伯父，長倩是否太平黨，雖乏明證，但伯姪同在一黨，也極可信。且再看岑羲本人的事蹟，新書羲傳：

中宗時，武三思用事，敬暉欲上表削諸武封王者，衆畏三思，不敢爲草，羲爲之，詞誼勁切。（列傳卷二十七）

又說：

初，節愍太子之難，冉祖雍誣帝及太平公主連謀，賴羲與蕭至忠保護得免。（列傳卷二十七）

這個「帝」乃是指睿宗，蕭至忠傳所謂安國相王者就是。岑羲保護相王，也是保護太平，其不畏三思又如此，則其託於太平，實在由來已久。

至於諸武反對太平的史實，前述冉祖雍之奏，就是一個例子，舊書蕭至忠傳說：

節愍太子誅武三思後，有三思黨與宗楚客、紀處訥，令侍御史冉祖雍奏云安國相王及鎮國太平公主亦與太子連謀舉兵，請收付制獄。中宗召至忠，令按其事，至忠泣而奏曰：陛下富有四海，貴爲天子，豈不能保一弟一妹，受人羅織，宗社存亡，實在於此，臣雖愚昧，竊爲陛下不取。漢書云：一尺布，尙可縫，一斗粟，尙可舂，兄弟二人不相容。願陛下詳察此言，且往者則天皇后欲令相王爲太子，王累日不食，請迎陛下，固讓之誠，天下傳說。足明冉祖雍等所奏，咸是虛構。帝深納其言而止。（列傳卷四十二）

至忠說冉祖雍所奏，咸是虛構，未必即是。但宗楚客等有意羅織也是事實，睿宗之立，太平公主的力量最大，舊書韋巨源傳記李邕之語說：

先帝遇毒……於是太平公主矯爲陳謨，上官昭容紿草遺詔，故得今上輔政。（列傳卷四十二）

所以睿宗在位時，太平的勢力過於皇太子，也是不足爲怪的。

根據上述的事實，可以分析一下，一個政治集團的構成，其份子間是否必然地有地域關連，或者婚姻關係。就前一問題說，可以韋巨源的事蹟來說明。巨源是韋安石的從祖兄子，論郡望是關中大姓，巨源和安石雖然是再從叔姪，但安石在位時，巨源須罷政事，舊傳稱安石以是巨源近屬。那麽關係也是很密切的。如眞有以地域爲集團的，兩人至少應該同調，且反武才對，而事實則不然，安石與巨源的態度，是恰恰相反的。

韋安石爲蘇良嗣所薦於武則天，歷任諸州刺史，久視元年，遷文昌右丞，尋拜鸞台侍郎同鳳閣鸞台平章事，也就是眞宰相，安石的態度，與權右毫不妥協，對於張易之兄弟，武三思，以至太平公主，都加評訐，舊書安石傳說：

時張易之兄弟及武三思皆恃寵用權，安石數折辱之，甚爲易之等所忌。

又說：

安石俄又奏易之等罪狀。

又說：

太平公主與竇懷貞等潛有異圖，特引安石預其事，公主屢使子婿唐晙邀安石至宅，安石竟拒而不往。睿宗嘗密召安石謂曰：聞朝廷傾心東宮，卿何不察也。安石對曰，陛下何得亡國之言，此必太平之計，太子有大功於社稷，仁明孝友，天下所稱，願陛下無信讒言以致惑也。睿宗瞿然曰。朕知之矣，卿勿言也。太平於簾中聽之，乃構飛語，欲令鞫之，賴郭元振保護而免。（均見列傳卷四十二）

時玄宗誅韋后及安樂公主，睿宗即位，玄宗爲太子，所以安石這樣說。從上引數條看，安石的態度是極明顯的，既反諸武，也反太平，而巨源却不然。

韋巨源於則天初爲宰相，證聖初出爲鄜州刺史，不久入朝，神龍初再拜相，舊傳說：

時安石爲中書令，以是巨源近屬，罷知政事。（列傳卷四十二）

可見他和安石是同時在朝的，但是他的態度與安石恰相反，他雖反太平，却是武韋的死黨。巨源死後，太常博士李處直議謚曰昭，而李邕不以爲然，李邕說：

三思引之爲相，阿韋託之爲親，無功而封，無德而祿，同族則醜正安石，他人則附邪楚客。（舊傳卷四十二）

所謂同族則醜正安石，可見巨源與安石政治立場絕不相同，當時的人也是知道的。而三思與韋后的相連，也可以從李邕的說話中見得。

李邕又說：

巨源此際用事方殷，且於阿韋何親，而結爲昆季，於國家何力，而累忝大官，此則閹通中人，附會武氏，託城社之固，亂皇家之基。（同前）

安石和巨源，旣是近親，態度不同如此，如果必以爲親屬關係或地域區劃，足以構成一集團，對此不知將何以解釋。

至於婚姻關係，可以吉頊的事蹟來說明。新書頊傳：

父哲，爲易州刺史，坐贓當死，頊往見武承嗣，自陳有二女弟，請侍王巾盥者，承嗣喜以犢車迎之。（列傳卷四十二）

這樣說來，頊是承嗣的妻兄，但等到他本人一有了地位，所表現的態度並不是傾向諸武，而是反武黨的，新傳說：

突厥陷趙定，授檢校相州刺史，且募兵制虜南向，頊辭不知，武后曰：賊方走，藉卿坐鎮耳。………頊至募士無應者，俄詔以皇太子爲元帥，應募者日數千，頊還言狀，后曰人心若是邪　卿可爲羣臣道之。頊誦語于朝，諸武始惡之。（同前）

又說：

（聖曆二年）時武懿宗討契丹，退保相州，後爭功殿中，懿宗陋短俯僂，頊嚴語侵之，無所容假。（同前）

中宗的被召還，狄仁傑固然有爭持之功，而張易之兄弟並以內寵，居可言之地，說動武后，也是事實。史稱易之嘗問計於仁傑，但在吉頊傳所看到的，易之兄弟也曾問計於吉頊，新傳說：

> 張易之兄弟以寵盛，思自全，問頊計安出，頊曰：公家以倖進，非有大功於天下，勢必危，吾有不朽策，願效之，非止保身，且世世不絕胙。易之流涕請，頊曰：天下思唐久矣，廬陵斥外，相王幽閉，上春秋高，武諸王非海內屬意，公盍從容請相王廬陵以副人望，易吊為賀之資也。易之昌宗乘閒如項語，后意乃定。（同前）

當時的事勢，是否確然如此，固然可以討論，但吉頊之非為諸武黨，則是很明顯的。論者或以為吉頊之以女弟嫁武承嗣，祇是為救其父之厄，那麼，試再舉幾個例子，以明當時的政治集團，祇是利害的結合，而地域與婚姻的關聯，不是必然的因素。

崔日用，滑州人，是山東大姓之一，為宗秦客所拔擢，其為武黨，可無疑問，新傳說：

> 大足元年，武后幸長安，陝州刺史宗楚客，委以頓峙，饋獻豐甘稱過賓使者，楚客歎其能，亟薦之。（列傳卷四十六）

新傳又說他附安樂公主，安樂和諸武原是一黨，他既然是武黨，再附安樂，原不足怪，新傳說：

> 時諸武若三思、延秀及楚客等，權寵交煽，日用多所結納，驟拜兵部侍郎。（同前）

但是等到中宗死後，日用又結託於臨淄王，臨淄王即其後的玄宗，是和諸武安樂等立於對敵地位的。新傳云：

> 帝崩，韋后專制，畏禍及，更因僧普潤，道士王曄私謁臨淄王以自託，且密贊大計。（同前）

臨淄王在平韋后以前，不是沒有黨羽的，否則日用何以自託。但日用既是諸武黨，頃刻之間，又轉投於臨淄王，可見當時的政治集團，也祇是權勢的依附。

第二個例子是蕭至忠。舊傳稱神龍初，武三思擅權，至忠附之。並以亡女與韋后亡弟爲冥婚，又以女嫁給韋后之舅崔從裕之子。但等到武三思爲節愍太子所殺，至忠又依附於太平公主，舊傳說：

時太平公主用事，至忠潛遣間使申意。（列傳卷四十二）

舉此二例，對當時的所謂政治集團，已可見其大概。

綜括全文所論，當知唐開元前的政治集團，地域之分爲不允當，婚姻關係也不是主要的因素，祇能說有新舊門戶之爭，而這是打破了地域與婚姻的界限的，而且引用新人，打擊舊門戶，雙貫齊下的政策，自太宗時已實施，也決不是始於武則天，這裡且再舉一個例子，以說明即使是武后母黨，祇因其是舊世家，也在被排擠之列，並爲本文的結束。

楊執柔，是楊恭仁的從孫，新書執柔傳云：

武后母，即恭仁叔父達之女。（列傳卷二十五）

說得明白些，武則天是楊恭仁的堂外甥女，執柔又小武后一輩。新傳又說：

及（后）臨朝，武承嗣、攸寧相繼用事，后曰：要欲我家及外氏常一人爲宰相。乃以執柔同中書門下五品。（羣案：當作三品）（同前）

楊家原是關中大姓，執柔則因是武后母黨而爲宰相，但並不因此而能免於新士族的排擠，舊書狄仁傑傳說：

未幾爲來俊臣誣構下獄，時一問即臣者，例得減死，來俊臣逼脅仁傑，令一問臣反，仁傑歎曰：大周革命，萬物唯新，唐朝舊臣甘從誅戮，反是實。俊臣乃少寬之。判官王德壽謂仁傑曰：尚書必得減死，德壽意欲求少階級，憑尚書牽楊執柔可乎？仁傑曰：若何牽之。德壽曰：尚書爲春官時，執柔任其司員外，引之可也。仁傑曰：皇天后土，遣仁傑行此事。以頭觸柱，流血被面，德壽懼而謝焉。（列傳卷三十九）

當時的風氣是犯了罪，祇要引出別人的隱秘來，本人的罪就可以減輕。王德壽要狄仁傑如此做，祇是爲自己升官，叫仁傑在供詞中牽楊執柔的，自是另有其人。執柔的拜相，既是武則天的意思，且又係母黨，何以酷吏竟敢故意牽涉，這一件事顯示的意義極大，若有見於唐代新門第興起的事實，就不難知道這是怎麽回事了。

綜觀開元以前的新人物，一方面由於皇帝的特達之知，擢居樞要；一方面經過公開競爭的考試，嶄露頭角。或者以才華自顯，或者因練於時務，他們所表現的，無論在氣度上，在識見上，都有所不同於南北朝時士人，而自有其超越之處，正不必結黨以自固。開元前，唐朝政治的開展和推進，也正是由於新人才不斷登進的結果。太宗創立的種種良法美意，並沒有維繫得太久，到了開元前後，已漸漸變質，安史以後，唐朝祇存留了一個殘局，然而能始終不墜者，也是因爲有新人才的加入，而時時有其新活力。這樣的變遷，不特關係唐朝一代的政治，而且是中國歷史上的一大躍進。學者能不囿於地域和婚姻關係的成見，而從此中窺其消息，就不難把握到問題的重心，本文主旨不在於此，特就有關於論題的，引伸其義，以備學者的參考。

中華民國四十五年二月脫稿於香港新亞研究所

元代學術之地理分布

何佑森

例言

一、本表依據錢大昕補元史藝文志（以下簡稱錢志）析爲經學、史學、子學、文學四表。

二、本表地名，部份（州縣）依據錢志，部份（省路）依據李兆洛歷代地理志韻編今釋（以下簡稱李書）。

三、錢志有學者而不著地名的，或是兩者皆不見於記載的，則據諸家文集、元史、千頃堂書目、經義攷、四庫提要、倪燦補遼金元藝文志（以下簡稱倪志）補入。

四、地名不見於李書的，待以後攷證。

五、凡千頃堂書目、經義攷諸書與錢志所載有不合之處，則記入備註中。學者僑寓遷徙的情形亦載入備註中。

六、作此表時所遇最大的困難，即是：1.錢志的體例不夠謹嚴，例如：別集類載：劉應登安福人，而評註類又作安成人。2.錢志詞曲類和邊疆區域的材料蒐集得不夠齊備。3.許多學者的籍貫、身世和他們的傳授源流是可以查攷的，而錢志沒有列入。關於這一點，可參攷拙作元史藝文志訂補。

七、材料不夠，使此表有不可避免的兩點缺陷：1.不能作得十分精確。2.不能以地爲經以時爲緯統計出一個詳細的分布表來。

八、元代學者的交游、生卒、成書和刊印的年代可參看拙作元代學術年表。

九、有關道教的，可參看拙作元代道教之地理分布。

十、有關佛教的，可參看拙作元代佛教之地理分布。

十一、有關書院的，可參看拙作元代書院之地理分布。

十二、西域學者（沿着前面四個表的體例，本文僅收錄一些有着作的學者）之地理分布，據元西域人華化考和各家藏書目錄補入，因史料的缺乏，西域古今地理的沿革，已無法攷訂，作者僅能在備註中簡單地注出他們的僑居情形和學術源流。

一、元代經學之地理分布表

元代州縣	元代省路	學者人數	學者	備註
江西				
南昌	江西省龍興路	2	熊凱舜夫　熊良輔季重	千頃堂書目、四庫、經義攷、補遼金元藝文志(以下簡稱倪志)云：良輔字任重。
進賢	江西省龍興路	1	包希魯魯伯	
寧州	江西省龍興路	1	雷光霆友光	千頃堂書目(以下簡稱千頃堂)、倪志均作分寧人。
新建	江西省龍興路	1	熊復庶可	千頃堂作豐城人。
奉新	江西省龍興路	1	陰時夫勁弦	
永新	江西省吉安路	3	龍仁夫觀復　吳鄹　馮翼翁子羽	董眞卿曰：仁夫，盧陵人。吉安府志作永新人。吳鄹，初名張應珍。倪志云：翼翁奉新人。
泰和	江西省吉安路	2	蕭漢中景元　曾貫傳道	
吉水	江西省吉安路	11	許天篪時翁　解蒙求我　解季通・李天篪　周聞孫以立　王充耘與畊　王相吾素　楊舟道濟　黃琢玉潤　楊叔方　解觀	讀書管見原序及梅鶚跋云：充耘字畊野。湖廣通志云：楊舟，字梓夫，慈利人。江西通志云：楊舟，字道濟，吉水人。
廬陵	江西省吉安路	9	李恕省中　朱祖義子由　羅復中行　曹居貞　周鼎仲恆　劉玉汝成之　曾震　劉豈蟠　蕭志仁無惡	千頃堂云：李恕，字肖中。

安福	江西省吉安路	9	彭絲魯叔　彭復初　黃瑞節　劉霖　劉瑾公瑾　尹用和　劉聞文霆　蘇壽元　李廉行簡	千頃堂、倪志云：彭絲，字魯初。劉瑾，安城人。劉聞，字文庭。四庫云：李廉，廬陵人。
清江	江西省臨江路	4	楊□龍明夫　張理仲純　杜本　周良佐	
臨江	江西省臨江路	2	蕭鎰南金　楊信父	
金谿	江西省撫州路	3	葉瑞宗瑞　張性伯成　吳儀明善	倪志云：張性，臨川人。
臨川	江西省撫州路	4	雷思齊齊賢　曾堅子白　袁明善誠夫　詹道傳	千頃堂云：思齊，吳江人。袁明善，倪志作元明善。
宜黃	江西省撫州路	1	涂搢生自昭	千頃堂、經義攷、倪志均作涂溍生。
宜春	江西省袁州路	1	李公凱仲容	
南康	江西省南安路	1	陳師凱	倪志云：師凱，浮粱人。
上猶	江西省南安路	1	黃文傑顯明	
南安	江西省南安路	1	傅定保	
建昌新城	江西省建昌路	1	朱倬孟章	千頃堂作盱黎人。倪志作盱江人。
都昌	江西省南康路	1	陳澔可大	
鄱陽	江西省饒州路	6	汪標國表　劉傳芳伯　董眞卿季眞　吳存仲退　董鼎季亨　鄒季友晉昭	千頃堂云：董鼎，字秀亨。

德興	江西省饒州路	7	齊孟龍覺翁　徐之祥麒文　傅立權甫　王希旦愈明一字巽初　余芑舒德新　程珙仲璧　李思正	
浮梁	江西省饒州路	1	吳迂仲迂	
安仁	江西省饒州路	1	蕭元益楚材	
饒州	江西省饒州路	1	邵光祖宏道	千頃堂、倪志云：光祖家於吳。
樂平	江西省饒州路	4	程時登登庸　胡允號潛齋　朱公遷克升　馬端臨貴與	倪志云：公遷字克井。
上饒	江浙省廣信路	2	謝仲直　祝堯君澤	倪志云：堯字均澤。
永豐	江浙省廣信路	2	曾巽申巽初　陳植	
貴溪	江浙省廣信路	1	龔霆松	
豐城		1	朱隱老子方	
九江	江西省江州路	1	范氏	失其名
新喻	江西省臨江路	1	黎立武以常	
豫章	江西省龍興路	4	毛應龍介石　周成大　張君立　熊朋來與可	倪志云：朋來豐城人。
崇仁	江西省撫州路	1	吳澄	

		93		
浙江				
永嘉	江浙省温州路	5	胡方平　繆主一天總　葉起振卿　呂洙　呂溥公甫	
瑞安	江浙省温州路	1	吳大成浩然	經義考作吳成大
黃巖	江浙省台州路	3	黃超然立道　王所喻叔　陳紹大成甫	
天台	江浙省台州路	2	劉莊孫正仲　陳應潤澤雲	
太平	江浙省台州路	1	盛象翁景則	
寧海	江浙省台州路	5	周敬孫　王愷　陳廷言君從　葉正道　林處恭	葉正道，失其名。
處州	江浙省處州路	1	鄭滁孫景歐	
麗水	江浙省處州路	3	潘弼良輔　葉登龍　俞杰仁仲	
青田	江浙省處州路	2	俞希聲　王夢松曼卿	
松陽	江浙省處州路	1	練魯	
龍泉	江浙省處州路	2	季立道成甫　季仁壽山甫	
烏程	江浙省湖州府	1	倪淵仲深	

湖州	江浙省湖州路	1	錢義方子宜	
金華	江浙省婺州路	5	倪公晦孟暘　許謙益之　胡之純穆仲　戚崇僧仲咸　唐懷德思誠	
浦江	江浙省婺州路	1	周正如明遠	
永康	江浙省婺州路	1	吳思齊子美	
東陽	江浙省婺州路	4	馬道貫德珍　薛子晦　陳樵　王桂仲芳	
蘭溪	江浙省婺州路	2	金履祥　吳師道	
錢唐	江浙省杭州路	1	吾衍子行	太末人，寓杭之生化坊。經義攷作吾丘衍。
慶元	江浙省慶元路	2	袁桷伯長　程端學時叔	蘇天爵誌曰：桷字伯長，慶元鄞縣人。
奉化	江浙省慶元路	1	任士林叔實	其先緜竹人。
鄞	江浙省慶元路	5	史公珽搢叟　蔣宗簡敬之　史季敷　王惟賢思齊　趙孟河漢弼	黃溍作墓碣曰：宗簡，四明人。
開化	江浙省衢州路	1	魯眞起元	
新昌	江浙省紹興路	1	張希文質夫	
會稽	江浙省紹興路	1	夏泰亨叔通	千頃堂、倪志云：泰亨字叔遠。
餘姚	江浙省紹興路	1	楊燧元度	

諸暨	江浙省紹興路	3	俞漢仲寔 陳大倫彥理 楊繼楨	
紹興	江浙省紹興路	1	許瑾子瑜	
分水	江浙省建德路	1	何逢源文瀾	
淳安	江浙省建德路	3	方道壑愚淳 吳暾朝陽 魯淵道源	
壽昌	江浙省建德路	2	徐文鳳伯恭 邵大椿春叟	
建德	江浙省建德路	1	馬瑩	
嘉興	江浙省嘉興路	1	潘着澤民	
海鹽	江浙省嘉興路	1	陸正行正	
山陰	江浙省紹興路	1	嚴養晦	
義烏	江浙省婺州路	2	石一鼇晉卿 樓有成玉汝	
浦陽		3	吳萊 鄭瀛 柳貫	千頃堂曰：瀛，浦江人。
括蒼	江浙省處州路	1	王文煥子敬	
吳興	江浙省湖州府	1	牟應龍成夫	千頃堂作牟巘子，經義考作牟獻。
平陽	江浙省溫州路	4	趙良震伯起 陳剛子潛 鄭樸宗仁 史伯璿文璣	

		79		
江蘇				
吳	江浙省平江路	5	陳深子微　陳謙子平　邱虵彥啓　湯彌昌師言　邊昌伯盛	千頃堂、經義考引黃虞稷曰：深字子淵，長興人。
崑山	江浙省平江路	4	盧觀彥達　盛德瑞祥父　余日强伯莊　秦玉德卿	千頃堂、經義考、倪志云：秦玉，太倉人。
嘉定	江浙省平江路	1	秦輔之	
吳江	江浙省平江路	4	吳爾仲廣　顧諒季友　王元杰子英　盛興敬之	
金壇	江浙省鎮江路	1	張志道潛夫	
江陰	江浙省江陰州	2	惠希孟號秋崖　梁益號庸齋	四庫云：梁益，其先福州人。倪志云：本閩人，家江陰。
華亭	江浙省松江府	4	衞謙山甫　周之翰申甫　夏侯文卿　錢全袞慶餘	千頃堂云：衞謙號有山。倪志云：謙號山齋。夏侯文卿，經義考作夏侯尚玄。
松江	江浙省松江府	3	王文澤伯雨　曹元博　沈易翼之	千頃堂云：文澤華亭人。松江府志云：澤號梅泉，家風涇，遷上海鹹魚港。
邳州	河南省歸德府	1	翟思忠	
建康	江浙省寧國路	1	楊剛中志行	
無錫	江浙省常州路	1	孟文龍	
		27		

福建				
建安	江浙省建寧路	4	張淸子希獻　雷杭彥舟　葉夢鼎　嚴毅子仁	經義考作葉夢鼎
寧德	江浙省福州路	2	韓信同伯循　陳尙德號懼齋	經義攷引閩大紀云：韓信同會稽人。姓譜信同寧德人。
長樂	江浙省福州路	3	郭鏜德基　敖繼公君善　歐陽佖以大	經義攷作郭隥，閩書作閩縣人。四庫云：敖繼公家於吳興。
福清	江浙省福州路	1	張宏圖巨濟	
永福	江浙省福州路	1	林泉生淸源	
閩	江浙省福州路	1	馮華君重	
莆田	江浙省興化路	2	陳宏　黃仲元四知	陳宏，宋末徙華亭。
建寧	江浙省邵武路	1	俞元燮邦亮	千頃堂、倪志皆作俞元夔，居於吳。經義攷引黃虞稷曰：元燮居於吳。張景春曰：其先建寧人，徙長洲。
光澤	江浙省邵武路	1	李應龍玉林	
邵武	江浙省邵武路	5	黃鎭成元鎭　黃淸老子肅　鄧淳翁　黃公紹直翁　熊忠子中	
晉江	江浙省泉州路	2	呂椿之壽　陳伯春耀卿	
建陽	江浙省建寧路	1	熊禾去非	一作建安人。經義攷引李讓狀曰：勿軒熊先生建陽崇泰里人。史藥房曰：家建陽，當世變之會，束書入武夷山

長溪	江浙省福州路	1	鄭君老邦壽	
		25		
河北				
容城	中書省保定路	1	劉因夢吉	
定興	中書省保定路	1	王結儀伯	
新安	中書省保定路	4	程璹　汪九成又善　俞臯心遠　張存中德	
藁城	中書省眞定路	3	張延世昌　安熙　張在文在	
眞定	中書省眞定路	3	侯克中正卿　蘇天爵　瞻思	瞻思著錄凡十餘種。抱經堂原本皆誤作瞻，今改正。千頃堂亦作瞻思。
大名	中書省大名路	1	齊履謙伯恆	
元城	中書省大名路	1	潘廸	
南樂	中書省大名路	1	張淳子素	
濮陽	中書省大名路	1	吳叡孟思	
鉅樂	中書省順德路	1	魏德剛	經義攷引楊維楨序云：鉅鹿魏德剛。
內邱	中書省順德路	1	林起宗伯始	

肥鄉	中書省廣平路	1	竇默	
東明	中書省大名路	2	張特立文舉　王鶚百一	元史列傳卷八十六云：特立，初名永，避金衛紹王諱，易今名。
信安	中書省霸州	1	杜瑛文玉	
柳城		1	姚樞公茂	後遷洛陽（見元史姚樞傳）
		23		
安徽				
歙	江浙省徽州路	7	方回萬里　唐元長孺　鮑雲龍景翔　吳夢炎　鄭玉子美　吳霞舉孟陽　汪逢辰虞卿	新安文獻云：鄭玉休寧人。汪逢辰，經義考作江逢辰。
婺源	江浙省徽州路	9	程直方道大　胡一桂庭芳　胡炳文仲虎　程龍舜俞　胡次焱濟鼎　趙然明　程㬎道　程復心子見　俞師魯唯道	倪志云：直方字道夫。
休寧	江浙省徽州路	3	陳櫟奇翁　程逢午信叔　吳浩義夫	
徽州	江浙省徽州路	1	洪焱祖彥實	千頃堂作洪炎祖。倪志云：焱祖字潛夫。
宣城	江浙省寧國路	1	梅致	一作君和
青陽	江浙省池州路	1	楊少愚	經義攷云：楊或作陳。

		22		
四川				
成都	四川省成都路	1	紇石烈希元	
邛州	四川省嘉定府路	1	王申子巽卿	千頃堂云：申子別號秋山，臨邛人，前邛州兩請進士，寓居慈利州。
嘉定州	四川省嘉定府路	1	楊如山少游	
蜀		2	劉淵學海 范大性	
潼川	四川省潼川府	1	趙采德亮	
資州	四川省潼州府	1	黃澤楚望	家九江
雲陽	四川省夔州路	1	李朝佐	失其名
南充	四川省順慶路	1	江直方	
眉山	四川省成都路	1	陳元吉	
		10		
河南				
武安	中書省慶平路	2	胡祇遹紹聞 胡持	

河內	中書省懷慶路	1	許衡平仲	
湯陰	中書省彰德路	1	薛大猷	
偃師	河南省河南府路	1	陳天祥	
汴	河南省汴梁路	1	白賁	
		6		
山西				
陵川	中書省晉陵路	1	郝經	
太原	中書省冀寧路	1	何榮祖繼先	元史云：其先太原人，徙家廣平。
平水	中書省晉寧路	1	薛延年壽之	千頃堂、倪志均作臨汾人。經義考引胡炳文曰：平水人。黃虞稷曰：臨汾人。
		3		
陝西				
華陰	陝西省奉元路	1	薛微之	
奉元	陝西省奉元路	1	蕭𣂏維斗	經義攷引陶宗儀曰：蕭貞敏公，京兆人。
陝西		1	劉鑑士明	自署關中人

		3	
湖南			
龍陽	湖廣省常德路	1	丁易東漢臣
茶陵	湖廣省茶陵州	1	陳仁子同俌
		2	
湖北			
江陵	河南省中興路	1	類達
襄陽	河南省襄陽路	1	陶元幹
		2	
廣東			
潮陽	江西省潮州路	1	陳禧
		1	

二、元代史學之地理分布表

元代州縣	元代省路	學者人數	學者	備註
浙江				
蘭溪	江浙省婺州路	2	金履祥　吳師道正傳	
天台	江浙省台州路	2	胡三省景參一字身之　張明卿子晦	
遂昌	江浙省處州路	1	尹起莘	
上虞	江浙省紹興府	1	徐昭文季章	
杭州	江浙省杭州路	1	汪從善國良	
金華	江浙省婺州路	2	張樞　張頦	張頦，其先蜀人，寓金華。
浦陽		1	吳萊	
錢唐	江浙省杭州路	2	吾衍　鄧牧牧心	
紹興	江浙省紹興路	2	徐天祐受之　韓性	
處州	江浙省處州路	1	鄭滁孫	
平陽	江浙省溫州路	1	陳剛	

諸暨	江浙省紹興路	1	楊維楨	
黃巖	江浙省台州路	1	孟夢恂	
餘杭	江浙省杭州路	1	徐泰亨	
慶元	汀浙省慶元路	1	袁桷	
湖州	江浙省湖州路	1	趙孟頫	
新昌	江浙省紹興路	1	張希文質夫	
衢州	江浙省衢州路	1	孔濤世平	
四明		1	劉恭	
義烏	江浙省婺州路	1	黃溍	
麗水	江浙省處州路	1	梁載	
樂清	江浙省温州路	1	李孝光	
永嘉	江浙省温州路	1	李志剛	
温州	江浙省温州路	1	周達觀	
桐廬	江浙省建德路	1	姚桐壽樂年	

		30	
江西			
樂安	江西省撫州路	1	何中養正
永新	江西省吉安路	1	劉友益益友
浮梁	江西省饒州路	1	吳迂
廬陵	江西省吉安路	3	鄧光薦 羅伯綱 王子讓
金谿	江西省撫州路	1	危素
吉安	江西省吉安路	1	權衡以制
廣信	江浙省廣信路	1	夏希賢
富州	江西省龍興路	2	揭徯斯 李肖翁克家
鄱陽	江浙省饒州路	1	徐勉之
永豐	江浙省廣信路	3	曾德裕 曾巽申 舒彬文質
德興	江西省饒州路	1	羅有開
吉水	江西省吉安路	1	劉岳申高仲

德安	江西省江州路	1	戴羽	
樂平	江西省饒州路	2	程時登　李士會有元	
臨江	江西省臨江路	1	孔克己	倪志云：克己爲淸江三孔後。
臨川	江西省撫州路	1	朱思本本初	
豐城		1	熊自得夢祥	
豫章	江西省龍興路	1	汪煥章大淵	
		24		
河北				
東明	中書省大名路	3	張特立　王鶚伯翼　李好文	千頃堂倪志均作李好問
眞定	中書省眞定路	4	蘇天爵伯修　贍思　王約　王元榮居敬	
藁城	中書省眞定路	1	張延	
柳城		1	姚燧	
大名	中書省大名路	1	張立道	其先陳留人
永年	中書省廣平路	1	王磐	

易水		1	敬儼	其先河東人
汲	中書省衞輝路	1	王惲	
雄州	中書省保定路	1	高謙	
太都	中書省太都路	1	周之翰子宣	
安肅州	中書省保定路	1	郝天挺	
河間	中書省河間路	1	李京景山	
清河	中書省大名路	1	元明善復初	
		18		
安徽				
望江	河南省安慶路	1	王幼學行卿	
婺源	江浙省徽州路	3	胡一桂　俞希魯　汪幼鳳	
休寧	江浙省徽州路	3	陳櫟　黃一清　程峴和卿	
宣城	江浙省寧國路	2	張師曾　張師愚	
歙	江浙省徽州路	1	方回	

青陽	江浙省池州路	1	楊少愚	倪志作施少愚
		11		
江蘇				
宜興	江浙省常州路	1	董蕃子衍	
崑山	江浙省平江路	1	秦玉	
吳	江浙省平江路	2	張雯子昭　陸氏	陸氏，不詳其名。
無錫	江浙省常州路	1	陸以道	
上海	江浙省松江府	1	余瑾	自號笴隱生
吳江	江浙省平江路	1	吳簡仲廣	
高郵	河南省高郵府	1	張天永長年	
丹徒	江浙省鎮江路	1	郭天錫	名畀，以字行。
		9		
山西				
陵川	中書省晉陵路	1	郝經伯常	

秀容	中書省冀寧路	1	元好問	
渾源	中書省大同路	1	劉祁	
平定州	中書省冀寧路	1	呂思誠	
太原	中書省冀寧路	1	何榮祖	
晉陵	中書省晉陵路	1	張翥	
交城	中書省冀寧路	1	張德輝	
		7		
山東				
東平	中書省東平路	2	王士點繼志　申屠致遠	倪志作王士熙
曹州	中書省曹州	1	商企翁繼伯	
碭山	中書省濟寧路	1	曹伯啓	
益都	中書省益都路	1	于欽思容	
濟南	中書省濟南路	1	潘昂霄景梁	
		6		

河南				
許州	河南省汴梁路	1	趙居信季明	
陳州西華	河南省汴梁路	1	徐世隆	
安陽	中書省彰德路	1	梁琮	
汴梁	河南省汴梁路	1	王元亮長卿	
光州光山	河南省汝寧府	1	吳武子	
		5		
福建				
浦城	江浙省建寧路	2	周才仲美　謝翺	謝翺，其先長溪人。
閩	江浙省福州路	1	吳鑒明之	
邵武	江浙省邵武路	1	陳士元	
		4		
陝西				
奉天	陝西省乾州	1	楊奐	

奉元	陝西省奉元路	1	蕭𣂏	
咸陽	陝西省奉元路	1	蕭貢 眞卿	
陝西		1	張鉉 用鼎	
		4		
四川				
成都	四川省成都路	1	趙世延	居云中北，雍古族人，徙成都。
蜀		1	楊三傑 曼卿	
		2		
廣東				
瓊山	湖廣省乾寧司	1	蔡微 希元	
		1		
雲南				
雲南州 雲南	雲南省大理路	1	張道宗	倪志作張宗道。
		1		

甘肅	鞏昌	陝西省鞏昌府	1	王仁輔文友	
			1		
蒙古	蒙古		1	眞定朝用	
			1		
安南國	安南國		1	黎崱景高	千頃堂、倪志云：本安南人，居漢陽。
			1		

三、元代子學之地理分布表

元代州縣	元代省路	學者人數	學者	備註
浙江				
金華	江浙省婺州路	5	許謙 時榮 鄭謐彥淵 張樞 黃溍	

浦陽		2	柳貫 鄭源	
慶元	江浙省慶元路	3	程端禮 呂與之 陳端孫庭芝	四庫云：端禮，鄞縣人。呂與之，失其名。
平陽	江浙省溫州路	2	陳剛公潛 張存惠魏卿	
松陽	江浙省處州路	1	王文煥叔恭	文煥一名子敬
新昌	江浙省紹興路	1	俞長孺	
諸暨	江浙省紹興路	2	吳宗元筠西 楊維楨	
天台	江浙省台州路	2	劉莊孫 陳岳甫申	
開化	江浙省衢州路	1	鄭介夫以吾	
湖洲	江浙省湖州路	3	彭天錫仁仲 趙孟頫 夏文彥士良	夏文彥，千頃堂倪志均作夏彥文。其先吳興人，居松江（據四庫）。
嘉定	江浙省平江路	1	秦輔之	
錢唐	江浙省杭州路	8	莫惟賢景行 白珽 吾衍 仇遠 俞在明 吳恕號豪齋 吳氏 王繹思善	吳氏，不詳其名。
杭州	江浙省杭州路	3	吳亮明卿 吳福孫子善 汪從善	四庫云：吳亮，錢唐人。
黃巖	江浙省台州路	2	孟夢恂 陶宗儀	
吳興	江浙省湖州府	1	周密	自濟南徙吳興

慈溪	江浙省慶元路	1	黃叔英彥實	
東陽	江浙省婺州路	1	陳樵	
温州	江浙省温州路	1	周達觀	
鄞	江浙省慶元路	1	舒天民	
蘭溪	江浙省婺州路	1	王鏡潭一作澤名仁整	千頃堂倪志均作王鏡澤
海寧	江浙省杭州路	2	吳瑞瑞卿　賈銘	瑞一作湍
山陰	江浙省紹興路	1	徐彥純用誠	
		45		
江西				
高安	江西省瑞州路	1	李純仁	
德安	江西省江州路	1	趙復	
崇仁	江西省撫州路	4	吳澄　虞集　李晞范　熊景元仲光	
永豐	江西省廣信府	1	曾巽申	
樂平	江西省饒州路	2	程時登　馬端臨	

樂安	江西省撫州路	2	何中 鄭松特立	鄭松一名復
豐城		2	朱本致其 朱隱老	千頃堂云：朱本字致眞。千頃堂、倪志云：朱隱老名子方，字隱老。
豫章	江西省龍興路	1	熊朋來	
新建	江西省龍興路	1	丁儼主敬	
金溪	江西省撫州路	3	朱嗣榮文昌 鄧文彪謙伯 危永吉德祥	永吉乃危素之父
臨川	江西省撫州路	4	艾本固 熊本 陳世榮 黃大明東之	黃大明亦姓游
臨江	江西省臨江路	2	郭慶傳 周剛善	
浮梁	江西省饒州路	1	汪汝懋以敬	
進賢	江西省龍興路	1	包希魯魯伯	
清江	江西省臨江路	1	杜本	
新喩	江西省臨江路	2	羅志仁壽可 劉則章	
安福	江西省吉安路	1	彭絲	
富州	江西省龍興路	1	季克家肖翁	四庫作李克家。
南豐	江西省南豐州	1	危亦林	

廬陵	江西省吉安路	2	謝縉孫堅白　嚴德甫	
		34		
江蘇				
沛	中書省濟寧路	1	韓準公衡	
宜興	江浙省常州路	1	蔣捷勝欲	
江陰	江浙省江陰州	1	惠希孟秋崖	
常熟	江浙省平江路	3	王珪君璋　繆貞仲素　黃公望子久	
吳	江浙省平江路	7	張慶之子善　徐天瑞君祥　顧逢君際　尤玘　陸森　葛乾孫可久　倪維德	
松江	江浙省松江府	1	陸泳伯翔	
上海	江浙省松江府	2	王古心　莊肅公肅	
崑山	江浙省平江路	2	秦玉　王履安道	
晉陵	江浙省常州路	1	宋无	
無錫	江浙省常州路	1	陳汝霖	
揚州	河南省揚州路	1	盛如梓	

武進	江浙省常州路	1	謝應芳子蘭	
徐州	河南省歸德府	2	徐用　徐施	
平江	江浙省平江路	1	葛應雷震父	千頃堂倪志均作萬應雷
		25		
河北				
容城	中書省保定路	1	劉因	
東明	中書省大名路	2	李好文　王志謹	
大名	中書省大名路	1	齊履謙	
信安	中書省霸州	1	杜瑛	
槀城	中書省眞定路	2	安熙　李冶	
眞定	中書省眞定路	2	瞻思　蘇天爵	
汲	中書省衞輝路	1	王惲	
博野	中書省保定路	1	史弼君佐	
大都	中書省大都路	2	鮮于樞　關漢卿	

邢臺	中書省順德路	1	郭守敬	
邢州		1	劉秉忠	其先瑞州人，後徙邢州。
鎮		1	李杲	
肥鄉	中書省廣平路	1	竇默	
趙州	中書省眞定路	1	王好古進之	號汝莊
		18		
安徽				
婺源	江浙省徽州路	8	胡炳文 徐驤伯驥 胡一桂 戴犆 程龍 俞師魯 程直方 程汝淸	
歙	江浙省徽州路	5	方回 曹涇淸甫 汪逢辰 吳以寍寧之 鮑同仁用良	
休寍	江浙省徽州路	1	陳櫟	
望江	河南省安慶路	1	方用	
宣城	江浙省寍國路	1	貢奎	
青陽	江浙省池州路	1	陸仲達	
		17		

河南				
許州	河南省汴梁路	1	趙居信	
河內	中書省懷慶路	1	許衡	
安陽	中書省彰德路	1	許熙載敬臣	
光州	河南省汝寧府	1	馬祖常	
汴梁	河南省汴梁路	1	鍾嗣成繼先	
許昌		1	滑壽伯仁	後家儀眞。千頃堂云：滑壽，號櫻寧生。
河南	河南省河南府路	1	陳敬子中	
陳州西華	河南省汴梁路	1	徐世隆	
		8		
山西				
太原	中書省冀寧路	2	何榮祖 喬言夢符	
大同	中書省大同路	2	吳明 李溥光	
渾源	中書省大同路	1	劉祁	

秀容	中書省冀寧路	1	元好問
陵川	中書省晉陵路	1	郝經
		7	
福建			
建安	江浙省建寧路	4	張復伯陽　熊禾　徐宗度　虞韶
仙遊	江浙省興化路	1	茅知微
閩	江浙省福州路	1	吳海
建陽	江浙省建寧路	1	劉應李希汝
		7	
山東			
濟南	中書省濟南路	1	張養浩
滕州	中書省益都路	1	李泂
東平	中書省東平路	3	趙天麟　中屠致遠　艾元英
鄆州東阿	中書省東平路	1	李謙

		6		
湖南				
安化	湖廣省天臨路	1	蕭元益楚材	
衡州	湖廣省衡州路	1	曾世榮	千頃堂作魯世榮
茶陵	湖廣省茶陵州	1	陳翼子	
臨湘	湖廣省岳州路	1	蔡棲	
		4		
四川				
南江		1	富大用時可	
蜀		1	鄭焱景文	
		2		
陝西				
奉元	陝西省奉元路	1	蕭𣂏	
陝西		1	李成己 友仁	

2

四、元代文學之地理分布表

元代州縣	元代省路	學者人數	學者	備註
	浙江			
湖州	江浙省湖州路	4	趙孟頫 郯韶九成 韋安居 沈禧廷錫	千頃堂、倪志云：沈禧，吳興人。
永康	江浙省婺州路	2	胡長孺 應恂純子孚	千頃堂云：長孺，字吉仲。倪志作汲仲。
奉化	江浙省慶元路	5	戴表元帥初 曾伯 陳子翬 徐本原 陳樸 陳觀國秀	陳樸家於吳，為陳樫之兄。
吳興	江浙省湖州府	3	周密公瑾 錢選舜舉 宇文公諒	周密，其先濟南人，徙吳興。千頃堂作錢唐人。宇文公諒自成都徙吳興。
黃巖	江浙省台州路	3	趙孟僩 潘伯修省中 陶宗儀	
蘭溪	江浙省婺州路	4	金履祥 于石介翁 吳景奎文可 吳師道	
金華	江浙省婺州路	5	許謙 張樞 張頚 葉謹翁審言 葉景南	張頚，自蜀徙金華。葉景南，倪志作倪顒。四庫云：葉容字景南。
鄞	江浙省慶元路	9	王昌世昭甫 鄭覺民以道 鄭芳叔德仲 李在明 袁士元彥章 王厚孫叔載 鄭奕夫 孫元蒙正甫 劉希賢	王昌世為應麟之子，王厚孫為應麟之孫。

浦江	江浙省婺州路	2	方鳳存韶父　鄭太和順卿	
錢唐	江浙省杭州路	10	范晞文景文　仇遠仁近　白珽廷玉　鄧文原　方誼　葉森景瞻　邱世良子正　錢惟善思復　釋英存實　實存	千頃堂云：晞文臨安人，別號藥莊。鄧文原自綿州徙錢唐。釋英俗姓厲。
天台	江浙省台州路	7	黃庚星父　胡三省身之　丁復仲容　許嗣得繼可　曹文晦輝伯　林茂濬　賴良善卿	千頃堂、倪志云：黃庚字星甫。千頃堂云：三省寧海人。
遂昌	江浙省處州路	2	尹廷高仲明　鄭元祐明德	四庫云：元祐家本遂昌，徙於錢唐，一本作從父僑吳。
括蒼	江浙省處州路	1	周權衡之	千頃堂、倪志云：周權松陽人。
杭州	江浙省杭州路	2	葦嗣杲明德　楊載	嗣杲，後改名思學，字無益。四庫云：楊載浦城人。
慶元	江浙省慶元路	3	袁桷　程端禮敬長　程端學	
臨海	江浙省台州路	3	陳孚　李洧孫甫山　周潤祖	
崇德	江浙省嘉興路	1	張伯淳師道	
義烏	江浙省婺州路	1	黃溍　劉應龜元益　王炎澤成仲　黃應和　傅野景文　陳堯道景傳	
浦陽		1	柳貫	
紹興	江浙省紹興路	1	韓性明善	千頃堂、倪志云：韓性會稽人。
嘉定	江浙省平江路	2	强珇彥實　秦輔之	

平陽	江浙省温州路	5	史伯璿 陳高子上 王泰亨 孔克烈顯夫 孔子升	千頃堂、倪志云：陳高永嘉人。
樂清	江浙省温州路	2	李孝光季和 朱希晦	
長興	江浙省湖州路	3	朱晞顏景淵 沈貞元吉 卞南仲應午	
建德	江浙省建德路	2	馬瑩仲珍 馮勉	
東陽	江浙省婺州路	3	李庸仲常 李序仲修 陳樵君采	千頃堂、倪志云：陳樵金華人。
烏程	江浙省湖州府	1	壺弢怡樂	
龍游	江浙省衢州路	1	徐夢吉	
台州	江浙省台州路	1	林希元	
淳安	江浙省建德路	4	方一夔 徐夢高明叟 洪震老 何景福介夫	千頃堂作何景祖
山陰	江浙省紹興路	1	蕭國寶君玉	
慈溪	江浙省慶元路	2	趙偕子永 孫庚居仁	
仙居	江浙省台州路	1	翁森秀卿	
縉雲	江浙省處州路	1	范霖	家於吳
諸暨	江浙省紹興路	3	俞漢仲雲 胡渭景呂 楊維楨	千頃堂云：維楨山陰人。

麗水	江浙省處州路	2	葉應咸心可　祝大明	
餘姚	江浙省紹興路	1	岑安卿靜能	
永嘉	江浙省温州路	2	薛漢宗海　鄭洪君舉	鄭洪或云衢州人
龍泉	江浙省處州路	2	頂壘彥高　趙德光子明	
桐廬	江浙省建德路	1	徐舫方舟	
浙		2	王霆　黃宏	
温州	江浙省温州路	3	陳秀民庶子　鄭東季明　鄭采季亮	
常山	江浙省衢州路	1	汪文燝	
新昌	江浙省紹興路	1	楊居溫如	
四明		1	祖柏子庭	
定海	江浙省慶元路	1	王玠	
會稽	江西省紹興路	2	劉履坦之　前浙季淵	
處州	江浙省處州路	2	鄭滁孫　陳繹曾伯敷	
江山		4	柴望　柴隨亭　柴元亨　柴元彪	

		126		
江西				
建昌	江浙省建昌路	2	程鉅夫　燕公南	鉅夫，本名文海，避武宗諱，以字行。自徽州徙建昌。
豫章	江浙省龍興路	2	熊朋來　鄭士亨	
安福	江西省吉安路	4	王炎午鼎翁　周南瑞　劉應登　高若虎仲容	千頃堂云：應登安成人。
富州	江西省龍興路	2	王義山元高　揭傒斯	千頃堂、四庫、倪志云：義山豐城人。
廬陵	江西省吉安路	11	趙文儀可　劉詵桂翁　龍仁夫觀復　蕭居仁　歐陽弇　龍雪從子高　胡山立　王禮子讓　張光弼名昱　孫存吾　莫復祖仲箎	千頃堂云：龍仁夫，永新人。
玉山	江浙省廣信路	1	王奕伯敬	
宜黃	江西省撫州路	2	鄒次用弼　涂搢生自昭	
江西		1	劉淸叟	
淸江	江西省臨江路	5	杜本　范稕亨父　宋沂子與　楊士宏伯謙　徐基	楊士宏，襄城人，寓居淸江。
崇仁	江浙省撫州路	5	李進碉野翁　吳澄　虞槃　元淮　吳當	吳當爲澄之孫
樂安	江西省撫州路	3	何中　朱望樂　詹從朴	

臨川	江浙省撫州路	6	虞集 孫轍 謝宗可 何淑伯善 黎仲基 吳臯	孫轍，自金陵徙臨川。謝宗可，一云金陵人。黎仲基，名載，以字行。
樂平	江西省饒州路	2	程時登發庸 廷俊用章	
高安	江西省瑞州路	3	姚雲文聖瑞 易南友 周德淸	
永豐	江浙省廣信路	3	曾德裕益初 羅公升時翁 曾巽申	倪志云：德裕字益功。巽申爲德裕弟。
吉水	江西省吉安路	4	楊允孚和吉 周聞孫以立 劉岳申高仲 郭鈺彥章	千頃堂、倪志云：楊和號西雲，一云名和吉，今作楊允孚。
廣昌	江西省建昌路	1	楊佑民	
安仁	江西省饒州路	1	李存明遠	一字仲公
新喩	江西省臨江路	3	傅與礪 蕭山則 蕭泰來	與礪，初名若金。
鄱陽	江西省饒州路	1	吳存仲退	
德興	江西省饒州路	1	程養全子正	
南昌	江西省龍興路	1	楊顯夭	
新建	江西省龍興路	1	龔道原士元	千頃堂云：道原號碧梧先生。
都昌	江西省南康郡	1	黃異民同	
豐城		3	洪淵 朱隱老 黃竑	千頃堂云：隱老字子尙，倪志作子方。

金溪	江西省撫州路	4	曾嚴卿務光 朱夏 葛元喆 朱嗣榮ク昌	
九江	江浙省江州路	1	王茂實	
吉州安成	江西省吉安路	6	劉躍宗起 李希說 周霆震亨遠 周南瑞 周專 劉霖	千頃堂、倪志云：南瑞，元初廣陵人。
贛州	江西省贛州路	1	蕭士贇粹可	
饒州	江西省饒州路	1	周伯琦伯溫	千頃堂、倪志云：伯琦鄱陽人。
泰和	江西省吉安路	1	劉鶚	
雩都	江西省贛州路	1	劉君賢文定	
餘干	江西省饒州路	1	甘復克敬	
	龍興路	1	羅霆震	
		86		
江蘇				
江陰	江浙省江陰州	6	陸文圭 梁益 俞遠之近 丁泯 張端溝希尹 許恕	梁益，自福州徙江陰。千頃堂、倪志云：俞遠，常州人，希魯子。
眞洲	河南省楊州路	2	龔璛子敬 牛處士野夫	四庫云：龔璛，自高郵徙平江。千頃堂云：璛、高郵人。
崑山	江浙省平江路	6	衛培寧深 李季高 金至善伯明 姚文煥子章 郭翼義仲 馬麐公振	千頃堂、倪志云：衛培吳人。

常熟	江浙省平江路	4	黃錫孫禹疇　瞿孝順逢祥　盛彧季父　曹貞元度	
吳	江浙省平江路	18	錢良右翼之　高帝履常　陳瀧伯雨　顧逢　湯仲友端夫　劉岳公泰　宋旡子虛　朱名世希顏　張慶之子善　王鵬九萬　陳鐸子振　沈石仲說　周文英　善性無住　宗衍道源　徐達左良夫　周砥履道　釋慶	
上元	江浙省集慶路	2	楊剛中志行　江永之	
山陽	河南省淮安路	1	趙質翁	
長洲	江浙省平江路	1	袁易通甫	
華亭	江浙省松江府	4	曹慶孫繼善　凌巖山英　衞仁近剛叔　沈騰	
宜興	江浙省常州路	3	王天覺　王餘慶　許應祁	
上海	江浙省松江府	2	王文澤　任暉	
無錫	江浙省常州路	6	孟栻　虞志道　范志大　伯樞衍　李琛　華幼武彥清	
丹徒	江浙省鎮江路	2	高皓孫商叟　俞希魯	千頃堂云：皓孫號方山。希魯京口人。
金壇	江浙省鎮江路	1	顧觀利賓	千頃堂、倪志云：顧觀，一作丹陽人。
海陵	河南省揚州路	1	馬玉麟伯祥	

吳江	江浙省平江路	4	張淵清夫　梅甯　吳簡　朱鳳	
高郵	河南省高郵府	1	張天永長年	
揚州	河南省揚州路	1	成廷珪原常	
壚城	河南省淮南路	1	金原舉	
丹陽	江浙省鎮江路	1	謝震	
句容	江浙省集慶路	1	朱南强	
		68		
河北				
刑州		1	劉秉忠	自瑞州徙刑州。
東明	中書省大名路	2	王鶚百一　李鳳翔卿	
欒城		1	李冶	
祁州蒲陰	中書省保定路	2	楊果　吳宏道仁卿	
柳城		2	姚樞　姚燧	
汲	中書省衞輝路	1	王惲	

弘州順聖	中書省上都路	1	魏初	
廣平永年	中書省廣平路	1	王磐	
易州定興	中書省保定路	2	張宏範　王結儀伯	
磁州武安	中書省廣平路	1	胡祗遹	
涿州	中書省大都路	1	虞摯處道	
新安	中書省保定路	2	吳龍翰式顏　黃仲埜	千頃堂云：龍翰字式賢。
霸州信安	中書省霸州	1	杜瑛	
易水		1	敬儼	自河東徙易水。
趙州寧晉	中書省眞定路	1	陳祐	一名天祐
眞定	中書省眞定路	4	高鳴　王約彥博　蘇天爵　瞻思得之	千頃堂云：高鳴本太原人，徙相州。王約自汴徙眞定。瞻思，其先大食國人。
容城	中書省保定路	1	劉因	
清河	中書省大名路	1	元明善	
房山	中書省大都路	1	高克恭彥敬	本西域人。
大名	中書省大名路	1	張立道	自陳留徙大名。

宣德府	中書省大都路	1	武恪伯威	
大都	中書省大都路	1	宋本	
稾城	中書省眞定路	1	安熙	
昌平	中書省大都路	1	何得之	
邯鄲	中書省廣平路	2	張之翰　張埜埜夫	千頃堂云：埜字野夫。
廣平	中書省廣平路	1	秦起宗	自上黨徙廣平。
磁州	中書省廣平路	1	安思承	
宛平	中書省大都路	1	曹鑑堯明	
開州	中書省大名路	1	盧克治仲敬	
元城	中書省大名路	1	席郁士父	
無極	中書省眞定路	1	何體仁	
		40		
安徽				
歙	江浙省徽州路	3	方田萬里　汪逢辰　鄭玉子美	鄭玉爲鄭潛子

婺源	江浙省徽州路	11	胡炳文仲虎 聞人夢吉應之 汪宗臣公輔 程直方 汪炎昶懋遠 汪澤民叔志 江靈陶 汪斌 汪德馨 汪德鈞 王儀	千頃堂云：澤民宣城人。
休寧	江浙省徽州路	7	倪士毅仲宏 陳櫟壽翁 汪巽元 吳萬戶克敏 吳錫疇 陳宜孫 汪壽松	萬戶名訥
宣城	江浙省寧國路	2	貢師泰 貢奎仲章	
績溪	江浙省徽州路	2	汪可孫 舒頔道原	可孫號虛夷子
泗州	河南省淮安路	1	陳柏新甫	
黟	江浙省徽州路	1	汪漢卿景辰	
祁門	江浙省徽州路	1	謝俊民 程彌壽	
青陽	江浙省寧國路	1	陳巖清隱	
合肥	河南省廬州路	1	葛闓孫	
太平	江浙省寧國路	3	陳玉峯 汪文龍 汪珍	
無爲州	河南省廬州路	1	吳主一	名志淳
		34		

福建

浦城	江浙省建寧路	2	謝翶　吳萊	四庫云：吳萊浦陽人。謝翶，自長溪徙浦城。
建安	江浙省建寧路	4	毛直方靜可　雷機子樞　劉邊近道　虞廷碩君輔	千頃堂云：眞方字靜河。
莆田	江浙省興化路	8	洪德章名巖虎　洪希文汝質　朱文霆原道　方澄孫　黃仲元淵叟　柯舉　劉有定　王德輝名翶	
惠安	江浙省泉州路	1	盧琦希韓	
昭武	江浙省邵武路	2	黃鎮成元鎭　陳士元	
福寧	江浙省福州路	2	王都中　陳天錫載之	
嘉禾	江浙省建寧路	1	陳景仁	
寧德	江浙省福州路	1	韓信同	
泉州	江浙省泉州路	1	林善同	千頃堂云：善同，莆田人。
福清	江浙省福州路	1	鄭東起	
福州	江浙省福州路	1	林仝子員	
崇安	江浙省建寧路	1	趙若順之	
晉江	江浙省泉州路	2	陳信惠孚中　大圭恆白	

安溪	江浙省泉州路	1	楊景中	
龍溪	江浙省漳州路	1	林廣	
建陽	江浙省建寧路	1	蔣易師文	
興化	江浙省興化路	1	黃鍾器之	
		31		
山東				
高唐	中書省高唐州	2	閻復 康曄韞之	閻復自平陽和州徙高唐
歷城	中書省濟南路	2	張範 張起巖	範爲起巖之父
鄆城	中書省濟寧路	1	王旭景初	千頃堂云：旭字景和。
濟南	中書省濟南路	2	劉敏中 張養浩	千頃堂云：敏中章邱人。
東平	中書省東平路	4	申屠致遠 王士熙繼學 司允德執中 王構	
平陰	中書省東平路	1	李之紹	
滕州	中書省益都路	1	李泂溉之	千頃堂云：泂，勝州人。
汶上	中書省東平路	1	曹元用	徙汶上

淄川	中書省般陽府路	1	楊宏道叔能	
堂邑	中書省東昌路	1	焦養直	
登州蓬萊	中書省般陽府路	1	王華	
		17		
山西				
陵川	中書省晉陵路	1	郝經	
秀容	中書省冀寧路	1	元好問裕之	千頃堂云：好問，太原人。
澤州	中書省晉寧路	1	李俊民	
稷山	中書省晉寧路	2	段克己復之　段成己成之	千頃堂作河東人
渾源	中書省大同路	1	劉祁	
太原	中書省冀寧路	1	何榮祖	
潞州上黨	中書省晉寧路	1	李孟	
趙城	中書省晉寧路	2	徐毅伯宏　張翥	
太原陽曲	中書省冀寧路	1	王守誠	

平定州	中書省冀寕路	1	呂思誠	
蒲陽	中書省晉寕路	1	方瀾叔淵	千頃堂云：本莆田人，居於吳。
大同	中書省大同路	1	釋溥光元輝	
襄陵	中書省晉寧路	1	柴潛道	
平陽		1	王士元	
		16		
河南				
河內	中書省懷慶路	1	許衡	
陳州西華	河南省汴梁路	1	徐世隆	
湯陰	中書省彰德路	1	許有壬	
光州	河南省汝寕府	1	馬祖常	
林州	中書省彰德路	1	郭昂彥高	
安陽	中書省彰德路	1	杜秉彝	瑛曾孫
鄧州	河南省南陽路	1	王儀	

洛陽	河南省河南府	1	楊益友直	
南陽	河南省南陽府	1	李士瞻彥聞	千頃堂云：東安人。四庫云：先世新野人，徙荊門。
陳留	河南省汴梁路	1	甘允從名立	
河南	河南省河南府路	2	高德進　陸仁乾良貴	高德進，失其名。仁乾，寓於崑山。
		12		
湖南				
攸州	湖廣省天臨路	1	馮子振	倪志云：子振號海棠，寧鄉人。
臨湘	湖廣省岳州路	1	鄧舜裳	
巴陵	湖廣省岳州路	1	王安民	
長沙	湖廣省天臨路	1	文子方名鉅長	
慈利	湖廣省澧州路	1	楊舟梓夫	
岳州平江	湖廣省岳州路	1	胡天游	千頃堂云：天游半江人。
茶陵	湖廣省茶陵州	2	李祁一初　劉畊孫	
		8		

陝西				
奉天		1	楊奐	
奉元	陝西省奉元路	3	楊恭懿　蕭𣂏維斗　同恕	同恕、其先太原人。
興元	陝西省興元路	1	蒲道元得之	道元號順齋，世居眉州。
京兆	陝西省奉元路	1	李材子構	
富平	陝西省奉元路	1	張[illegible]	
		7		
四川				
眉州	四川省嘉定府路	2	程珦晉輔　師餘學翁	千頃堂云：程珦，爲程人。師餘，居於吳。
常寧	四川省馬湖路	1	支渭興	
蜀		2	任詔　王元明	
遂寧	四川省潼川府	1	王立中	千頃堂云：立中，閬州人。元史藝文志云：居於吳。
		6		
湖北				

嘉魚	湖廣省武昌路	1	程從龍登雲	
崇陽	湖廣省武昌路	1	嚴士眞正卿	千頃堂作嚴士貞，號寄庵。
		2		
雲南				
昆明	雲南省中慶路	1	王彥高	
甘肅				
張掖		1	沙剌班	劉氏字伯温
蒙古				
蒙古		1	傅仲淵	

按：據以上四表，得出五十二條按語。作者已經在例言中說到作此表時所遇的困難，無疑的，這表和按語，對於元代學術來說，僅是一些較爲明晰的觀念，而此觀念是作此表後所推究出來的最簡短的結論。茲再分爲經學、史學、子學、文學四類，列舉於后：

甲、經學

一：元代的經學家和兩宋的理學家按區域作一人數的比較，以福建、河南、陝西、湖南來說，則元不如宋；以江西、江蘇、安徽來說，則宋不如元，尤其是江西，經學家的人數反而超過了南宋時的兩浙。

二：元代的經學以江西最盛，浙江次之，再其次是江蘇、福建、河北、安徽、四川、河南；而山西、陝西、湖南、湖北和廣東的經學較爲落後。其中廣東的學術，自元代奠定基礎以後，已逐漸萌芽，到清末而大盛（此說詳見拙作元代書院之地理分佈）。

三：從時代先後看：元代中期的學風盛過初期和晚期，像趙復、姚樞、竇默、郝經、許衡，這些開元代學術風氣的學者，我們還可以說初期是元代學術的草創時期，到了晚期，由於歷年的兵亂，學者凋謝殆盡，學術已走向衰運了。

四：江西的經學，源於福建，然後又傳授到了河北，不過河北的經學只是在元代的初期曇花一現，往後又漸漸地衰微下去。

五：江西的經學以吉水、盧陵、安福、德興、鄱陽五縣最盛。以路爲單位來說：則是吉安和龍興兩路，這兩路包括永新、泰和、吉水、盧陵、安福、南昌、進賢、寧州、新建、奉新十個縣份。以上兩路都靠近贛江流域。我曾在「兩宋學風之地理分布」一篇論文中說過：「河流是南宋財賦仰給的一個命脈，也是學術發展的路線。例如江南西路的贛江貫通全境，是南北的交通要道，所以學者雲集，私人講學之盛，不亞於閩浙兩路。」河流對於學術的重要，由此我們又得着一個很有力的證據。

六：所以我們依據河流仍然可以把元代的經學分成若干個學派：在贛江流域的我們稱它爲江西學派，在錢唐江流域和浙江沿海的可以稱爲兩浙學派，在長江下流的叫做江蘇學派，在長江以北和淮水以南的我們稱它安徽學派，在閩江流域的稱爲福建學派。

七：浙江的經學以永嘉、寧海、金華、東陽、平陽、鄞六縣爲最盛，以路爲單位則是台州、處州、婺州、慶元、温州五路。大體說來，和宋代一樣，兩浙的經學依然盛於浙東。

八：安徽歙縣的師山(鄭玉)學派導源於浙江，傳授則在婺源和歙縣。安徽的經學也以這兩地爲最盛。徽州路除婺源歙縣外，還有休寧和徽州。歙縣方回、鄭玉，婺源程直方、胡一桂、胡炳文、程龍，休寧陳櫟，在有元一代的經學上，可稱得上是當時的大家。炳文的經學傳自福建，而一桂源於江西，二人皆得朱學原委之正。

九：江蘇以平江路（吳、崑山、嘉定、吳江）的經學爲最盛，松江府的華亭和松江次之。其中吳縣學風之盛，北宋已然。自胡安定在蘇州講學，此種學風延續了四百年不衰，可見一個學者開風氣的重要了。

十：以縣來說，福建的經學以建安和邵武爲最盛；以路來說則是邵武和福州。福建的學風與南宋比較，還是相去遠甚，即名學者如熊禾，亦不過是宋末元初的人。

十一：朱熹胡一桂同是婺源人，朱子的學問原於福建；一桂亦曾遊學福建，與熊禾在武夷山中往復論學，可見安徽的學者來往福建是宋元兩代的一種風氣。

十二：黃百家說：「有元之學者，魯齋（許衡）靜修（劉因）草廬（吳澄）三人耳。」三人的學問皆出自江西。其中靜修一派的學問傳到山西、河南和江西三地。

十三：河北的經學以保定、眞定、大名、順德四路爲最盛。其中最著名的學者有容城劉因、定興王結、稟城安熙、眞定蘇天爵、贍思、大名齊履謙、肥鄉竇默、東明王鶚、信安杜瑛、柳城姚樞。

十四：資川黃澤，家九江，所以他學問的淵源及影響在江西而不在四川。

十五：河南、山西的經學亦出自江西。而陜西蕭氏（𣂏）一派的經學則源於河南、河北，後來一支流入山西。

十六：從學術的傳授上說：元代學者的流動性遠不及宋代，去遠方求學的風氣已逐漸衰微，因此，學問的流傳不廣，生徒不衆，是一種必然的現象。

十七：以南北的經學作一比較，則南方盛過北方。這是從南宋以來的一個最顯明的趨勢，到了元代，這種趨勢似已成了定型。

十八：元代多翻譯人才，元史藝文志別立譯語類。漢人亦通蒙古語文，如元明善之譯蒙古孝經是。

乙、史學

十九：元代史學的中心有浙江、江西、河北、安徽、江蘇、山西、陜西七個區域。著名的史學家：浙江有胡三省、金履祥、吳師道、吳萊，江西有馬端臨、危素、揭傒斯，河北有蘇天爵、李好文、王鶚、贍思、王約、王磐、王惲、元明善，安徽有胡一桂、陳櫟，山西有郝經、劉祁，河南有趙居信、徐世隆，陜西有楊奐、蕭𣂏。

二十：元代的史學是南盛於北。

二十一：元代的經學盛於史學。

二十二：元代的史學不如宋代之盛。

二十三：元代的史學家同時深通經學，自來史學脫胎於經學，經學可以說是史學的先河。
二十四：元代盛地理學，地方志書的著作甚多。
二十五：從地域看：元代史學發展的地區亦即經學的地區。
二十六：從時代先後看：元代的史學盛於初期，和經學恰相反。中期及晚期已逐漸走上衰運。
二十七：江西馬端臨的史學源於安徽。爲朱熹的三傳弟子。而安徽這一派的史學最初則出自福建。
二十八：元代的山東有史學而無經學。
二十九：河北安徽的史學盛過江蘇，經學則相反。
三　十：元代的史學以浙江爲最盛，江西次之，再其次是河北、安徽、江蘇、山西、山東、河南、福建、陝西、四川；而雲南、廣東、甘肅、西域、蒙古諸邊疆區的史學較爲落後。

丙、子學

三十一：元代最發達的有醫、曆算、釋道三門學問，其中以佛道兩家最盛（見拙作元代佛家和道家的地理分佈兩篇論文），醫學次之。醫學有李杲，著書八種，王好古著書七種，朱震亨著書十五種，呂復著書十一種，滑壽十種。曆算則有齊履謙、郭守敬（著書十三種）等。
三十二：元代的曆算與醫學盛於北方。
三十三：元代的子學較史學略盛。

三十四：曆算學與醫學以河北爲最盛。
三十五：元代的子學以浙江、江西爲最盛，江蘇、河北、安徽次之，河南、山西、福建、山東、湖南、四川、陝西、西域又次之，廣東湖北等地不出人才。
三十六：浙江的子學是浙東較浙西略盛；浙西的錢唐尤爲特出，其次是金華、湖州、杭州、慶元四地。
三十七：江西子學以崇仁臨川爲最盛。
三十八：江蘇的子學以吳縣爲最盛，常熟次之。
三十九：陝西的經學子學較史學落後。
四　十：安徽的子學以婺源爲第一，歙縣次之。

丁、文學

四十一：元代以文學爲最盛，經學次之，子學及史學又次之；所以說，文學爲經學的先河，經學又爲子學及史學的先河。
四十二：文學盛的區域經學也盛，這可以看出兩者的淵源有很密切的關係。
四十三：開元代學術風氣的是北方的學者，集所有學問大成的則是南方的讀書人。元代如此，宋代亦如此。所以說，北方人有創造的精神，南方人則有組織的能力，創造須要魄力，組織則離不了聰明才智。
四十四：北方是政治的中心，而不是學術的中心；南方是經濟的中心而又是學術的中心，所以，學術的盛衰不決定於政治的强弱，而取决於經濟的榮枯。

四十五：文學盛於元代的中期。

四十六：從地域看：文學以浙江爲最盛，江西次之，江蘇、河北、安徽、福建、山東、山西、河南、湖南、陝西、四川、湖北、雲南、甘肅、蒙古又次之，因此，我們可以看出元代的學術中心在東南一帶。

四十七：兩浙的文學以錢唐爲最盛，浙西除錢唐外還有淳安、湖州、吳興三地；浙東則以鄞縣、奉化、義烏、金華、平陽、天台、江山、蘭溪、温州、各地的人才。但浙東的文學盛過浙西。

四十八：江西的文學以廬陵、臨川、安成最盛，淸江、崇仁、金溪、安福、吉水次之。江西的文學淵源於宋代，四百年來人才輩出，遞嬗不絕。

四十九：以縣爲單位說，有元一代的文學家以吳縣爲最多。

五　十：安徽的文學家多在婺源休寧兩地。

五十一：福建的文學家多在莆田一縣，建安較次。

五十二：山東的文風盛於東平。

附錄　西域學者之地理分布

部族名	人名	備考
回回	蒲壽宬	

	丁鶴年	寓居武昌，師事豫章周孝思。
康里	巙巙	不忽木之子，其學得之於許衡及其父兄家傳。
雍古	馬潤	祖常之父
	馬祖常伯庸	
	趙世延子敬	承其家學，晚年居於金陵之茅山。
大食	贍思	
回鶻	偰玉立	
	偰百僚遜	
	薛超吾	
伯牙吾氏	泰不華兼善初名達普化	世居白野山，後徙居於台，爲本心門人。
哈剌魯氏	伯顏師聖宗道	世居開州濮陽縣，爲建安黃坦弟子。
畏吾兒	貫雲石即小雲石海涯	寓居江南，從姚燧學。
	鐵柱明善	
	沙剌班	見元代文學之地理分佈表，元史藝文志作甘肅張掖人。
	廉惠山海牙	
合魯氏	迺賢易之	千頃堂云：本回鶻人，家四明。元西域人華化考云：迺

賢又稱馬易之，元興，西北諸部仕中國者，隨便住居，故迺賢稱南陽人，後隨其兄塔海仲良官江浙，遂卜居於鄞，師事鄞人鄭以道。

唐兀	余闕廷心	
	王翰	錢大昕云：本唐兀氏，名那木罕，潮州路總管。
	張雄飛	
	昂吉啓文	
部族不詳	高克恭彥敬	後家房山，元史藝文志作房山人。
	聶古柏	
	伯顏子中	其祖父官江西，遂爲進賢人，從釣臺夏溥習進士業。
	孟昉天暐	寓居北平
	辛文房良史	
	保八	
	薩德彌實	
	戈直	
	札馬魯丁	

	可里馬丁	
	忽思慧	
朵魯別族	郝天挺繼先號新齋	幼受業於遺山元好問之門
也里可温	雅琥正卿	錢大昕云：天曆進士，福建鹽運司同知。
答失蠻	薩都剌天錫	
西域板勒紇城	察罕	
龜茲	盛熙明	其先曲鮮人，家豫章。

容閎與中國新文化運動之啟發

目次

一、緒論
二、容閎之身世及其接受西洋教育之經過
三、容閎與太平天國之關係
四、容閎之參加曾國藩幕僚及其首倡洋務
五、容閎之教育計劃及官費赴美留學生之遣派
六、容閎與維新變法及建立民國運動之關係
七、容閎所經派一百二十名留美學生在中國之作用與影響
八、容閎及其所遺學生與香港之關係
九、容閎在中國新文化運動上所遺之影響
附圖
容閎遺像
詹天佑遺像

容閎遺像

詹天佑遺像

容閎與中國新文化運動之啟發

羅香林

一、緒論

中國近四十年來，文士撰論以鼓吹新文化運動者夥矣，然求其能追述此新文化運動爲始倡於何人，而克尊其所聞，行其所知者，則殊不多見。此無他，以其立論基於一時感觸，而鮮爲追索歷史演進。故雖面對急劇時勢，可爲英偉自詡之論，然以其不及考驗於前賢史實，以紹承光大，或改正趨向。力行有所未逮，故其結果亦自不能如所預期焉。

且所謂新文化運動者，顧名思義，本爲一種富有建設性之大業。蓋由以深愛國家文化，自覺須爲補充，故思兼師西洋，合創新業，以發揚國光。無如近四十年來，言中國新文化運動者，多不深求此義；言開創新業，則必盡舉中國所固有者而破壞之，以爲非破壞固有，則新業無由開創，待其已盡力以事破壞，則力竭聲嘶，更無能爲建設新業矣。如是則中國文化，乃成困惑之局，風邪乘之，遂以致病。趨時之士，其初猶以破壞成功自詡，待至國家民族因而病入膏肓，則雖欲改悔，亦無及矣。此則近四十年來，一部分人士不考驗於歷史演進，而但憑一時感觸以言新文化運動者之流弊也。

若能考求之以歷史演進，則前賢所已肇端之業，皆適爲今日邁行之助力，前賢得失之關鍵，亦胥爲今日研擬實施之參稽。立論不局於一時感觸，主張皆發自深究與審思。又何至徒發大言，淆亂視聽，以致爲風邪所乘耶？

茲試舉歷史上容閎等所倡之洋務與其他事業言之，其時代實早於近今言新文化運動者約五十年，而近今言新文化運動者所揭櫫之科學與民主二義，無一不先於容氏當日，已爲肇始。蓋即深感於中國所固有之急須補充以爲發揚光大者也。特容氏所議在於建設新業，而近今四十年來，若干趨時人士之言新文化運動者，則但言科學與民主諸問題，而實踐未力，乃轉而主張以摧毁中國傳統之文化遺業，即彼所云之載道思想，與傳統禮教者，必摧之去之而後快。所注意之重點各殊，而利弊遂以迥別。

筆者以爲科學與民主二義，本皆爲建設性之偉業。且驗之於史實，自昔年容閎等所倡洋務與維新等運動，及國父孫中山先生所倡導之建立民國運動，以至中華民國之產生，及專門學者之沉潛研究等，本皆循此二義以得成就，而深覺此二義之應爲發揚與實踐。然於近今四十年來言新文化運動者之一面標舉民主與科學二義，而一面乃轉而以破壞中國傳統文化爲媚時弋譽之方者，則自始引爲深憂。今其惡果已見，追思昔年容閎等所爲積極性之文化建設，且以對教育之信心與努力，引爲溝通中西文化之基礎者，愈覺其意義深長而不可忘也。

竊不自揆，嘗於各校約爲講演之際，常舉容閎與新文化運動之啓發關係，分別言之，頗爲學子所喜聽。玆爲綜合考述，以明其得失，倘亦博雅君子所樂許也。

二、容閎之身世及其接受西洋教育之經過

容閎在中國歷史上所以有其重要關係與意義者，以其爲十九世紀中國最早留學美國著名大學之一人。（註一）。亦即中國人自香港肄業後最早再留學美國，而學成歸國後，又爲最早提倡洋務，（註二），且有其鉅大影響之第一人也。故欲探究容氏與中國新文化運動之啓發關係，乃至欲探究容氏與中美文化交流之關係，其首當傳述者，乃爲容氏身世，及其如何得肄業香港，又如何得赴美留學之問題也。

按容氏，諱閎，字純甫，一名達萌，廣東香山（今中山縣）南屏鄉人。（註三）。生道光八年（西元一八二八年），卒民國元年（一九一二年）。南屏距澳門僅四英里。道光十五年（一八三五年），閎年七歲，適基督教倫敦傳道會諸教士，議於澳門剏立瑪禮遜（Dr.Robert Morrison）紀念學校。（註四）。司事某君，爲閎鄉人，力說閎父母，遣閎至澳門肄業。時紀念學校未正式成立，僅先爲招生，附讀於英教士古特拉富夫人（Mrs. Gutzlaff）女校內。閎在澳習英文數年，即以女校停辦，返居南屏，就讀鄉塾。道光二十年（西元一八四零年），以遭父喪，窘困至極。幸不久即獲澳門函告，謂瑪禮遜紀念學校已於上年成立，邀之入校肄業。閎乃重至澳門受學。時任校長者即美人勃朗氏(Rev.S.R. Brown)也。

道光二十二年（西元一八四二年），香港依江寧中英條約，歸英接管，瑪禮遜紀念學校亦自澳門遷港，於跑馬地瑪禮遜山開設。學生增至四十餘人，閎與黃勝、李剛、周文、唐傑、黃寬等六人，爲第一班學生。而閎成績優異，尤爲勃朗氏所重。

道光二十六年冬（西元一八四六年），勃朗氏以體弱，離港返美。先期宣布欲挈舊生數人，同赴美國，由在港校董資助留學。閎與黃勝黃寬等，皆表示願往。越年一月四日，勃朗氏遂偕閎等三人，自上海黃浦乘船出國。四月十二日抵美，即赴馬沙朱色得士省（Massachusetts），入孟松中學（Monson Academy）。校長爲查理斯海門先生（Rev. Charles Hammond），胸懷超逸，於閎等入學，特優待之。（註五）。

道光三十年（西元一八五零年）夏，閎與黃寬同畢業孟松中學。寬以在港資助人指定須就讀於蘇格蘭愛丁堡大學。（註六）。閎則以獲美國喬治亞省薩伐那婦女會（The Ladies Association in Savannah Ga.）資助，赴紐海紋（New

Haven)，考取耶路大學（Yale University）。在校四年，以英文論說優長，連獲第二第三學期首獎。且嘗任校中兄弟會文書等職。學行爲美國師友所重視。咸豐四年（西元一八五四年）畢業。（註七）。以中國清貧學生而畢業於美國著名大學，蓋自閎始。

時閎以目擊美國社會各方之進步，與民主政制之景況，又感於滿淸政府之積弊，遂覺時代所賜予之使命重大；既己身得遠涉重洋，受大學敎育，治高深學問，且了解民治精神，自當早回祖國，倡導開明運動，促進物質建設；尤當使繼起青年，得受同等敎育，俾以西方學術灌注中國，使中國趨於文明富强之境；並將中國學術文化，介紹西方，使西方文明，獲得滋潤，而更趨圓滿。（註八）。容氏襟懷，誠亦偉矣。

此則容閎身世，及其在港在美入校治學之經過也。

三、容閎與太平天國之關係

容氏畢業耶路大學後，即於咸豐四年冬返國。先赴澳門省母。至翌年春，乃移居廣州，以觀察國事，兼補習漢學，閱六月，漸得其門。時太平天國已建都南京。容氏目擊清吏腐敗，又以太平軍初以基督敎平等博愛諸旨與其排滿建國之主張相號召，與維新事業，初較相近，而頗示嚮往。因思於社會謀一職位，以爲從事維新事業之階梯。初任美國駐華暫代公使派克氏(Peter Parker)(註九）之書記。閱三月，辭職，乃赴港，習爲律師，惟格於形勢，初無所成。（註十）。

至咸豐六年（西元一八五六年），八月，容氏離港赴滬，初於海關任職。時航商多與關員相通，習爲蒙蔽，容氏不謂然，婉言辭職。漸交當地賢豪，聲譽雀起。並與在滬之曾寄圃（註十一）李善蘭（註十二），華蘅芳（註十三），徐壽(註十四)，王韜（註十五），張斯桂（註十六），及徐潤（註十七）等爲友。後由寄圃介紹，任爲英商寶順洋行(Dent & Co.) 書記。時洋行方擴張絲茶貿易，其經理韋伯(Webb)，欲命之爲駐日本長崎分行之買辦，容氏却之，（註十八），而允於長江流域爲採購絲茶。乃由浙江杭州，經玉山，繞江西，至長沙漢口等地，收茶而還。（註十九）。咸豐十年(西元一八六零年)，隨美教士二人，及國人曾恆忠（蘭生），訪問太平天國。十一月十八日，抵南京，寓美傳教士浸信會羅孝全牧師(Rev. Isachar Roberts)(註二十)住宅。旋謁見玕王洪仁玕。仁玕爲天王洪秀全從弟，當太平軍起義時，以不及隨入廣西，一同出發。乃匿居東莞牛眠埔巴色會教友張彩廷家，以避淸吏耳目。（註二一）。旋由巴色會韓山明牧師(Rev.Theodore Hambery, 1819—1854)，爲之施洗。仁玕聰識而弘毅，於基督教宗旨及西洋學術，亦略有所窺，（註二二），故得入香港倫敦傳道會爲職員，且爲英華書院掌院理雅各博士（Dr. James Legge)所器量。當容氏在港習爲律師時，旣與相善，且曾相約於將來會於南京。旋仁玕果由間道赴南京任職，爲洪秀全所信任。太平天國後期之要政，殆皆仁玕所主持也。容氏旣於南京晃及仁玕，乃爲建議推行七事，（註二三）：

1、依正當之軍事制度，組織良好軍隊；
2、設立武備學校，以養成多數有學識軍官；
3、建設海軍學校；
4、建設善良政府，聘用富有經驗之人才，爲各部行政顧問；
5、創立銀行制度，及釐訂度量衡標準；

6、頒定各級學校教育制度，以耶穌教聖經列爲課程之一；

7、設立各種實業學校。

蓋即容氏素所主張推行洋務與維新事業之一部分也。仁玕於閎所建議，大爲嘉許，然以其關係於太平天國各政事之興革，須得諸王贊成，始能實施，故雖欲留容氏任職，然未能即允容氏以必行。閎見所提意見，無實現可能，遂轉索護照，而辭返上海。閎於太平天國雖頗示失望，然亦謂其有一事可稱爲有良好結果者，即天假此役，以破除滿清專制之積習，使全國人民，由夢中驚覺，而有新國家之思想，（註二四），云云。

四、容閎之參加曾國藩幕僚及其首倡洋務

容氏南京之行，本冀使太平天國得引上軌道，俾遂其宿志，於維新事業，及現代教育，得所藉手。既知形勢未許，遂思改由貿易入手，冀弋獲鉅資，以徐圖建設。乃復受寶順洋行委託，深入安徽太平縣，購茶出口。（註二五）。旋復受某公司聘，至九江經理購茶。後至同治二年（西元一八六三年），於九江忽得張斯桂（字魯生）自安慶寄函，云曾國藩總督亟思與之一見。旋李善蘭亦自安慶寄函促往，語意尤切。蓋是時張氏已以升遷而爲曾督所部統帶，李氏亦已先入曾督幕府，皆隨駐安慶，早爲容氏游揚，謂其深通洋務，抱負不凡，常欲效力政府，使中國躋於富强文明之域。（註二六）。故曾督於容氏乃期望至殷也。

容氏於同治二年九月，抵達安慶，即逕赴曾督大營，會晤舊友張斯桂，李善蘭，徐壽，華蘅芳等，皆謂曾督自聞容氏爲人後，六月來無日不思相見。殆投刺入謁，曾督熟視容氏良久，晤談甚歡。旋即委容氏籌辦機器總廠。所謂機器總廠者，即據容氏建議，謂此廠當有製造機器之機器，以建立一切製造廠之基礎者也。此總廠決定設於上海西北之高昌廟。曾督並委容氏，即爲出洋購辦機器。

容氏旋赴上海，適遇美國機械工程師哈司金氏(Hask'ns)，以事來華，即將歸國。容氏遂以購機器事委其主持，即分別放洋，途經南洋至歐陸，轉往英國再至美國。與馬沙朱色得士省非支波克城(Fitchberg Mass)之樸得南公司(Putnane & Co.)，訂約承造設立中國機器總廠之機器。(註二七)。惟須半年後始能啓運。容氏遂於定造機器期內，先至紐海紋耶路大學母校，參與其同班諸友所舉行之十週年紀念大會。舊雨重逢，倍加友好。時値美國林肯總統(Abraham Lincoln)爲解放黑奴而發生南北美戰爭。容氏思於短時期內投效美政府所組之義勇隊，以少盡其爲人道而奮鬥之職責，惟未獲接納。

同治四年(西元一八六五年)，容氏所購機器，運抵上海，即於高昌廟裝設，命名曰江南製造總局。而曾督所部軍旅，則已於上年平定太平天國，朝野對之，仰望彌切。曾氏即奏保容氏授爲候補同知，指省江蘇，儘先補用。略謂『容閎熟習東西各國語言文字，往來花旗最久，頗有膽識。於同治二年六月，撥給銀両，飭令前往西洋，採辦鐵廠機器，四年十月回營。所購機器一百數十種，均交上海製造局收存備用。查該員不避險阻，涉歷重洋，爲時逾兩年之久，計程越四萬餘里，實與古人出使絕域，其難相等。應予獎勵，以昭激勸。』云云。越年，曾督特爲視察該廠，容氏復勸其於廠旁設一兵工學校，招中國學生肄業，授以機器工程之理論與實驗，以冀中國將來可不需外國機械與工程師。(註二八)。越年復於局內設繙譯館，(註二九)，先後延聘徐壽，華蘅芳，李善蘭，及西人傅雅蘭，(註三〇)，金楷理，林樂知等，專譯西洋有關科學及其他重要書籍。十餘年間，約譯書一百餘種。(註三一)。其他聞製造總局譯述之風，起而從事介紹西學之機關或人士，如北京同文館，(註三二)，及傳教士李提摩太(Timothy Richard)所設之廣學會(Chriti n Literature Society)等，所譯西書，（註三三），亦頗不乏。而容氏於提倡譯書之初期，亦嘗自譯哥爾頓氏(Colton)地文學(Geography)，及派森氏(Parson)契約論(On Contracts)，等書。（註三四）。而江南製造總局遂蔚然成爲洋務與西學重鎭。中國之有現代建設與鉅量之西學譯述，蓋自此始。

旋容氏所舊識之蘇松太道丁日昌，由兩淮鹽運使，擢布政使，授江蘇巡撫，頗注意洋務。閎乃於同治六年（西元一八六七年），謁之於蘇州，即勸其推行新教育計劃。丁撫謂軍機大臣文祥，頭腦較新，可上書乞彼代奏。容氏即草擬條陳四項，大意謂：其一，中國宜組織一純爲華股之合資汽船公司。其經理及職員，須全用華人。惟欲鞏固此公司地位，須請政府，每年撥款若干，以爲津貼。其款可由上海鎭江及其他各處運往北京之漕米項下，略抽撥數成充之。此公司成立後，則舊日之平底船寧波船，皆可不用。將來漕米，即逕以汽船載運，不獨可免沿途損耗，即北方數百萬人民，仰漕米爲炊者，亦不至常食朽糧矣；其二，中國宜選派穎秀青年，赴美留學，以爲國家儲備人才。其方法可先定學額一百二十名試辦，分四批按年遞派，每年三十名。學齡以十二歲至十四歲爲限，各生以留學十五年爲限。此項留學經費，可於上海關稅項下，提撥數成充之；其三，中國宜即以新法開採鑛產，以盡地利，以利建設。爲兼謀運輸便利計，凡內地各處，以達通商口岸，須興築鐵路，以利交通；其四，中國政府宜禁止教會干涉人民訴訟，以免引起糾紛。蓋教會干涉訴訟，一方實妨害傳教，一方又損害法權也。（註三五）。會文祥丁艱家居，丁氏未及乞之代奏。惟其後朝野所辦洋務，多以容氏條陳爲引端。如招商局輪船公司之設立，即以容氏條陳爲起因也。故徐學禹撰國營招商局之成長與發展（註三六）云：

『初同治四年，清廷效法西洋，先後命曾國藩設製造廠於上海，左宗棠設造船廠於福州。七年，道員許道身，同知容閎等，建議當局，由商人製造輪船，分運漕糧，兼攬客貨辦法。奉准試辦，祇以日久因循，迄未有成。……十一年，……直隸總督李鴻章，兩江總督沈葆楨，……奏以製造輪船爲富國便商之要務。提議官造商船，准華商領僱，兼准其兼運漕糧，俾有專門生意，而不致爲洋商所排擠。當即奏准隨時察看情形，妥籌辦理。是年七月，李鴻章遂令浙江漕運局總辦海道委員朱其昂，擬章試辦。……九月，朱其昂朱其詔昆季，奉派來滬設局，招商興辦，定名爲輪船招商公局。十月向英國購進伊頓輪一艘，十二月十六日，正式開辦。是爲本局發軔之始。』

而清史稿交通志二輪船亦云：

『同治十一年，直隸總督李鴻章建議設輪船招商局：……十三年，鴻章又疏言：同治間曾國藩丁日昌在江蘇督撫任，迭據道員許道身，同知容閎，創華商造船章程，分漕運米，兼攬客貨，曾經寄請總理衙門核准，飭由江海關道，曉諭各口商人試辦。』

可知招商局之所由設立，即以容氏主張爲始基也。

至容氏所議開採礦產與興築鐵路等主張，其後亦頗爲朝野所採用，如李鴻章於光緒四年（西元一八七八年）嘗集銀二十七萬兩，於天津創設開平鑛務局，專辦煤鑛；張之洞於光緒十六年（西元一八九〇年），創設漢陽鐵廠，旋即開採大冶鐵鑛。（註三七）。李張二人固皆重視容氏，嘗與商討洋務，而受其影響者也。其後容氏且嘗於光緒二十三年（西元一八九七年）欲築造自天津至鎮江之鐵路，旋爲德人所反對，乃議將路線改經安徽而達湖南，又以清廷限之不許招集外國資本，遂致不克興築。（註三八）。然國人至是亦羣知鐵路興築之重要矣。

抑容氏更嘗於光緒二十二年，倡議於北京設立國家銀行，（註三九），已與總理衙門大臣張蔭桓及大學士戶部尚書翁同龢等商妥進行。（註四〇）。並議由政府籌集本銀一千萬兩，爲開辦費，中以二百萬兩購置機器，以鼓鑄銀幣，及印刷國債券與一切鈔票等，另以二百萬兩爲購地建屋之用，所餘六百萬兩，則存貯庫中，以備購金銀銅三者，鑄造各種貨幣，以流通全國。詎至籌備將畢，忽爲適任招商局總辦之盛宣懷所破壞。然其後清廷亦終爲設立大清銀行，即今日所稱爲中國銀行者。推原其始，中國之有新式銀行，亦自容氏所倡導也。

凡此皆容氏自同治二年後，以至光緒二十四年（西元一八九八年）戊戌政變前，所創立與倡導洋務建設之較著者也。

五、容閎之教育計劃及官費赴美留學生之派遣

容氏於同治六年所上條陳，雖分四項，然其重點所在，則爲第二項之教育計劃，即謂選派聰穎青年，赴美留學，俾爲國家儲備建設人才也。雖是年以文祥丁艱，計劃未得實現，然至同治九年（西元一八七〇年），以天津教案發生，曾國藩與丁日昌等，並奉命前往調停。容氏亦隨丁撫北上，乃力促丁氏向曾督會奏教育計劃。曾督深以爲然，乃與李鴻章會銜附奏。至同治十年七月，復專案奏辦，於是乃有派遣青年集體分批赴美留學之舉，於中國新教育之實施，影響頗鉅，而容氏在中國新文化運動上之啓發作用，亦因之確立，（註四一），其關係蓋非鮮也。曾李專案會奏原摺（註四二）云：

『同治十年辛未，七月丁未，大學士兩江總督曾國藩，協辦大學士直隸總督李鴻章奏：竊臣國藩，上年在天津

辦理洋務，前任江蘇巡撫丁日昌，奉旨來津會辦，屢與臣商榷，擬選聰穎幼童，送赴泰西各國書院，學習軍政船政步算製造諸學，約計十餘年，業成而歸，使西人擅長之技，中國皆能諳悉，然後可以漸圖自強。且謂携帶幼童前赴外國者，如四品銜刑部主事陳蘭彬，江蘇候補同知容閎，皆可勝任，等語。臣國藩深韙其言，曾於上年九月，本年正月，兩次附奏在案。臣鴻章，復往返函商。竊謂自斌椿及志剛、孫家穀，兩次奉命游歷各國，於海外情形，亦已窺其要領。如輿圖算法步天測海造船製器等事，無一不與用兵相表裡。凡游學他邦，得有長技者，歸即延入書院，分科傳授，精益求精。其於軍政船政，直視爲身心性命之學。今中國欲仿效其意，而精通其法，當此風氣既開，似宜亟選聰穎子弟，携往外國肄業，實力講求，以仰副我皇上徐圖自强之至意。查美國新立和約第七條，內載嗣後中國人欲入美國大小官學，學習各等文藝，須照相待最優國人民，一體優待。又美國可以在中國指准外國人居住地方設立學堂，中國人亦可在美國一體照辦，等語。本年春間美國公使過天津時，臣鴻章面與商及，允候知照到日，即轉致本國，妥爲照辦。三月間，英國公使來津接見，亦以此事有無相訊。臣鴻章當以實告，意頗欣許。亦謂先赴美國學習，英國大書院極多，將來亦可隨便派往。此固外國人所深願，似與和好大局，有益無損。臣等伏思外國所長，既肯聽人共習，志剛孫家穀，又已導之先路。計由太平洋乘輪船徑達美國，月餘可至，尚非甚難之事。或謂天津上海福州等處，已設局仿造輪船槍礮軍火，京師設同文館，選滿漢子弟，延西人教授，又上海開廣方言館，選文童肄業，似中國已有基礎，無須遠涉重洋。不知設局製造，開館教習，所以圖振奮之基也。遠適肄業，集思廣益，所以收遠大之效也。西人學求實際，無論爲士爲工爲兵，無不入塾讀書，共明其理，習見其器，躬親其事，各致其心思巧力，遞相師授，期於日異而歲不同。中國欲取其長，一旦遽圖盡購其器，不惟力有未逮，且此中奧窔，苟非徧覽久習，則本源無由洞澈，而曲折無以自明。古人謂學齊語者，須引而置之莊嶽之間。又曰，百聞不如一見。此物此志也。况誠得其法，歸而觸類引伸，視今日所爲孜孜以求者，不更擴充於無窮耶。惟是試辦之難有二：一曰選材，二曰籌費。蓋聰穎子弟，不可多得，必其志趣遠大，品質樸實，不牽於家累，不役於紛華者，方能遠遊異國，安心學習，則選材難。國家帑項，歲有常額，增此派人出洋肄習之款，更須措辦，則籌費又難。凡此二者，臣等亦深知其難，第以成山始於一簣，蓄艾期於三年，及今以圖，庶他日繼長增高，稍易爲力。爰飭陳蘭彬容閎等，悉力酌議，加以覆覈。擬派員在滬設局，訪選沿海各省聰穎幼童，每年以三十名爲率，四年計一百二十名，分年搭船赴洋，在外國肄業，十五年後，按年分起，挨次回華。計回華之日，各幼童不過三十歲上下，年力方强，正可及時報效。聞前此閩、粤、寗波子弟，亦時有赴洋學習者，但止圖識粗淺洋文洋話，以便與洋人交易，爲衣食計。此則入選之初，愼之又愼，至帶赴外國，悉歸委員管束，分門別類，務求學術精到，又有繙譯教習，隨時課以中國文義，俾識立身大節，可冀成有用之材，雖未必皆爲偉器，而人才既衆，當有瑰異者出乎其中，此拔十得五之說也。至於通計費用，首尾二十年，需銀百二十萬兩，誠屬鉅款。然此款不必一時湊撥，分析計之，每年接濟六萬，尚不覺其過難，除初年盤川發交委員携帶外，其餘指有定款，按年豫撥，交與銀號，陸續匯寄，事亦易辦。總之圖事之始，固不能予之甚吝，而遽望之甚賒。况遠適異國，儲材備用，更不可以經費偶乏，淺嘗中輟。近年來設局製造，開館教習，凡西人擅長之技，中國頗知究心，所須經費，均蒙諭旨准撥，亦以志在必成，雖難不憚，雖費不惜，日積月累，成效漸有可觀。茲擬選帶聰穎子弟赴外國肄業，事雖稍異，意實相同。謹將章程十二條，恭呈御覽。合並仰懇天恩，飭下江海關，於洋稅項下，按年指撥，勿使缺乏。恭候命下，臣等即飭設局，挑選聰穎子弟，妥愼辦理。如有章程中未盡事宜，並請飭下總理衙門，酌覈更改。臣等亦可隨時奏請更正。」

『御批：「該衙門議奏，單併發。」

挑選幼童前赴泰西肄業章程：

一、商知美國公使，照會大伯爾士頓，將中國派員每年選送幼童三十名，至彼中書院肄業緣由，與之言明，其束脩膏火一切，均中國自備，並請俟學識明通，量材拔入軍政船政兩院肄習。至赴院規條，悉照美國向章辦理。

一、上海設局，經理挑選幼童派送出洋等事。擬派大小委員三員，由通商大臣劄飭於上海、寧波、福建、廣東處等，挑選聰穎幼童，年十三四歲，至二十歲爲止，曾經讀中國書數年，其親屬情願送往西國肄業者，即會同地方官，取其親屬甘結，並開明年貌籍貫存案，携至上海公局考試。如姿性聰慧，並稍通中國文理者，則在公局暫住，聽候齊集出洋，否則撤退，以節糜費。

一、選送幼童，每年以三十名爲率，四年計一百二十名，駐洋肄業。十五年後，每年同華三十名。由駐洋委員臚列各人所長，聽候派用，分別奏賞頂帶官階差事。此係官生，不准在外洋入籍逗留，及私自先回，遽謀別業。

一、赴洋幼童，學習一年，如氣性頑劣，或不服水土，將來難望成就，應由駐洋委員，隨時撤回；如訪有金山地方華人，年在十歲內外，西學已有幾分工夫者，應由駐洋委員，隨時募補，以收得人之效，臨時斟酌辦理。

一、赴洋學習幼童，入學之初，所習何書，所肄何業，應由駐洋委員，列冊登注，四月考驗一次，年終註明等第，詳載細冊，齎送上海道轉報。

一、駐洋派正副委員二員，每員每月薪水銀四百兩，繙譯員一員，每月薪水銀二百五十兩，教習二員，每員每月薪水銀一百六十兩。

一、每年駐洋公費銀，共約六百兩，以備醫藥信資文冊紙筆各項雜用。

一、正副委員繙譯教習來回川資，每員銀七百五十兩。

一、幼童來回川費及衣物等件，每名銀七百九十兩。

一、幼童駐洋束脩膏火，屋租衣服食用等項，每名每年計銀四百兩。

一、每年駐洋委員，將一年使費，開單知照上海道轉報。儻正款有餘，仍涓滴歸公；若正款實有不足之處，由委員隨時知照上海道稟請補給。

一、每年駐洋委員薪水膏火等費，約計庫平銀六萬兩，以二十年計之，約需庫平銀一百二十萬兩。」

御批：「覽」。」

旋總理衙門大臣恭親王等奏復，應准予照辦。於是容氏遂與陳蘭彬（荔秋）共負辦理派遣學生，與赴美經理監督之責。陳氏爲正委員，容氏副之，以陳氏爲翰林出身，對清廷視聽較宜也。並以曾恆忠（蘭生）爲繙譯，葉源濬（緒東），增容祥（元甫）爲教習。（註四三）。容氏與曾督幾經商討，乃於上海設局，經理考選學生及預習學校等事宜。即委劉翰淸（開生）爲總辦，並札委徐潤爲之協助。（註四四）。其第一批學生，於同治十年，於上海招考，以未滿定額，容氏乃親赴香港，於港政府所設學校內，遴選年少聰穎，而於中西文已略有根柢者數人，以足其數。並嘗一度返香山故里，以籌設南屏鄉義塾。（四五）。時中國尚鮮報章，以傳播新聞，北方人士，多未知者。故預習學校招考時，北方青年，鮮應考者；來考者多爲粵人，而粵人中又以香山（今中山縣）籍者爲多。

容氏所考選之第一批學生，於同治十一年（西元一八七二年）七月放洋，由陳蘭彬等親自帶往。容氏本人，則先期赴美，接洽布置。其第二批學生，則於同治十二年（西元一八七三年）五月放洋，由黃勝（平甫）（註四六）帶往。第三批則於同治十三年（西元一八七四年）八月放洋，由祁兆熙帶往。第四批則於光緒元年（西元一八七五年）九月放洋，由鄺其照帶往。容氏在美，初於新英倫州之斯不林非爾（Spring'ield），設辦事處，至同治十三年，乃於哈特福德州（Hartford）克林街（Collins Street），自建事務所，可容監督繙譯教習，及學生七八十人等之住宿，又有專備教授漢文之大教室，及其他辦公室等，規模頗鉅焉。（註四七）。

此先後四批學生之名單，其英文名字，雖頗爲西人所揭載。（註四八）。然其中文名單，則以當日檔案已不完全，故鮮爲國人所盡悉。其曾詳載此四批學生之中文姓名者，殆僅徐潤所撰之徐愚齋自敘年譜而已。（註四九）。茲爲爲綜合表列其姓名之中英文書法，及其年歲籍貫與學科等如次：

第一批官學生（一八七二年抵美）名單

曾篤恭（Tseng Tuk Kun）。　廣東海陽縣人，年十六歲（丁巳生）。

黃仲良（Wong Chung Liang）　廣東番禺縣人，年十五歲（戊午生）。　開鑛。

梁敦彥（Liang Tun Yen），字松生。廣東順德縣人，年十五歲（戊午生）。入律。

陸永泉（Luk Wing Chuan）。廣東香山縣人，年十四歲（巳未生）。技藝。

鄧士聰（Ting Sze Chung）。廣東香山縣人，年十四歲（巳未生）。機器。

蔡紹基（Tsai Shou Kee），字述堂。廣東香山縣人，年十四歲（巳未生）。入律。

蔡錦章（Tsai Cum Shang）。廣東香山縣人，年十四歲（巳未生）。

黃開甲（Wong Kai Kah）。廣東鎮平縣人，年十三歲（庚申生）。入律。鎮平即今蕉嶺縣。

張仁康（Chang Hon Yen）。廣東香山縣人，年十三歲（庚申生）。入律。

史錦鏞（Sze Kin Yung）。廣東香山縣人，年十五歲（戊午生）。

鍾俊成（Chung Ching Shing）。廣東香山縣人，年十四歲（巳未生）。

陳榮貴（Chun Wing Kwai）。廣東新會縣人，年十四歲（巳未生）。開鑛。

石錦堂（Shik Kin Tong）。山東濟寧府人，年十四歲（巳未生）。

程大器（Ching Ta Hee）。廣東香山縣人，年十四歲（巳未生）。

錢文魁（Chin Mon Fay）。江蘇上海縣人，年十四歲（巳未生）。中館。

歐陽賡（Auyang King）。廣東香山縣人，年十四歲（巳未生）。技藝。

何廷樑（Ho Ting Liang）。廣東順德縣人，年十三歲（庚申生）。入律。

陳鉅溶（Chun Kee Yaung）。廣東新會縣人，年十三歲（庚申生）。技藝。

黃錫寶（Wong Sic Pao）。福建同安縣人，年十三歲（庚申生）。

鍾文耀（Chung Mun Yew），字紫垣。廣東香山縣人，年十三歲（庚申生）。入律。

詹天佑（Jeme Tien Yau），字眷誠。安徽徽州府人，年十二歲（辛酉生）。技藝。按詹氏先人，以營商寄籍南海。

吳仰曾（Woo Yang Tsang）。廣東四會縣人，年十一歲（壬戌生）。手藝。

潘銘鍾（Paun Min Chung）。廣東南海縣人，年十一歲（壬戌生）。

容尚謙（Youn Shang Him），字輝珊。廣東香山縣人，年十歲（癸亥生）。開鑛。

曹吉福（Tso Ki Foo）。江蘇川沙廳人，年十三歲（庚申生）。

羅國瑞（Low Kwok Sui）。廣東博羅縣人，年十二歲（辛酉生）。手藝

劉家照（Liu Chia Chew）。廣東香山縣人，年十二歲（辛酉生）。入律

譚耀勳（Tan Yew Fun）。廣東香山縣人，年十一歲（壬戌生）。入律

牛尚周（New Shan Chow）。江蘇嘉定縣人，年十一歲（壬戌生）。

鄺榮光（Kwong Young Kong）。廣東新寧縣人，年十歲（癸亥生）。開鑛。新寧即今台山縣。

第二批官學生（一八七三年抵美）名單

容尚勤（Yung Shang Kun）。廣東香山縣人。

王鳳階（Wong Fung Kai）。浙江慈谿縣人，年十四歲（庚申生）。開鑛。

蘇銳釗（Sue Yi Chew），字劍侯　廣東南海縣人，年十四歲（庚申生）。技藝。

陳乾生 (Chu Kinu Sing)。　浙江鄞縣人，年十四歲（庚申生）。

丁崇吉 (Ting Sung Kih)，字艋伯。　浙江定海廳人，年十四歲（庚申生）。中館。

唐國安 (Tong Kwo On)，字介臣。　廣東香山縣人，年十四歲（庚申生）。入律。

鄺詠鍾 (Kwong Wing Chung)。　廣東南海縣人，年十三歲（辛酉生）。技藝。

方伯樑 (Fong Pah Liang)。　廣東開平縣人，年十三歲（辛酉生）、技藝。

陸錫貴 (Lok Sik Kwai)。　江蘇上海縣人，年十三歲（辛酉生）。中館。

曾　溥 (Tseng Poo)。　廣東潮陽縣人。

吳應科 (Woo Ying Fo)。　廣東四會縣人，年十四歲（庚申生）。技藝。

梁金榮 (Liang Kin Wing)　廣東香山縣人，年十四歲（庚申生）。中館。

吳仲賢 (Woo Chung Yen)，字偉卿。　廣東四會縣人，年十四歲（庚申生）。中館。

李桂攀 (Lee Kwai Pan)。　廣東香山縣人，年十四歲（庚申生）。中館。

宋文翽 (Sung Mon Wai)。　廣東香山縣人，年十三歲（辛酉生）。技藝。

鄺景垣 (Kwong King Huan)。　廣東南海縣人，年十三歲（辛酉生）。

黃有章 (Wong Yau Chang)。　廣東香山縣人，年十三歲（辛酉生）。

鄧桂廷 (Ting Kwai Ting)。　廣東香山縣人，年十三歲（辛酉生）。中館。

梁普照 (Liang Pao Chew)。　廣東番禺縣人，年十三歲（辛酉生）。開鑛。

唐元湛 (Tong Yuen Chan)。廣東香山縣人，年十三歲（辛酉生）。中館。

李恩富 (Lee Yen Fu) 廣東香山縣人，年十三歲（辛酉生）。入律。

卓仁志 (Chuck Yen Chi)。廣東香山縣人，年十二歲（壬戌生）。

張祥和 (Chang Hsiang Woo)。江蘇吳縣人，年十一歲（癸亥生）。技藝。

梁普時 (Liang Pao Shi)。廣東番禺縣人，年十一歲（癸亥生）。中館。

王良登 (Wong Liang Ting)。浙江定海廳人，年十三歲（辛酉生）。中館。

蔡廷幹 (Tsai Ting Kan)，字耀堂。廣東香山縣人，年十三歲（辛酉生）。中館。

温秉忠 (Won Bing Chung)，字藎臣。廣東新寧縣人，年十二歲（壬戌生）。技藝。

張有恭 (Chang Yau Kung)，字盖臣。廣東香山縣人，年十二歲（壬戌生）。中館。

陳佩瑚 (Chun Pay Hu)。廣東南海縣人，年十一歲（癸亥生）。入律。

容　揆 (Yung Kwai)字贊虞。廣東新寧縣人，年十四歲（庚申生）。

第三批官學生（一八七四年抵美）名單

周長齡 (Chow Chang Ling)，字壽臣。廣東新安縣人，年十四歲（辛酉生）。中館。新安即今寶安縣。

楊兆南 (Yang Sew Nan)。廣東南海縣人，年十三歲（壬戌生）。技藝。

唐致堯 (Tong Chi Yao)。廣東香山縣人，年十三歲（壬戌生）。中館。

黃季良 (Wong Kwei Liang)。廣東番禺縣人，年十三歲（壬戌生）。中館。

康賡齡（Kong Kin Ling）。江蘇上海縣人，年十二歲（癸亥生）。中館。

楊昌齡（Yang Chan Ling）。廣東順德縣人，年十二歲（癸亥生）。

林沛泉（Lin Pay Chuan）。廣東番禺縣人，年十二歲（癸亥生）。中館。

袁長坤（Yueh Chan Kwon）浙江紹興府人，年十二歲（癸亥生）。中館。

徐之煊（Chu Chi Shuan）。廣東南海縣人，年十二歲（癸亥生）。小館。

孫廣明（Sun Kwong Mung）。浙江錢塘縣人，年十四歲（辛酉生）。

朱寶奎（Chu Pao Fay）。江蘇常州府人，年十三歲（壬戌生）。入律。

鄺景揚（Kwong King Yang）。廣東南海縣人，年十三歲（壬戌生）。機器。

鄭廷襄（Jang Ting Shan）。廣東香山縣人，年十三歲（壬戌生）。小館。

鄺賢儔（Kwong Yen Chow）。廣東南海縣人，年十二歲（癸亥生）。

祁祖彝（Kee Tsu Yi）。江蘇上海縣人，年十二歲（癸亥生）。小館。

唐紹儀（Tong Shao Yi），字少川。廣東香山縣人，年十二歲（癸亥生）。中館。

曹嘉爵（Tsao Ka Chuck）。廣東順德縣人，年十二歲（癸亥生）。

梁如浩（Liang Yu Ho），字孟亭。廣東香山縣人，年十二歲（癸亥生）。中館。

薛有福（Sit Yau Fu）。福建漳浦縣人，年十二歲（癸亥生）。技藝。

沈嘉樹（Shen Ke Shu）。江蘇寶山縣人，年十一歲（甲子生）。小館。

徐振鵬（Chu Chun Pan）。廣東香山縣人，年十一歲（甲子生）。小館。

吳敬榮（Woo King Yung）。安徽休寧縣人，年十一歲（甲子生）。小館。

宦維城（Wong Wai Shing）。江蘇丹徒縣人，年十歲（乙丑生）。小館。

朱錫綬（Chu Sik Shao）。江蘇上海縣人，年十歲（乙丑生）。小館。

程大業（Ching Ta Yeh）。安徽黟縣人，年十二歲（癸亥生）。小館。

周萬鵬（Chow Wan Pung）。江蘇寶山縣人，年十一歲（甲子生）。小館。

盧祖華（Loo Tsu Wha）。廣東新會縣人，年十一歲（甲子生）。中館。

曹嘉祥（Tsao Ka hsiang）。廣東順德縣人，年十一歲（甲子生）。中館。

容耀垣（Young Yew Huan），字星橋。廣東香山縣人，年十歲（乙丑生）。中館。

曹茂祥（Tsao Mao Hsang）。江蘇上海縣人，年十歲（乙丑生）。小館。

第四批官學生（一八七五年抵美）名單

林聯輝（Lin Yuen Fai）。廣東南海縣人，年十五歲（辛酉生）。中館。

唐榮俊（Tong Wing Chun）。廣東香山縣人，年十四歲（壬戌生）。中館。

陳福增（Chen Fu Tseng）。廣東南海縣人，年十四歲（壬戌生）。

吳煥榮（Woo Huan Yung）。江蘇武進縣人，年十三歲（癸亥生）。小館。

黃祖蓮（Wong Chu Lin）。安徽懷遠縣人，年十三歲（癸亥生）。小館。

新亞學報第二期

周傳諤（Chow Chuen Ao）。江蘇嘉定縣人，年十三歲（癸亥生）。

陸德彰（Lok Teh Chang）。江蘇川沙廳人，年十三歲（癸亥生）。小館。

金大廷（Kin Ta Ting）。江蘇寶山縣人，年十三歲（癸亥生）。

沈德輝（Shen Teh Fai）。浙江慈谿縣人，年十二歲（甲子生）。

沈德耀（Shen Teh Yew）。浙江慈谿縣人，年十四歲（壬戌生）。

林聯盛（Lin Yuen Shing）。廣東南海縣人，年十四歲（壬戌生）。中館。

唐榮浩（Tong Wing Ho）。廣東香山縣人，年十三歲（癸亥生）。中館。

劉玉麟（Liu Yu Lin）。廣東香山縣人，年十三歲（癸亥生）。中館。

陳紹昌（Chun Shao Chang）。廣東香山縣人，年十三歲（癸亥生）。

黃耀昌（Wong Yew Chong）。廣東香山縣人，年十三歲（癸亥生）。小館。

鄺國光（Kwoug Kwok Kong）。廣東新寧縣人，年十三歲（癸亥生）。中館。

鄺炳光（Kwong Pin Kong），字元亮。廣東新寧縣人，年十三歲（癸亥生）。

梁丕旭（Liang Pe Yuk），字震東。廣東番禺縣人，年十二歲（甲子生）。中館。按即梁誠，又書作梁晟。

吳其藻（Woo Kee Tsao）。廣東香山縣人，年十二歲（甲子生）。中館。

馮炳鍾（Fung Bing Chung）。廣東鶴山縣人，年十二歲（甲子生）。中館。

陳金揆（Chin Kin Kwai）。廣東香山縣人，年十二歲（甲子生）。小館。

朱汝淦 (Lee Yu Kin)。	江蘇華亭縣人，年十一歲(乙丑生)。小館。按依英文姓名，當爲李汝淦。
沈壽昌 (Shen Shao Chang)。	江蘇上海縣人，年十一歲（乙丑生）。中館。
周傳諫 (Chow Chuen Kan)，字正卿。	江蘇嘉定縣人，年十一歲（乙丑生）。小館。
王仁彬 (Wong Yen Bin)。	江蘇吳縣縣人，年十二歲（甲子生）。小館。
陶廷賡 (Tao Ting King)，字協華。	廣東南海縣人，年十二歲（甲子生）。中館。
盛文揚 (Shen Man Yang)。	廣東香山縣人，年十二歲（甲子生）中館。
梁金鰲 (Liang ao Ting)。	廣東南海縣人，年十一歲（乙丑生）。按依英文名譯音，似爲鰲廷。
潘斯熾 (Paun Sze Chi)。	廣東南海縣人，年十一歲（乙丑生）。中館。
譚耀芳 (Tan Yew Fong)。	廣東香山縣人，年十歲（丙寅生）。

就容氏所遣一百二十名早期留美官費生觀察，其中屬廣東籍者，凡八十四人，佔百分之七十，次之爲江蘇籍者，凡二十一人，佔百分之十七·五，又次爲浙江籍者，凡八人，佔百分之六·七，再次爲安徽籍者，凡四人，佔百分之三·三，此外則福建籍者二人，佔百分之一·七，山東籍者一人，佔百分之·八，而廣東籍中，又以屬香山（今中山縣）籍者，凡四十人，佔百分之三十三·三。此於晚清辦理洋務諸人才之地理分佈，亦不無相當影響也。

容氏所經理遣送之留美學生，以多數皆聰穎向學，故頗爲美國教育當局所器重。而其同學之美籍青年，亦每受其影響，而頗生嚮慕之思。如日後成爲著名教授之文學家費甫斯氏(William Lyon Phelps)嘗於其七十四歲時撰作自傳(Autobiography with letters)，謂其本人於一八七六年(光緒二年)，肄業哈特福德中學(Hartford High School)時，同遊學侶，多屬中國子弟，皆品學兼優，又擅長運動交際，使其深爲贊賞，（註五〇），其中一人，即名唐紹儀云。是即指容氏所遣之第二、三批學生也。惟當時任監督委員之陳蘭彬氏，則殊不以留學生與美人來往及參與各星期日之基督教禮拜爲然。會光緒元年（西元一八七五年），陳氏返國，改以區岳良（字海峯）繼任。旋清廷復以陳氏爲駐美公使，並以容氏副之，而容氏仍兼任留學生副監督委員。翌年復以區岳良因病去職，陳氏乃薦吳惠善（子登）爲繼。吳氏性情怪癖，抵任未幾，即密陳總理衙門，訴容氏縱容留美學生。日毀容氏於北京友人及李鴻章前。（註五一）。會留學生中，有數人欲入美國軍事學校，爲其國務院所拒。吳氏遂與陳蘭彬等，思爲破壞留學政策。適清廷某御史，因美國禁制華工入口，奏請撤回留美學生，以示抵制，李鴻章默不一言，陳蘭彬與吳氏皆贊成其議，容氏孤立無援，而此一百二十名早期留美學生，遂於光緒七年（西元一八八一年）被撤退回國。雖經美國耶路大學校長樸德氏 (President Porter)，與容氏好友吐依曲爾牧師 (Twitchell) 及藍恩 (Lane) 等，商由當時著名文學家麥克吐溫(Mark Twain) 即克里曼斯氏 (S.L.Clemens)，約集美國各大學校長，及教育界聞人，聯名上書與中國總理衙門，力勸勿爲撤退留美學生，（註五二），然亦挽救無及矣。幸此輩被廹撤回之學生，歸國後亦多能自樹立，並以推進洋務建設爲志業者，則容氏教育計劃，殆未因之而失敗也。

六、容閎與維新變法及建立民國運動之關係

容氏自同治十一年赴美主持留學生事務所後，雖其最大目的在於實施教育計劃，然於當日國事，亦備極關心。同治十二年（西元一八七三年），嘗以計謀輸入一種新式軍械，而歸國一行。適秘魯專使，欲招募華工，供其國苦役，僞言當特爲優待，容氏面斥其奸。並奉李鴻章命，兼赴秘魯調查。以處事機密，盡得其國虐待華工狀況，附攝影

二十四紙，以報告李氏，華工受笞被烙，傷痕畢見。秘使不敢冉言招工。而清廷於契約華工之出洋，遂著爲禁令，（五三）。豬仔之禍，不致如前此之甚，容氏與有力焉。容氏此次回國，並嘗發動在滬粵籍諸實業家，創辦以中文刊行之匯報。延英人葛理爲總主筆，於同治十三年（西元一八七四年）五月初三日創刊。集股銀二萬兩，當時任招商局總辦之唐廷樞（景星），蓋出力最鉅焉。（註五四）。

當留美學生被撤回未幾，容氏亦以出使任滿，離美返國。會容氏美籍夫人祁氏（即開洛克博士〔Dr.Kellogg〕之妹）病劇，容氏乃於翌年春間，復赴美國。光緒十二年（西元一八八六年），其夫人去世，遺二子尚幼，容氏因居留美國。至光緒二十年（西元一八九四年），中日有朝鮮之役，容氏慨然上書湖廣總督張之洞，略謂中國至此，亟宜向英倫商借一千二百萬圓，購已成之鐵甲兵船三四艘，僱外兵五千，由太平洋襲日本後路，使之首尾不得相顧，則日本在韓兵力，必以分散而弱，中國乘機練兵，海陸並進，則可轉危爲安。張氏稱善，即電令容氏赴英進行借款。惟是時值張氏與李鴻章失和，李氏得西太后寵，卒與日本議和，而置張督與容氏所議於不顧。（註五五）。容氏離英返美，旋得張氏電招，於光緒二十一年（西元一八九五年）夏回國。時張氏適任兩江總督，容氏即建議張氏，謂中國不欲富強則已，苟其欲之，非實行維新政策，不克恢復固有榮譽，是即所謂變法自強也。張氏格於環境，對容氏所議，未能接受，僅任容氏爲江南交涉委員而已。旋張氏調回湖廣總督原任，改以劉坤一爲兩江總督，更無能維新，容氏遂辭職赴滬。旋再至北京，建議設立國家銀行，與總理衙門大臣張蔭桓相往還。旋復建議承築自天津至鎮江之鐵路。既二事皆爲人所破壞，益思中國當爲變法圖治。會康有爲等亦以鼓吹維新，上書變法，與容氏前此所言，多相同者。遂與容氏結爲密友，而容氏在京寓所，亦遂成爲維新黨人集會之地。（註五六）。光緒二十四年（西元一八九八年）

四月，清帝載湉，接受維新黨人康有爲譚嗣同意見，下定國是詔書，以推行新政。由是設學校、開譯局、辦官報、設商會、興實業、練新軍、改武科、設農工商總局，廣開言路，以徵賢才，編決預算，以資統計，舉行經濟特科，改革行政機關辦事細則，皆幾經審定，然後下令頒行。而容氏則爲幕後策劃焉。會滿清宗室，多不以變法爲然，西太后遂於八月六日，復垂簾聽政，大捕維新黨人，獲譚嗣同等六人，戮之，並禁錮清帝載湉於瀛臺。康有爲與其徒梁啓超等，見機走免，是爲戊戌政變。（註五七）。

時容氏雖未任官，然嘗隱匿維新黨人，而爲之先導，故亦爲清廷所忌。乃潛赴上海租界，會唐才常嚴復等方擴張上海中國强學會，以討論維新事業，及一切重要問題爲宗旨。容氏贊成其議，遂被大會選爲會長。（註五八）。清廷聞之，益欲得之而甘心焉。容氏不得已，乃於光緒二十五年（西元一八九九年），偕族人容耀垣（星橋），再遷香港。時興中會會長楊衢雲，以自乙未廣州之役，主持失宜，深爲會中志士所攻擊，旋復爲清廷購兇刺殺，至是益發生繼任會長誰屬問題。而維新黨之畢永年及日人平山周，與興中會謝纘泰及日本人宮崎寅藏等，主張聯合各派，建議由興中會選容氏爲會長，謂如得老成碩望如容氏者出爲領導，則易以聯合云云。蓋是時容氏本身亦已以滿清政府之無可挽救，而寖主張須爲建立民國，以推行民主政治矣。惟畢、謝等所建議者，未爲康有爲等與興中會多數會員所接納。（註五九）。康氏固未能與興中會合作，而興中會亦惟有推戴國父孫中山先生爲唯一首領也。特容耀垣則以平日早同情於國父之革命運動，至是即在港任事，參與興中會工作，後至光緒三十一年（西元一九〇五年），且與陳少白等加入同盟會爲會員，（註六〇），則亦受容閎影響所致也。

旋容氏於光緒二十七年（西元一九〇一年），赴臺灣遊歷，並觀察形勢。時日本任臺灣總督之兒玉子爵，即中日戰爭時大山大將之參謀長也。與容氏談頃，忽問前歲主張借外債，僱外兵，襲擊日本後方諸條陳，出誰氏手？容氏慷慨自承，不稍怯隱。兒玉敬禮有加。越年再返香港，會興中會謝纘泰、李杞堂等，方委任太平天國遺黨洪全福，使號召三合會徒衆，將於廣州爲大規模之義舉，求容氏臂助。容氏極爲贊許，謂當爲赴美謀取外援。（註六一）。旋容氏即於是年（西元一九〇二年）十一月赴美，方欲進行聯絡，惟洪氏是舉，卒以事洩潰敗，容氏亦遂留居美國，旋撰著西學東漸記(My Life in China and Amer ca)（註六二），而終老於美。其在美友好，以克里曼斯氏(Samuel L. Clemens〔1835—1910〕)及華爾那爾氏(Chalres Dulley Warner 〔1829—1900〕)與吐依曲爾牧師（Rev. Josph H. Twichell〔1838—1918〕)等，爲最親密。（註六三）。特容氏昔年所遺留美學生被撤回者，至此亦多已卓然有成，於推進建設事業，及協助革命運動等，亦多貢獻，且常與容氏聲氣相通，故至中華民國成立，國父當選爲臨時大總統時，即爲致書容氏，促其歸國任事。其書（註六四）云：

『容閎老先生偉鑒：當此革命垂成，戰爭將終，及僕生平所抱之目的將達之際，遂聞太平洋對岸有老同志，大發歡悅之聲，斯誠令人聞之起舞。然揆先生，其所以羈留至此之源，想亦因謀覆滿淸之專制，而建偉大之事業，以還吾人自由平等之幸福，致有以逃亡異域，同病相憐，非僅爲先生已也。即僕等亦嘗飽受此苦。乃今差幸天心眷漢，胡運將終，漢族之錦繡河山，得重見於光天化日之下，　僕何幸如之！雖然，　吾人蜷伏於專制政體之下，迄今已二百六十餘年矣，而教育之頹敗，人民之蒙蔽，恐一旦聞此自由平等之說，得毋驚愕咋舌耶！以是之故，況當此破壞之後，民國建設，在在需才。素仰盛名，播震寰宇，加以才智學識，練達過人。用敢備極歡迎，懇請先生歸國，而在此中華民國創立一完全之政府，以鞏固我幼稚之共和。倘俯允所請，則他日吾人得安享自由平等之幸福，悉自先生所賜矣。先生久離鄉井，祖國縈懷，諒亦不致掉頭而棄我也。臨風濡穎，不勝鵠盼之至。謹此，並請道安！』

觀此亦可知容氏晚年，其主張及處境，與中華民國建立運動之關係矣。惜容氏是時，年數已高，雖聞悉中華民國成立，與國父孫先生出膺臨時大總統，頗有意回國，然未及成行，即以老病復起，於民國元年(西元一九一二年)十二月二十三日，卒於美國哈特福德州（Hartford），享壽八十四歲。(註六五)。其二子，長名覲彤（詠蘭），次名覲槐（嘉蘭），亦均畢業耶路大學。其所派之留美學生，入民國後，貢獻亦鉅，是容氏雖死，其志業並未因之而止，而中美文化之交流，且亦緣容氏精神而與日俱增也。

七、容閎所經派一百二十名留美學生在中國之作用與貢獻

當光緒七年容氏所經派留美學生之被撤回國也，其中除第一、二批學生，多在大學已屆畢業，或將近畢業外，共餘第三、四批學生，則多數仍在大學肄業，或有仍在中學肄業者，驟被撤回，自甚惶惑。而歸國後目覩中外形勢之不同，益覺有維新建設之急要。而清廷以外交日亟，其內外大臣，亦漸多以辦理與西學有關之洋務爲事業者，而辦理外交與洋務，則非任用此輩早期頗通西文西學之學生不克有濟。時勢與人才相爲需應，而此一百二十名之被撤回學生，遂於中國近代局勢之演進，發生重要作用矣。誠如容氏所撰西學東漸記第二十章北京之行與悼亡有云：

『今此百數十名學生，强半列身顯要，名重一時。而今日政府似亦稍稍醒悟，悔昔日解散留學事務所之非計，此則余所用以自慰者。』

茲試舉此等早期留美學生與中國近代之外交維繫，洋務建設，教育發展，與建立民國等，各方面之表現言之，亦約

略可明其重要關係焉。（註六六）。

蓋清廷自甲午中日戰爭失敗後，對外交涉，即已漸次以任用留學生爲趨向，其派駐外國各地使領館之屬官，亦多以留學生任之。故終清之世，以至民國初年，此等被撤回之早期留美學生，曾服務於外交界者，計有歐陽賡，梁敦彥，黃開甲，陸永泉，鍾俊成，錢文魁，吳仲賢，容揆，蘇銳釗，張祥和，王鳳階，陳佩瑚，王良登，唐紹儀，劉玉麟，梁誠等十六人。（註六七）。而尤以梁敦彥，唐紹儀，梁誠等三人爲最顯著。敦彥在美，畢業耶路大學，歸國、歷任各職。至光緒三十四年（西元一九〇八年），遂升任外務部尚書，越二年（西元一九一〇年），乃以病免。（註六八）。紹儀於中日戰爭前，初於朝鮮，助袁世凱辦理通商與交涉等事，後爲外務部右侍郎，又出爲奉天巡撫，升授郵傳部尚書。武漢起義後，袁世凱命之與中華民國臨時政府所派代表議和。迨袁氏繼國父孫先生爲臨時大總統，紹儀遂出任爲第一屆內閣總理。（註六九）。梁誠則於光緒二十九年（西元一九〇三年）繼伍廷芳爲駐美公使。至光緒三十三年（西元一八〇七年），始任滿返國。（註七〇）。美國之退回庚子賠款，即經梁誠交涉完成者。其說詳下。此則當日被撤回學生之維繫清季外交關係者一也。

清季官民之辦理洋務，雖初無完整計劃，然大要則以海軍建設，與輪船鐵路，及煤鐵開採，郵電設施，乃至編練新軍等爲大端。此類事業，除若干屬於軍事者外，其餘皆屬工鑛與工程等實用科學之範圍，亦即容氏經派學生、所列技藝與開鑛等科目也。故當彼等被撤回國後，亦多數能以此類專學自顯。計一百二十人中，其曾致力於此類洋務推進者，有鍾文耀，蔡紹基，吳仰曾，羅國瑞，容尚謙，黃仲良，鄺榮光，蔡錦章，牛尚周，詹天佑，何廷樑，鄧士聰，陳榮貴，蔡廷幹，吳應科，陸錫貴，温秉忠，丁崇吉，梁金榮，方伯樑，曾溥，唐國安，宋文翽，唐元湛，鄺詠鍾，梁普時，梁普照，梁如浩，周長齡，鄺景揚，朱寶奎，曹嘉祥，吳敬榮，周萬鵬，唐祖華，林沛泉，徐振鵬，唐致堯，程大業，薛有福，曹茂祥，朱錫綬，袁長坤，鄺賢儔，楊兆南，楊昌齡，鄭廷襄，孫廣明，沈嘉樹，鄺國光，鄺炳光，黃耀昌，吳煥恭，周傳諫，陸德彰，林聯盛，盛文揚，陶廷賡，吳其藻，陳金揆，王仁彬，黃祖蓮等六十二人。（註七一）。佔全數百分之五十以上，觀此亦可知當日之風氣所趨，而廣東洋務人才之所由特盛，亦未始與此無涉焉。其中尤爲中外人士所推重者，則爲詹天佑關於鐵路工程之建樹，斯亦容氏教育計劃有其輝煌成績之明徵也。（註七二）。民國八年，交通部嘗於居庸關八達嶺詹氏所築鐵路工程最顯著處，建立銅像，以資紀念，徐世昌曾爲撰作碑銘，詞意甚偉，其文（註七三）云：

『海通以來，吾國選派士人，遊學東西洋，四十餘年，項背相望，以迄今日。其間興教育，修法律，整軍政，以及一材一藝，效用於國家者，多不可僂指數。求其功績昭著，堅苦卓絕，爲海內外同聲贊美者，蓋未有若詹君者也。君之遊美國也，年甫十二，時清同治十一年，爲國派學生出洋之始，至光緒七年畢業，始歸。其所入學校，爲美之哈士哈吩小學，孥哈吩中學，耶路大學。其充教員則爲福州船政局，廣東博學館，廣東海圖水陸師學堂。其充工程師則爲天津、津蘆、錦州、萍醴、新易、潮汕各鐵路。其充總工程師則爲京張、張綏、川漢、粵漢，各鐵路。最後任漢粵川鐵路督辦。而以京張路工爲尤著。京張路者，自京師達張家口，長三百七十餘里。南口以北，岡巒重疊，溪澗紛歧，地險而工艱。出居庸關，則八達嶺横蔽其前，其上爲古長城，峭壁百尋，驚心怵目。君初履勘，擬由石佛寺向西北行，當鑿洞六千餘尺，其後乃改由東面斜行，就青龍橋施工闢峽，僅鑿洞三千五百餘尺耳。當是時，君所携習工程學者僅二人，晝則躪足登山，夜則繪圖計工，無一息之安。既而其二人者，或以事他調，議者竊以謂吾國人未有當此任著。君益冥心孤往，不以無助而少弛其志。凡十八月而山洞蒇事，四年而全路告成。開車之日，王公士庶，及東西人士觀者數萬，咸嘖嘖歎爲前古所未有。時予方任郵傳部尙書，親覩其盛，實君生平莫大之榮譽也。君之督辦漢粵川鐵路也，國人以所信君於京張者，策功之必成，日夕跂望。君已先成湘鄂之武長一路，及漢宜路之首段。而君遽於民國八年四月二十四日，歿於漢上。年五十有九。其遺呈三事，語不及私。知與不知，罔不嗟悼。鐵路同人，請於八達嶺立祠鑄像，以志景行。予故舉其犖犖大者，著之於碑，以詔邦人，而訊異世。君名天佑，字眷誠，廣東南海人。所著有京張工程紀略及圖各一卷。銘曰：繄昔輪輿，冬官所掌。知者創物，制器尙象。泰西新術，凌越先民。鼓鑄風火，千里比鄰。君以弱齡，遨遊海外。擷英抉微，超然神會。十載學成，眷言宗邦。呈材司契，並世無雙。神京西北，逶迤原隰。飛梁穴山，雷殷電翕。君之始事，中外危疑。及其成功，鬼設神施。衆歸君能，異喙交譽。君則撝謙，蕭然無與。楚材用晉，客卿入秦。惟君觥觥，吾國有人。川粵萬里，經營伊始。周道四闢，冀昭同軌。命則有終，名則不磨。勒詞貞石，永鎭山阿。」

抑詹氏非特於鐵路工程，建樹特多，即於工程學術之提倡，亦不遺餘力。民國二年（西元一九一三年），詹氏首號召全國工程人員，創立中國工程師學會，被推爲會長。於工程界青年，尤樂予培植，嘗謂治工科之士，當精研學術，以期有所發明；當崇尙道德，以冀提高人格；當籌劃詳愼，以免臨事周章；當循序以進，以冀積健爲雄。又謂中國工學界人士，能有所發明者，尙屬稀聞，豈智力不若歐美，而司梯芬生，瓦特，弗蘭克林，毛利之流，不能產於中國耶？非也，特怠於深求，研究不足致之耳。又謂中國凡各科工程專家，無論其爲留學東西各國，與夫國內卒業，及以經驗成名者，皆以發揚國家學術，增進國家利益爲目的。各宜同心協力，以天下一家，中國一人自任。（註七四）。觀此可知詹氏對於科學倡導與實踐之精神所在矣。民國五年（西元一九一六年）十二月，香港大學特贈授詹氏以法學博士學位。（註七五）。蓋亦深以詹氏於學術界爲有所貢獻也。此則當日被撤回學生之促進中國現代建設與科學研究者二也。

抑此一百二十人中，雖其後專在學校從事教學工作者，僅得黃有章，容尙勤，程大器等數人；然如梁誠，梁敦彥，與唐國安等之促成美國退回庚子賠款，即以之設立留美學務處，與選派學生赴美留學，並爲創辦清華學校，其後乃演進爲清華大學，並人才輩出，則於中國學術教育之發展，要不無相當貢獻焉。先是，梁誠受容氏影響，亦以遣送學生赴美留學爲懷抱，自光緒二十九年（西元一九〇三年），受命爲駐美公使，即於是年春，率自費學生二十餘人，一同至美，（註七六），並努力從事中美交誼之增進。會光緒三十一年（西元一九〇五年），美外長海約翰(John Hay)，有美國所收庚子賠款本屬過多之議。梁氏遂一面向美國當局商請依實減定，以餘款退回中國，一面上書清廷，建議以此款爲興學育才之用。(註七七)。雖中間以粵漢路廢約關係，曾一度拖延不決，然梁氏志不少衰，旋再分別進行，至光緒三十四年(西元一九〇八年)，遂得美國議會通過以超量賠款之一部分先退還中國，而將其處置全權授與老羅斯福總統。是年七月，清廷遂得美使照會，約定自一九〇九年(即宣統元年)一月，即開始按期退款。時清廷外務部尙書適爲昔年被撤退回國諸學生中之梁敦彥氏，與梁誠意見相同，遂與美使商定，即利用退款，再遣派學生赴美留學。至宣統元年六月，北京方面遂有留美學務處之設立。並附設肄業館一所，俾司考取學生，先爲肄習，畢業後再送美留學。以周自齊爲總辦，唐國安、范源濂爲會辦。(註七八)。國安在美，曾肄業耶路大學二年，歸國後，久在工程界及任教職，故得委爲會辦。（註七九），是年八月，即招考第一批學生。如胡剛復、何杰、梅貽琦、張準等四十七人，（註八〇），逕行送美留學。旋復於北京西郊清華園舊址，修葺爲留美預習之清華學校。至翌年七月，復招考第二批學生，如胡適、竺可楨、張彭春等七十人，（註八一），亦逕行送美留學。同時復考取初級生七十人，則先在清華學校肄業。至宣統三年（西元一九一一），清華學校復招生四百六十人，分編高等科，中等科二級。至民國元年（西元一九一二年），遂以唐國安爲第一任校長，並將留美學務處裁撤，以其職務並付清華學校校長辦理。其留美學額，除由清華畢業學生派送外，復於民國三年（西元一九一四年）起，間年選派女生十名，民國五年（西元一九一六年）以後，每年復添派專科生十名，均由公開考試決定。復設留美津貼生名額，凡在美國各大學本科二年級以上肄業之私費生，均得申請，經審查合格者，即給予年費津貼。而清華學生，亦按年增招。（註八二）。其畢業後留美者自隨之增加。直至民國十四年，始將清華學校擴充爲清華大學。學術上之貢獻，亦日益增進。（註八三）。然究其初期之考選遣派肄習諸程序，則皆沿襲容氏昔年之辦法進行。是梁誠、梁敦彥、唐國安等之促成派遣學生赴美留學，與創立清華學校等，又不啻爲容氏教育計劃之復活與延展也。此則當日被撤回諸學生之促進中國教育之發展者三也。

抑清季革命志士之建立中華民國運動，雖與此一百二十人之工作，鮮直接聯繫，然以容氏晚年既與在港興中會人士密相合作，曾參與光緒二十八年壬寅（西元一九〇二年）密遣洪全福於廣州舉義之計劃，事雖未就，而其趨向於建立民國運動，已爲不刊事實。故其所遣被撤退回國諸學生，至清末亦有以密謀贊助革命爲務者，如唐紹儀即其關係最深者也。按紹儀自於朝鮮協助袁世凱辦理通商與交涉等事深被器重後，即相隨漸躋顯仕，至袁氏升任直隸總督，紹儀遂以道員實授津海關道，並介紹名翰林梁士詒（字燕孫）爲袁氏幕僚，主持北洋編書局，編撰北洋兵書，寖假成爲袁氏心腹。（註八四）。旋紹儀補郵傳部左侍郎，兼署外務部右侍郎。會被參出爲奉天巡撫。值美國減收庚子賠款，紹儀被派爲致謝專使。歸國，升授郵傳部尙書。至宣統三年（西元一九一一年），武漢革命軍起，各省響應，組織中華民國臨時政府。淸廷起用袁氏爲內閣總理。紹儀乃解郵傳部職，旋被派爲與中華民國臨時政府議和之代表。梁士詒亦旋繼楊士琦爲郵傳部尙書。紹儀雖久任淸廷官職，然殊同情於建立民國運動。其所援引之梁士詒亦早有同感，乃合謀假手袁氏，以使淸帝退位。及紹儀抵滬，遂以恫疑虛喝，電請淸廷召集臨時國會，以君主民主問題付之公決。（註八五）。至民國元年（西元一九一二年）一月，士詒復密令淸駐俄公使陸徵祥，聯合駐外各淸使，電請淸帝退位。旋士詒復與淸外務部大臣胡維德，民政部大臣趙秉鈞等，合詞上奏，謂『人心已去，君主制度，恐難保全。懇贊共和，以維大局。』未幾士詒復密令淸將領段祺瑞等四十七人，聯名奏請淸帝退位。至二月十二日，淸廷遂被廹下詔退位，而滿淸帝制以終。（註八六）。其詔書原稿，爲贊成共和政體之張謇手筆，後經袁氏左右所修改者。而袁世凱遂一躍而繼國父孫中山先生爲中華民國臨時大總統，唐紹儀則被任爲中華民國第一屆之國務總理。雖其後袁氏竟背叛誓言與約法，由總統而進行帝制。然實非紹儀等始料所及。而究之則計謀廹使淸帝退位，於建立統一之中華民國政府，則紹儀與士詒確爲關係最鉅之人物。故鳳岡及門弟子所編撰三水梁燕孫先生年譜民國元年條有云：

『至於南北停戰息爭，磋商和議條件，內則安慰皇室，外則說服淸貴，萬緒千端，非筆墨可罄。而先生翊贊共和，其心尤苦，其事至多。所能與統籌兼顧者，惟唐少川一人。』

觀此可知紹儀與當時局勢轉變之關係矣。此則當日被撤回諸學生之促進中華民國之創立者四也。

要之，容氏昔年所遺學生，於晚清及民國初年，類多能以專才自見。倘得鳩集有關資料，為之撰作列傳，或於清季史實，能為更進一步之闡發也。

八、容閎及共所遺學生與香港之關係

抑清季推行洋務諸人才，本多與香港有關係者。而容氏與其所遺學生，則與香港之關係尤深。蓋容氏自道光二十二年（西元一八四二年），即以瑪禮遜紀念學校自澳門遷港，而隨至香港肄業。其英語基礎，蓋即在港所植。而其隨勃朗氏赴美就讀孟松中學，其經費亦為瑪禮遜學校諸校董所籌集。其赴美初年，對伊母之奉養費等，亦由諸校董籌措。其資助容氏之西人，一為蘇格蘭籍之蓄德魯特氏(Andrew Shortrede)，即香港德臣西報 (China Mail) 主筆。其餘為美籍商人李企氏(Ritchie)，及蘇格蘭籍之康白爾氏(Campbell)等，蓋皆為居住香港之善士。（註八七）。脫無此輩在港善士，則容氏亦無由赴美深造也。

其後容氏學成歸國，復於咸豐五年（西元一八五五年），一度在港習為律師。至翌年（西元一八五六年）八月，始離港赴滬。後至同治十年(西元一八七一年)夏間，容氏復以教育計劃實現，曾親至香港，遴選於中西文略有根柢之學生，以補足第一批三十人之數。（註八八）。其後在港青年，遂多赴上海應考第二、三、四各批學額者。在港之中國子弟，至是乃獲赴美官費留學之機會，於香港各校學生之發展，要不無若干影響也。

容氏後以戊戌政變為清廷所嫉忌，乃於光緒二十五年（西元一八九九年），復自上海遷居香港，參與興中會在港人士之建立民國運動，其間亦嘗赴臺灣觀察形勢。至光緒二十八年（西元一九〇二年）冬，始再赴美國終老。蓋其在港肄業或任事，及因事涖臨或寄居等，先後殆近十年。其在中國所由倡導洋務建設，與建立國民運動等，殆

始終與香港有引發關係也。

至於曾先肄業香港各校，後乃爲容氏遣送赴美之學生，其姓名與原校名字，雖今日已難確考，然數目料亦不稀，以當日所遣一百二十人中，百分之七十皆爲粵人，而廣東內地當日尙鮮可爲學習英文之學校，其多數爲曾在香港各校肄業者，自無可疑。微聞詹天佑之先代，即以經營徽州筆墨而寄居南海，至天佑即嘗先於香港肄業者。（註八九）。又相傳唐紹儀於未考選赴美前，亦嘗肄業香港皇仁書院(Queen's College)。（註九〇）。凡此皆足爲容氏所遣一部分學生與香港有植基關係之說明者也。

而近數十年來，甚爲香港政府所重視之寶安籍人周壽臣爵士(Chow Sir Shouson.Kt.)，亦即容氏所遣第三批學生中之著名人物。（註九一）。周氏在美，嘗肄業哥倫比亞大學(Columbia University)。歸國後，歷任天津招商局總辦，京奉鐵路總辦，山海關監督等職。其未出國留學前，殆亦曾在港肄習英文也。其後歸港居住，由民國六年（西元一九一七年）起，即任香港太平紳士，十年（西元一九二一年）被任爲香港大學董事，十一年充任香港定例局(Legislative Council)議員，十五年（西元一九二六年），獲賞爵士榮銜，十六年委充香港議政局（Executive Council)議員，二十二年（西元一九三三年）復受香港大學贈授法學博士學位。其在港所經營諸事業，更不可勝數。（註九二）。斯又容氏所遣一部分學生與香港有其深刻關係之明證也。

九、容閎在中國新文化運動上所遺之影響

基督教新約全書馬太福音第十三章三十一節，述耶穌爲門徒說教，曾設一比喻，謂：

「天國好像一粒芥菜種，有人拿去，種在田裡。這原是百種中最小的，等到長起來，却比各樣的菜都大，且成

了樹，天上的飛鳥，來宿在他的枝上。』

竊謂此比喻亦可移以說明容氏之建樹與影響。蓋以容氏幼年孤苦，而乃以肄業瑪禮遜紀念學校，遂由勃朗氏偕往美國，成爲中國最先畢業於西洋著名大學之一人，而歸國後，又得名臣曾國藩器重，使之創辦江南製造局，與實現其遣送學生赴美官費留學之計劃，是不啻以一粒芥菜種，爲人植之於良田沃壤也。考江南製造局固爲中國洋務建設之首倡，而其所附設之繙譯館，如英人傅雅蘭，及國人徐壽與其子徐建寅（字仲虎）等，所譯西洋科學書籍等，截至光緒六年（西元一八八〇年），已刊行者，凡九十八部，都二百三十五册，則影響尤鉅。（註九三）。昔年梁任公先生（啓超），嘗撰五十年來中國進化概論（註九四）一文，於清季思想之轉變，與江南製造局所譯西籍之關係，曾爲扼要論述，謂：

『……第一期先從器物上感覺不足。……其中最可紀念的是製造局裡頭譯出幾部科學書。這些書，現在看起來，雖然很陳舊，很膚淺，但那羣翻譯的人，有幾位頗忠實於學問，他們在那個時代，能夠有這樣的作品，其實是虧他。因爲那時讀書人，都不會說外國話，說外國話的都不讀書，所以這幾部譯本書，實在是替那第二期不懂外國話的西學家開出一條血路來了。……第二期是從制度上感覺不足。自從和日本打了一個敗仗下來，國內有心人，……都爲的是政制不良，所以拿變法維新做一面大旗，在社會上開始活動，那急先鋒就是康有爲梁啓超一班人。這般人中，中國學問是有底子的，外國文卻一字不懂。……』

而梁氏早年所作讀西學書法，亦早謂：『變法之本原，曰官制，曰學校。官制之書，尚無譯本，惟徐仲虎之德國議院竟程近之。』是清季之維新變法運動，不特容氏嘗爲參加，而其主要人物如康梁等關於西學之知識，其初亦多自江南製造局所譯之西籍而獲致也。此種以中國學問爲根底，而一面究心西洋科學，一面又復以西洋法制之學爲急要參考之作法，其風氣似亦由容氏之最早翻譯地文學與契約論等所肇開。蓋容氏之學，固自謂『將擇其最有益於中國者爲之，縱政府不錄用，不必遂大有爲，要亦不難造成時勢，以竟其素志』者，是即所謂以中國爲主體之西學也。（註九五）。此種以中國爲主體之學術意識，直至容氏所遺學生如詹天佑等，亦嘗堅守未渝者。故費正清教授（John King Fair bank)於所著美國與中國(The United States and China)第八章述中國革命之進展，亦謂清季張之洞等倡『中學爲體，西學爲用』(Chinese studies as the fundamental structure, Western studies for practical use)，諸說，亦即爲容氏提倡洋務時代之產物。此則容氏學成歸國後，所行所事與中國學術思想之演進有其啓發作用之明徵也。

唯容氏學術思想，本以中國爲主體者，故其生平雖於滿清之腐敗情形，亦嘗不斷評論，然於中國傳統之學術文化，則從無微詞，而且殷殷以實踐中國道德爲務。（註九六）。又唯容氏主張乃爲以西洋科學與法制爲建設新中國之用者，故其生平雖於政府所予之職位高低，全無芥蒂，然於遣派學生赴美留學，則倡之至力，而屢蹶不餒。其所遣送學生，亦遂於洋務建設，貢獻特鉅。而承襲容氏主張，以美國退回庚子賠款，繼遣學生赴美留學，及創設清華學校，終乃演進爲清華大學者，亦遂『以求中華民族在學術上之獨立發展，而完成建設新中國之使命爲宗旨』，（註九七），與國內其他大學之從事學術教育與高深研究者，適爲分道揚鑣，各有貢獻。蓋自容氏實現其教育計劃，與其所遣學生歸國後之參與洋務與外交等工作，及國人聞風而起者之相與遣送子弟出洋留學，以至清廷所辦理各洋務機關之派遣有關人員出洋深造，乃至國人之深治科學等，其間發展情形，雖事態繁賾，各有主者，本非一人之功，然其爲自晚清以至民國初期中國教育發展上之一大洪流，而容氏實爲此洪流之發動人物，且此洪流之發動初期，亦純以研求西洋科學爲建設新中國之用，而非爲求形式上之資格虛銜者，則無可疑焉。此則容氏教育計劃於中國對於西洋科學之吸收與研究，有甚深關係之明徵也。

復次，容氏與中國近代文化發展之作用，即西洋教育界人士以至文學名家等，亦多深予同情，而願爲援助或發揚者。如上述當年任耶路大學校長之樸德氏，及文學大家麥克吐温（註九八）與費甫斯氏等，固無論矣，即近日美國之明達人士，亦仍多具同感者。民國四十三年（西元一九五四）六月十三日，耶路大學嘗爲舉行紀念容氏畢業百週年之大會，並由前雅禮學院院長霍愛華氏，報告容氏事蹟，及其重要意義，（註九九），深爲當日曾參與盛會之人士所贊許。則筆者今茲所述容氏之建樹，及其對中國新文化運動之啓發關係等，又不啻爲霍氏報告之部分疏證也。

附註

（註一）參見容氏自撰西學東漸記第五章大學時代，及上海美國大學會（The American Uiversity Club of Shanghai)所編中國之留美學生(American University men in China, 1936)卜舫濟(F.L.Hawks Pott)撰在美國之中國教育(The Education of China in the United States)，與恆慕義(Arthur W. Hummel)撰清代名人傳(Eminent Chinese of the Ching Period 1644—1912)第一卷第四〇二頁容閎傳(Jung Hung)。並劉花爾谷(T.E.La Fargue)著中國早期之百名留美學生(China's First Hundred,1942)第二章先驅者之容閎(Yung Wing: The Forerunner)等。

（註二）參見容氏西學東漸記第十三章與曾文正之談話，至第十五章第二次歸國，及拙作中國通史第一百十一章現代中學之經濟與社會。

（註三）參見容氏西學東漸記第一章幼稚時代，及鄭道實撰中山縣人物志初稿容閎傳（見中山文獻創刊號），及南屏容氏族譜據（承澳門容康寧先生節鈔，友人容士謙先生賜寄，並此誌謝）。

（註四）瑪禮遜自英倫至廣州傳教諸史實，見濤潔理(Katharine R.Green)撰馬禮遜小傳（Robert Morrison 1782—1834, The First Protestant Missionary to the Chine.e)（有費佩德楊蔭瀏合譯本）。瑪禮遜紀念學校成立事蹟，則見容氏西學東漸記第二章小學時代。

（註五）見容氏西學東漸記第三章初遊美國，及第四章中學時代。

（註六）容氏學友黃寬，字傑臣，號綽卿，後爲著名醫生。事蹟見賈寶利（W. Warder Cadbury)等撰博濟醫院百年史(At the Point of a Lancent, One Hundred Years of the Canton Hospital, 1935)。

（註七）見容氏西學東漸記第五章大學時代。

（註八）見容氏西學東漸記第五章，及第六章予之教育計劃。

（註九）派克氏即創立廣州博濟醫院(The Canton Hospital)之熱心人，其事蹟見賈寶利等撰博濟醫院百年史。

（註十）見容氏西學東漸記第七章入世謀生。

（註十一）曾寄圃久任上海寶順洋行(Dent & Co.)辦房副理，爲西商所器重。事蹟見徐潤撰徐愚齋自叙年譜咸豐二年至十一年各條，及王韜淞濱瑣話卷五龔蔣兩君軼事。

（註十二）李善蘭，字壬叔，爲清季最著名數學家，翻譯西洋數學書籍至富。事蹟詳見李儼撰李善蘭年譜（文見清華學報五卷一期）。

(註十三)華衡芳，字若汀，精研數學，與李善蘭齊名。事蹟見淸史稿疇人傳二本傳。

(註十四)徐壽，字雪村，亦以精研數理及製造之學著名。據容氏西學東漸記第十三章與曾文正之談話推測，華徐二人，皆容氏初至滬時所交識者。徐氏事蹟見淸史稿藝術傳四本傳。

(註十五)王韜與容氏之友誼，西學東漸記雖未嘗提及，然據王韜所著弢園文錄外編卷八徵設香山南屏義學序觀察，則與容氏殆亦早有交誼。

(註十六)張斯桂字魯生，事蹟見容氏西學東漸記第十三章。

(註十七)徐潤，字雨之，號愚齋，廣東中山人。爲上海寶順洋行之重要人物，即繼曾寄圃主持該洋行辦房者。事蹟見徐氏撰徐愚齋自叙年譜。徐氏嘗與唐廷樞（字景星）奉李鴻章札委，辦理輪船招商局事務，亦淸季辦理洋務之重要人物也。

(註十八)見容氏西學東漸記第八章經商之閱歷。容氏所以必堅辭該洋行駐日本買辦一職者，自謂：「予固美國領袖學校之畢業生，故予極重視母校，……不敢使予之所爲，於母校之名譽少有辱沒，……以予而爲洋行中之買辦，則使予之母校及諸同學聞之，對予將生如何之感情耶！』觀此亦可知容氏爲人矣。

(註十九)見西學東漸記第九章產茶區域之初次調查。

(註二〇)羅孝全牧師(Rev.I.J.Roberts)事蹟，見美華浸會書局所譯印浸會在華佈道百年史(Brief Historical Sketches of Baptist Missions in China 1836—1936)。

(註二一)此據香港中華基督教合一堂張祝齡牧師所面告。

(註二二)參考廣東叢書第三集太平天國官書十種洪仁玕著資政新編，及友人簡又文先生所作刊行叢書弁言。

(註二三)見西學東漸記第十章太平軍之訪察。

(註二四)見西學東漸記第十一章對太平軍戰爭之觀察。

(註二五)見西學東漸記第十二章太平縣產茶地之旅行。

(註二六)見西學東漸記第十三章與曾文正之談話。

(註二七)見西學東漸記第十四章購辦機器。

(註二八)見西東漸記第十五章第二次歸國。

(註二九)見格致彙編所載傅雅蘭撰江南製造總局繙譯西書事略（光緒六年）。

(註三〇)傅雅蘭，英國人。於咸豐十一年（西元一八六一年）東來，初在香港任教，同治二年，任北京同文館英文教習，六年改入江南製造局，總司翻譯工作，凡二十餘年，成績最著。光緒二十年（西元一八九四年），始離華赴美，任芝加哥大學（Uuiuersity of Chicago）東方語言文學教授。

(註三一)見傅雅蘭撰江南製造總局繙譯西書事略。

(註三二)見梁任公先生撰讀西學書法（洋務報館代印本）。

(註三三)見蘇特爾（William E. Soothill）著周雲路譯李提摩太傳（Timothy Richard or China）。

(註三四)見西學東漸記第十五章第二次歸國。

(註三五)見西學東漸記第十六章予之教育計劃。

(註三六)見國營招商局七十五週年紀念刋(民國三十六年出版)。

(註三七)參見拙作中國通史第一百十一章現代中國之經濟與社會。

(註三八)見西學東漸記第二十一章末次之歸國。

(註三九)同註三八。

(註四〇)見翁同龢撰翁文恭日記光緒二十二年四月三日條,其文云:『江蘇候補道容閎,號純甫,久住美國,居然洋人矣。談銀行頗得要。』

(註四一)見西學東漸記第十七章經理留學事務所。

(註四二)見淸代籌辦夷務始末(故宮博物院用鈔本影印)同治朝卷八十二,(按此書所載有關遣派學生赴美留學之公文,計有本卷同治十年七月曾李會奏第一次摺,附章程一件,及卷八十三,同年八月總理各國事務恭親王等覆奏一件,又卷八十五,同治十一年正月曾李會奏挑選幼童及駐洋應辦事宜摺一件,及卷八十六,同年四月恭親王覆奏一件。惟以第一次奏摺,關係最鉅。)

(註四三)見西學東漸記第十七章經理留學事務所。

(註四四)見徐潤撰徐愚齋自叙年譜同治十年及十一年各條。(按此年譜所記多與淸季辦理洋務及中外貿易等事有關。)

(註四五)見王韜著弢園文錄外編卷八徵設香山南屛鄉義學序。

(註四六)黃勝爲容氏在瑪禮遜紀念學校時之同學,亦即同由勃朗氏偕赴美國留學者;惟其人先於道先二十八年以病歸國。黃氏後亦頗提倡洋務，香港華人最早刊行之循環日報，即彼所創辦也。

（註四七）見西學東漸記第十七章經理留學事務所。

（註四八）見拉花爾固氏(Thomas E. La Fargue)著中國早期之百名留美學生(China's First Hundred,State College of Washington Press,1944)所附中國遣送留美學生名表(A List of the Students of the Chinese Educational Mission)。（按此書爲西文中論述容閎所遣留美學生諸事蹟之之比較詳明者）。

（註四九）清代籌辦夷務始末，未載容閎所經遣各批留學生之名單。筆者嘗翻查各書，並訪問在港唯一健存之當年留美學生周壽臣爵士，初無所獲。直至最近始得徐潤所撰徐愚齋自叙年譜，所載四批學生之中文名單，獨完全無缺，故玆特爲考訂轉錄焉。

（註五〇）參見西書精華第二期喬志高撰一個文學教授的生平。

（註五一）按李鴻章初甚關懷容閎及其所遣學生，詳見吳汝綸編輯朋僚函稿第十九篇光緒三年正月復區海峯容純甫函。其後爲陳蘭彬吳惠善二人所媒孽，漸不以容氏爲然，見同書第二十一篇光緒五年六月復陳荔秋星使函。及西學東漸記第十九章留學事務所之終局。

（註五二）見拉花爾固氏中國早期之百名留美學生第三章中國早期百名學生之在美（China's First Hundrsd: The Students in the United States），引吐依曲爾牧師日記，所述曾商請其友麥克吐温援助容氏諸事。又黃遵憲人境廬詩草卷三有罷美國留學生感賦五古一篇，於當日撤回留學生事，亦略有記述，惟與容氏西學東漸記所述略有出入。

(註五三)見西學東漸記第十八章秘魯華工之調查。

(註五四)見戈公振著中國報學史第四章民報勃興時期。

(註五五)見西學東漸記第二十一章末次之歸國。

(註五大)見西學東漸記第二十一章，及十二章戊戌政變。

(註五七)參見梁任公先生撰戊戌政變記（飲冰室合集專集第一册）。

(註五八)參見馮自由撰中華民國開國前革命史第十五章壬寅洪全福廣州之役。

(註五九)同註五八。

(註六〇)友人容啓東博士（今任敎香港大學生物學系），即容耀垣（容閎所遣第三批學生之一）之公子。彼曾於民國四十三年三月二十一日，面告作者，謂伊父一名開，號星橋。關元昌家譜亦謂：『第十九傳月英，乃元昌公之八女，配夫容開，字景達，號星橋。』是開乃容耀垣之別名。徐愚齋自叙年譜容耀垣名下小註，以開爲耀垣父，誤矣。耀垣事蹟，並見馮自由撰革命逸史第三集興中會初期孫總理之友好及同志容星橋條，及馮氏華僑僑革命開國史香港之部。

(註六一)見馮自由撰中華民國開國前革命史第十五章。

(註六二)容閎西學東漸記，本爲最後赴美晚年用英文所作之自傳，據徐鳳石惲鐵樵合譯本第一章按語，謂容氏著書時爲一九〇〇年即光緒二十六年。考西學東漸記所述事跡，有遲至一九〇一年者，則其書似完成於光緒二十八年左右也。

(註六三)見恆慕義撰清代名人傳卷一第四〇二頁容閎傳(Jung Hung)。

(註六四)見總理全書之十函札（中央文物供應社出版）三三五頁。

(註六五)同註六三，惟據南屏容氏族譜(容康寀所節鈔)所載，則容閎享壽爲八十五歲，蓋依中國舊式算法也。

(註六六)據拉花爾固氏中國早期之百名留美學生(China's First Hundned)第四章留學生之撤回(Unhappy Landing: The Return to China)所調查分析，謂此等被撤回之早期留美學生，除若干先在美去世，或歸國未幾即去世者外，其餘則十三人服務外交界，六人致力開灤煤鑛公司，十四人或爲工程師領袖或任新築鐵路總辦等，七人爲海軍官員，七人因工作而傷亡，其中且有二人爲海軍將領，十五人服務於郵電管理，四人任醫務工作，三人服務教育機關，二人服務於海關，十二人任爲政府高級官員，十人從事私人商務，五人復再返美，二人服務駐美領事館，蓋其有事跡可考者，凡百人云。

(註六七)據拉花爾固氏中國早期之百名留美學生，謂服務外交界者爲共十三人，則以其將唐紹儀梁敦彥等另列入於高級官員內也。

(註六八)梁敦彥事蹟見清史稿部院大臣表十，及楊家駱編民國名人圖鑑草創本第十一卷三十八頁梁敦彥條，並拉花爾固氏中國早期之百名留美學生第八章部院大臣(Up The Mandarins Nine—rung Ladder)。

(註六九)唐紹儀事蹟見淸史稿部院大臣表十，及國史館館刊第一卷第二號國史擬傳夏敬觀撰唐紹儀傳，並拉爾固氏中國早期之百名留美學生第八章。

(註七〇)梁誠事蹟見清史稿交聘表上，及民國名人圖鑑草創本第十一卷三十八頁梁誠條。

(註七一)此統計係依拉花爾固氏中國早期之百名留美學生附錄中國遣送留美學生名表核算。

(註七二)詹天佑事蹟以民國三十七年八月十五工程月報所載詹會長天佑先生略歷爲最扼要。近人唐祖培君撰民國名人小傳詹天佑傳亦可參攷。

(註七三)見閔爾昌纂錄碑傳集補卷末（燕京大學國學研究所印行）。

(註七四)見工程月報所載詹會長天佑先生略歷附錄詹會長遺訓。

(註七五)見香港大學一九五五年度概況(Calendar 1955—65)榮譽學位法學博士名表（List of Graduates Honoris Cuasa, Doctor of Laws)(LL.D.)。

(註七六)見留美學生報告（光緒三十二年十二月印行）東美中國學生會紀事光緒三十一年第一次大會始末記。

(註七七)見國立淸華大學一覽（民國二十四年十月印行）國立淸華大學校史概略，一、留美學務處時期。

(註七八)見國立淸華大學校史概略，一、留美學務處時期，及中華民國大學誌（民國四十二年九月臺灣中國新聞出版公司印行）劉崇鋐先生撰國立淸華大學篇。

(註七九)唐國安事蹟，見民國名人圖鑑草創本第一卷一八二頁唐國安條，及拉花爾固氏中國早期之百名留美學生第七章鑛產與鐵路(Mines and Railways)。又香港中華基督敎青年會五十週年紀念特刊（民國四十年十一月刊行）會史，二、創始時期，亦載唐氏於一九〇三年（光緒二十九年）曾任該會會正（即會長）。

(註八〇)見淸華同學錄（民國二十六年四月印行）一九〇九考選留美同學，及國立淸華大學校史概略，一、留美學務處時期。

（註八一）同註七八。

（註八二）見國立清華大學校史概略，二、清華學校時期，及中華教育改進社所譯美國退還庚子賠欵餘額經過情形（民國十四年商務印書館出版）。

（註八三）見中華民國大學誌國立清華大學篇。

（註八四）見鳳岡及門弟子編三水梁燕孫先生年譜光緒二十九年十月條。

（註八五）見國史館館刊第一卷第二號夏敬觀撰唐紹儀傳。

（註八六）見三水梁燕孫先生年譜宣統三年及民國元年條。

（註八七）見西學東漸記第二章小學時代。

（註八八）見西學東漸記第十七章經理留學事務所。

（註八九）此據昔年番禺徐信符（紹棨）先生所面告。

（註九〇）據友人劉國秦先生面告，謂：唐紹儀幼年，確會在香港皇仁書院肄業，因伊父劉江，亦皇仁早年學生，嘗習聞其事也。

（註九一）筆者以研究容閎與中西文化交流之歷史等關係，嘗於民國四十年十一月九日，訪周壽臣爵士於香港東亞銀行頂樓香港銀行公會，晤談甚歡。彼云：當年所遣一百二十名學生，今日健在者，僅伊及容尙謙與鄺榮光等三人而已。

（註九二）見吳醒濂編撰香港華人名人史略（民國二十六年印行）第二篇周壽臣爵士。
（註九三）見格致彙編所載傅雅蘭撰江南製造總局繙譯西書事略。
（註九四）見上海申報社所編印最近之五十年（民國十一年出版）。
（註九五）見西學東漸記第五章大學時代，及王韜著弢園文錄外編卷八徵設香山南屏鄉義學序。
（註九六）同註九五。
（註九七）見國立清華大學一覽所載國立清華大學規程（民國十八年六月十二日教育部訓令公佈）第一條。
（註九八）凌道揚先生，嘗面告筆者，謂：昔年在美，曾於哈特福德州，見及容閎，受接待甚歡。容氏曾爲指明其鄰居文學名家麥克吐温之住宅，及其互相之關係云。
（註九九）據民國四十三年六月十三日，紐海紋航訊中國留美第一個學生容閎留美百週紀念。

民國四十五年二月六日作於粉嶺寓樓

一九五六年二月一日初版

新亞學報 第一卷・第二期

定價 港幣十元 美金二元

編輯者 新亞研究所 九龍新亞書院

發行者 新亞書院圖書館

承印者 新華印刷股份公司 香港西營盤荔安里十七號 電話：二一六三二

THE NEW ASIA JOURNAL

Volume 1 *February 1956* *Number 2*

1. A Study of the Cereals Produced in Ancient North China—Ch'ien Mu
2. A Discourse on the Theories of the Mind, 'Hsin'(心), as Propounmed by Meng-tzŭ Mo-tzŭ, Chuang-tzŭ and Hsün-tzŭ—T'ang Chün-i
3. An Emendation of Wang Hsien-ch'ien's Supplementary Notes on the History of the Han Dynasty (Han-shu pu chu) —Shih Chih-mien
4. The Establishment of the Political Power of the Later Han Dynasty and its Relations with the Distinguished Clans and Notable Families —Yü Ying-shih
5. On the Political Groups Existing Before and During the Reign of K'ai Yüan in the T'ang Dynasty—Chang Chün
6. The Geographical Distribution of Learning in the Yüan Dynasty—Ho Yu-shên
7. Yung Wing and his Influence on the New Cultural Movement in China—Lo Hsiang-lin

THE NEW ASIA RESEARCH INSTITUTE